KB059187

사 랑 의   인 문 학

한국출판문화산업진흥원
2015년 우수출판콘텐츠
제작 지원 사업 선정작입니다

사랑의 인문학

2015년 11월 27일 초판 1쇄 펴냄

펴낸곳 (주)도서출판 삼인

지은이 양운덕
펴낸이 신길순
부사장 홍승권
편집 김종진 김하얀
미술제작 강미혜
총무 함윤경

등록 1996.9.16 제10-1338호
주소 120-828 서울시 서대문구 성산로 312 북산빌딩 1층
전화 (02) 322-1845
팩스 (02) 322-1846
전자우편 saminbooks@naver.com

제판 문형사
인쇄 수이북스
제책 은정제책

ISBN 978-89-6436-104-7 93100

값 18,000원

사랑의 인문학

사랑의 문학 · 사랑의 철학

양운덕 지음

삼인

차 례

사랑 앞에 선
문학과 철학

'사랑' 카페에서

'사랑' 카페에는 손님들이 끊이지 않는다. 이곳은 온갖 이야기들이 모이는 곳이기도 하다. 누가 사랑을 모르랴? 사랑할 이도, 사랑하는 이도, 사랑했던 이도 저마다 세상에 하나밖에 없는 이야기를 들려주고 싶어 한다.

하지만 '사랑'이란 없고 사랑의 '이야기들'만 있는 것은 아닐까? 사랑 이야기들이 저마다 그려내는 사랑 – 코끼리들은 왜들 그렇게 다른지!

저기 구석진 곳에서 푸념 소리가 들린다. "사랑의 노예는 자발적으로 복종할 뿐만 아니라 자신까지도 기꺼이 내어주고자 하지." "사랑하는 이에게 금지의 팻말은 사랑의 불길을 더욱 거세게 할 뿐이지."

기자는 입구 쪽에 앉아 있는 이들의 진지한 이야기에도 귀 기울인다. "이성적인 존재라는 인간은 왜 사랑할 때 얼빠진 듯이, 미치도록, 죽도록 사랑할까? 사랑의 제단에 목숨까지 바치려고 하질 않나." "사랑하는 이들은 왜 잠시라도 떨어지는 걸 견디지 못할까?" "우리는 왜 사랑하는 이를 완전하거나 더없이 아름답다고 여길까? 그러다가 미워할 때면 바로 그 사람인데도 왜 그토록 달라 보이고 꼴도 보기 싫을까?" "그러게 말이야, 사랑은 어쩌면 그렇게 제멋대로 와서 또 그렇게 허망하게 스러지는지……."

이런 질문들을 공중에 띄워놓고 자신의 경험들을 되새기는 이들이 있는가 하면 사랑의 환상을 경고하는 차분한 얘기도 들려온다. "우리는 아무도 사랑하지 않아. 우리가 사랑하는 건 누군가에 대해서 우리가 지닌 개념이지. 이건 우리가 만든 개념이니까 결국 우리는 우리 자신을 사랑할 뿐이지. 우리는 성적인 사랑에서 다른 사람의 육체를 매개로 얻는 쾌락을 추구하지. 성적이지 않은 사랑에서는 우리 자신의 관념(idea)을 매개로 얻은 쾌락을 추구하고." 페소아를 닮은 창백한 얼굴의 젊은이가 차분하게 얘기를 이어간다. "두 사람이 서로 만나는 행위는 사실 만남이라고 할 수 없지. 두 사람은 서로에게 '사랑해'라고 말하거나 그렇게 생각하거나 느끼지만, 사실은 영혼의 활동을 이루는 인상들의 추상적인 총합에서 두 사람의 생각과 삶은 서로 달라. 심지어 색과 향기까지도 다르지." (페소아, 『불안의 책』, 문학동네, 2015. §112)[+]

저쪽 테이블에서는 오늘도 '사랑의 철학'과 '사랑의 문학'을 사랑 앞에 함께 세우는 『사랑의 인문학』을 쓰고 있는 작가가 책의 마지막 꼭지를 쓰다가

[+] "낭만적인 사랑이란 영혼과 상상력이 만든 옷이고, 우연히 나타난 사람에게 입혀놓고는 잘 맞는다고 생각하는 옷이라고 비유할 수 있지. 낭만적인 사랑이란 환멸에 이르는 길이지. 그렇지 않은 경우는 처음부터 환멸을 인정하고 이상형을 끝없이 바꾸면서 영혼의 공작소에서 새 옷을 계속 지어서 그 옷을 입는 사람의 모습을 지속적으로 바꿀 때에만 그렇지." (같은 책, §111)

흘러나오는 음악에 잠시 귀를 기울인다.

사랑 이야기를 할 때 어울리는 음악은 어떤 것일까? 사랑의 바다를 항해하는 이들을 위한 아름답고 슬픈 곡조들은 얼마나 많은가?

모차르트의 바이올린 소나타(KV.378)의 2악장이 흘러나온다. 바이올린 소나타의 원래 이름은 '바이올린과 피아노를 위한 소나타'이다. 다른 음색을 지닌 두 악기가 어떻게 하나의 음악을 이룰 수 있을까? 서로 다른 두 악기, 상이한 두 존재는 어떻게 어울릴 수 있고 각자의 차이를 잃지 않으면서 그 차이가 (상대에 대한 비난이나 저주가 아니라) 서로의 부족함을 보완하고 협력하면서 깊고 너른 상생의 장을 마련할 수 있을까?

원래 바이올린 소나타의 주연은 피아노라는 얘기도 있다. 바이올린은 보조적이고 피아노가 마련한 바탕에서 바이올린의 음색을 덧붙인다는 것이다. 그런데 모차르트와 베토벤은 바이올린 소나타를 두 악기가 공존하고 대화하는 형식으로 구성한다. 두 악기는 대등한 존재로서 어떻게 서로의 존재 이유를 찾을 수 있을까?

어떤 관계가 가능할까? 먼저 하나가 독자적인 실체이고 다른 하나가 그것에 보조적으로 딸려 있는 관계가 있다. 주인과 노예, 군주와 신하, 권위적인 가부장과 순종하는 아내의 관계처럼 지배하고 예속되는 관계가 있다. ("너, 바이올린은 내가 시키는 대로만 하고, 날 보조하는 것을 영광으로 여기고……." "남편께서는 아내를 아껴주고 사랑하시고, 부인은 남편을 하늘처럼 받들고…….")

이와 비슷하게 하나가 앞서면 다른 것이 따라가는 '원인과 결과'로 관계 맺는 방식도 있다. 한쪽이 이끌고 다른 쪽은 따라가는/끌려가는 방식으로 능동과 수동의 짝을 이룬다.

이처럼 우열관계나 일방적인 관계가 아니라 상호작용하는, 작용과 반작용이 대등하게 상호적으로 이루어지는 관계도 있다. 서로에 '의해서', 서로를 '위해서' '서로의' 관계를 이룬다. 상대를 통해서 자기를 긍정하고 상대를 긍정하는 것이 자기를 긍정하는 것으로 되돌아오는 관계이다. 모차르트와 베토벤의 바이올린 소나타들은 이런 상호작용, 상호 인정의 아름다운 앙상블을 들려준다.

물론 다르게 볼 수도 있다. 두 존재가 결합할 때, 하나와 다른 하나가 기계적으로 결합하거나 화학적으로 결합할 수 있다. 기계적 결합은 A + B = AB처럼 하나 옆에 다른 하나가 그저 같이 있을 뿐이어서, 내적으로 결합되지 않아서 언제든지 떨어질 수 있는 것이다. 화학적 결합은 A + B = C처럼 결합해서 각 항이 서로의 개성을 잃고 전혀 다른 것에 흡수되는 경우이다. 마치 수소분자와 산소분자가 결합해서 물 분자가 되면 수소와 산소는 원래 성격을 잃는 것처럼. '나'와 '너'가 '우리'로 결합하면서 '나도 너도 없는' '우리'만 남는다. 우리라는 울타리, 공허한 성에서 서로가 희생하고 견디고 서로를 저주하거나 괴롭힌다면……. 이 결합은 요소들을 흡수하므로 차이와 개성이 허용되지 않는다.

유기적 결합은 신체의 각 부분들이 서로 결합해서 하나의 전체를 이루므로 전체와 부분이 서로 긍정하는 관계이다. 각자는 전체의 유기적 부분을 이루고, 부분들은 전체에 의해서 규정되고, 전체는 부분들의 운동을 통해서만 활력을 얻는다. 개성과 차이는 전체를 위한 활력이 되고, 구체적인 보편을 이루는 전체는 개인들을 조화롭게 이어준다.

베토벤의 바이올린 소나타 5번(일명 '봄')이나 9번(일명, '크로이처'), 모차르트의 아름다운 바이올린 소나타들을 들어보자. 두 악기가 어떻게 자기와 다른 존재를 인정하면서 차이를 지닌 조화를 추구하고, 그런 조화와 앙상블이 어떻게 하나이면서 둘이고, 둘이면서도 하나처럼 움직이는지……. 음악은 이처럼 현실에서 얻기 어려운 이상적인 조화와 아름다움을 추구한다.

현실에서 서로 노력하지만 타인을 자기화하거나 자기를 잃어버리는 경우와 달리 음악 세계에서는 자기와 타자가 서로 '다르기 때문에' 아름답게 어울린다. 아마 바이올린 소나타야말로 결혼식 주례사를 가장 간결하고 멋있게 대신할 수 있을 것이다.

"신부와 신랑은 바이올린과 피아노입니다. 지금 듣고 있는 음악처럼 두 사람의 차이와 조화의 앙상블로 서로의 차이를 통해서 더욱 풍성하고 아름다운 나날들을 연주하기를 바랍니다." '피아노 없는 바이올린도, 바이올린 없는 피아노도……. 당신 없는 나, 나 없는 당신을 어찌 생각할 수 있으리오!'

이렇게 작가가 음악을 듣고 있는 사이 저쪽에서도 색다른 이중주를 준비하고 있다. 사랑의 '무엇'과 사랑의 '어떻게'를 놓고 '사랑의 철학'과 '사랑의 문학'이 나름의 목소리를 내고 싶어 한다. 사랑의 본질을 추구하는 피아노와 사랑의 다양하고 구체적인 경험에 귀 기울이는 바이올린은 어떤 이중주를 들려줄 수 있을까?

진리를 그리워하는 사랑의 철학은 '이' 사랑과 '저' 사랑을 넘어서는 '하나'

의 사랑, 보편적인 사랑을 추구한다. 하지만 사랑의 문학은 '사랑의 연금술'로 변형된 개인들에 주목하고, 저마다 다른 사랑 경험들의 특이성들을 부각한다.

사랑의 철학이 완전성을 추구하고, 차이를 넘어선 동일성을 그리워한다면, 사랑의 문학은 (표현 너머에 있는) 내밀하고 열정적인 사랑의 경험들과 구체적인 사건들을 형상화한다.

카페에 딸린 아틀리에에서는 '사랑의 화가'가 흥미로운 그림을 그리고 있다. 사랑하는 이의 손이 사랑받는 이의 손을 그리는데 신기하게도 그렇게 그려지는 손도 (자기를 그리는) 사랑하는 이를 그리고 있으니……. 이런 사랑의 맞물림은 역설적이고 신비롭다. 자기가 타자를 매개로 자기를 그리는 것이고, 이것은 뫼비우스의 띠처럼 자기와 타자가 하나로 이어지는 까닭에 타자에게 나아가는 길이 자기에게로 되돌아오고 나로 향하려면 타인에게로 나아가야 한다.

'사랑의 시인'도 독특한 관점을 제시한다. "나는 고정된 채 변치 않는 무겁고 둔감한 '사랑'이란 명사보다는 움직이고 변하는 '사랑하다'를 선호한다네. 사랑이 명사라면 변치 않은 실체의 굳건함을 자랑하고 어디에서건 언제나 그대로일 뿐이지. 그것이 '동사처럼' 움직인다면 변화와 생성의 흐름들을 마련할 수 있지. 만약 사랑의 '관계'를 표현하려면 전치사들이 필요하겠지. '너와 함께', '너 없이는', '네 곁이라면', '내 안에 있는' 같은 배치에 따라 내용이 채워지니까. 좀 더 욕심을 부리면, 순간마다 달라지는 상황과 느낌을 (형용사와 부사의 도움으로) 표현할 수 있지. '사랑스러운'이 곁에서 '황홀하게, 아늑하게, 포근하게, 뜨겁게' 넋을 잃은 듯이 있기도 하고, '그리운, 설레는, 타오르는, 사무치는, 울어 지친' 순간들마다 달라지는 색채와 결, 뉘앙스까지 느낄 수 있을 테니까. 이렇게 사랑은 하나가 아니라네. 표현에 따라서 다르게 나타나니까."

카페에 너무 오래 있었다고 느낀 기자가 한 이야기만 더 듣고서 일어나려고 서두른다.

"사랑은 타인을 향하여 자신의 문을 여는 것으로 시작하지요. 사랑은 상대를 흡수하고 동화시키기보다는 상대에게 이끌리고, 자기를 잃을지라도 자기 바깥에 서는(ex-tase: 황홀한) 것일 테지요.

우리는 왜 사랑에 빠질까요? 사랑을 내가 계획하고 이끌 수는 없어요. 나에게서 나오지만, 나를 넘어서는 힘이 알 수 없는 곳으로, 알지 못하는 이에게, 감당할 수 없는 사건들의 매력적인 장으로 휘몰아가지요. 왜 우리는 사랑의 바다에 뛰어들까요? 변변한 배 한 척 없이 말이에요. 사랑하는(fall in love) 이는 사랑의 폭포(fall)에서 뛰어 내릴 수 있어요. 혼돈의 바다와 격정의 폭포에서 우리는 어떻게 달라지고, 어떻게 자기 아닌 자기가 될까요? 어떻게 나를 벗어나서 타인과 하나가 되거나 나와 타인이 함께 매듭지어져 열정의 불길에 휩싸여 새로 태어나는 이름 없는 자가 될까요?"

저 쪽에서 나누는 대화들은 기자에게 잘 들리지 않는다.

"우리는 사랑의 열정(passion)을 수동적으로 '겪는' 과정에서 감정의 복잡성에 휩쓸리면서도 사랑의 '수동적인 종합'을 마련하지. 사랑이 바깥에서 올지라도 (수동적으로 반응하는데 그치지 않고) 우리 스스로 느끼는(auto-affection) 내재성을 누리는 능력을 잃지 않아."

"사랑하는 자는 타자에게 열린 존재이고 '하나 되기'가 아니라 차이와 개별성을 자양분으로 삼는 '함께'의 모험을 시작하지."

기자는 막 카페 문을 나서다가 연극 공연을 마치고 차를 마시러 오는 배우와 마주친다. 그는 바로 사랑주의자 '로미오'이다. 그는 햄릿의 질문을 바꾸어 읊는다. "사랑할 것인가, 사랑하지 않을 것인가?" 그는 자신을 사랑의 제단에 바치는 연기를 하면서 자기 질문에 답한다. "나는 사랑한다. 그러므로 '너와 나'는 존재한다. 오, 내 사랑, 줄리엣!"

기자가 떠난 뒤에 어떤 경전을 읽던 이가 나직하게 속삭인다. "사랑을 자기 것으로 해야 하기 때문에 그것을 자기 것으로 해서는 안 된다." "너는 사랑을 보고 들었는가? 형태로 사랑을 보고, 소리로 사랑을 듣는 자는 잘못 애쓰는 자이고 사랑을 보지 못할 것이다. 사랑의 본질은 알 수도 없고 알려고 해도 알 수 없다. 그것은 어떤 것도 아니고, 어떤 것이 아님도 아니다. 과거의 사랑도, 미래의 사랑도, 현재의 사랑도 잡을 수 없다." 도대체 무슨 말을 하고 있는 걸까?

기자는 신문사에 돌아간 뒤, 급하게 챙겨서 들고 온 자료들 속에 작가가 메모해두었던 『사랑의 인문학』 서문의 일부가 섞여 있는 것을 발견한다.

　이 책의 원고들을 《웹진 민연》에 연재할 때부터 관심을 쏟고 출판을 제안한 삼인출판사와 어지러운 원고들을 '사랑을 이야기하는 책'으로 만들어 준 편집장 종진 씨에게 감사를 전한다. 그리고 어려운 출판 사정을 고려해서 출판 지원을 해준 한국출판문화산업진흥원에도 감사를 표한다.

　강의와 연구실 수업에서 이 글을 함께 읽고 관심과 격려를 아끼지 않은 많은 분들께도 감사의 마음을 전하고 싶다. 하릴없이 문학마을을 기웃거리는 필자에게 항상 따뜻한 애정을 아끼지 않는 가족들에게도 고마움을 전하고 싶다.

　마지막으로 이 책이 '사랑' 카페에서 사랑을 이야기하며 웃고 우는 이들의 '말없는' 친구가 되기를 바라면서.

2015년 가을, 연구실 필로소피아에서

양운덕

1. 사중주로 듣는 사랑의 가벼움과 무거움

_ 쿤데라의 『참을 수 없는 존재의 가벼움』 읽기

베토벤의 작품에 대한 질투

음악가(또는 음악 평론가)가 될 것인가, 소설가가 될 것인가? 쿤데라(Milan Kundera)는 베토벤의 '현악사중주 14번 C#단조'를 듣고 그에 버금가는 음악적 형식의 '소설'을 쓰기로 결심한다. 그는 이 곡을 7악장으로 구성한 베토벤을 따라서 소설을 7개의 장으로 구성하면서 반복과 대조가 잘 드러나도록 '작곡'한다.

쿤데라는 이 회심의 작품인 『참을 수 없는 존재의 가벼움』을 기획하면서 정치, 사랑, 글쓰기의 문제를 상징적으로 표현할 수 있는 자유, 차이들, 가벼움을 테마로 삼는다.

그는 주제를 구현할 네 명의 주인공을 고안해서 각각 제1바이올린, 제2바이올린, 비올라, 첼로를 맡기고 각자의 테마와 그것에 맞는 성격을 부여한다. 예를 들어서, 가벼움의 주제를 연주할 토마시는 제1바이올린을, 진지하고 묵직한 진리를 추구하는 성실한 테레자는 첼로를, 배신의 영웅인 사비나는 제2바이올린을, 낭만적인 사랑과 지성을 아울러 표현하고자 하는 프란츠는 비올라를 맡아야 하지 않을까?(물론 프란츠가 첼로를, 테레자가 비올라를 맡을 수도 있고, 좀 엉뚱하게 토마시가 첼로를 맡고 테레자가 바이올린을 맡을 수도 있었을 것이다.)[1]

---

1 작품 제목을 '참을 수 없는 존재의 가벼움'이 아니라, 존재가 참을 수 없을 만큼 가볍다는 뜻이 전달되기 쉽도록 '존재의 참을 수 없는(견딜 수 없는) 가벼움'으로 하는 쪽이 더 자연스럽다. 참을 수 없는 것은 존재가 아니라 가벼움이다.

사랑, 정치적 은유 — 사랑의 전투에서 찾은 사소한 차이

쿤데라는 토마시에게 이른바 바람둥이 테마, 또는 가벼운 사랑의 모티프를 맡긴다. 토마시는 왜 이런 호색한의 주제를 열정적으로 연주하는가? 여성들에 몰두하면서 무엇을 찾고 있는가? 일시적인 만족이나 마르지 않는 쾌락인가? 아니면 현실에서 얻을 수 없는 이상적인 여인, 이데아 여인을 찾는가?

작가는 이런 '오해'에 독특한 해설을 덧붙인다. 그가 추구하는 것은 여성들의 '작은 차이', 지극히 사소한 다름이다. 그는 여성들이면 누구나 지니고 있는 '동일성'이 아니라 '차이'를 찾는 탐색자이자 모험가이다. 색다르게 표현하면, '차이를 찾는 사랑의 철학자', 또는 '차이의 사랑 – 정치학자'라고 할 수도 있을 것이다.

도대체 그가 어떤 점에서 차이를 추구한단 말인가? 이 차이는 무엇을 의미하는가? 사랑은 아리스토파네스가 지적하듯이 상이한 반쪽이 온전한 하나를 찾아가는 과정이고, 차이 너머의 동일성을 추구하는 열정이 아니란 말인가?

토마시는 (25년 동안 200명이 넘는) 여성들에게서 무엇을 찾았을까? 그는 육체적인 사랑이 반복된다는 상투적인 생각을 거부한다.

그는 여자들에게서 '백만분의 일의 차이'를 찾는다. 외과의사인 토마시에게 인간의 신체란 동일하거나 유사한 것에 지나지 않는다. 이 사람의 코 안쪽에 있는 부비강과 저 사람의 부비강, 갑의 식도와 을의 식도, 병의 혈관과 정의 혈관은 근본적으로 다르지 않거나 예측 가능한 차이를 지닐 뿐이다. 만약 모든 사람의 신체기관이 근본적으로 다르다면 외과의사는 무수한 사례들 앞에서 절망할 것이다. 그러나 토마시는 개체들 사이에 있는 누구도 상상하지 못하는 미세한 차이를 찾는다.

"저 여자는 옷을 벗으면서 어떤 표정을 지을까? 성행위를 하면서 어떤 말을 할까? 신음소리는 어떤 음정일까? 쾌락의 순간에 얼굴에 어떤 주름살이 새겨질까?"(286/228)[2]

이런 차이에 관한 문제는 개체들의 개별성과 다름을 인정하느냐, 틀 지워진 일반성이나 몰개성으로 개인들을 교환 가능하고 대체 가능한 존재로 보느냐에 관한 것이다. 곧 정치적 전체주의에 대한 질문과 관련된다. 내가 너와 똑같다면, 갑의 육체와 을의 육체가 대체 가능하다면, 각자의 의미와 고유성을 확보하기 어렵다. 한 개체와 다른 개체의 차이는 억압적인 일반성을 요구하는 전체, 단일한 중심, 전체주의적인 획일성에 맞서는 자원이 될 수 있다. 바람둥이 토마시는 나름대로 차이의 철학을 제시한다.

"나(ja)의 독특함(jedinečnost)은 인간 존재가 상상할 수 없는 것에 숨겨져 있다. 인간은 모든 존재들에서 같은 것(stejné), 자신에게 공통적인 것만 상상할 수 있을 뿐이다. 개별적 자아란 일반적인 것으로부터 구별되므로 미리 짐작할 수도, 계산할 수도 없는 것이어서, 무엇보다도 먼저 베일을 벗기고 발견하고 타인으로부터 쟁취해야만 하는 것이다."(286/321)

토마시는 의사로서 10년간 뇌를 다루었지만, 그것만으로는 '자아'를 포착하기 어려움을 깨닫는다. "히틀러와 아인슈타인, 브레즈네프와 솔제니친(의 두뇌) 사이에는 차이점보다 유사성이 더 많았다.", "백만분의 일의 차이와 나

_____

2 인용 표시의 앞 쪽은 『참을 수 없는 존재의 가벼움』의 불역본, 뒤쪽은 한글 번역본의 쪽수이다. 체코어본은 인터넷 파일본을 인용한 까닭에 쪽수를 따로 밝히지 않았다.

머지 구십구만 구천구백구십구의 유사한 점"(286/322) 가운데 어느 쪽을 추구할 것인가? 근본적 동일성인가, 사소한 차이인가?

토마시는 이 "백만분의 일 차이"를 발견하고 소유하려는 욕망에 이끌린다. 그는 여성이 아니라 "그들 각자가 지닌 상상할 수 없는 것, 곧 한 여자를 다른 여자들과 구별하는 이 동일하지 않은 백만분의 일에 사로잡힌 것이다." (287/229)

그런데 이런 백만분의 일의 차이를 왜 행동, 입맛, 미의 선호도 같은 것이 아니라 하필 섹스에서 찾으려고 하는가? 그런 백만분의 일의 차이는 삶의 모든 부분에 현존하고, 그런 것들은 어디에서나 사람들에게 드러나 있어서 굳이 발견하려고 할 필요도 없다. "한 여자가 과자보다 치즈를 좋아하고 또 다른 여자가 콘플라워를 도저히 먹지 못하는 것이 독창성의 한 기호지만, 그런 것들은 전혀 무의미하거나 공허하고 그런 것에 관심을 갖고 어떤 가치를 추구하는 것은 시간낭비일 뿐이다."(287/229-230)

토마시는 오로지 섹스에서만 백만분의 일의 차이가 구체적으로 드러난다고 본다.〔그는 '가벼운' 사랑으로 무겁고 진지한 사랑에 맞선다. 그런데 테레자는 무거운(진지하고 성실하고 영속적인) 사랑의 옹호자이다. 이런 점에서 차이를 찾는 토마시의 사랑은 은유적으로 정치적 획일성과 일반성의 지배에 맞선다. 모든 여성이 동일하고, 단 하나의 사랑만이 바람직하며, 사랑에는 아무런 차이가 없고, 완전한 결합만 존재한다는 주장은 획일성과 일반성의 지배를 정당화할 수 있다.〕

그런 차이는 공개된 것이 아니라 탐구하고 정복해야 할 것이기 때문이다. "오늘날에도 섹스는 여전히 여성적인 자아의 신비가 숨어 있는 은빛 상자처

럼 보인다."(287-8/323)

"그를 여자 사냥에 내모는 것은 쾌락(rozkoš)의 욕망 — 쾌락은 덤으로 따라오는 것이다 — 이 아니라 세계를 점령 — 지상에 머무르는 육체를 메스로 열고자 하는 — 하려는 욕망이었다."(288/323)

토마시의 사랑 모험에 관한 자세한 기록이 남아 있을 리는 없지만 그가 기억하는 것들 가운데 한 가지만 예를 들어보자. 그는 정치적인 이유로 의사직에서 쫓겨나 유리창을 닦는 노동자가 되었는데 그를 알아보거나 환영하는 여성들이 많았다. 그는 "기린과 황새를 닮은" 한 여성과 관계를 맺은 뒤에 독특한 차이를 세 요소로 정리한다.

"1. 격렬함에 깃들인 어색함. 2. 중심을 잃고 쓰러진 사람의 겁먹은 얼굴. 3. 총구 앞에서 항복한 군인의 두 팔처럼 치켜 올린 다리."(296-7/333)

일상적인 삶과 전체주의

토마시와 대조적인 테마를 연주하는 테레자의 사랑은 어떤 정치적 함의를 갖는가? 일상적인 삶에 스며든 수용소-전체주의적 주제는 테레자의 삶을 왜곡하는 상황이기도 하다.

테레자의 어머니는 아침 식사를 하다가 가족들 앞에서 테레자의 일기를 읽으면서 폭소를 터뜨리곤 했다. 일기장을 공개하는 것은 모든 곳에 귀를 배치하는 도청 공화국의 비밀 없는 세계와 연결된다.(우리는 너의 모든 것을 듣고 있고, 너의 모든 것을 알고 있고, 네 모든 생각까지도 알고 있다.)

"포도주를 마시며 친구와 나누었던 대화가 라디오로 공개되었다는 것은 오로지 이렇게 해석될 수밖에 없었다. 이 세상이 집단 수용소로 바뀌었다고." (197/222)

집단 수용소, 그것은 밤낮으로 서로 뒤엉켜 사는 세계였다. 잔인성과 폭력은 그것의 부수적인(전혀 필연적이지 않은) 측면에 지나지 않았다. 집단 수용소, 그것은 사생활의 완전한 청산이었다. 친구와 술을 마시며 토론할 때 자기 집에서조차 안전하지 못했던 프로하스카는 집단 수용소에 살았던 것이다.

어머니 집에 살았던 시절의 테레자는 수용소에 살았다. 그때 이후로 수용소란 전혀 예외적인 것, 놀랄 만한 것도 아닌 뭔가 주어진 조건, 뭔가 근본적인 것, 세상에 나왔을 때부터 있으며 온 힘을 다해서 극도의 긴장을 통해서만 벗어날 수 있는 그 어떤 것임을 그녀는 잘 알고 있었다.(197/222)

이런 집단 수용소의 사고, 동일성과 몰개성의 주제를 잘 드러내는 것이 테레자를 괴롭힌 꿈의 내용이기도 하다.(33-4/34-5)

꿈에서 테레자는 벌거벗은 여자들과 함께 수영장 주위를 행진하고 토마시는 천장에 매달린 바구니 안에 서서 큰 소리로 외치며 노래를 부르고 무릎을 꿇으라고 명령을 내린다. 동작이 틀리는 여자에게는 권총을 쏜다. 테레자는 다른 알몸의 여자들 틈에 끼어서 발을 맞추어 행진하는 것에 공포를 느낀다. 이것은 테레자의 육체를 매개체로 삼아서 상징적으로 주제를 제시한다.

그녀의 어머니는 욕실 문을 잠그는 것을 금지했다. "네 몸도 다른 사람의 몸과 다를 바 없어(ommun). 너에겐 수줍어할 권리가 없다니까. 수많은 사람

들에게 동일한 형태로 존재하는 무엇인가를 감출 필요가 없어."(88/101)

어머니에게 육체는 동일성의 차원에 있었다. "어머니의 세계에서 모든 육체는 같은 것이고 줄에 따라 발을 맞춰 행진하는 것이었다. 어렸을 때부터 테레자에게 나체는 집단수용소의 강요된 획일성(uniformity koncentračhiho)의 기호였다. 모독의 기호였다."(88/101-2)

그리고 꿈에서 모든 여자들은 노래를 불러야만 했다. 그들의 육체는 평가절하되고, 영혼 없는 단순하고 동일한 음향기계가 되었다. "영혼 없는 자들의 환호에 찬 유대감"(89/102)이다. 그 여자들은 (개별성에 대한 환상이며 우스꽝스러운 오만인) 영혼의 짐을 내던지고 모두가 비슷해진 점 때문에 행복해했다. 테레자는 그녀들과 더불어 노래를 했지만 즐겁지 않았다.

그러면 토마시가 그들을 총으로 쏘는 것과 그들이 차례로 죽어서 수영장에 빠지는 것은 무엇을 뜻하는가?

"철저하게 비슷하고 몰개성화된 것을 즐기는 여자들은 그들의 유사성을 절대화하는 미래의 죽음을 축하한다. 권총 소리가 날 때마다 그들은 쾌활하게 웃었고, 시체가 수면 아래로 가라앉으면 더욱 목청껏 노래를 불렀다."(89/102)

테레자는 모든 육체가 평등했던 어머니의 세계로부터 벗어나기 위해서 토마시에게 와서 자신의 육체를 유일하고 대체 불가능한 것으로 만들고자 한다. 그런데 토마시는 그녀를 다른 여자들 가운데 하나로 (평등하게) 대한다. "같은 방식으로 모든 여자에게 키스하고 같은 식으로 애무하고 테레자의 육체와 어떤 구별도, 추호의 구별도 하지 않았다."(89/103) 토마시는 그녀가 벗어났다고 믿었던 세계로 그녀를 돌려보내는 것처럼 다른 벌거벗은 여자들과 함께 행진하라고 그녀를 내몰았다.

가벼움 - 우연의 긍정적인 테마와 무거움 - 필연의 부정적인 테마는 서로 대조를 이루면서 사중주를 이끈다.

테레자의 사랑은 몰개성적 동일성을 벗어나서 독특한 차이를 추구하고, 유일한 존재로서 그녀들과 다른 자신만의 본질을 추구한다. 이는 육체에서 실현되는 것이 아니라 정신적 가치를 지닌 것이다. 그녀는 '일반적인' 육체에서 '단일한' 정신으로 상승하고자 한다.

(육체와 정신의 이분법 앞에서 정신 쪽을 선택한) 테레자는 거울 앞에서 자기 몸을 이물질처럼 바라본다. 이질적이지만 바로 자기에게 할당된 그것. "그 이물질은 토마시의 유일한 육체가 되는 힘을 지니지 못했다. 그 육체는 그녀를 실망시키고 배신했다." (201/227) 그래서 그녀는 이 육체를 파면하고 싶어 한다. 오로지 영혼만 토마시와 함께 있고, 육체는 다른 여자의 육체가 수컷의 육체와 하는 것과 똑같이 행동할 수 있도록 추방하고 싶었다.(202/227)

토마시에게 차이란 육체적인 성격을 가지며, 육체들 사이에서 탐색한 것들로부터 주제화된다. 그는 이런 차이의 철학을 통해서 사랑은 성과 구별되고, 쾌락과 독립된 어떤 것이며, 사랑이 필연성의 무게에 짓눌리지 않도록 우연과 자유의 날개를 달아주고자 한다.

차이들로 구성한 사랑의 (부정) 변증법

토마시가 "육체적 사랑의 가벼움과 유쾌한 허망함"을 연주하고 이에 호응해서 테레자는 정신적 사랑의 무거움과 진지한 자기실현을 연주한다면, 이와 대칭적인 관계에서 프란츠와 사비나는 낭만적인 사랑, 일상을 넘어서는 대행진을 사랑과 배신의 테마, 부정과 새로움의 주제로 전개한다.

프란츠와 사비나의 관계 역시 차이를 바탕에 둔 결합의 사례이다. 차이를 대위법적으로 구성한 것처럼 보이는 이들은 같은 현상에 대한 상반된 차이가 사랑을 가능하게 하고 동시에 그것이 결코 좁힐 수 없는 것이어서 사랑을 깨뜨린다. 이런 차이를 무화시키거나 최소화해서 동일성에 흡수하려는 시도는 양자의 개성 자체를 지워버릴 것이다. 이처럼 사랑은 차이를 확인하는 것이 아닐까? 차이'에도 불구하고', 차이 '때문에', 차이 '덕분에' 격렬하게 타오르는 불길이 되고, 동시에 차이 '때문에' 그 불길이 소진되고 사라질 수밖에 없지 않을까?

이처럼 프란츠와 사비나의 사랑 변증법은 차이들을 교차시켜서 대조적인 것들을 하나로 묶는 형식으로 구성된다. 사비나가 특정한 현상에 부여한 의미는 거꾸로 프란츠를 사로잡는 의미로 바뀌고, 그렇게 이질적이고 대립된 의미들은 서로 마주보면서 '대조적인 통일'을 추구하는 반쪽들처럼 자기 너머에 있는 다른 것을 추구하고 그 대립의 힘 덕분에 (아름답고 격렬한) 사랑의 스텝을 유지한다.

예를 들어서, 사비나에게 사랑은 능동적인 것이지만, 프란츠에게 사랑은 수동성으로 이해된다. 프란츠에게 사랑은 공적인 삶의 연장이 아니라 그 대척점에 있고, 사랑은 타인의 선의와 자비에 자신을 던지고 싶은 욕망이다. 마치 자신의 무기를 내던지고 포로가 된 군인처럼 타인에게 자신을 맡기는 욕망과 같다. 그래서 방어 수단도 없이 공격을 기다리고 있을 수밖에 없는 상태를 말한다.(125/143-4) 그런 프란츠의 사랑은 "계속 공격을 기다리는 것"(125/144)이다.

이들은 정조와 배신의 대조적인 테마를 어떻게 연주할까?

프란츠는 정조가 삶에 통일성을 부여하고, 그것 없는 삶은 수천 조각의 덧없는 인상들에 지나지 않는다고 여긴다.(135/155) 그런데 그의 이상적인 파트너인 사비나를 이끄는 테마는 배신이다. 그녀에게 배신은 (어린 시절부터 아버지와 선생님들은 그것이 가장 추하다고 했지만) 정해진 줄 바깥으로 나가고 미지의 세계로 떠나는 것이다.

사비나에게 미지로 떠나는 것만큼 아름다운 것은 없다. 열네 살에 그녀가 남자친구를 사랑하는 것에 놀란 아버지는 혼자 외출하는 것을 금지했고, 사회주의 리얼리즘은 피카소적 화풍을 금지했다. 그녀는 싸구려 배우와 결혼함으로써 아버지를 배신하고자 했고, 다시 배신하고 싶은 욕구 — 자기의 배신을 배신하기 — 에 이끌려 남편을 떠났다. 첫 번째 배신은 또 다른 배신을 낳고, 이어지는 배신들의 계열은 일정한 지향점 없이 강제, 허위, 현실의 억압, 무거운 이상을 거부하면서 '가벼움'의 테마를 따라서 점점 멀리 나아간다.(136-7/156-7)

프란츠는 음악이 도취를 위한 디오니소스적 아름다움에 근접한 예술이라고 본다. 베토벤의 '교향곡 9번', 바르톡의 '두 대의 피아노와 타악기를 위한 소나타', 비틀즈의 노래 등은 그를 도취시킨다. 그에게 음악은 해방을 의미한다. 그는 음악을 통해서 고독, 유폐, 도서관의 먼지로부터 해방되며 육체의 문을 열고 타인의 영혼과 교감할 수 있다. (137/158)

그런데 사비나는 음악으로 무장된 세계로부터 도망치고자 한다. 그녀는 어린 시절부터 음악이라는 가면을 쓴 소음에 쫓겨 다녔다. 미술학교 시절, 청년 작업장에서 건설공사에 참여했을 때, 아침 5시부터 밤 9시까지 확성기의 음악이 끊이지 않았다. 음악은 경쾌했지만 그녀는 울고 싶었고, 확성기는 모든 곳에 있어서 화장실, 침대 담요 속에도 음악에서 벗어날 수 없었다. 한마디로 음악은 "그녀를 뒤쫓는 개 떼"(138/159) 같았다.

"진리 안에서 살기"라는 테마도 프란츠와 사비나의 차이를 잘 드러낸다. "진리 안에서 살기"를 소극적으로 정의하면, 거짓말 하지 않기, 본심을 숨기지 않기, 아무것도 감추지 않기 등이 된다. 그런데 프란츠는 사비나를 사랑하기 위해서 거짓말을 (해야) 한다.

사비나의 경우에 진리 속에 살거나 자신이나 타인에게 거짓말 하지 않기 위해서는 군중 없이 살아야만 한다. 행위를 지켜보는 자가 있으면 관찰자의 눈에 자신을 맞추게 되므로 우리가 하는 것 모두가 진실이 될 수 없다. 군중이 보고 있음은 거짓 속에 사는 것이다.

이런 까닭에 사비나는 자신의 은밀한 삶, 친구들의 은밀함을 드러내는 문학을 싫어한다. 자신의 내밀함을 상실한 자는 모든 것을 잃기 때문이다. 괴물이 아니고서야 어떻게 그것을 기꺼이 포기할 수 있단 말인가? 그래서 사비나는 사랑을 감추는 것 때문에 괴로워하지 않는다. 그것이 오히려 "진리 속에 사는" 유일한 방법이기 때문이다. (164-5/186-7)

그리고 프란츠는 모든 거짓이 개인적인 삶과 공적인 삶을 분리하는 데서 비롯된다고 믿는다. 따라서 진리 안에 살기는 공적인 것과 사적인 것의 장벽을 제거하는 것을 뜻한다. 그는 어떤 것도 비밀로 남아 있지 않고 모든 시선에 열려 있는 "유리 집" 안에 살고 싶다고 했던 브르통을 좋아했다. 물론 전체주의적 체제에서 투명한 시선을 벗어날 수 없었던 사비나에게는 그런 진리야말로 억압의 전제조건일 뿐이다. 마치 진리와 거짓을 배분하는 것처럼 바이올린(사비나)과 비올라(프란츠)는 서로 상대방의 모티프를 밀쳐내면서 서로의 차이 때문에 갈등을 겪으면서 차이 너머에 있을지도 모르는 어떤 것을 추구한다.

물론 진리의 태양을 거부하고 어둠의 신비를 선호한다고 해서 사비나가 어둠만을 추구하는 것은 아니다. 화가인 사비나에게 산다는 것은 보는 것을 뜻한다. 하지만 그녀는 두 극단, 눈을 멀게 할 정도의 강렬한 빛과 완전한 어둠을 싫어한다. 그런 극단적인 것은 생명의 끝을 가리키고, 정치와 마찬가지로 예술에서 극단주의에 대한 열정은 위장된 죽음 욕망일 뿐이다.

이런 바이올린의 날카로운 경고와 짝을 이루는 프란츠의 온화한 비올라는 빛을 향해서 달려가고자 한다. 그에게 빛이란 주제는 진리의 태양, 이성의 눈부신 광채라는 메타포를 연상시킨다. 물론 그는 성적 관계에서 어둠의 매력을 즐긴다. 그는 현대적 스타일로 침대머리에 작은 램프를 켜놓고 정사를 하면서도 정작 사비나의 몸에 진입하는 순간에는 눈을 감는다. 그를 사로잡는 쾌락이 어둠을 선호하기 때문이다. 아마 그 순간에 누군가가 절정에 빠진 그의 상태를 묘사하라고 한다면 어둠 속의 일치가 주는 그 무엇을 제시할지도 모른다. "이 어둠은 순수하고 총체적이다. 이 어둠에는 이미지도 환영도 없다. 끝도 경계도 없다 이 어둠은 우리들 각자에 내면에 품고 있는 무한성이다.(그렇다. 무한한 것을 찾고자 하는 자는 눈을 감으면 된다!)"(140/161)

이처럼 프란츠가 쾌락의 절정에서 영원한 어둠 속으로 용해되어서 스스로 영원이 될 때 사비나도 어둠을 즐기고 있을까? "그런데 인간이 그의 내면적 어둠 속에서 커지면 커질수록 그의 외양은 점점 위축되는 법이다. 눈을 감은 남자는 스스로를 폐기한 쓰레기에 지나지 않는다. 그런 모습을 바라보는 것이 불쾌한 사비나는 그를 보고 싶지 않아서 자기도 눈을 감는다. 그러나 그녀에 이런 어둠은 무한성이 아니라 다만 그녀가 보는 것과의 불화, 보이는 것에 대한 부정, 보는 것의 거부를 의미할 뿐이다."(140/161)

이런 '차이에도 불구하고' 그들의 사랑 테마는 아름다운 음악을 들려주었다. 하지만 이런 사랑이 영원한 것이 아님을 잘 알고 있는 우리는 프란츠와 사비나의 '차이 때문에' 빚어지는 파국 장면에 눈감을 수는 없을 것이다. 그것은 논리적으로는 예정된 것이지만 실제 세계에서는 안타깝기 그지없는 형태로, 예측할 수 없는 사건으로 나타난다.

사비나는 프란츠가 자신이 만난 남자 가운데 가장 훌륭했고, 지적이고, 그녀의 그림을 이해했고, 선하고, 정직하고, 미남이었지만, 이런 지성과 선의를 훼손시키고 멍청한 위력[3]에 폭력을 가하고 싶었다. 그들이 마지막 만나는 장면을 해설하는 작가의 말을 잠시 들어보자.(물론 그는 그 장면을 실제로 본 것도

---

[3] 근육질의 몸을 지니고 유도 챔피언이었던 프란츠는 강하지만 그의 힘은 오로지 외부로만 향한다. 그와 함께 살아가는 사람들, 그가 사랑하는 사람들에 대해서 그는 약하다. 이런 허약함을 신의라고 부른다. 그는 사비나에게 결코 명령을 내리지 않는다. 그런데 "세상에는 폭력을 통해서만 이룰 수 있는 것이 있다. 육체적 사랑이란 폭력 없이는 생각할 수 없다." 프란츠가 "사랑하는 것은 힘을 포기하는 것"이라고 말할 때, 사비나는 이 말이 아름답고 진실하다고 느끼지만, 프란츠의 이 말 때문에 그녀의 에로틱한 삶에서 그에게 자격상실을 선고한다.

아니고 누군가에게 들은 것도 아니라 '상상의 연필'에 의해서 '차이와 일치의 어색한 결합'을 무책임하게 그려낸다.) 그와의 마지막 만남이라는 생각에 흥분한 그녀는 격렬하게 그를 사랑했다. 배신의 황금나팔 소리를 들으며 광활한 자유의 공간이 열린 느낌에 "그녀는 그 어느 때보다도 프란츠를 미친 듯 거칠게 사랑했다."(170/194)

이 부분의 한 장면에서 앞에서 본 시선의 문제가 삽입될 것이다. 사비나는 단 1초라도 감은 눈을 보고 싶지 않았다. 눈을 감은 채 그녀 위에서 움직이는 프란츠의 육체는 영혼이 빠져 나간 육체에 지나지 않았다. 그들이 한 몸이 되어서 달려가는 그 아스라한 곳에서 그들은 "함께" 그리고 동시에 "각자로서" "두 사람은 모두 그들이 원하는 먼 곳을 향해 가고 있었다. 두 사람 모두 그들을 구원하는 배신에 도취되었다. 프란츠는 사비나를 타면서 그의 부인을 배신했고, 사비나는 프란츠를 타고 프란츠를 배신했다."(171/194)

다음 날 프란츠가 부인과의 관계를 단절하고 사비나와 함께 살려고 달려간 순간에 사비나는 이미 그를 떠나고 말았다. 프란츠의 진실한 사랑은 불행하게도 사랑의 올가미가 될 가능성을 잃어버린 채 사비나를 대체하고 다른 존재(그를 흠모하고 그를 이상적인 존재로 받아들일, 안경 쓴 여학생)와 마주 선다.

사랑에 숨겨진 자유?

사랑과 흥분

토마시의 사랑 탐구는 어떤 의미로 존재의 가벼움을 자각하고 새로운 관점을 도입하는가? 토마시를 여전히 멸시하는 독자가 있다면 그의 자유에 관한 형이상학적 논의를 들어보자고 권하고 싶다. 현명하신 독자께서는 어떤 관계가 바람직하다고 보시는가? 사랑과 섹스의 관계, 필연성과 자유의 관계에 대해서 어떻게 생각하시는가? 바람둥이, 또는 차이의 철학자는 진지하게 질문한다. 사랑은 자유의 행위일 수 있는가?

에로틱한 꿈에서 깨어난 토마시는 꿈에서 혐오감을 불러일으킬 만한 여자의 모습에 흥분한 이유를 숙고한다. 물론 유물론자는 자동반응으로 연결된 이상한 조합으로 간략하게 설명한다.

"두뇌 속 시계 장치에는 반대방향으로 도는 두 톱니바퀴가 있다. 하나에는 시각이 있고, 다른 쪽에는 육체의 명령이 있다. 나체의 여자를 보는 시각이 새겨진 톱니는 발기 명령이 새겨진 반대편 톱니와 맞물려 있다. 이런저런 이유로 한쪽 톱니바퀴의 톱니가 한 칸 돌고, 흥분 톱니가 비상하는 제비의 이미지가 새겨진 톱니와 맞물리면, 우리의 성기는 제비만 보아도 우뚝 선다." (340/379-380)

나체의 여자와 발기를 조합하는 것은 "인간 머리에 있는 시계 장치를 조절하기 위해서 창조주가 택한 수천 가지 방식 가운데 하나"(273)일 뿐이다.

이런 반응체계와 사랑은 어떤 관계를 맺고, 어떤 공통성을 지니는가? 아무런 관계도 없다. 토마시의 머릿속 톱니가 한 칸 돌고 제비만 보아도 흥분하더라도 테레자를 향한 그의 사랑은 조금도 달라지지 않을 것이다.

만약 흥분이 창조주가 재미삼아 즐기는 기계 장치라면, 사랑이란 우리의 권능에 속한 것이고, 이를 통해서 우리는 창조주로부터 벗어난다. 사랑, 이것은 우리의 자유이다. 사랑은 "그래야만 한다(Es muss sein)!"를 초월하는 것이다. 그런데 사랑이 창조주가 고안한 섹스의 시계 장치와 다른 것이더라도 사랑스러운 나체 여자와 거대한 시계추가 연결되는 것처럼 연관관계가 있긴 하다. 사랑과 섹스를 연결시킨 것은 창조주의 기괴한 발상이다.

토마시의 성찰은 엉뚱한 결론에 이른다. "멍청한 섹스로부터 사랑을 구하는 유일한 방법은 우리 머릿속의 시계를 다른 식으로 조절해서 제비만 보고도 흥분하는 수밖에 없다."(341/380-19) 이런 결론은 사랑의 가벼움보다는 테레자에 대한 사랑을 정당화하려는 시도이다.

"그는 모든 수수께끼의 해답, 신비의 열쇠, 새로운 이상향, 파라다이스를 발견했다고 확신한다. 제비만 보아도 발기하고, 공격적이고 우매한 섹스의 방해를 받지 않으면서 테레자를 사랑할 수 있는 세계!"(341-2/381)

사랑이 자동적으로 섹스를 요구하고 양자의 연결이 필연적이지 않다면……

이토록 아름다운 세계? – 존재에 대한 긍정?

이런 (형이상학적) 고찰은 키치에 대한 반론을 가벼움의 철학과 관련짓는다.

작가는 키치를 존재에 대한 정언적인/무조건적인 동의(kategorického souhlasus bytím)라고 정의한다. 이 문제는 전체주의적 사고를 어떻게 거부할 수 있는가에 관한 것이고, 사랑의 가벼움이 지닌 의미를 다른 방식으로 검토하는 것이다.

악의 문제는 오랫동안 신학자들을 괴롭혀왔지만 그들은 나름의 해결책을 제시했다. 쿤데라는 이보다 더 까다로운 문제를 제기한다. 똥의 문제—이하에서는 이 단어를 ㉓으로 대신한다. 그는 다섯 살 때, 어린이용 구약성서를 읽으면서 그림으로 표현된 선한 신의 형상을 보았다. 눈, 코, 긴 수염을 지닌 존재. 그런데 그가 입이 있다면 먹을 것이고, 그러면 창자가 있을 것이고…….

이처럼 신의 창자에 대해 생각하면서는 신성모독을 범할 수밖에 없다. 어린이는 조숙하게도 "㉓과 신이 양립할 수 없고" 인간이 신의 모습을 따라서 창조되었다는 인류학적 명제의 허약성을 깨닫는다. "인간이 신의 모습에 따라서 창조되어서 신이 창자를 지니거나, 아니면 신은 창자를 지니지 않았고 인간은 신을 닮지 않았거나."(352/396)

그래서 2세기 그노시스 학파의 한 사람인 발렌티누스는 단호하게 선언한다. "예수는 먹고 마시지만 절대 ㉓은 싸지 않는다."(352/395)

이 까다로운 문제는 키치의 문제와 관련된다. 예를 들어 스탈린주의자들은 이 세계(특히 사회주의 국가)에서 ㉓과 같은 추한 것이 존재한다는 사실을 받아들이지 않는다. 이상적인 세계, 어떠한 추함과 악이 없는 아름답고 선한 세계를 건설해야 하기 때문이다. 이런 사회에서는 어떠한 모순도 없거나 있어서도 안 된다. 따라서 고도로 발전한 사회주의 국가에서 생기는 갈등과 모순이라고는 사랑하는 이들 간의 사랑싸움, 오해, 갈등이 전부다. 잔혹하고 험악한 대결을 요구하는 정치적인 대립 같은 것은 있을 리가 없으므로. 그래서 이상적인 사랑, 무거운 사랑, 본질적이고 완전한 사랑을 추구하는 것은 세계의 완전함을 증명하는 마지막 관문이 된다.

신이 인간에게 자유를 주었고 인류의 범죄에 대해서 신이 책임질 필요가 없다고 생각할 수 있지만, G9에 대한 책임을 누구에게 귀속시켜야 하는가? 전적으로 (인간을 창조한) 신에게……

4세기에 성 제롬은 아담과 이브가 낙원에서 성행위를 했다는 수치스러운 생각을 받아들이지 않았다. 9세기 신학자 S. 에리우게나는 이 생각을 받아들였지만 아담이 사람들이 팔이나 다리를 들어 올리듯이, 언제 어디에서든 성기를 일으켜 세울 수 있었다고 보았다. 이런 생각은 성기가 간단한 뇌의 명령에 따라서 움직이면 굳이 흥분하지 않아도 되기 때문이다.

성기가 서는 것은 (흥분했기 때문이 아니라) 명령에 따르기 때문이다. 이 신학자가 천국과 양립할 수 없다고 본 것은 성교나 성교와 관련된 쾌락이 아니라 흥분이다. "천국에서 쾌락(rozkoš)은 존재하지만, 흥분(vzrušeni)은 존재하지 않는다."(354/396-7)

이런 에리우게나의 사고에서 G9을 신학적으로 정당화할 열쇠를 찾을 수 있다. "인간이 천국에 머무르는 것이 허용된다면 G9을 싸지 않거나 (발렌티누스가 주장한 예수처럼) 보다 개연성이 높은 견해로서 G9을 혐오스러운 것으로 여기지 않는다는 것이다."(354/397)

천국에서 추방당한 인간은 추한 모습과 혐오감을 알고 말았다. 인간은 수

치스러운 것을 감추기 시작했다. 이처럼 추한 것을 발견하면서 흥분도 발견한다. "똥(말 그대로의 의미나 추상적인 의미에서)이 없다면 사랑은 심장의 격렬한 박동감과 감각의 맹목성이 동반되는 것과 같은, 우리가 알고 있는 사랑과는 전혀 다른 모습이 되었을 것이다."(354-5/397)

똥을 절대적으로 부정하는 것은 전체주의적 키치의 특성이기도 하다. "존재에 대한 무조건적 동의란 똥이 부정되고, 각자가 마치 똥이 존재하지 않는 것처럼 처신하는 세계를 미학적 이상으로 삼는 것"이다. 작가는 이런 미학적 이상을 키치라고 본다. "키치는 자신의 시야에서 인간 존재가 지닌 것 가운데 본질적으로 수락할 수 없는 것을 모조리 배제한다."(356-7/399)

이때 전체주의는 키치를 훼손하는 모든 것을 삶에서 추방한다. "모든 개인주의의 발현(모든 이의 제기는 미소 짓는 연대감의 얼굴에 침을 뱉는 것이다), 회의주의(사소한 세부에 대해서 의심하기 시작하는 자는 있는 그대로의 삶, 그 자체를 의심한다), 아이러니(키치의 왕국에서는 모든 것이 진지하게 여겨져야 하기 때문에), 뿐만 아니라 가족을 버린 어머니나 여자보다 남자를 좋아해서 "교미해서 번식하라"라는 신성불가침한 슬로건을 위협하는 남자."(363-4/406-7)

키치에 맞서기

작가는 민주적 다원주의가 키치의 영향력을 약화시킬 수 있다고 지적한다. "여러 사조가 공존하고 그것들의 영향력이 서로를 제한하고 무화시키는 사회에서는 키치의 독재로부터 어느 정도 빠져 나올 수 있다. 개인은 자신의 독창성을 보존할 수 있으며, 예술가는 예기치 않은 작품을 창조할 수도 있다. 하지만 하나의 정치적 흐름이 모든 권력을 장악하는 곳에서 사람들은 단번에 전체주의적인 키치 왕국에 빠진다."

작가는 키치에 대한 저항과 그것의 완전한 극복이 불가능함을 지적한다.

이런 "전체주의적인 키치 왕국에서 대답은 미리 주어져 있으며, 모든 새로운 질문은 배제된다. 따라서 전체주의 키치의 진정한 경쟁자는 질문하는 사람인 셈이다. 질문이란 이면에 숨겨진 것을 볼 수 있도록 무대장치의 화폭을 찢는 칼과 같은 것이다."(368/411) 물론 질문 몇 개로 칼이나 정치적 구호처럼 위력적인 효력을 대신할 수는 없다는 점이 여전히 문젯거리이긴 하다. "그러나 소위 전체주의에 대항하는 사람은 질문과 의심을 가지고 투쟁할 수 없다. 그들에게도 가장 많은 사람들에게 이해되어야 하고 집단적인 눈물샘을 자극해야만 하는 확신과 단순화된 진리가 필요하다."(368/411) 그래서 전체주의에 대한 투쟁은 쉽게 전체주의의 유혹에 빠지곤 한다.

키치와 싸우는 주인공들의 모습은 어떠한가? 토마시는 가벼움을 추구하고 차이를 통해서 동일성과 본질이 지배하지 않는 세계를 모색한다. 테레자는 정신적 가치와 개별적 실존의 존엄을 통해서 획일주의적 지배와 대체가능한 것들에 맞선다. 프란츠는 보다 이상적인 세계를 추구하지만 이런 시도는 새로운 키치에 매몰될 가능성을 지닌다.(작품에서 프란츠가 대행진을 시도하다가 죽음을 맞이하는 예에서 보듯이 사회주의적 대행진을 민주적인 대행진으로 대체하는 것으로는 키치로 가득한 '삶과 역사의 조건'을 벗어나기 어렵다.) 사비나는 존재에 대한 절대적인 거부, 끊임없는 배신의 계열을 통해서 가벼움의 화신이 된다.

특히 사랑의 키치는 사랑을 이상화, 절대화하는 태도에 바탕을 둔다. 사랑이 모든 삶과 관계의 본질이자 바탕이고 모든 가치 있는 것은 사랑에서 나오고, 모든 선한 관계의 바탕에는 사랑이 있고, 사랑이 모든 행위가 추구하는 지향점인 것으로 보는 태도에 그치지 않고, 본질적인 사랑의 불변성, 완전성의 이름으로 비본질적인 다양한 사랑의 구체적 형태들을 거부하는 것일 수 있다.

　이런 점을 볼 때 특정한 내용, 형식을 통해서 완전한 해결책을 찾기는 어렵고 문제를 은폐할 수 있다. 우리가 주목할 점은 완전한 대안이 아니라 차이들의 공존을 통한 '다른' 관계 방식을 찾는 것이다. 예를 들어서 가벼움이나 무거움을 선택하고 그것을 고집스럽게 절대화하지 않고 그것들의 관계를 새롭게 사고할 수 있다.

　차이들과 사중주

　사중주를 창시한 하이든은 여행하면서 네 친구가 서로 자기의 주장을 펼치는 소란스러움에 귀 막지 않고 각자에게 한 악기씩을 배당해서 음악적인 대조와 조화로 차이들이 공존하는 음악적인 세계를 구성한다. 이처럼 차이들이 공존하는 사중주 형식을 실마리로 삼아보자. 사중주는 차이 또는 대립 항들을 짝짓고 포괄하면서 조화를 추구한다. (한 악기가 다른 악기들을 지배할 수 없는 것처럼) 하나의 진리가 다른 것들을 지배, 대표하는 것이 아니라 서로 맞서는 관점들이 각자의 의미를 제시하면서 차이가 공존, 상생하는 조화를 마련할 수 있다. 상이한 네 항, 네 관점은 갈등과 대립을 벗어날 수 없지만 그것들이 서로 마주 놓임으로써 제 나름의 의미를 부여받는다. 그리고 차이들이 맞물리면서 상대를 보완하고 대조적인 화음을 즐김으로써 저마다 자기 소리를 내는 상이한 관점과 존재를 가능하게 한다.

차이가 조화를 낳을 수 있다. 이런 조화의 지평에서 각 개별항들은 전체의 지배 하에서 자신을 상실하는 것이 아니라 저마다의 자기다움을 누리면서 그 누구도 장악할 수 없는 차이들의 우주를 향해 나아갈 수 있다. 사중주처럼.[4]

참고문헌

Milan Kundera, L'insoutenable légèreté de l'être, tr. F. Kérel, Gallimard, 1984.

밀란 쿤데라, 『참을 수 없는 존재의 가벼움』, 이재룡 옮김, 민음사, 1999/2011. 쿤데라 전집 6권.

[4] 각 관점들은 단일하고 지배적인 보편 관점에 의해서 지배당하거나 그 관점에 기여한 바에 따라서 평가 받는 것이 아니라 각 관점의 고유한 가치를 인정하면서 그것들이 상호공존하고 부분적이고 제한된 조화와 일치를 바탕으로 단일한 중심 없이 각 관점들의 이질적인 차이들을 긍정하는 틀에서 종합과 지배의 전략이 여전히 유효할 것인가?

2. 사랑의 진리에서 진리 사랑으로

_ 플라톤의 「향연」 읽기

다음 대화를 나누는 칼리타스와 자밀라노는 인터넷 카페인 '알레테이아'에서 자주 만나서 다양한 주제로 토론을 즐기는 이들이다. 그들은 사랑을 주제로 연속 토론을 하기로 하고 세 번째 순서로 플라톤의 사랑을 주제로 삼아서 먼저 「향연」을 다루었다.
이들은 격식에 얽매이지 않고 자유롭게 논의하면서 서로의 의견 차이를 부각시키려고 했으나 기대와 달리 서로 협조하는 모습을 주로 보여주는 데 그친 점 때문에 불만스러워하기도 했다. 하지만 편집자는 이 대화가 「향연」을 읽을 예비 독자들에게 길잡이 역할을 하리라고 보았다. 대화자들은 독자들의 반론과 토론을 언제든지 받아들일 준비가 되어 있다고 전했다. 이 내용을 공개하는 데 동의한 두 대화자에게 독자들을 대신해서 감사의 뜻을 전한다. 편집자 gerbenabos, amamus0813@hanmail.net

"태초에 사랑이 있었도다!"

칼리타스: 얼마 전에 ○○시와 □□도 교육청의 청소년 권장 도서 목록을 보았더니 글쎄 플라톤의 「향연」이 포함되어 있지 뭔가.

자밀라노: 아마 「향연」이 다루는 주제가 '에로스'니까 관계자께서 청소년들에게 철학 교양과 고전적인 사랑의 길을 제시하려는 심오한 뜻이 들어 있으리라고 사료되옵니다만. 개인적으로는 『카마수트라』나 『인간적인, 너무나 인간적인 사랑』이 들어 있지 않은 것을 다행스럽게 생각하고 있사온데…….

칼리타스: 사포(:사랑을 포기한) 세대란 말이 유행할 정도로 사랑을 포기하는 청춘들이 많다니까 '사랑' 교육을 통해서 올바른 인간이라도 육성하시려는 건가?

자밀라노: 사랑 없는 삶이 가능한지도 모르겠지만, 사랑 없는 청춘이라니! 사랑과 사람이 결별하는 창조적인 신인류가 탄생할지도 모르겠는걸.

칼리타스: 사랑을 '돈 안 되는', 돈 많고 여유 있는 분들의 전유물로 보는 세태, 삶의 황량한 조건도 문제지만, 고전 그리스적인 '동성애'를 논하는 책을 배경 지식도 없는 이들에게 억지춘향으로 읽고 감동받고 시험용 답안을 준비하라고 하는 건 좀…….

자밀라노: 그래서 우리 대화의 목표는 그 목록을 수정하도록 교육 정책적인 항의를 하자는?

칼리타스: 무슨 말씀을! 국가에 충성할 뿐인 건전한 시민으로서 그런 위험천만한 생각을 하는 건 아니고, 이 기회에 「향연」을 차분하게 읽어보자는 소박한 바람을 조심스럽게 피력하는 것이오니…….

자밀라노: 고전 읽기의 중요성은 아무리 강조해도 지나치지 않으니, 칼리타스 공의 간절한 소망을 허락하지 아니할 이유가 있다고 보기 어려운 까닭에 중신들과 오래 심사숙고한 끝에 결정을 내리는 바, 이번 기회에 「향연」을 다시 살펴서 철학적 에로스가 어떻게, 왜 논의되고 있는지를 소상하게 밝힌다면, 이에 대한 적절한 관심을 불러일으키고 사랑의 철학에 대한 보다 깊은 이해와 새로운 사랑 문화에 대한 논의를 심화시킬 수 있을 뿐만 아니라, 동성애 얘기만 나오면 하나님(하느님도, 한울님도 아닌)까지 앞세워 저주를 퍼붓는

이들에게도 다시 한 번 생각할 기회를 마련해줄 수 있으니 칼 공은 능력을 아끼지 마시고…….

칼리타스: 미천하고 무능한 소신에게 더없이 무거운 소임을 맡기시니 그 광영을 필설로는 다 표현할 수 없사오나, 소신의 모든 것을 바쳐서 오로지 이 일을 완수하는 데 성심을 다 하겠나이다! 위대하신 자밀 전하!

그런데 많은 이들이 철학과 사랑의 관계가 깊다는 점에 주목하지 않으니 기이하지 않나?

자밀라노: 그렇지. 필로소피아(philo-sophia)는 말 그대로 지혜(sophia)를 사랑하고 추구하는(philos) 것인데 '지혜 사랑'에서 왜 '사랑'을 무시하는 걸까?

칼리타스: 근대 철학은 진리를 추구할 때 삶의 연관을 배제하고 앎의 측면에만 주목하잖아. 데카르트가 근대적 사고를 정립하면서 사고("나는 생각한다")가 존재("나는 존재한다")를 가능하게 한다고 보았고, 이런 사고가 주도하는 '삶도 사랑도 없는' 철학이 전개되었으니 그럴 만도 하지.

자밀라노: 우리는 이와 달리 "나는 사랑한다." "나와 너는 존재한다"를 출발점으로 삼기로 했지. 사랑 없는 진리보다는 사랑을 마주한 진리가 바람직하지 않을까?

어쨌든 지혜와 진리가 개념 체계와 이론적인 성찰에 그치는 것은 아닐 텐데.

칼리타스: 고전 그리스에서 철학을 논의하는 자들은 '지혜를 사랑하는 사람들(philo-sophos)'이고 변증법적 대화를 나누며 진리를 추구하는 진리의 친구-연인들이지.

자밀라노: 이 진리를 찾는 대화 마당은 우정(philia) 공동체이자 (진리를) 사랑하는 공동체의 잔치이기도 하지. 지혜의 벗들이 에로스를 주제로 토론을 펼치니 「향연」은 사랑의 진리를 추구하는 철학적 연애술이라고 할 수 있지.

칼리타스: 그리스 고전 철학을 이해하는 관점이 다양하지만, 철학이 처음부터 사랑론이었고, 당시의 주도적인 사랑 문화와 연애술을 '철학적인' 연애술로 변형시킨다고 볼 수도 있지.

물론 철학적인 에로스는 당시의 동성애가 사랑하는 이와 사랑받는 이의 몸을 중심에 두는 것과 달리 사랑하는 이들이 공동으로 진리를 추구하도록 방향을 전환시키지.

자밀라노: 보통의 사랑은 감정과 몸의 변화 때문에 일시적이고 불안정하지. 이와 달리 철학적인 사랑은 영원하고 불변적인 가치를 지닌 진리를 지향하는데, 이 목표는 사랑하는 '나'와 사랑받는 '너'가 함께 추구할 수 있는 대상이지. 진리 사랑은 몸에 대한 사랑에서 시작하지만 그것을 넘어서서 본질적이고 영원한 것에 대한 사랑으로 승화되지.

칼리타스: 철학이 태어난 자리에 사랑이 있었다면 그것은 어떤 사랑이고, 무엇에 대한 사랑일까?

자밀라노: "태초에 사랑이 있었도다!" 당시에 성인 남성이 미소년을 사랑하는 방식은 어떤 것이었을까? 그리고 소크라테스와 미소년들은 어떤 사랑을 추구했을까? 왜 (소크라테스가 알키비아데스를 사랑하는 것이 아니라) 알키비아데스가 소크라테스를 사랑할까? 소크라테스는 왜 아름다운 사랑에 대한 관심을 보편적인 진리 사랑으로 전환시키려 했을까? 그가 청년들의 사랑을 어떻게

이끌었기에 나중에 청소년들을 타락시킨 — 그들의 사랑 문화를 변질시킨 — 나쁜 교육자로 비난받았을까? 눈앞의 사람이 아니라 형태도 없는 진리를 어떻게 사랑할 수 있을까?

칼리타스: 궁금한 것도 많으시군. 이제 차분하게 흥미로운 에로스 이야기들을 살펴봐야지.

자밀라노: 진리를 공유하기 위해서 사랑의 본질에 관한 다양한 주장을 제기하고, 서로 비판하고 보완하면서 에로스를 탐구하는 모습이 보기에 좋다오. 사랑하는 이들이 사랑에 관해서 논의하는 사랑의 향연이자 철학 사랑의 잔치마당이. 사랑의 진리를 찾는 사랑하는 이들은 어떤 사랑 이야기를 할까요?[5]

모든 선의 근원인 에로스 신이시여!

첫 번째로 파이드로스(Phaedros)는 에로스의 위대함을 칭송하지. 에로스가 인간들과 신들 사이에서 가장 위대하고 놀라운 신이라고.

'에로스'주의자이시군! 사랑이 모든 것 가운데 최고라고 하듯이 에로스 신이 신들 가운데서도 그렇다는 건가? 그런데 어떤 점에서 그렇다는 걸까?

파이드로스는 발생학을 제시하면서 에로스가 가장 오래된 신이라고 하지. 헤시오도스는 처음 우주에 카오스(틈)가 생기고 이어서 가이아(대지의 신)와 에로스가 가장 먼저 생겨났다고 하고, 파르메니데스는 신들 가운데 에로스가 가장 먼저 고안되었다고 하듯이 대부분 에로스가 가장 오래된 신이라고들 한

---

5   이 글은 필자의 『문학과 철학의 향연』(문학과 지성사. 2011) 4장의 관련 내용을 부분적으로 수정. 보완한 것이다.

다는 거지.

에로스가 가장 오래된 신이라면 다른 모든 것의 근원이란 건가?

그래. 에로스는 모든 좋은 것의 근원이라는 거지. 그는 사랑을 선의 관점에서 파악하지. 그러면서 재미있는 예를 드는데…… 놀라는 이들이 있을까 봐 조금 망설여지는데…… 그러니까 어렸을 때부터 사랑받는 자(미소년)가 사랑하는 사람을 만나는 것이나 사랑하는 사람이 적절한 애인을 갖는 것보다 더 좋은 일이 있을 순 없다고 하니 말이야.

뭘 그리 놀라시나, 당연한 얘길 가지고. 전형적인 고전 그리스 동성애 모델인데. 성인 남성이 미소년을 사랑하는 관계에서 자연스럽게 나오는 얘기잖아. 사랑하는 자(erastēs)인 성인 남성과 사랑받는 자(erōmenē)인 미소년이 서로 사랑하면서 미소년을 유덕하고 지혜로운 자로 키우는 관계이지. 요즘 동성애와는 사뭇 다른 면이 있지.

아름다운 삶을 추구하는 이에게는 일생 동안 그를 이끌어가는 사랑이 혈연, 공직, 부 같은 것들보다 중요하다고 하지. 사랑하는 이들은 추한 것들에 대해서 부끄러워하고, 아름답고 훌륭한 것들에 대한 열망을 가지니까. 이런 사랑 없이는 국가나 개인이 "크고 아름다운 일들"을 이룰 수 없기 때문이지.

선한 사랑으로 개인과 국가에 바람직한 관계를 만들 수 있다는 것이로군. 사랑하는 이는 연인 앞에서 부끄럽거나 추악한 짓을 하지 않을 테니까.

사랑하는 이는 추한 일을 하거나 추한 꼴을 당하면 그것이 공공연하게 밝혀지는 것을 꺼리는데, 특히 아버지나 동료들보다도 소년 애인에게 들키는 것을 가장 고통스러워 하겠지.

사랑받는 소년도 마찬가지겠지. 추한 일에 연루되면 자기를 사랑하는 이에게 특히 부끄러워 할 수밖에.

이런 까닭에 국가나 군대를 사랑하는 이들과 소년 애인들로 조직할 수 있다면 "서로를 의식해서 모든 추한 일들을 멀리하고 명예를 추구하고" "이들이 더불어 전투를 수행하면 아무리 적은 수라고 해도 모든 사람들을 이길 수 있다"고 보지.

무적의 군대겠지. 누가 자기가 사랑하는 이나 소년 애인이 보고 있는데 도망치거나 무기를 내려놓겠어. 차라리 죽음을 택하면 몰라도.

그럼. "곤경에 처한 소년 애인을 못 본 체 버려두거나" 위험에 빠진 이를 도와주지 않을 리는 없을 테니까.

에로스가 용기를 북돋워주는 곳에서 비겁한 자가 있을 리 없지. 에로스로 무장한 군대라면 더 이상 말할 필요가 없어요.

파이드로스는 사랑하는 자들이 누군가를 위해서 기꺼이 죽을 수도 있다고 해. 펠리아스의 딸 알케스티스가 남편을 위해서 기꺼이 죽으려 한 경우를 바람직한 예로 들지. 이와 달리 오르페우스는 지하 영혼 세계인 하데스까지 에우리디케를 찾아가지만 아내를 위해서 죽을 용기가 부족해서 아내를 찾지 못하고 말았으니. 이런 예들처럼 신들은 사랑에 관련된 열성과 덕을 높이 평가한다고 보지.

트로이 전쟁 때의 아킬레우스와 파트로클로스의 경우도 좋은 예가 아닐까?

그렇지. 물론 둘이 친구 사이여서 죽음을 불사하는 우정의 아름다움을 보여주는 예로 보는 우리나라 아동 문학식의 해석도 있지만 그들을 연인 사이로 보는 것이 자연스러운 일이야.

아킬레우스가 (그리스군을 총지휘하는 아가멤논에게 자신의 여자 노예를 빼앗긴 사건으로 모멸감을 느껴) 전투에 참여하지 않아 그리스군이 위기에 처하자 파트로클로스는 아킬레우스의 갑옷을 입고 대신 나가서 싸우다가 헥토르 손에 죽지. 그러자 아킬레우스가 사랑하는 이를 잃은 슬픔과 분노로 무장하고서 헥토르와 결투를 하고 그를 죽이게 돼. 아킬레우스는 헥토르가 죽으면 자신도 죽음을 피할 수 없는 운명이지만 (집에서 늙어죽기를 바라지 않고) 파트로클로스를 위해서 죽기로 하고 자신도 연인의 죽음을 뒤따른 거야. 이들은 사랑을 위해서 목숨까지 바치지.

파이드로스는 신들이 '사랑의 덕'을 귀하게 여기지만 사랑하는 자가 소년을 사랑하는 것보다는 소년이 사랑하는 사람에게 애정을 가질 때, 더욱 칭찬받고 존경을 얻는다고 보지. 그리고 성인 남자가 미소년보다는 신의 영광을 더 많이 지니고 있고 더욱 신적인 존재이므로 미소년을 이끌고, 소년 쪽에서는 사랑을 통해서 배움을 얻는다고 하지.

이처럼 파이드로스는 에로스가 가장 오래되고 존경받을 만하고 "살아 있건 죽은 후에건 미덕과 행복"을 준다고 주장한다오.

사랑의 미덕을 칭송하고 사랑을 선하다고 보는 이런 주장은 충동과 욕망을 부정적인 것으로 여기지 않으면서 그것을 적절하게 조절해서 선한 결과를 낳으려는 것이겠지. 그런데 사랑이 항상 선한 결과만 낳지는 않을 텐데.

고귀한 에로스와 천한 에로스

그래서 파우사니아스(Pausanias)는 이런 예찬론에 가치개념을 끌어들여서 바람직한 에로스만 예찬하려고 하지.

에로스가 무조건 선한 것은 아니고 바람직한 에로스만 가치 있다는 거로군. 그러면 에로스는 하나가 아니고, 내용과 특성에 따라서 다르게 평가되겠군. 무절제하고 추한 에로스 같은 것이 있을 수 있으니까.

그는 아프로디테와 에로스를 연결시키고, 아프로디테 여신이 둘이 있으니 에로스도 둘일 수밖에 없다고 봐. 그래서 고상함의 정도에 따라서 지상에 있는 통속적인 (pandemos) 아프로디테와 하늘의 고상한(ourania) 아프로디테로 나누지.

마찬가지로 에로스도 통속적인 에로스와 고귀한 에로스로 나뉘겠군. 어떤 사랑이 고귀하다고 봐야 할까?

어떤 행위도 그 자체로 좋거나 나쁘다고 할 수는 없어. "술 마시거나 노래하거나 대화하는 것"이 그 자체로 아름다운 것은 아니니까. 그것이 "어떻게 행해지는가"에 따라서 아름답거나 추한 것이 되지.

사랑이라고 모두 바람직하다고 보면 무분별하고 추한 사랑까지 사랑의 이름으로 정당화할 수 있겠지. 그런데 이런 관점은 사랑 자체에 관한 질문 대신에 "'어떤 종류의' 사랑인가? 선하고 고상한 사랑인가?"를 묻는 것이군.

그는 바르고 아름다운 에로스만이 찬미할 가치가 있다고 하면서, 묘하게도 남녀를 가리지 않는 사랑을 무분별하고 저속하다고 보는군. 그러니까 성인 남자가 미소년만을 사랑하지 않고, 여자까지 사랑하는 경우가 분별없는 경우이고, 영혼만 사랑하지 않고 육체까지 사랑하는 경우도 추하다고 보지. 그래서 저속한 아프로디테에 속하는 예로, 소년을 택하면서 일부러 어리석은 소년을 고르고, "일을 치르는(성적 목적을 달성하는) 데에만" 열중해서 소년을 "아름답게 하는 것"에는 별로 관심이 없는 경우를 들지.

그러면 고상한 사랑은 "더 건장하고 더 지성적인" 소년을 사랑해야 하고, 몸보다는 영혼을 사랑하고 사랑받는 자의 영혼이 성숙하고 지혜롭게 성장하도록 이끌어야 하는 것이로군.

그렇지. 그런 사랑이 불순하지 않고 가장 소박한 에로스를 지닌다고 보니까.

이런 사랑 모델은 소년의 지성이 싹틀 때 사랑을 시작해야 하고, 일정한 시기가 지나 소년이 성숙하면 에로스를 넘어서 우정(philia) 관계를 평생 유지해야 하지.

아직 철도 들지 않은 소년을 사랑해서 그를 속이고, 조롱하다가 다른 소년에게 가버리는 것은 바람직하지 않겠지. 충실성의 원리에 맞지도 않고. 이런 사랑은 한쪽이 주도하는 점에서 대등하게 출발하지 않지만 소년의 성장과 도야를 중요한 것으로 보는 점에서 사랑과 도야가 맞물려 있다고 할 수 있겠군. 사랑 받으면서 성장하고 사랑하면서 바람직한 성인이 되도록 이끄는 점에서 말이야.

심지어 파우사니아스는 철없는 소년을 무분별하게 사랑하는 사람을 막을 법률(nomos)이 필요하다는 주장까지 하지.

바람직한 사랑을 위한 법이라니! 재미있는 생각인데. 액면 그대로 받아들일 필요는 없지만, 훌륭한 사랑을 위한 자발적인 규범(nomos)이 필요하다는 의미겠지. 그들에겐 니체가 얘기하듯이 자신의 존재를 예술품처럼 만드는 노력, 곧 '실존의 미학'이 있을 테니까.

파우사니아스는 문명화된 곳에서는 동성애를 인정한다고 하지. 야만적인 지배인 참주정에서는 "지혜를 사랑하는 일과 체력 단련을 좋아하는 일이 추한 일"로 여겨진다고 비판하고, "사랑하는 이들에게 살갑게 응하는 것이 추하다고 여기는" 것은 "다스리는 자들의 타락과 다스림을 받는 자들의 비겁함" 때문이라고 보지.

이런 얘기를 하는 걸 보면 당시에도 동성애와 관련된 문제들과 논란이 끊이지 않았나 보군.

사랑하는 방식과 정치질서가 같은 원리에 따른다고 보는 것 같아.

이들의 사랑은 단순히 개인들 간의 문제에 그치지 않고 미래의 공동체를 이끌 청년을 훈련시키는 과정이기도 하니까.

파우사니아스는 공공연한 동성애가 몰래 하는 사랑보다 좋고, 외모가 아름답지 않아도 고귀하고 뛰어난 사람을 사랑하는 쪽이 좋다고 하지. 물론 사랑 자체가 아니라, 돈이나 명예를 노리거나 권력만을 목적으로 삼는 것은 바람직하지 않겠지.

이처럼 '사랑하는 방식'에 따라서 아름답거나 추한 사랑을 구별하는데, 추하게 행해지는 것은 "못된 사랑에 못된 방식으로 살갑게 대하는 것"이고, 아름답게 대함은 "쓸 만한 사람에게 아름다운 방식으로 대하는" 것이지. 영혼보다 몸을 사랑하는 자와 맺는 관계는 확고부동하지 않아서 "사랑했던 몸의 꽃이 시들자마자" 날아가 버린다고 해. 하지만 (외모의 아름다움과 상관없이) 훌륭한 사람을 사랑하는 경우는 충실하고 영속적인 사랑을 추구하므로 바람직하다고 보지.

그는 사랑하는 자와 미소년에 부과되는 과제들을 언급하면서 소년이 너무 빨리 사랑을 받아들이는 것은 추하다고 해. 적당한 시간이 지나고 사랑이 성숙할 때까지 기다리는 것이 바람직하다고 보니까.

적절한 시기에 사랑을 받아들인다는 점이 흥미롭군. 그렇지 않아도 이런 대등하지 않은 관계에 따른 갈등이 생길 여지가 있으니까. 이를테면 사랑하는 성인과 사랑받는 소년 가운데 사랑하는 쪽이 더 큰 자유를 누리는데, 수동적인 지위에 있는 소년은 어떻게 해야 하고, 사랑하는 자가 선물을 주고 친절을 베풀고 그를 유혹할 때 '언제' '어떻게' 그의 요구에 응해야 하고, 적절한 때가 언제인지를 누가 결정해야 하는가 하는 문제들은 까다로운 것이지.

재미있게도 그리스인들은 사랑받는 소년에게 선택권이 있다고 보았다지. 수동적인 소년이 적절한 때를 선택하면서 사랑에 응하거나 거절할 수 있다니까. 곧 사랑받는 소년은 적절한 때를 선택해서 자신이 무절제하지 않고 욕망 앞에서 결정하는 자유로운 존재임을 보여주는 거지.

그렇지. 사랑받는 소년은 비굴한 태도를 취하지 않고, 적절할 단계에서 적절하게 호응해야지. 주어지는 사랑을 무턱대고 받아들이지 않고, 사랑하기 때문에 자발적으로 봉사하면 노예라고 할 수 없으니까.

사랑하는 자가 소년 애인을 위해서 기꺼이 노예 노릇을 하는 것은 아무도 아니고 비난받을 일이 아닌 것처럼 소년 쪽에서도 더 훌륭한 지혜와 덕을 갖추기 위해서 기꺼이 봉사하는 경우도 추하다고 할 수 없지.

그래서 파우사니아스는 사랑에 관한 규범과 지혜와 덕에 관한 규범이 상보적이라고 보지. 사랑하면서 살갑게 응한 소년 애인에게 봉사하는 것이 정당하고, 또한 자기를 지혜롭고 현명한 자로 만들어주는 이에게 봉사하는 것도 정당하지. 이처럼 국가와 개인에게 바람직한 에로스는 사랑이 덕에 관심을 기울이도록 요구하지.

사랑받는 소년이 성인의 요구에 무절제하게 응하면 비난받는 까닭은 욕망의 노예가 된다고 보기 때문이겠지. 자신의 욕망을 다스리지 못하는 자라면 공동체에서 타인들을 다스리는 임무를 맡을 자격이 없을 테니까. 사랑과 욕망의 문제가 공동체를 이끌 지도력과 관련된다는 점이 특이하지.(소년의 성장을 뒷받침하고 소년이 일정한 나이가 되면 사랑 대신에 우정을 유지하면서 지속적으로 서로의 덕을 함양할 수 있어야만 바람직하다고 여기지.)

건강한 사랑과 조화

세 번째로 의사 에뤽시마코스는 이런 두 종류의 에로스를 건강과 병의 관점에서 재해석해.

'건강한' 사랑, '병든' 사랑은 재미있는 관점이군. 사랑 때문에 욕망과 열정의 소용돌이에 휩쓸리면 과도함과 무절제에 빠지곤 해서 '사랑 병'이 될 수 있지. 건강한 방식으로 사랑할 수 있는 사랑의 건강술을 알려주시게나.

그렇지. 그는 의학적으로 몸의 '건강한' 상태와 '병든' 상태를 구별하고, 신체 안에 있는 좋고 건강한 요소를 기쁘게 해주는 것이 아름답다고 하지. 그는 에로스가 인간 영혼에만 있는 것이 아니라 "신적인 것과 동식물을 비롯한 모든 것"에 있다고 보니까. 에로스는 우주적인 것이지. 바람직하고 건강한 에로스는 화합과 조화를 낳지만 그렇지 않은 에로스는 불화와 질병을 낳는다고 보지.

천지만물에 조화롭고 건강한 사랑이 필요하다는 거로군. 파우사니아스처럼 건강과 병을 좋은 에로스와 나쁜 에로스로 해석하면서.

그렇지. 파우사니아스가 사랑을 구별하는 방식에 따라서 건강과 질병을 낳는 두 종류로 나누지. 파우사니아스가 "훌륭한 이들에게 살갑게 대하는 것이 아름답지만 방종한 자들에게 그렇게 함은 추한 것"이라고 한 것처럼, 몸의 경우에도 훌륭하고 건강한 것들에게 잘 대하는 것이 아름답다는 거야. 몸에 나쁘고 병을 낳는 것들에 호의적으로 대해서는 곤란하지. 그래서 의술은 병든 몸이 사랑하는 방식을 바꾸도록 이끌고, 몸에 없는 사랑을 만들고, 해로운 사랑은 제거하는 기술이 되지.

어떤 원리로 그렇게 할 수 있다는 건가?

그러니까 몸 안에서 적대적인 것들—차가운 것과 따뜻한 것, 단 것과 쓴 것, 마른 것과 축축한 것—이 서로 사랑하도록 한다는 거야. 이런 원리는 우주의 경우에도 마찬가지인데, 뜨거운 기운과 차가운 기운, 마른 것과 축축한 것이 질서 있는 에로스를 통해서 절제된 조화를 얻으면 인간, 동물, 식물에서 번성과 건강을 낳지만, 방탕한 에로스가 힘을 행사하면 많은 해를 끼치고 재해가 생긴다고 보지.

대립과 조화의 변증법을 이용하는 것이로군. 사랑을 조화의 원리로 보고, 건강한 사랑은 대립하고 맞서는 것들을 일치와 조화로 이끄는 것이겠군.

그렇지. 그는 이런 원리가 시가술(mousikē)에도 적용된다고 봐. "활과 리라의 조화처럼 불화하는 것을 화합하도록 하는 것"(헤라클레이토스)이 바람직하다면, 서로 다투는 고음과 저음을 적절한 기술로 일치시켜서 화음을 마련하지. 그리고 빠른 템포와 느린 템포가 불화하다가 일치하면 리듬이 생기지.

그러면 의술과 시가술은 대립하는 것들이 서로 사랑해서 한마음으로 조화를 이루는 기술이군. 에로스가 조화와 리듬을 마련한다고 보니까.

그렇지. 에로스는 곡조, 운율을 만드는 작곡은 물론이고 교육의 원리이기도 하지. 의술은 "질서 있는 자들에게 살갑게 대하고 이들의 에로스를 지키는" 아름다운 천상의 에로스를 가능하게 하지.

이처럼 대립에서 조화를 만드는 것이 바로 에로스이지. 이런 에로스가 확대되어서 정치적 원리, 우주 만물의 원리가 되기도 하지. 그는 "절제와 정의를 갖춘" 에로스야말로 행복한 삶을 마련하고 인간들의 관계뿐만 아니라 "신과 인간들의 관계"를 조화롭게 한다고 보지.

대립과 조화를 통해서 사랑하는 힘을 마련하는 이들은 사랑 덕분에 (욕망의 노예가 되지 않고도) 건강하고 절제하는 덕을 지닌 자가 될 수 있겠군. 사랑의 힘으로 건강을! 대립을 조화시키는 사랑이라! 사랑하면서 갈등과 대립에 시달리고 고통 받는 이들에게 대립을 조화시키는 힘을 듬뿍 주시기를!

잃어버린 반쪽은 어디에?

이어서 아리스토파네스가 유명한 사랑 이야기, 곧 사랑이 '잃어버린 반쪽 찾기'라는 주장을 하지.

「향연」을 읽지 않은 사람들도 잘 아는 관점이지. 「향연」이 이런 사랑론을 주장한다고 생각하는 이들도 많을 거야. 하기야 요약본이 원본을 대신하고 시험 준비가 삶을 위한 공부를 밀어내는…….「향연」을 차분하게 읽는 미련한 우리들을 어여삐 여기소서!

영리한 분들께서 무슨 영광을 보겠다고 「향연」을 한 글자 한 글자 공들여 보시겠어. 정답회사에 부탁하면 되는데.

자! 빨간 펜을 들고 밑줄 그으면서 따라 읽읍시다. 사랑의 본질은 뭐다? 그렇지요. 자신의 잃어버린 반쪽 찾기. 누가 얘기했다? 그렇지요. 아리스토파네스. 어디에 나온다? 플라톤의 햐앙여언…….

그런데 「향연」이 그리스 동성애를 바탕에 두고 있다는 맥락을 무시하면, 결코 사소하지 않은, 어마무시한, 일생일대의 돌이킬 수 없는 문제를 일으킬지도 모른다는…….

이제 그만 진리의 말씀을 알려주소서! 아리스토파 선생의 유일한 대변인이시여!

아리스 선생께서는 원래 인간들이 남성(태양), 여성(대지), 남 - 여성(달)의 세 성을 지닌 존재였다고 하십니다. 팔이 넷이고, 다리도 넷이고, 똑같이 생긴 두 개의 얼굴을 지니고, 게다가 음부(陰部)까지도 둘이었다는 겁니다.

어구, 망측하기도 해라!

이들은 몸이 둥글고 아주 빨리 달리고 (손발이 8개나 되니까) 무서운 힘을 지녀서 신들까지 공격하곤 했다는군요. 신들은 이 골치 아픈 존재들을 어떻게 할까 고민하다가 그들을 "두 쪽으로" 갈라놓기로 결정하지요. 그렇게 쪼개 놓아서 힘도 약해지고, 수는 두 배로 늘어나고, 각자는 두 다리만으로 걸어 다녀야 했으니…….

그런데 '하나의 자기'가 두 개의 다른 '자기들'로 갈라졌으니 큰일일세. 그보다도 각각의 반쪽들은 자신의 '잃어버린 다른 반쪽'을 그리워하고 다시 하나가 되려고 애쓰고…… 잃어버린 나를 찾아서! 나였던 또 다른 나는 어디에 있을까?

그런 그들은 자기의 반쪽을 다시 만나면 "서로 부둥켜안고 아무 일도 하지 않고 그저 껴안은 채로 죽기까지" 하니까 이 꼴을 보다 못한 신들은 다시 음부를 앞으로 옮겨놓았다는군. 그래서 인간들은 저희들끼리 자식을 낳는데 "남자가 여자 속에 임신하도록 하고", "남자 - 남자의 경우에는 서로 만나는 것에 만족하여서 욕망을 진정시켜서 일하는 데 몰두하게" 되었다고 한다네.

이런 신화에서 사랑하기는 다른 반쪽을 만나서 '온전한 하나'를 회복하려는 열정이 되겠군. 누구도 자신만으로는 불완전할 테니까. 다른 반쪽을 그리워하며 홀로 설 수 없는 존재니까. 그러니까 한 존재가 다른 존재를 그리워함은 존재론적 불완전함을 극복하려는 것이군.

그런 결핍은 사랑을 통해서만 충족될 수 있고. 어쨌든 모두가 자기의 다른 반쪽을 찾아다니고 사랑에 빠지는데.

잠깐, 이런 존재론 얘기를 하기 전에 나누어진 몸을 조금만 생각해보면 그 기이함이란…….

그렇지. 우리가 당연시하는 남성 반쪽과 여성 반쪽의 경우가 전부가 아닐 테니까. 원래 남성이었던 자는 두 사람의 남성으로 나뉠 것이고, 여성이었던 자도 두 사람의 여성으로 나뉘니까, 이 경우에 반쪽 찾기는 같은 성을 사랑 대상으로 삼을 수밖에.

이 신화를 제안한 이의 불순한 의도를 짐작할 수 있지만……. 그래도 이 관점이 워낙 널리 퍼져 있으니 흥분을 좀 가라앉히고 상황을 되돌아봐야지.

그러면 남성이자 여성인 자웅동체에서 갈라진 반쪽 남자나 반쪽 여자는 자기의 반대쪽 성을 좋아하겠군. 이 경우는 문제 삼을 것이 없지만……. 여전히 설명이 좀 어색하군. 결과의 측면에서 남녀의 결합이 자연스럽다고 해서 처음부터 그렇게 남자이자 여자로 한 몸이었다고 하면 좀……. 어쨌든 이런 경우는 확률상 3분의 1인데 다른 경우들에 대해서 우선권을 주장할 수 있을까? 이 경우만이 정상이고 다른 두 경우는 저주받아 마땅한 것이라고 말이야.

그럴듯한 이유로 그 경우만 특권화 할 수도 있겠지. 어쨌든 계속 반쪽이들 얘길 하자면, 원래 여성이었던 반쪽들은 남자에게는 관심이 없고 오히려 여자에게 이끌리다가 자기의 다른 반쪽을 찾으면 온전한 여인 공동체를 추구하겠지.(시인 사포를 중심으로 한 여성 공동체가 잘 알려져 있지.) 이런 사정을 잘 모르고 그들의 사랑에 돌을 던진다면, 다시 한 번 "누구 사랑을 거부하는 자 있으면, 여기 나와 이 두 여인에게 돌을 던지라"고 해야 하나?

마찬가지로 원래 남성을 나눈 반쪽들은 다른 남성을 찾지. 그래서 소년일 때는 성인 남성을 좋아하고 그를 안고 싶어 하지. 아리스토파네스는 이런 소년들은 용감한 자들이므로 청소년 가운데 우수하다고 편을 드는군.

노골적이군. 이런 이런, 어쩌면 좋아! 이런 주장은 당시의 사랑 풍습에 바탕을 둔 이교도의 야만적인 행태에 지나지 않으니…….

어쨌든 아리스토파네스를 비롯한 향연 참가자들, 또는 당시의 사랑 담론을 이끄는 자들은 남성 동성애 쪽이 더 가치 있다고 보았겠지. (당시에도 여성 판 「향연」이 있다는 소문이 있었지만 아직까지…….)

그래서 이런 사랑에 이끌리는 자들은 '용기 있는 자들'이고, 파렴치하지 않다고 지적하지. 이렇게 사랑하는 이들은 자기를 닮은 사람을 찾고 반기지.

이런 사랑을 통해서 덕과 지혜를 갖추도록 훈련받은 이들이 정치적 공무를 맡을 자격을 얻지. 이런 소년들은 성인이 되면 아름다운 소년을 사랑해서 결혼이나 가정에는 별로 관심을 갖지 않겠지. 관습의 강요로 결혼하기도 하지만. 그들은 자기와 닮은 자를 사랑하는데, 만약 자신의 잃어버린 반쪽을 찾으면 우정, 친밀감, 사랑에 사로잡혀서 잠시도 떨어지지 않고…….

아리스토파네스의 모델은 동성애와 이성애를 (심각하게) 구별하지 않는 문화, 사랑 대상이 남성이건 여성이건 문제 삼지 않는 문화를 출발점으로 삼고 있지. 이런 맥락을 무시하고 결론만 일반화해서 '반쪽들의 하나 됨'을 내세우는 경우가 많긴 하지만.

우리도 용감하게 인간의 발생 배경, 동성애와 이성애의 맥락을 무시하고 일반화하면 사랑에 대해서 정의할 수 있겠지. 다른 반쪽을 찾아서 온전한 하나가 되려는 사랑은 완전함을 추구하는 그 무엇이라고.

그렇지. 사랑은 '하나됨의 완전함'으로 나아가는 과정이지. 그래서 에로스는 '완성을 추구하는 욕망'이지. 단순히 충동과 열정에 이끌려 상대를 그리워하는 것이 아니라 그 너머에서 완전한 하나로 다시 태어나는 것이니까.

하지만 구체적인 상황을 고려해서 다시 정리해볼까. 고전 그리스의 (남자) 동성애는 성인 남자가 자기에게 알맞은 소년을 얻어야만 원래의 본성을 되찾을 수 있고, 완전하고 고귀한 사랑은 자기에게 알맞은 소년을 사랑하고 자기의 다른 반쪽인 소년을 덕과 지혜를 갖춘 시민으로 키워서 미래의 공동체를 이끌 수 있도록 훈육하는 과정이기도 하지.[6]

아름답고 고귀한 에로스 신

그런데 아가톤은 논의 방향을 바꿀 만한 색다른 주장을 들고 나오지. 에로스에 대한 찬양들이 의도한 바와 다른 곳을 향한다고 하면서. 그러니까 에로스 신 자체가 아니라 에로스가 준 선물을 찬미할 뿐이라는 거지.

그런가? 사랑이 낳은 결과들에만 주목한다는 얘기로군. 에로스가 준 선물이나 효과를 칭찬하면서 정작 그 원인이 되는 '에로스 신 자체'를 모른 체하면 곤란하지. 사랑을 찬미하려면 먼저 '사랑이 무엇인지'를 알아야 하지.

---

6 아리스토파네스는 자신의 주장이 모든 남자, 여자에게 해당된다고 하지만, 여전히 인류가 행복해질 수 있는 완전한 사랑은 각자가 '자기의 소년'을 얻어 본래 모습으로 돌아가는 것이라는 주장을 버리지는 않아.

그는 사람들이 사랑에 부여하는 다양한 찬사들이 에로스 신의 속성들에 대한 것이라고 하지. 예를 들어서 사랑하는 이들이 행복을 느낀다면, 이는 사랑의 신이 행복하고, 행복을 선물로 주기 때문이지. 그는 에로스 신이 행복한 까닭이 신들 가운데서도 "가장 아름답고 훌륭하기 때문"이라고 하지. 에로스는 가장 젊고 부드러운 신이지. 호메로스가 "그녀의 발이 부드럽고, 땅 위를 걷지 않고 사람들의 머리 위로 걸어 다닌다"고 하는 것처럼 부드러움 속에서 살아간다고 하지.

그래서 거칠고 딱딱한 영혼을 멀리하고 부드러운 영혼에 머무르고 가장 부드러운 것들과 접촉하는군.

그리고 몸이 균형 잡히고 유연해서(hygros:촉촉해서) 우아함을 지니지. 꼴사나움과 에로스 간에는 항상 다툼이 있고, 에로스 신은 "꽃들 사이에서 지내는" 아름다운 자태를 지니고 "꽃들이 만발하고 향기로운 곳"에만 머무르지.

에로스가 가는 곳마다 아름다움이 꽃피고 사랑에 빠진 이들에게 그들의 연인은 더없이 아름답게 보이지. 내 생각에는 그들이 실제로 아름다워서 그런 것이 아니라 사랑하기 때문에 아름다움의 신기루를 뿌리는 것이지만. 사랑하는 그대! 무조건 아름답도다!

에로스는 아름다움과 함께 덕을 지니는데, 에로스는 (신에게든 인간에게든) 불의를 행하지도 불의를 당하지도 않아. 누구나 에로스에게 자발적으로 봉사하기 때문에 완력을 행사할 필요도 없고. 국가의 법들이 정의롭다면 에로스는 정의뿐만 아니라 절제의 미덕까지 지니고 있어요.

절제의 원리는 그리스 성문화에서 중요하지. 욕망과 쾌락이 과도하거나 무절제한 경우를 비난하니까, 윤리적 훈련은 무절제한 욕망을 자제하는 쪽에 중점을 두지.

아가톤은 에로스가 절제의 미덕을 지닌다고 보는데, 흥미롭게도 어떠한 쾌락도 에로스만큼 강할 수 없기 때문이라는 거야. 에로스가 가장 강한 쾌락이므로, 다른 쾌락들은 에로스보다 약하니까 에로스에게 지배당할 것이고, 그렇게 에로스가 쾌락과 욕망을 지배하는 셈이니까 두드러지게 절제력을 지닌다는 거야.

좀 이상한데. 에로스가 가장 강한 쾌락이어서 에로스에 사로잡히면 다른 쾌락 따위에 전혀 관심을 갖지 않으니 결과적으로 에로스가 절제를 가능하게 한다는……

또한 에로스는 용기가 넘치지. 전쟁의 신 아레스도 맞서지 못할 정도이니까. 그래서 아레스조차도 아프로디테에게 꼼짝 못한다면, 아레스를 붙잡고 있는 에로스가 붙잡혀 있는 아레스보다는 더 용기 있다고 할 수 있다는 거야.

여전히 엉성한 논법인데 그 의도만 받아들이기로 하겠소이다. 아레스도 사랑에 빠지면(:에로스에 사로잡히면) 자기 마음대로 못하는데, 이때 아레스가 용기의 대명사이니까 에로스가 아레스의 용기보다 더 용기 있다고 하자는 뭐 그렇고 그런 기이한 추론으로…… 그렇다면 무시무시함의 화신인 조폭 두목께서 사랑스러운 부인이나 완전 사랑스러운 따님에게 꼼짝 못한다면 부인이나 따님께서 그 무시무시한 분보다 조금 더 무섭다는…… 정 그렇다면 에로스의 용기를 최고의 용기라고 인정합시다. 아무리 용기 있는 자라도 사랑에 빠지면, ♪♬♩♫

에로스는 지혜도 넘친다는군. 아가톤은 에로스가 다른 이들도 시인으로 만들 정도로 지혜로운 시인이라고 보지. 자기가 지니고 있지 않은 것을 남에게 줄 수는 없으니까 이렇게 시정(詩情)을 선물하는 에로스는 그 자신이 시인일 수밖에.

에로스의 손길이 닿기만 하면 누구나 시인이 되니까. 그리스 문화에서 시(poiēma)가 창작(poiēsis)이고 시를 짓는 기술(poiēsē)이 뛰어난 자는 지혜롭다고 하고.

또 모든 생명은 에로스에 의해 생겨나므로 에로스의 지혜가 없다면 어떻게 될까? 게다가 이 신이 기술을 가르치면 유명해지고 두각을 나타내는데, "뮤즈 여신은 시 짓는 기술에서, 헤파이스토스는 대장장이 기술에서, 아테나는 직조술에서, 제우스는 신들과 인간들을 조정하는 데서 에로스의 제자"라고 할 수 있을 정도라는구만.

그래서 에로스가 들어가면 질서가 잡히고, 아름다움을 사랑하게 되는 거로군. 예전에 운명의 여신 아난케(ananke)가 지배할 때는 신들끼리 다투었지만, 에로스가 나타난 뒤에는 아름다운 것들을 사랑해서 다투지 않고 훌륭한 것들이 생겨났다고 하더군.

그건 에로스가 가장 아름답고 훌륭해서 다른 것에까지 영향을 미치고 자기처럼 만드는 힘을 지니기 때문이지. 사랑이 있는 곳에는 평화가 깃드니까. 그래서 어색하고 낯선 감정을 없애고 친근함을 불어넣고, 모든 곳에서 부드러움을 갖추고 사나움을 제거하고, 호의를 선물하지. 또한 자비롭고 친절해서 지혜로운 자들이 우러러 보고, "에로스의 몫을 갖지 못한 자들은 탐내고, 그

몫을 지닌 자는 귀중하게 여긴다네."

에로스가 아름다움과 훌륭함의 원인일 뿐더러 지혜의 원천이라면 진, 선, 미를 모두 갖춘 존재로군. 에로스는 "우아함, 호화로움, 매력, 연모, 갈망의 아버지이고" 훌륭한 것들을 돌보고 "고생하건, 두려워하건, 술 마시건, 이야기 하건 간에 가장 훌륭한 키잡이요 배에 함께 탄 전사이자 구원자이네."

에로스가 가장 훌륭하고 아름다운 것이라는 찬사로군. 에로스가 사랑하는 자와 사랑받는 자를 아름답고 선하게 만들고, 그들을 따뜻하게 감싸주며 우아함과 유순함을 베풀어준다면 에로스 없는 삶은 무의미하거나 텅 빈 것이니……

사랑 이야기에 아직도 보탤 만한 그 무엇이 남아 있을까? 화려한 찬사로 갈채를 받은 아가톤 다음에 누가 등장하는가? 여전히 에로스 찬가를 부를 수 있을까, 아니면 전혀 예상치 못한 관점에서 다른 사랑 이야기를 펼칠까?

다른 사랑 이야기 ─ 아름답지도 훌륭하지도 않은 에로스

이런 화려한 사랑 예찬에 이어서 소크라테스가 등장하지. 그는 앞선 이들이 에로스를 찬양하면서 앞다투어 에로스가 가장 아름답고 훌륭하다고 했는데 자신은 그런 방식으로 우열을 겨룰 생각은 없고 "자기 방식대로 진실을" 말하고 싶다고 하지.

사랑 이야기에 진실, 진리라니? 사랑을 진리와 관련 지어서 보고 싶다는 건가?

그는 먼저 아가톤에게 질문을 던지면서 이야기를 풀어나가는데 그 질문은 예사롭지 않아.

그는 아가톤에게 에로스가 "어떤 것에 대한 에로스"라고 할 때 에로스가 그 어떤 것을 욕망하는지 묻고, 아가톤이 그렇다고 답하자, 다시 "그가 욕망하고 사랑하는 바로 그것을 가진 상태에서 사랑하고 욕망하는지, 아니면 갖지 않은 상태에서 원하는지"를 물어보지.

당연히 갖지 않았으니까 그것을 원하겠지. 아니, 이렇게 되면 "욕망하는 것은 자기에게 결핍된 것을 욕망하는" 것이 되잖아. 어떤 것을 욕망하고 추구한다면 얻고자 하는 것을 가지고 있지 않다는 얘기가 되니까. 예를 들어서 에로스가 선을 추구한다면 선을 이미 지니고 있는 것은 아니라는……. 이러면 논의 구도가 완전히 달라지는걸. 역시 소크라테스답군.

그는 자신이 현명한 디오티마(Diotima)가 질문하는 방식에 따른다고 하지. 그녀는 에로스가 아름답지도 훌륭하지도 않다고 지적해서 그를 놀라게 했다는 거야.

이미 부를 소유한 사람은 부를 바라지 않고, 힘이 강한 사람이 강함을 바라지 않고, 건강한 사람이 건강하기를 바랄 필요가 없겠지.(물론 힘, 건강, 부를 당장 지니고 있으면서도 그것을 미래에도 계속 유지하고 싶어하거나 더 많은 부, 더 강한 힘, 지속적인 건강을 바라는 것은 그가 아직 갖고 있지 않고, 앞으로 갖고 싶은 것을 바라는 것이니까 결국 결핍에 대한 욕망이라고 할 수 있지.)

자신이 이미 가지고 있는 것을 가지고 싶어 할 필요가 없으니까. 누군가를

'원하고', '필요하고', '그리워하는' 경우는 바로 그 대상이 자기에게 없기 때문이지. 욕망은 '결핍 때문에' 생기니까.

그래, 에로스가 어떤 것에 대한 사랑이라면, 자기에게 결핍된 것을 추구하기 때문이지.

그러니 앞에서 보았듯이 에로스가 아름다움을 추구한다면, 그가 아름다움을 지니고 있지 않거나 부족하다는 점을 털어놓는 셈이지.

또한 에로스가 행복을 추구한다면 에로스가 자기 바깥에 있는 행복을 찾고 있는 불행한 존재에 지나지 않아.

디오티마의 질문 덕분에 에로스가 추구하는 선과 미덕이 사실은 결핍된 것임을 알게 되었네. 에로스가 선을 추구한다면 자신이 선으로 충만해서 그것을 나누어주려는 것이 아닐 테니까.

이제 아가톤이 에로스에 부여했던 온갖 훌륭한 속성들은 에로스를 빛나게 하기보다는 오히려 에로스의 온갖 결핍을 드러내는 표지가 되고 말았군. 에로스는 가련하게도 이 질문 앞에서 헐벗은 채로 서 있으니…….

디오티마는 사랑에 대한 화려한 찬양이나 수사가 놓치는 바를 보는데, 이는 그녀가 사랑을 사랑답게 하는 사랑의 본질, '사랑의 진리'를 찾기 때문이지.

이런 지적에 놀란 아가톤은 에로스가 추한 것이냐고 묻지. 디오티마는 세상에 추한 것과 아름다운 것뿐만 아니라, 추하지도 아름답지도 않은 '중간 상태'가 있다고 지적하지. 지식의 경우에도 우리는 아무것도 모르지도 않지만 그렇다고 완전하게 아는 것도 아닌 "중간 상태"에서 출발하지. 아무것도 모르

사랑의 인문학

는 경우에는 아무것도 배울 수 없고 모든 것을 아는 경우에도 배울 필요가 없으니까.

"지와 무지의 중간 상태"에서 배울 수 있다는 것은 재미있군. 하지만 그 중간 상태를 벗어나지 못하고 영원히 사이 존재에 머물게 되지 않기를…….

이렇게 보면 에로스는 아름다움과 추함의 '중간' 상태에서 아름다움을 추구할 수도 있고, 반대로 추한 것을 추구할 수도 있겠군.

에로스의 두 얼굴

디오티마는 신화를 원용해서 에로스의 양면성을 출생 내력으로 설명하지. 아프로디테가 태어나자 신들이 잔치를 베풀었지. 이때 빈곤의 여신 페니아가 구걸하러 왔다가 마침 메티스(계책)의 아들인 풍요의 신 포로스(방도)가 신주(神酒)에 잔뜩 취해서 잠든 것을 보고, 자식을 얻으려고 그 곁에 누워서 에로스를 잉태했다고 하는군.

에로스가 상이한 두 기원을 지닌 까닭에 '이중성'을 지닌다는 얘기로군.

페니아의 자식인 에로스는 항상 가난하고, 신발도, 집도 절도 없이 떠돌지만, 아버지를 닮아서 아름답고 선한 것을 추구하지. 이런 혼합 존재인 에로스는 용감하고, 저돌적이고, 열렬하고, 힘센 사냥꾼이기도 해서 늘 모략을 꾸미지. 온갖 수단과 계책의 신인 포로스의 아들답게 온갖 사랑의 계략들을 꾸며내는 에로스는 "마술사이자, 독약 제조자이고, 궤변가"라고 할 수 있겠지.

사랑의 소피스트들이라면 수사학에도 능하겠지. "나는 당신을 사랑해야만 하는 역사적 사명을 띠고 이 땅에 태어났소."(만남의 필연성을 강조하고 자발적 노예계약을 선언하질 않나) "다시 태어나도 당신만을……"(실현 불가능한 약속을 남발하는 것은 물론이고) "당신은 내 안에, 나도 당신 안에 있으니……"(달콤하고 황홀한 말로 낯 뜨거운 은유를 남발하고.)

에로스는 가사적인(可死的)인 것도 불사적(不死的)인 것도 아닌 중간 존재, 다이몬(daimon)으로서 인간과 신을 중개하지. 인간의 기도와 희생제물을 신에게 전하고 신들의 명령과 보답을 인간에게 전하면서 양자의 간격을 메우고 만물을 하나가 되게 하는 매개자이지.

에로스는 선과 악의 중간에서 선하다고 할 수는 없지만, 선을 추구할 수도 있고 그 반대일 수도 있겠군. 사랑에 빠진 자가 사랑을 앞세워서 사악한 짓을 할 수 있다고 생각하면…….

그리고 에로스는 풍요와 빈곤 사이에 있어서 때로는 풍요롭고 생기가 넘치지만 때로는 가난과 무기력 상태에 빠지곤 하지. 그가 얻은 풍요도 늘 사라져 버리고 만다네.

사랑의 만족은 순간적으로 온 세계를 품에 안는다는 느낌을 주지만 곧 이어서 허전함과 결핍으로 몸부림치게 하지. 사랑하는 이를 보고 있어도 보고 싶다는 얘길 하더군.

그런데 사랑에 빠지면 얼빠진 것처럼 사리분별을 잃어버리곤 하는데 에로스가 지혜롭다고 할 수 있을까?

지혜와 관련해서 보면, 신은 지혜로 충만할 테니 굳이 지혜를 추구할 필요

사랑의 인문학

가 없고, 아무것도 모르는 자(자기가 무엇을 모르는 지도 모르는 자)는 지혜를 사랑하지도 원하지도 않겠지. 지혜를 사랑하는 자는 지와 무지 '사이에서' 결핍된 지혜를 원하겠지. 그래서 에로스도 이런 지혜를 사랑하는 자와 같은 상태에 있지. 지혜란 "가장 아름다운 것들에 속하고" 에로스는 "아름다운 것에 대한 사랑"이니까.

에로스가 지혜를 사랑한다면 재미있는데. 지혜를 사랑하는 자가 사랑하는 자이고, 사랑하는 자는 지혜를 추구한다면 사랑과 지혜 – 진리는 서로 마주보고 있는 셈이군. 사랑하기와 진리 찾기가 뗄 수 없는 사이가 되고. 그처럼 진리를 찾는 철학(philosophia)이 지혜(sophia)를 사랑(philos)하는 것이라면 철학은 사랑하기, 그러니까 지혜를 사랑하는 연애술(erotikē)이 되는 거로군.

영원한 것에 대한 욕망과 정신적인 출산

디오티마는 인간이 좋은 것을 사랑하고, 가능한 한 영원히 가지고 싶어 하는 점에 주목하지. 당연히 사랑하는 이들은 사랑하는 대상을 '영원히' 갖고 싶어 할 거야.

누구든 '영원히 사랑할' 거라고 하지. 그렇지만 그리스 동성애의 경우에는 그런 영원한 사랑이 쉽지 않지. 무슨 좋은 방법이 있을까? 영원한 것을 사랑할 수 있으려면 사랑 방식을 바꿔야 하는 게 아닐까?

그렇겠지. 해결사 디오티마 님께서는 정신으로도 아름다운 것을 출산할 수 있다고 하지.

정신적 출산이라니?

소크라테스도 잘 이해하지 못해서 다시 물어보았다고 하더군.

왜 정신적인 출산을 얘기할까? 정신적인 자식이 몸으로 낳은 자식보다 더 영속적이거나 가치 있다는 건가?

그녀는 지적인 능력이 있는 사람은 정신으로도 임신할 수 있다고 보지.

임신, 출산의 비유를 든 것은 정신적인 것이 (그저 눈을 크게 뜬다고 얻어지거나 우연히 마주치는 것이 아니라) 힘든 과정을 거쳐서 임신하고 영혼에서 기르고 성숙한 존재로 잘 태어나도록 돌보아야 한다는 건가?

남자도 출산할 수 있고, 사랑이 추구하는 아름다움을 정신적으로 낳을 수 있다는 것이겠지. 몸의 아름다움뿐만 아니라 정신적 가치를 지닌 것의 아름다움을 염두에 두고서.

아이를 통해서 자신의 형상을 반복해서 소멸의 운명을 넘어설 수 있다면 아이 낳는 것이 영원성을 추구하는 것이 되겠지.

그러니까 사랑이 아름다운 것을 낳고 싶어 하는 것이라면, 이런 출산은 가사적(可死的)인 것 속에서 영원한(不死的) 것을 추구하지.

사랑은 좋은 것을 영원하게 소유하려는 것이니까 불멸을 위한 욕망이 되는 거겠군.

그래서 출산으로 낡고 늙은 것을 대신하는 새롭고 젊은 것을 얻고, 자신의 동일성을 시간 속에서 유지하려고 하지.

그렇지. 우리가 한 사람을 동일하다고 할 때, 어릴 때부터 늙을 때까지 같

사랑의 인문학

은 사람이라고 보지만, 사실 그는 끊임없이 새로워지거나 늙어가면서 항상 변하고 있잖아.

몸만 그런 것이 아니라 영혼도 변하지. 한 사람의 "성격, 의견, 욕망, 쾌락과 고통, 두려움"이 항상 같을 수는 없으니까.

그렇게 보면 생겨나고 소멸하는 것은 앎도 마찬가지이겠군. 아는 것을 잃어버리기도 하고, 연습을 통해서 떠나가는 기억을 대신하는 새로운 기억을 마련하기도 하지.

인간은 신처럼 모든 면에서 늘 동일하게 있을 수 없으니까 잃어버리고 떠나보내는 것 대신에 원래 모습과 닮은 새로운 것을 남겨놓아서 자기를 다른 형태로 보존하고 싶어 하지.

디오티마는 불사를 위한 노력, 곧 "미래를 위해서 불사의 명성을 쌓는 것에 대한 사랑" 때문에 모든 것을 바치고 죽음도 마다하지 않는 예를 들지. 알케스티스가 아드메토스를 위해서 죽고, 마찬가지로 파트로클로스가 아킬레우스를 위해서 죽은 경우, 코드로스가 적의 침입으로 위기에 빠진 아들의 왕국을 지키기 위해서 목숨을 바친 경우가 있지.

그처럼 불멸의 덕, 영원한 명예를 위해서 자신의 모든 것을 바치는 이들을 "불사적인 것을 사랑한다"고 할 수 있겠군.

몸으로 임신하는 자들이 아이를 낳아서 "불사의 기억"과 앞날의 행복을 마련하려고 하듯이 영혼으로 임신하는 자들은 예지와 덕을 낳으려고 하지. 창조적인 시인이나 예술가, 공예가들은 육체적인 아이를 대신하는 영원한 어떤 것을 낳으니까.

모차르트가 하이든에게 현악사중주 여섯 곡을 헌정하면서 그 곡들을 "자신의 여섯 자식들"이라고 한 적이 있다고 하더군. 불멸의 작품들이 아름다움을 끝없이 노래한다면 그 자신은 영원히 살아 있는 셈이지.

가장 위대하고 아름다운 예지는 나라와 가정(오이코스)의 관리에 관한 사리분별이지. 곧 절제와 정의라는 자식을 낳는 것이지. 그런 것을 낳을 수 있는 사랑이 필요하겠군. 공들여서 절제와 정의를 낳고 기를 만한.

그렇지. 예를 들어서 어떤 이가 신적이어서 어려서부터 이런 것을 영혼에 임신하고 있다면, 나이가 들면서 그것을 출산하고 싶어 하겠지. 그래서 그가 낳을 수 있는 아름다운 아이를 함께 낳고 기를 사랑할 대상을 찾는 거지.

정신적으로 임신한 자는 "아름답고 고상하고 천성이 좋은 영혼"을 만나고 싶어 할 거야. 그렇게 만난 이들은 서로 합치려고 하므로 "덕에 관한 이야기들", "훌륭한 사람이 해야 할 바"에 관한 이야기를 주고받으며 (육체적인 열정뿐만이 아니라) 정신적 교류를 통해서 불멸의 가치를 공유하고 협력하겠지.

정신적으로 교감할 수 있는 아름다운 자와 사귀면서 (오랫동안) 임신한 것을 낳고 기를 수 있겠군.

사랑하는 이들은 "곁에 있을 때나 떨어져 있을 때나 그를 기억하고" 그렇게 생겨난 것을 함께 기르니까. 디오티마는 이런 아이 기르기가 남녀 부부가 아이를 공유하는 것보다 "더 중요한 공유와 더 확고한 친애"를 얻는 것이라고 하지.

몸으로 낳은 아이보다 "더 아름답고 불사적인 아이들을 공유하는" 것이라고 보니까.

그래서 호메로스나 헤시오도스가 그들의 정신적인 자식 덕분에 불멸의 명성을 누리고, 뤼쿠르고스는 라케다이몬을 이끄는 훌륭한 자식(법) 때문에 오래도록 존경받고 있다고 보지.

이제 사랑하는 이들이 어떤 방식으로, 무엇을 사랑의 지향으로 삼아야 할지를 보다 분명하게 밝힐 때가 되지 않았을까 싶은데…….

보편적인 사랑으로 상승하는 길, 사랑의 진리

그렇지. 이제 디오티마는 사랑의 궁극적인 단계에 이르는 '참된 길'을 제시한다네.

철학적 에로스의 정수를 보여주는 부분이 되겠군. 지혜의 화신 디오티마 님이시여! 바라옵건대, 우리가 나아갈 길을 알려주소서! 사랑이 도달할 수 있는 지극한 경지를! 사랑으로 찾는 영원한 진리를!

으흠, 음, 그러니까, 이를테면, 다시 말해서, 이미 말한 바와 크게 다르지는 않겠지만, 단순화하는 느낌도 없지 않지만, 이 길은 "젊을 때 아름다운 몸들을 향하는 것으로 시작"해야 한다네. "이끄는 자가 제대로 이끈다면 하나의 몸을 사랑하고 그 몸에 있는 아름다운 이야기들(logous kalous)을 낳아야" 하는 것이라네.

하나의 몸에 대한 사랑이라는 틀과 아름다운 이야기라는 내용이 출발점이 되는 거로군. 고전 그리스 동성애의 사랑 방식을 바탕으로 삼지만 육체적인 결합보다는 정신적인 도야 쪽에 중점을 두는 건가?

이어서 "한 몸에 속한 아름다움이 다른 몸에 속한 아름다움과 형제"처럼 가깝고 비슷한 것임을 배우게 되지.

이성애 모델이라면 이 몸 저 몸 바꿔가면서 사랑하라는 얘기처럼 들리겠지만 여기에서는 사랑하는 미소년이 성인이 되면 (우정을 유지하면서) 다른 미소년을 사랑하게 되니까 한 몸에 대한 사랑은 영속적일 수 없지. (한 육체의 아름다움은 꽃피었다가 이윽고 스러질 아름다움일 뿐이니까) 다른 몸에 대한 사랑이 이어질 수밖에. 그런데 이 몸과 저 몸은 다르더라도 저마다의 몸들에 나타난 아름다움은 변치 않지. 그러면 몸이 바뀌더라도 여전히 동일한 아름다움을 보는 능력이 생기겠군. 몸은 그 몸이 아니더라도 아름다움만은 여전히 그 아름다움이니까.

모든 몸이 지닌 아름다움이 "하나이고 같은 것"임을 알아야 아름다운 몸들을 사랑하는 자는 개별적인 몸에 얽매이지 않을 수 있겠지.

그러니까 하나의 몸에 대한 집착과 열정을 상대화하는 거로군. 몸들이 지닌 아름다움은 그것들을 넘어서는 아름다움을 자각하는 과정의 한 단계라고 볼 수 있겠군. 각각의 아름다운 몸들은 "아름다움 자체"를 부분적이고 일시적으로 나타내는 것이고. 그러면 몸들의 아름다움을 경험하면서 아름다운 몸들이 나타나고 사라져도 변치 않는 "아름다움"이 있음을 깨닫게 되겠지. 그러니 한 몸에 집착하다가 그것을 벗어나면, 아름다움은 이 몸이나 저 몸에 온전하게 있는 것이 아니고, 어떠한 몸에도 온전하게 나타날 수도 없음을 알게 되지. 어쨌든 아름다운 몸의 가치를 상대화하고 아름다움 자체를 지향하는 시야를

사랑의 인문학

얻는 거로군.

그래서 몸에 있는 아름다움보다 "영혼에 있는 아름다움"을 더 귀중하게 여겨야 한다고 하지. 이런 점에서 (빈약한 영혼을 지닌) 아름다운 몸보다는 (몸은 아름답지 않더라도) 아름다운 영혼을 지닌 자를 사랑하는 쪽이 바람직하지. 그래서 이런 자를 사랑하고 배려하며 젊은이들을 더 훌륭하게 성장시키도록 해야지.

아름다움이 몸을 넘어서서 다른 형태로 나타난 쪽으로 관심을 돌려야 하겠군. 헤겔은 고전 그리스의 폴리스를 "아름다운 공동체"라고 부르지, 개인과 공동체가 분열되지 않고 통일된 인륜에 따라서 조화를 이룬다고 보니까. 이처럼 국가와 법들도 아름다울 수 있지. 그래서 행위와 법들에 구현된 아름다움을 볼 수 있도록 하고, 그것들이 같은 종류의 것임을 알게 되면 더 이상 몸의 아름다움에만 얽매일 리는 없겠지.

개별적인 영역에 대한 관심에 머무는 보통의 사랑과 달리 철학적인 사랑은 공적인 것(res publica), 정치공동체의 참여에 관심을 갖는군.

아름다움 자체를 찾아서

사랑을 이끄는 자는 계속해서 사랑받는 자를 "행위를 넘어서는 앎으로" 이끌어야 한다네. "앎들의 아름다움(ta kala mathēmata)"을 볼 수 있도록 말이야.

이처럼 아름다움 자체를 볼 수 있다면 개별적인 아름다운 것들을 벗어날 수 있지. "더 이상 어린 소년이나 특정한 인간이나 한 행위의 아름다움에 만족해서 종처럼 굴면서 하나에 있는 아름다움에 노예가 되어서 보잘것없고 하찮은 자가 되지"는 않을 테니까.

아름다운 것들에서 벗어나 아름다운 것들을 아름답게 하는 "아름다움"에 눈뜨게 되는군. 아름다움 자체는 이러저러한 아름다운 것들처럼 생겨나고 변하고 사라지는 것이 아니라 그것 자체로 존재하지. 아름다운 것들과 아름다움 자체의 관계는 현상들과 이데아의 관계와 같아. 삼각형의 이데아는 현실에 존재하는 모든 개별적인 삼각형들을 삼각형일 수 있게 하는 보편적인 것이지.

디오티마는 이렇게 사랑하는 길에서 "아름다움의 큰 바다"로 나아가고 그것을 관조한다면 "아낌없이 지혜를 사랑하면서 아름답고 숭고한 많은 이야기들과 사고들을 산출"할 수 있다고 보지. 사랑하는 이들이 (상대의 몸이나 감정을 얻으려는 데 몰두하지 않고) 그런 가르침을 받고 자라나서 참되고 불변적으로 존재하는 것, 생성과 변화에 휘말리지 않는 '하나'의 앎, 아름다움 자체에 대한 앎을 추구할 수 있지.

그것은 "항상 있는 것"이어서 "생겨나거나 소멸되지도 않고, 증가하거나 감소하지도 않는" 것이지.

그래. 아름다움 자체는 부분적이거나 변하는 것이 아니지. 디오티마는 그것이 보편적이라고 지적하지. 그것은 "어떤 면에서는 아름답지만 다른 면에서는 추한 것"도 아니고, "어떤 때는 아름답지만 다른 때에는 추한 것"도 아니고 "어떤 것과 관련해서는 아름답지만 다른 것과 관련해서는 추한 것"도 아니고 "어떤 이들에게는 아름다운데 다른 이들에게는 추한 것"이 아니라고 친절하게 설명하지.

그것은 온전하게 아름답고, 언제나 아름답고, 절대적으로 아름답고, 모두에게 아름다운 것이로군. 그러니 보편타당한 아름다움이라고 할 수밖에.

아름다운 것들은 형태를 갖지만 '아름다움 자체는' 어떠한 형태도 갖지 않아. 그것은 특정한 얼굴이나 몸처럼 형태를 지닌 것으로 나타나지 않으니까. 그리고 어떤 이야기나 어떤 앎으로도 나타나지 않지.

그것은 그 자체로 존재하니까. 다른 것 안에 있거나 다른 것에 의존하지 않고 말이야.

그렇지. 그것은 "다른 것 안"에 있지 않아. 동물이나 땅이나 하늘이나 그 어떤 것에 있는 것도 아니지. "그것 자체가 그것 자체로서 그것 자체만으로 늘 단일한 형상(monoeides)으로 있는 것"이지.

플라톤은 「파이돈」에서도 그와 같은 것을 "그것 자체가 그것 자체로서 단일한 형상으로 있는 것(monoeides on auto kath'hauto)"이라고 하지.

아름다움은 하나이지만 아름다운 것들은 다수이고, 아름다움은 온전한 전체이지만 아름다운 것들은 부분에 지나지 않아. 그러니까 모든 아름다운 것들은 아름다움을 부분적으로 나누어 갖거나 아름다움에 부분적으로 참여(participation)한다고 할 수 있지. 물론 아름다운 것들이 생기거나 소멸된다고 해도 아름다움 자체는 늘어나거나 줄어들 리는 없지.

디오티마는 "제대로 된 소년애를 통해서" 사랑의 길을 올라가다가 "저 아름다운 것을 직관하면" 그 정점에 거의 다 온 셈이라고 하지.

그렇군. "소년애를 통해서 이 과정에 참여한다"는 것을 글자 그대가 아니라 당시의 소년애보다는 철학이 도입한 새로운 사랑 방식으로 이해하는 것이 좋겠어. (상대의 아름다운 몸과 감정에 대한 일시적인 사랑이 아니라) 진리를 향한 사랑을 추구하는 철학적인 에로스를 제시하니까. 그래서 사랑과 진리가 이어지고 사랑하는 이들은 진리를 향해서 드높은 곳으로 함께 나아가는 것이지. 사랑하는 자와 사랑받는 자가 공동 목표인 '아름다움 자체'를 향하여.

　정리해보면, 이렇게 상승하는 과정은 "사다리를 오르는 것처럼" "하나에서 둘로, 둘에서 모든 아름다운 몸들로, 그리고 아름다운 몸들에서 아름다운 행위들로, 그리고 행위들에서 아름다운 배움들로, 그리고 그 배움들에서 아름다운 것 자체에 대한 배움으로" 올라가지.

　마지막에 정점에서 "아름다움 자체"를 알게 되는군. 이 과정은 에로스를 통해서, 다른 이의 도움을 받아서 올라가는 과정이란 점에서 홀로 외롭게 분투하는 것과는 다르군.

　디오티마는 이런 아름다움 자체를 바라보며 사는 삶이 가치 있다고, '잘사는' 것이라고 하지. 만약 "순수하고 정결하고 섞이지 않은 아름다운 것 자체"를 보게 된다면 더 이상 다른 것들에 이끌리지 않는다고 보지. 흔히 눈길을 사로잡는 "황금, 옷, 아름다운 소년들이나 젊은이들"로는 이것을 대신할 수 없을 테고.

　절대적인 사랑 대상 앞에서 어떤 것을 그것과 비교할 수 있겠어. 그런데 이렇게 사랑이 진리 사랑이 되면 추상적이 되거나 열기가 식지는 않겠지?

　반대일 수도 있지. 일시적이고 가변적인 대상에 얽매이지 않으니까 더욱 강하고 지속적으로 사랑할 수 있겠지. 그러니까 소년 애인을 보기만 해도 "넋을 잃고 늘 그들과 함께 지내고 싶어" 하고 "먹지도 마시지도 않고 그저 바라보기만 하면서 함께 있고" 싶어 하는데, 하물며 순수하고 단일한 형상이고 "신적인 아름다움을 지닌 것"에 대한 열정이라면 오히려 더 강렬하고 지속적이어야 하는…….

그렇게 이론적으로만 이야기하거나 "어떻게 해야 한다"는 식이 아니라, 아름다움에 대한 사랑이 자연스럽고 그 어떤 열정보다도 적극적이고 지속적일 수 있을지 되돌아보았으면 하는…….[7]

지금 그 주제를 다룰 수는 없고 곧 논의를 매듭지어야 하니 디오티마가 이끄는 과정의 논리적 귀결을 따라가기로 하지. 그녀는 이런 사랑이 (덕의 이미지나 그림자가 아니라) "참된 덕을 산출하는 일"이고, 이처럼 참된 덕을 낳고 키워야만 "불사의 존재"가 될 수 있다고 하지.

사랑의 열기도 중요하지만 사랑이 지향하는 바가 불멸의 존재가 되는 일이라고 보니까. 어쨌든 진리를 사랑함으로써 개별적인 아름다운 것들에 대한 상대적인 사랑을 넘어서서 절대적인 것을 지향하고 불멸을 향한 열정을 불태우는 사랑이라고…….

얘기를 마친 소크라테스는 자신이 디오티마의 가르침에 설득되었다고 고백하고 자신이 설득된 만큼 다른 이들도 설득하겠다는 포부를 밝히지. 이처럼 에로스야말로 신성한 존재가 되고 불사의 존재가 될 수 있는 것이니 "모두가 에로스를 존경해야" 하고, 자신도 "에로스의 일들을 높이 평가하고 남다르게 연습하고 남들에게도 권유"하기로 맹세를 하지. 능력이 미치는 한 "에로스

---

[7] 여전히 사랑이 "바로 너 하나만에 대한 사랑"이라고 굳게 믿는 이들은 쉽게 수긍하지 않을 거야. 아름다움보다는 눈앞에 있는 아름다운 몸을, 진리보다는 내 품에 있는 존재에 대한 강렬한 열정을 더 원할 수 있지. 비록 그것이 순간적이거나 일시적이더라도. 정신적인 존재가 아니라 몸을 가진 바로 이 연인에 대한 사랑만이 구체적이고 충만하고 자신을 온전히 불태울 수 있는 '모든 것'이라고 여길 수 있으니까.
이런 반론은 사랑을 진리의 보편성과 연결시키지 않지. 이런 두 주장은 엄청나게, 아니 근본적으로 다

의 능력과 용기를 찬미"하려고 하는데, 자신이 한 이야기도 그런 찬미를 위한 것이라고 밝히지.

에로스 만세로군! 에로스 만만세! 사랑합시다. 너와 나의 참된 사랑을! 신성한 존재가 되기 위하여, 사랑하는 나와 너 모두의 진리를 위하여! 서로 마주보는 사랑에서 저 높은 곳을 향하여 함께 손을 잡고 나아가는 사랑으로!

"우리 함께 손을 잡고 저 곳으로!" 아니, 이건 오페라 〈돈 조반니〉에 나오는 바람둥이 백작의 아리아 같은데. 갓 결혼한 신부를 꾀어내는…….

알키비아데스의 고백 — 소크라테스를 사랑하는 미소년

이렇게 사랑 이야기가 끝났는데 갑자기 알키비아데스가 나타나면서 예기치 않은 국면이 펼쳐지지. 소크라테스를 사모하는 미남 청년 알키비아데스가 잔뜩 취해서 소크라테스를 사랑한다고 고백하는 사건 때문에.

알키비아데스는 소크라테스의 몸이 아니라 그의 진리, "매력적이고 황홀한 언어"가 자기 혼을 뒤흔든다고 하지. "선생님의 말씀을 들으면 정신이 사로잡히고 심장이 격렬하게 뛰며 눈물까지 쏟아집니다." 소크라테스가 젊고 재질 있는 마음을 물고 늘어지기 때문에 "지혜를 사랑하는 광기, 열정"에 이끌리고 만다고 하지. 그는 자신이 누구 앞에서도 부끄러워한 적이 없지만 소크라테스 앞에서만 부끄러움을 느낀다고 고백하지. 사랑에 빠진 알키비아데스라니! 그가 사랑받는 자가 아니라 사랑하는 자가 되다니!

른 사랑관이지. 정의나 국가를 열정적으로 사랑하는 것이 한 개인에 대한 사랑보다 추상적이고 연약한 것이라고 할 수도 없지만 한 개인에 대한 구체적인 사랑만이 열정적이라고 할 수도 없을 거야. 잃어버린 조국을 사랑하면서 그리운 것이 모두 님이고, 한시도 잊을 수 없는 '님의 존재'에 자발적으로 복종하면서 님의 꽃다운 모습에 눈멀고 "향기로운 님의 말소리에 귀먹"는 것을 어찌 한 여인에 대한 감각적인 사랑보다 허황되다고 할 수 있겠나. 영속적이고 보편적인 것을 사랑하는 것도 얼마든지 현실적이고 더없이 열정적일 수 있는데…….

사랑의 인문학

그리스 사랑 문화에서 미소년들은 사랑받는 존재들이었지. 그런데 소크라테스의 경우에는 미소년들이 그를 따르고 사랑하니까 성인과 미소년의 관계가 달라지지. 특히 아름다움의 화신으로 여겨지는 대표적인 미소년인 알키비아데스가 추한 용모를 지닌 그를 그리워하고 그의 사랑을 얻기 위해서 노력하니까. 그런데 금욕과 절제의 화신인 소크라테스는 그에게 육체적인 사랑이 아니라 다른 사랑을 요구하지. 철학적 에로스는 진리에 대한 사랑을 제시하니까. 이것은 (사랑하는 자의 능동성과 사랑받는 자의 수동성에서 출발하는 관계가 아니라) 사랑하는 자와 사랑받는 자가 함께 공동 목표인 진리, 지혜를 사랑하는 방식이지. 이런 관계에서 소크라테스가 알키비아데스를 이끌고 알키비아데스는 소크라테스를 사랑하는데…….

글쎄, 하지만 알키비아데스의 사랑은 좀 더 복잡한 것 같은데……. 그는 진리뿐만 아니라 "소크라테스"도 원하고, 그 진리도 추상적이고 보편적인 것과 다른 어떤 것을 찾는다고 할 수 있으니까.

알키비아데스의 사랑 이야기는 다음 기회에 살펴보는 걸로…….

참고문헌

플라톤, Symposivm. in: PLATONIS OPERA, t. 2 Oxford University Press, 1991.

『향연』, 강철웅 옮김, 이제이북스, 2010.

양운덕, 『문학과 철학의 향연』, 문학과 지성사, 2011.

3. 나는 사랑한다, 나와 너는 존재한다

「로미오와 줄리엣」의 사랑

지극히 슬프지만 아름답기 그지없는 사랑 노래

베토벤의 현악사중주 한 곡을 들어보자. 베토벤은 현악사중주 여섯 곡을 묶어서 작품 번호 18로 출판한다. 이는 그가 작곡한 최초의 현악 사중주들이다. 이 가운데 첫 번째 곡(F 단조)의 2악장은 지극히 아름다우면서도 그 곡조가 범상치 않은 비장함을 노래한다. 이를 들은 한 친구가 이 곡이 마치 사랑하는 이들이 헤어지는 장면 같다고 하자, 베토벤 자신은 「로미오와 줄리엣」의 무덤 장면을 연상했다고 한다.

로미오 '와' 줄리엣, 로미오와 줄리엣의 사랑.

사랑의 문학을 대표하는 「로미오와 줄리엣」은 로미오와 줄리엣의 사랑을, 사랑과 죽음의 테마를 감동적으로 제시한다.

이들은 불가능한 사랑을 사랑의 모험으로, 사랑의 비극을 비극적인 사랑으로 바꿔놓는다. 이들은 죽음을 두려워하지 않는 사랑, 죽음으로 하나가 된다고 믿는 사랑을 통해서 사랑의 주제를 또렷하게 선언한다.

"나는 사랑한다, (그러므로) 나는 존재한다."

사랑과 존재가 하나라고 믿는 이런 태도를 어떻게 받아들일 수 있는가? 불가능한 사랑 앞에서 자신의 존재마저도 거침없이 내던지는 태도를 이해할 수 있는가? 이것은 연극적 강렬함, 과장법, 충격 효과를 위한 퍼포먼스인가? 아니면 사랑의 지고한 가치가 생명보다 우월하다는 선언인가? 어떻게 사랑의 제단에 자기 목숨을 바칠 수 있는가? 그토록 순결하고 지고한 사랑의 이름을 내걸 수 있는가? 현실적인 이해나 사랑의 효과에 대한 세심한 배려가 아니라, 사랑을 모든 것에 앞세우고, 모든 것을 사랑이라는 바탕에서 다시 세우고, 모든 것을 사랑을 지향점으로 삼아서 자리매김하는 이런 '사랑'주의를 어떻게 정당화할 수 있는가? 이런 사랑이 어떻게 동경과 선망의 대상일 수 있는가?

사랑이 너와 나의 존재 이유라면 사랑 없이는 나도 너도 있을 수 없을 것이다. 사랑은 나와 너의 관계를 나와 너의 존재에 앞세운다. 사랑 없는 나, 사랑하는 이가 없는 나는 존재 이유를 지닐 수 있는가?

사랑 앞에서

사랑에 빠진 이가 겪는 극적인 변화를 잘 드러내는 장면을 보자.

3막 2장에서 주변의 적대적인 분위기 탓에 둘만의 결혼식을 올린 줄리엣은 '바로 그날' (사실상의) 남편이 된 로미오가 결투에서 사촌오빠 티볼트를 살해했다는 얘기를 듣는다. 줄리엣은 혼란스러워한다. 어떻게 해야 하는가? 사랑하는 이의 행위를 긍정해야 하는가 — 이는 살인을 긍정하는 것이다 — 아니면 살인을 비난해야 하는가? 게다가 로미오가 추방된다고 하니 어쩌면 좋은가?

살인에 대한 증오와 사랑의 절대성에 대한 긍정 가운데 하나를 택해야 하는 상황에서 그녀는 상반된 두 모습을 차례로 보여준다. 사촌오빠를 죽인 로미오의 폭력성, 악마성에 치를 떨면서 존재의 이중성, 역설에 격분한다. 하지만 결투하는 과정에서 로미오가 죽었을 수도 있지 않은가? 소중한 존재를 희생하더라도 사랑을 저버릴 수는 없다. 그녀는 로미오가 살아남았다는 점에 안도하다가 이 살인 사건 때문에 로미오가 '추방'당하는 점에 생각이 미치자 어쩔 줄 모른다.

갈등 상황에서 그녀가 급변하는데 이처럼 '사랑 때문에' 생긴 극단적인 전환을 보는 것은 흥미롭다.

처음 유모에게 소식을 들은 줄리엣이 한 존재의 상반된 모습에 분노한다.

"아, 꽃 같은 얼굴에 감춰진 독사의 마음! 용이 그렇게도 아름다운 굴 속에 사는 경우가 있었던가? 어여쁜 폭군(beautiful tyrannt), 천사 같은 악마(feind angelical), 비둘기 깃을 단 까마귀, 늑대 같이 잔인한 양 새끼! 모습은 신성하면서도 마음은 천한 근성(honourable villian), 보기와 정반대인 존재(just opposite to what justly seem'st), 마귀 같은 성자(a damned saint), 고결한 불한당! 아, 자연이여, 마귀의 혼을 세상의 낙원처럼 아름다운 육체 속에 담느라고 얼마나 애를 썼느냐!? 그렇게도 더러운 내용의 책(book containing such vile matter)이 그렇게도 아름답게 제본된(so fairly bound) 예도 있었던가? 아, 그토록 눈부신 대궐 안에 그런 허위가 살다니!"

그런데 유모가 덩달아서 남자들이란 믿을 수 없고 거짓 맹세를 일삼는다고 비난하자, 줄리엣은 자신이 로미오를 비난했음을 깨닫고 갑자기 태도를 바꾼다.(스피노자가 지적하듯이, 내가 사랑하는 이를 비난하는 자는 나를 슬프거나 분노하게 한다.)

"그런 악담을 하는 유모의 혓바닥이나 갈라지라지. 그인 그런 악담을 받을 분이 아니야. 그이 이마에 그런 욕설이 부끄러워서 얼씬하기나 할 줄 알아. 그이 이마는 명예가 천하에서 으뜸가는 제왕같이 군림할 옥좌예요. 아, 사람답지 않게 어쩌자고 내가 그이를 책망했을까!"

유모가 사촌오빠를 죽인 사람을 칭찬하느냐고 되묻지만 그녀는 자신이 내뱉은 말을 주워 담고 싶어 하며 사촌오빠와 로미오 가운데 한 사람을 선택할 수밖에 없는 상황에 주목한다.

"내 남편을 욕할 수 있나요? 아, 불쌍한 분. 세 시간 전에 당신 아내가 된 내가 당신의 명예를 망쳐놓았으니, 무슨 말로 그 명예를 회복시킬 수가 있을까요? 그렇지만 나쁜 사람, 무엇 때문에 오빠를 죽였나요? 하지만 안 그랬더라면 나쁜 오빠가 내 남편을 죽였을지도 모르지. 미련한 눈물아, 어서 네 우물로 돌아가라! 슬픔에 쏟아야 할 눈물방울아, 잘못 알고 기쁨에 쏟고 있구나. 티볼트가 죽이려던 내 남편은 살고 내 남편을 죽이려던 티볼트는 죽었어. 이건 모조리 기쁨인데, 어쩌자고 내가 울까? 하지만 티볼트의 죽음보다 더 나쁜 한마디가 날 죽였지. 그 한마디를 잊어버렸으면! 그러나 아, 죄지은 마음을 흉악한 죄악이 가책하듯이, 그 한마디가 내 기억에 밀려드는구나."

무엇보다 로미오가 추방된다고 하니 어쩌면 좋은가? 추방이라니! 차라리……

"'티볼트는 죽고, 로미오는 추방' 그 '추방', 그 한마디 '추방'은 티볼트를 만 명 죽인 것이나 다름없어. 티볼트의 죽음, 그것만으로도 너무 슬프지만 쓰라린 슬픔이 친구를 좋아해서 다른 슬픔과 꼭 짝을 지어야겠다면, '티볼트가 죽었다'고 유모가 말했을 때 아버지나 어머니, 아니 두 분이 모두 죽겠다고 왜 말하지 않았을까? 그랬다면 흔해 빠진 통곡만으로 그칠 게 아닌가? 그러나 티볼트가 죽었다는 말끝에 '로미오는 추방'이라고 했으니 그럼 그 말은 아버지, 어머니, 티볼트, 로미오, 줄리엣 모두 칼에 맞아 죽은 것이나 다름없어. '로미오는 추방!' 이 한마디의 무서운 힘에는 끝도 없고, 경계도 없고, 척도도 없고 묶어둘 것마저 없지."

줄리엣은 유모가 들고 온 사다리(로미오가 자신의 방으로 올라오도록 하기 위한)를 치우라고 한다. 로미오의 '추방'이 자신과 로미오에게 죽음의 선고나 마찬가지라고 여긴 그녀는 자신을 죽음에게 바칠 각오까지 한다.

"부모님은 오빠의 상처 자국을 눈물로 씻어줄 모양이군! 부모님의 눈물이 마르거든 내 눈물은 로미오 님의 추방 때문에 흘려야지. 그 줄사다리는 치워요. 가엾은 줄사다리야, 너와 나는 속았구나. 로미오 님은 귀양 가신단다. 그이는 너를 내 침실로 통하는 신작로로 삼을 참이었는데, 이 숫처녀는 처녀과부로 죽을 수밖에. 이리 온. 줄사다리야, 유모도 이리 와요. 나는 신방으로 가겠어. 그리고 로미오 아닌 죽음에게 숫처녀를 바치겠어!"

그녀는 사랑을 위해서라면 기꺼이 생명을 바치고자 한다.(이는 로미오의 사랑이 없는 삶이 살 만한 가치가 없음을 뜻하는 것이지만, 관객들에겐 그녀에게 닥칠 죽음에 대한 암시처럼 들리기도 한다.)

이처럼 티볼트의 죽음은 줄리엣의 사랑을 시험하는 계기이기도 하다. 사랑의 배가 험한 풍랑을 극복하고 목적지로 나아갈 수 있을까? 아니면 배를 돌려서 일상과 현실의 세계로 되돌아와야 하는가? 이런 상황은 그녀에게 질문을 던진다. 당신은 로미오를 진정 사랑하는가? 오로지 로미오 자체를, 다른 모든 것을 뛰어넘어서, 사랑하는가? 줄리엣은 어떤 대답을 준비하고 있을까?

우리는 줄리엣의 모습에서 사랑하는 이의 결함과 잘못'에도 불구하고' 그에 대한 사랑과 존경이 흔들리거나 약해질 수 없는 사례를 본다. 이처럼 사랑은 '전체'를 요구하고, 한 존재를 '온전히' 받아들이는 것이고, 아무런 조건도 내걸지 않는다. '나는 너를 너 자체로서 사랑한다.' 이런 긍정은 '나는 너의 이런 점 때문에 사랑하지만, 저런 점 때문에 사랑할 수 없다'와 대조적이다. 이런 줄리엣은 '사랑'주의자이다.

로미오와 줄리엣의 첫 만남

이런 '운명적인' 만남의 주인공들이 처음 만나는 순간은 어떠했을까? 1막 5장에서 (로잘라인에 대한 사랑 때문에 고뇌하던) 로미오는 연회에서 줄리엣을 보는 순간, 얼빠진 사람처럼 그녀에게 빠져든다. 아니 어떻게 조금 전까지 그의 전 존재를 뒤흔들던 여인에 대한 사랑을 버리고 줄리엣과 '순식간에' 사랑에 빠질 수 있는가? 그는 줄리엣을 보자마자 그녀에게 사로잡힌다. 서로 '첫눈에 반한' 이 둘을 어찌하면 좋은가?

"아, 저 여자는 횃불에게 밝게 타도록 가르치고 있구나! 저 여자는 에티오피아 여인의 귀에 달린 값비싼 보석처럼 밤의 볼에 걸려 있는 것 같구나. 그아름다움은 쓰자니 너무나 값지고 속세엔 너무도 아깝구나! 저 여자가 동료들을 압도하는 모습을 보라. 까마귀 떼 가운데 있는 백설 같은 비둘기가 저러하겠지. 저 이 있는 곳을 잘 봐두었다가 춤이 끝나면 지저분한 이 손으로 그곳을 만져보자. 그러면 얼마나 기쁠까. 내 마음이 여태껏 연애를 하고 있었다고? 눈아, 그것을 부정하라! 오늘밤에야 비로소 진짜 아름다움을 보았구나."

로미오가 이렇게 감탄하는 것을 들은 티볼트는 로미오가 원수 집안의 자식이라고 하며 그를 공격하려고 한다. 하지만 아버지 캐풀리트는 그가 품행이 좋은 청년으로 알려져 있고 별다른 말썽을 부리는 것도 아니니 그냥 두라고 말린다.

줄리엣의 손을 잡은 로미오는 자기의 불타는 마음을 표현한다.

"천한 이 손으로 그 거룩한 성당을 더럽히고 있는 것이라면, 그 점잖은 죄의 보상으로 내 입술이 낯을 붉힌 두 순례자처럼 대기하여 점잖게 키스하여 그 추한 자국을 씻고자 하오."

"착한 순례자님. 그건 당신 손에 지나친 욕이지요. 당신 손은 그처럼 점잖게 신앙심을 보여주고 있잖아요. 성자의 손은 순례자가 손을 대기 위해서 있고, 손바닥을 맞대는 것이 거룩한 순례자들의 키스가 아닌가요."

"성자에게나 순례자에게도 입술이 있잖소."

"아이, 순례자님, 그건 기도를 올리기 위한 입술이에요."

"아 그럼 성녀님, 손으로 하는 키스를 입술로 하게 해주시오. 입술이 기원하니 허락해주시오. 신앙이 절망으로 변하면 안 되니까요."

"성자의 마음은 움직이지 않아요. 비록 기원을 들어주는 일이 있더라도."

"그럼, 움직이지 말고 계시오. 내 기원의 효험을 받으리다. 이렇게 당신의 입술로, 내 입술에서 죄는 씻깁니다."(키스한다.)

"그럼, 제 입술이 그 죄를 짊어지게요."

"내 입술에서 죄를, 아 달콤한 꾸짖음! 내 죄를 돌려주오."(키스한다.)

이때 줄리엣의 유모가 부르는 것을 들은 로미오는 그녀가 캐풀리트 집안의 아가씨임을 알게 된다.

"캐풀리트 집 딸인가? 아, 값비싼 거래구나. 내 목숨은 원수의 저당물이 되었구나."

줄리엣은 유모에게 로미오가 누구인지 알아 오게 한다.

"가서 이름을 알아보고 오세요. 결혼하셨다면 무덤이 나의 신방이 될 거예요."

유모는 로미오가 (원수 사이인) 몬터규 집안의 외아들이라고 알린다.

"나의 유일한 사랑이 나의 유일한 증오에서 싹트다니! 모른 채로 너무 일찍 보아버렸고, 알고 보니 이미 늦었네! 미운 원수를 사랑해야만 하다니(I must love a loathed enemy). 앞날이 염려되는 사랑의 탄생(prodigious birth of love)이구나!"

이 만남으로 사랑의 배는 갑자기 방향을 바꾸고 새로운 사랑의 깃발을 앞세우고 거친 바다를 향한다.

줄리엣과의 첫 만남, 첫 키스로 로미오는 새로운 사랑의 '노예'가 된다. 그는 로잘라인에 관한 (불가능하고 일방적인) 사랑과 고뇌를 단숨에 잊고 새로운 사랑에 빠진다. 물론 이들의 '운명적인' 사랑은 서로의 존재를 완전하게 수용하므로 그들의 사랑 자체에는 어떠한 난점도 존재하지 않지만, 그들을 둘러싼 외적 조건을 보면 불가능한 사랑임이 자명하다. '원수들끼리 사랑에 빠지다니!' 사랑은 원한을 뛰어넘고 모든 대립과 갈등을 사랑의 용광로로 용해시킬 수 있다고 선언하지만 외적 조건은 그런 시도 자체를 허용하지 않는다. 그러면 이런 외적 장애물이 이들의 사랑을 불가능하게 할까? 아니면 오히려 이런 장애물이 사랑의 역설적인 촉매가 될까?

열렬하게 사랑하는 이들을 가로막는 외적 상황에 따른 시련과 방해 덕분에 오히려 불가능한 사랑은 단련되어서 더욱 굳고 단단해진다. 온갖 우연이 그들을 방해하더라도 그들의 필연적 사랑은 그 독초들마저 자양분으로 만들 것이다.

사랑에 빠진 로미오는 로미오가 아니다

사랑의 역설은 외부 조건에서 나타나기도 하지만 사랑 안에서도 곧잘 드러난다. 이런 점을 사랑의 두 얼굴로 형상화한 장면을 통해서 살펴보자.

이미 언급했지만 연극 첫 부분에 로미오는 이미 사랑에 빠진, 아니 사랑의 고뇌에서 헤어나지 못하는 자로 등장한다. 사랑에 빠진 로미오는 여전히 로미오 자신의 로미오다움을 지닐 수 있을까?

로미오가 새벽에 산책하는 장면을 본 친구 벤볼리오는 아버지에게 이 사실을 알린다. 아버지 역시 로미오가 새벽 산책을 하며 괴로워하는 것을 알고 있지만 그 원인을 몰라서 안타까워하고 있었다. 이윽고 로미오가 나타나자 벤볼리오는 로미오에게 사랑 때문에 괴로워하느냐고 묻는다. "항상 눈이 가려져 있는 그 사랑이란 놈은 눈 없이도 잘만 사랑의 과녁을 쏘아 맞히거든! (……) 미움과 관련된 소동도 소동이지만 사랑과 관련된 고민은 한 술 더하는걸. 아, 싸우는 사랑, 아, 사랑하는 미움, 원래 무에서 창조된 유! 아, 무겁고도 가벼운 것, 진실한 허위, 겉치레는 근사하나 꼴사나운 혼돈, 납덩이의 솜털, 번쩍이는 연기, 차디찬 불, 병든 건강, 늘 눈떠 있는 잠, 그것 아닌 그것, 바로 요런 것이 내가 느낀 사랑이지만, 어디 이런 사랑에 만족이 있어야지. 우습지 않나?"

벤볼리오가 로미오가 괴로워하는 까닭에 자신이 슬프다고 하자 그는 신경 쓰지 말라고 한다.

"(……) 자네의 그런 애정은, 그렇잖아도 너무나 벅찬 내 고민엔 설상가상일세. 사랑이란 한숨으로 일으켜지는 연기, 맑게 개이면 애인 눈 속에서 번쩍이는 불꽃이요, 잔뜩 흐리면 애인의 눈물로 바다가 되네. 그런 게 사랑 아닌가? 가장 분별 있는 미치광이요, 또한 목을 조르는 쓰디쓴 약인가 하면, 생명에 활력을 주는 감로이기도 하네. 그럼 잘 있게."

사랑 때문에 넋이 나간 로미오는 자기를 로미오로 여길까?

"흥, 나야말로 나 자신을 어디다 두고 여기 없는걸. 난 여기 없네. 이 사람은 로미오가 아니네. 그는 어디 다른 곳에 가 있다네."

그는 사랑에 빠진 자기가 사실은 자기가 아니라고 하면서, 스스로를 '그'라고 지칭한다. '사랑에 빠진 로미오 녀석'은 로미오가 보기에도 이해할 수 없는 그 무엇이다. 그는 자신이 어떤 여자를 사랑한다고 고백한다.

"그 여자가 어디 큐피드의 화살에 맞아야지. 그녀는 다이아나의 분별력을 지니고 있고 순결이란 갑옷으로 단단히 무장하고 있으니, 애들 장난감 같은 사랑의 화살 따위엔 상처를 입지도 않네. 게다가 구애의 공세도 피해버리고, 사랑의 눈초리의 집중 공격에도 끄떡도 없거든. 그뿐인가. 성인을 유혹하는 황금에도 치마를 벌리지 않는다네. 아, 굉장한 미인이지만, 죽으면 그녀의 아름다움도 밑천과 함께 사라져버릴 테니 아까운 일이지."

그녀가 독신으로 지낼 맹세라도 했느냐고 묻자, "그렇다네. 그런데, 그렇게 인색한 것은 오히려 큰 낭비가 아니냔 말일세. 아름다움이 금욕 때문에 굶주리면 자자손손의 아름다움까지 잘라버리는 셈이 아닌가. 저 예쁘고 어질고 착한 여자가 나를 이렇게 절망 속에 몰아넣고서야 어디 축복을 받을 수 있겠나. 그 여자는 사랑을 않기로 맹세했다는데, 그 맹세 때문에 지금 이 말을 하고 있는 나는 산송장이 되어 있는 셈이네."

벤볼리오는 그 여인을 잊거나 다른 여인을 찾으라고 충고한다.

"그건 그녀의 뛰어나 미모를 더욱더 생각나게 할 뿐일세. 미녀들 이마에 입 맞춤하는 저 과분한 탈이 검기 때문에 우리는 도리어 가려진 미모를 생각하게 되잖나. 갑자기 눈이 먼 자는 그 귀한 보배인 잃어버린 시력을 못 잊는 법이야. 절세미인을 좀 대주게. 그까짓 미모가 무슨 소용이 있을까? 그 절세미인을 능가하는 미인을 읽어보게 할 주석의 구실밖에 되지 않아. 그럼, 잘 있게. 내게 잊을 방법을 대주진 못할 걸세."

벤볼리오는 불이 불을 끄고, 새로운 고통이 낡은 아픔을 덜어주므로 한 고민을 다른 고민으로 대체하라고 권한다. 그들은 케퓰리트 가의 무도회 소식을 듣는데, 벤볼리오는 로미오에게 로잘라인을 새로운 미녀와 비교해보라고 권한다. 로미오의 백조가 까마귀 꼴이 될 것이라고. 하지만 로미오는 로잘라인의 미를 한껏 내세운다. "내 애인보다 더한 미인이라고? 만물을 모두 내려다보는 태양도 천지가 개벽한 이래 이만한 미인은 못 보았을걸?" 그런데 어찌 알 수 있었겠는가? 이런 로미오가 순식간에 얼빠진 상태가 될 줄은.

연극 전체를 모르는 사람들은 이런 고뇌가 연극의 주요 테마라고 오해할 정도다. 이 고뇌는 어떤 과정과 갈등을 겪으면서 해소될까? 새로운 사랑은 이런 고뇌를 대체할 뿐만 아니라 고뇌를 해소한다.

2막 3장에서 로미오를 만난 로렌스 신부는 로잘라인과의 사랑이 어떻게 진행되고 있는지 묻는다. 로미오는 막연하게 다른 상대와 사랑에 빠졌음을 고백한다.

"실은 원수네 집 연회에 갔었는데, 난데없이 나를 상처 낸 자가 있었고, 나도 그 편을 상처 냈지요. 그런데 우리 두 사람의 구원은 신부님의 조력과 거룩한 치료 여하에 달려 있습니다. 신부님, 제가 무슨 원한을 지녀서 그런 것이 아닙니다, 저의 애원은 원수 편에도 약이 됩니다."

"캐풀리트 갑부 댁의 예쁜 따님에게 저의 진정한 사랑을 바쳤습니다. 내가 사랑하듯이 저편에서도 나를 사랑합니다. 모든 인연은 맺어져 있으니, 다만 신부님께서는 신 앞에 결혼식 주례만 서주십시오. 우리가 언제 만나 어디서 사랑을 속삭이고 어떻게 맹세를 나누었는가는 가면서 얘기하겠습니다만, 부디 오늘 저희들이 결혼식을 올리게 해주십시오."

"아, 프란체스코 성자님! 이게 웬 변화람! 네가 그토록 사랑하던 로잘라인을 이렇게 쉽게 잊었단 말이냐? 젊은이들의 사랑은 과연 마음속에 있지 않고 눈 속에 있나 보구나. 아, 기가 막혀 말이 안 나오는구나! 너는 로잘라인 때문에 그 파리한 뺨을 짜릿한 눈물로 무던히도 씻었겠다! 맛 잃은 사랑에 간을 주려고 공연히 짭짤한 눈물을 무던히도 쏟았겠다! 아직 태양은 네 한숨을 하늘에서 거두질 않았고, 이전에 네가 앓던 소리는 아직도 이 늙은이 귀에 쟁쟁 울린다. 저것 봐, 네 볼엔 이전의 눈물 자국이 아직도 안 씻긴 채 남아 있지 않느냐. 네가 네 자신임에 틀림없고, 저 고민도 네 고민이었을 텐데, 너 자신도 그 고민도 모두 로잘라인 때문이 아니었느냐. 아니 사람이 변했나? 그럼 이런 격언이라도 외워보게나. 사내자식도 못 믿을 세상이니 여자의 타락쯤이야 예사가 아니겠냐고."

"로잘라인을 사랑했을 때도 신부님은 툭하면 절 꾸짖지 않았습니까?"

"사랑하는 것이 나쁘다는 것이 아니라 사랑에 넋이 빠졌으니까 그랬지."

"그리고 사랑을 파묻으라고 하셨습니다."

"그게 하나를 파묻고 다른 하나를 파내라는 것이냐, 어디."

"제발 꾸짖지 마십시오. 지금 제가 사랑하는 여자는 호의에는 호의로, 사랑에는 사랑으로 보답하는 여자입니다. 로잘라인은 그렇지 않았습니다."

"참 로잘라인이 잘 보았어. 네 녀석의 사랑은 암기하는 식으로 글자를 모르는 사랑이었거든. 아무튼 가자. 이 줏대 없는 녀석아, 나와 같이 가자. 나도 생각이 있으니 너를 도와주겠다. 이 연분으로 다행히 두 집 원한이 참된 애정으로 돌아설지도 모르니까."

사랑하는 그대여!

사랑의 항해에 나선 두 모험가들이 어떻게 온갖 풍랑을 헤치고 둘만을 위한 사랑의 섬에 이를 수 있을까?

2막 2장에서 로미오는 정상적인 방법으로는 줄리엣을 만날 수 없어서 몰래 그녀를 찾아간다. 그는 담을 넘어서 정원에서 기다리다가 이층 창문에 나타난 줄리엣의 자태에 감탄하고, 그녀는 로미오가 있는 줄도 모르고 허공에 자신의 사랑을 고백한다.

줄리엣을 보고 난 이후에 로미오에게 줄리엣은 그의 '존재 이유'가 된다. '그녀는 나의 모든 것이다!', '그녀 없는 삶은 생각할 수도 없으니!'

"(……) 줄리엣은 태양이다! 밝은 태양이다. 떠올라서 시샘하는 달님을 죽여다오, 달의 시녀인 그대가 달 자신보다 엄청나게 예쁘다고 달님은 이미 슬픔에 병들어 창백해져 있소. 제발 달의 시녀 노릇은 하지 마오. (……) 온 하늘에서 가장 빛나는 별 두 개가, 저 두 눈에 청하여 자기들이 돌아올 때까지 대신 하늘에서 반짝여달라고 하는구나. 만약에 저 두 눈과 그 두 별이 자리를 바꾼다면 어떻게 될까? 저 밝은 볼은 그 두 별을 햇빛 아래 등불처럼 무색케 할 테지. 하늘로 간 저 두 눈은 창공에 한껏 빛날 테니. 새들도 밤이 아닌 줄 알고 노래할 거야. 저것 봐. 볼을 손 위에 갖다 대는구나! 아, 내가 저 손에 끼워진 장갑이라면 저 볼에 닿아 볼 수 있으련만!"

"아, 빛나는 천사여, 한 번 더 말해보시오. 오늘 밤 내 머리 위에서 빛나는 당신 모습은 날개 돋친 하늘의 사도님이 슬슬 흘러가는 구름을 밟고 공중 한복판을 훨훨 지날 때 놀라서 허옇게 뒤집힌 눈으로 쳐다볼 때의 모습같이 빛나는군요."

외적인 장애는 그들의 사랑을 방해하기는커녕 더욱 강렬하고 뜨겁게 만들 뿐이다. 줄리엣 역시 홀로 한탄하며 로미오의 이름을 부른다.

"아, 로미오, 로미오님. 왜 이름이 로미오인가요? 아버지를 잊으시고 그 이름을 버리셔요. 아니 그렇게 못하시겠다면, 저를 사랑한다고 맹세만이라도 해주셔요. 그러면 저도 캐퓰리트의 성을 버리겠어요."

줄리엣은 로미오라는 이름보다는 그 이름에 가려진 실체를 붙잡고자 한다. 마치 이름과 실체가 무관하고 이름은 음성의 떨림에 지나지 않는 것처럼. 로미오가 입고 있는 로미오라는 '이름-옷'을 벗겨서 로미오 자체를 드러내고자 한다. 그것이 특정한 사회적 규정에 지나지 않고, 이름에 의해서 왜곡되지 않은 그 무엇이 있는 것처럼.

"당신 이름만 내 원수일 뿐이에요. 몬터규네 가문이 아니라도 당신은 당신, 아, 다른 이름이 되어주세요! 몬터규란 이름이 무엇인가요? 손도 발도 팔도 낯도 아니고, 신체의 어떤 부분도 아니잖아. 이름에 뭐가 있다고? 장미꽃은 다른 이름으로도 똑같이 향기로울 것이 아닌가? 로미오도 로미오란 이름이 아니어도, 그 이름과는 관계없이 본래의 미덕은 그대로 남아 있지 않나? 로미오 님, 그 이름을 버리고 당신의 신체와 상관없는 그 이름 대신에 이 몸을 고스란히 가지세요."

로미오는 자신이 더 이상 로미오가 아니라고 하면서 줄리엣에게 자신이 있음을 알린다.

"그 말대로 당신을 가지겠소. 나를 사랑한다고만 말해주시면 다시 세례를 받고 이제부터 로미오란 이름을 영영 버리겠소."

"하지만 여길 어떻게, 뭣 하러 오셨어요? 담은 높아서 오르기 어렵고, 당신의 입장으로 우리 집 사람에게 들키는 날이면 이곳은 죽음이 장소인데요."

"이까짓 담은 사랑의 가벼운 날개를 타고 뛰어넘었지요. 돌담이 어떻게 사랑을 막을 수 있겠소. 해낼 수만 있다면 사랑은 무엇이든 해내니까요. 그러니까 당신네 집 사람들도 날 막지 못해요."

"하지만 들키면 당신은 죽어요."

"아아, 그들의 스무 자루 칼보다 당신의 눈이 더 무섭다오. 당신만 정다운 눈길을 보내주면 그들의 적개심이야 문제될 것이 있겠소."

"무슨 일이 있어도 이곳에선 들키지 않도록 하세요."

"한밤중 어둠의 외투에 가려 있으니 그들 눈엔 안 뜨일 거요. 그보다 당신 사랑을 못 받는다면 차라리 이대로 들켜버리는 게 낫소. 당신의 사랑도 없이 지루하게 사느니보다 그들의 미움을 받으며 죽는 편이 나으니까."

"누가 안내해서 여길 찾아오셨나요?"

"사랑이 안내했다오. 처음에 찾으라고 재촉한 것도 사랑이고, 지혜를 빌려준 것도 사랑이오. 난 눈만을 빌려준 셈이지요. 난 수로 안내인은 아니지만 당신 같은 보배라면 머나먼 바닷물로 출렁이는 아득한 해안 길처럼 먼 곳이라도 기어이 찾아가겠소"

줄리엣은 로미오가 자신의 사랑 고백을 이미 들었기 때문에 자기 마음을 숨기지 않고 자신의 참된 사랑을 받아달라고 호소한다. 그들 사이에 싹트고 무성하게 자라날 사랑은 싹트자마자 가지가 기다렸다는 듯이 무성하게 자라나고 금방이라도 열매까지 맺을 듯이 열정 가득한 그들만의 세계를 오롯이 빚기 시작한다.

"제 얼굴이 이렇게 한밤의 가면으로 가려져 있으니 망정이지, 그렇지 않다면 이 뺨은 수줍은 처녀의 마음으로 빨갛게 물들어 있을 거예요. 오늘 밤 당신이 제 말을 엿들었으니까요. 전 체면도 차리고 싶고, 입 밖에 한 말을 취소하고 싶기는 해요. 하지만 체면이여, 안녕!"

한가한 사랑 이야기에 흔한 밀고 당기기, 사랑하지 않는 체하는 사랑하기, 상대를 더 잘 붙잡기 위한 술책이 개입할 여지가 없다. 친밀함을 더하고 사랑이 익어가는 과정도 없이 '곧바로' 사랑의 파도에 뛰어들어 일사천리로 사랑의 바다로 나아간다.

"저를 사랑하시나요? 물론 그렇다고 하시겠지요. 그 말을 믿겠어요. 하지만 아무리 맹세를 하더라도 깨뜨리실지 몰라요. 애인들의 거짓말에는 조브 신도 웃으신다지요. 아, 그리운 로미오님, 사랑하신다면 솔직히 그렇다고 말씀하세요. 너무 쉽게 저를 손에 넣었다고 생각하시나요. 그렇다면 전 심통을 부리고 찌푸린 얼굴로 당신을 거절할래요. 그래도 다시 사랑을 애걸해 오셔야 해요. 안 그러신다고 한들 어떻게 당신을 거절할 수 있을까요. 그리운 몬터규님. 진정 저는 너무 사랑하고 있어요. 당신은 저를 경박한 여자라고 생각하실 거예요. 그렇더라도 저는 서먹서먹한 채 잔꾀 부리는 여자들보다는 훨씬 더 진실한 여자임을 증명해 보이겠어요. 정말로요. 참다운 사랑의 고백을 저도 모르는 사이에 당신이 엿듣지만 않으셨다면 정말 좀 더 쌀쌀하게 대했을 거예요. 그러나 용서하시고 행여 들뜬 사랑에서 이처럼 마음을 허락한 것이라고 꾸짖지는 마세요. 밤의 어둠 때문에 이렇게 탄로 난 사랑이니까요."

로미오가 달에 걸고 사랑을 맹세하려고 하자 줄리엣은 쉬 모양이 바뀌는 달은 싫다고 한다.

"행여 맹세는 마세요. 그래도 기어이 맹세를 하시려거든 당신 자신에 맹세하세요. 당신은 제가 우상처럼 믿는 신령이니, 당신을 믿겠어요."

"내 가슴에 사무치는 사랑이 혹……."

"글쎄, 맹세는 하지 마세요. 당신을 뵌 것은 기쁘지만, 오늘 밤의 그런 맹세는 싫어요. 이건 어쩐지, 너무 무모하고, 너무나 갑작스러워서, '저것 보라'고 말할 새도 없이 사라져버리는 번갯불 같아요, 그럼 안녕히. 이 사랑의 꽃봉오리는 여름날 바람에 마냥 부풀었다가, 다음 만날 때엔 예쁘게 꽃 필거예요. 안녕히, 안녕히! 달콤한 안식과 휴식이 저의 가슴(breast)처럼 당신 심장(heart)에도 깃들기를!"

"이리 섭섭하게 들어가려오?"

"그럼 어떻게 하면 오늘밤이 섭섭하지 않을까요?"

"서로 진정을 모아 사랑의 맹세를 교환합시다."

"저의 맹세는 당신이 청하기도 전에 벌써 드렸잖아요. 할 수 있다면 다시 드리고 싶어요."

"그럼 그 맹세를 다시 가져가고 싶단 말이오? 사랑이여, 무슨 이유라도 있나요?"

"다만 아낌없이 한 번 더 드리고 싶어서 그래요. 하지만 내가 지니고 있는 애정에 대해서 내가 욕심을 부리나 봐요. 제 마음은 바다처럼 한이 없고 애정도 바다처럼 깊어요. 당신께 드리면 드릴수록 저는 더 많이 지니고 있답니다. 둘 다 무한하게(infinite) 있으니까요. 안에서 누가 부르는가 봐요. 그럼, 안녕히. (……) 그리운 몬터규 님, 변치 말아요. 잠깐만 계세요. 곧 돌아올게요."

"아, 참, 행복한 밤이다. 지금 밤인데 혹시 이게 꿈인 건 아닐까? 너무나 달콤해서 사실이 아닌 듯하네."

줄리엣이 창문에 다시 나타나서 로미오의 애정이 진정하고 결혼할 계획이라면, 내일 사람을 보낼 테니, 어디서 언제 결혼식을 올릴지 알려 달라고 한다.

"그러면 운명을 송두리째 당신 발밑에 내던지고, 당신을 낭군 삼아 세계 어느 곳에라도 따라가겠어요."

두 주인공은 사랑 앞에서 자신의 전 존재를 내던져야 하는 사랑의 모험에 나선다. 사랑은 모든 것을 뛰어넘는 것이라면, 그 어떤 것도 사랑을 대신할 수 없고, 사랑의 길을 가로막을 수 없다.

'우리는 사랑한다. 우리는 존재한다.'

삶의 원리 또는 삶을 넘어서는 사랑

서로의 사랑을 확인한 두 사람은 로렌스 신부의 사제관에서 그들만의 비밀

결혼식을 올린다.(2막 6장)

"아멘, 아멘, 그러나 어떠한 슬픔이 닥쳐오더라도 그런 것은 그녀를 보는 순간에 일어나는 서로간의 기쁨을 당하진 못합니다. 신부님, 신성한 말씀으로 저희들의 손을 맺어주십시오. 사랑을 잡아먹는 죽음더러 무슨 짓이건 하라지요. 그녀를 내 것이라고 부르기만 하면 족하니까요."

"그와 같이 격렬한 기쁨은 격렬하게 끝나며 불과 화약이 서로 닿자마자 폭발하듯이 승리의 결정 속에서 죽는 법. 지나치게 단 꿀은 달기 때문에 도리어 싫증나며 맛을 보면 입맛을 버린다. 그러니까 사랑은 절도 있게 해야 하지. 오래가는 사랑은 다 그렇지. 서두르면 살피면서 가는 것보다 오히려 더디니까. 아가씨가 오는구나. (줄리엣 등장) 아, 저렇게 가벼운 걸음걸이엔 저 딱딱한 바닥들은 조금도 닳지 않겠지! 연애하는 자는 여름날 바람에 살랑살랑 흔들리는 거미줄을 타도 안 떨어질 거야. 사랑의 기쁨은 그렇게도 가벼운 것이거든."

"아, 줄리엣, 당신과 나의 기쁨의 양은 같더라도, 그 표현에서 당신이 위라면, 제발 당신의 말로 이 근처 공기를 향기롭게 해주오. 그리고 지금 이렇게 만나 서로 받는 꿈같은 행복을 음악 같이 풍요롭게 말해주오."

"(참다운 사랑은) 말보다 내용이 더 풍성하고, 장식보다는 실체(substance)를 자랑하지요. 가난뱅이라야 가진 돈을 헤아릴 수 있지만, 저의 참된 사랑은 어찌할 수 없이 커져서 그 절반도 헤아릴 수 없어요."

로미오는 로렌스 신부로부터 추방령이 내려졌다는 소식을 듣는다.(3막 3장) 그에게 추방령은 사형보다도 무서운 처벌이다. 사랑하는 줄리엣 곁을 떠나야만 하는 로미오. 줄리엣 없는 로미오라니!

"베로나의 성 바깥에는 세상이 없고, 연옥과 고문과 바로 지옥이 있을 뿐입니다. 이곳에서의 추방은 세상에서의 추방이고, 세상에서의 추방은 곧 사형입니다. 그러니 '추방'은 사형의 미명에 지나지 않지요. 사형을 '추방'이라고 하는 것은 금도끼로 이 목을 쳐서 죽이고, 그 솜씨를 빙그레 웃은 격이지요."

신부가 추방령이 사형에 비해서 자비로운 처벌이라고 설득하려 하자 로미오는 반발한다. 차라리 줄리엣 곁에 머물 수 있는 파리가 부러울 뿐이라고.

"그건 고문이지 자비는 아닙니다. 줄리엣이 사는 곳이 천당이지요. 뭇 고양이와 생쥐들과 온갖 하찮은 것들도 이곳 천당에 살면서 줄리엣을 볼 수 있는데, 이 로미오는 그것이 허락되지 않습니다. 이 로미오보다는 썩은 살에 날아드는 파리 떼들이 훨씬 더 명예스럽게 사는 보람이 있고 그 신분이 부럽기만 합니다. 그것들은 줄리엣 양의 저 하얀 손 위에 앉거나 순진한 처녀의 순결한 수줍음으로 위아래 입술이 닿는 것조차 죄라고 여기는지 항상 빨개져 있는 그녀의 입술에서 영원한 축복을 훔치곤 하지요. 파리들에게조차 허락되는 행복인데 이 로미오는 멀리 도망쳐야 하는군요. 그래도 신부님은 추방을 사형이 아니라고 하십니까? 이 로미오는 행복을 누리지도 못하고 추방이오. 파리들에게도 허락되는 행복인데 나는 추방이군요. 파리들이 오히려 자유롭고 나는 추방이군요. 신부님은 배합한 독약도, 날카롭게 벼린 칼도, 그 밖에 아무리 비겁한 방법이라도 당장에 죽일 무슨 방법이 없어서, 저를 '추방'으로 죽이시는지요? '추방'이라니! 오, 신부님, 그런 말은 지옥에 있는 악당들의 말투, 그 말엔 아비규환의 울부짖음이 있습니다. 성직에 몸담고, 참회를 들으시며, 죄를 사하시는 신부님은, 게다가 누구나 아는 제 친구이시면서 어쩌자고 '추방'이라는 말로 이 몸을 잘게 썰어놓으시는지요?"

"그 말을 막을 갑옷을 주마. 역경을 덜어주는 달디단 우유 같은 철학을 주마. 추방당하더라도 네게 위로가 되도록."

"또 추방인가요. 철학은 벽에나 걸어두십시오. 철학이 줄리엣을 빚을 수도 있고, 도시를 옮겨 놓을 수도 있고, 영주의 선고를 취소할 수 있다면 모르지만, 그렇지 못할 바에는 그게 무슨 소용이 있단 말입니까? 이제 더는 말씀을 마세요."

유모가 찾아와서 줄리엣이 괴로워하는 모습을 전하자 로미오 역시 견디지 못하고 자기 몸을 찌르려고 하고 신부는 그를 말린다. 그리고 줄리엣을 위해서라도 냉정을 되찾아야 한다고 타이른다.

여기에서 신부는 삶과 이성의 원리, 로미오는 죽음까지 불사하는 열정을 대변한다. 신부는 사랑이 삶의 테두리 안에서 삶을 보존하는 것을 전제한다고 보지만, 로미오는 사랑이 삶의 경계마저도 넘어설 수 있다고 믿는다.

"이 무슨 난폭한 짓이냐! 네가 사내대장부냐? 겉모습은 대장부 같다만 그 눈물은 여자의 것이구나. (.....) 인간을 탈을 쓰고서도 보기 흉한 짐승이 아니냐! 기가 막히는구나. 정말 네 녀석이 그런 인간인줄 몰랐구나. 너는 티볼트를 죽였지. 그런데 자살을 하겠다고? 게다가 그런 망측한 짓을 제 몸에 저질러서, 너를 생명으로 아는 네 아내까지도 죽이겠다고? 어쩌자고 너는 너의 탄생과 하늘과 땅을 저주하느냐 말이다. 탄생과 하늘과 땅, 이 세 가지가 조화를 이루어서 너라는 인간이 존재하게 되었는데, 너는 그것들을 당장 내팽개치겠단 말이냐?"

신부는 로미오가 지닌 빼어난 용모, 줄리엣의 사랑, 로미오에 내재하는 이성을 환기시킨다.

"너는 얼마나 많은 미덕을 지니고 있는지! 허허, 너의 용모와 애정과 이성이 부끄럽다. 구두쇠처럼 이것들은 모두 충분히 가지고 있으면서, 너의 용모와 애정과 이성을 빛낼 올바른 곳에는 전혀 쓰질 않는구나. 대장부의 용기에서 어긋나면, 너의 훌륭한 용모는 하잘것없는 밀랍주형에 지나지 않아. 네가 맹세한 애정도 그 상대를 죽인다면 새빨간 거짓말이 아니겠느냐. 용모와 애정을 장식하는 너의 이성도 잘못 이끌 경우에는 미숙한 병사의 화약통에 든 화약처럼, 자신이 무지한 탓에 불이 붙어, 자기 무기에 분쇄되고 말 거다"

로미오에게 닥친 불행한 사건도 다른 관점에서 보면 다행스러운 점이 없지 않다. 그를 사랑하는 줄리엣이 살아 있고, 로미오 자신도 살아 있으니 때를 기다리면 그 사랑이 열매 맺을 수 있지 않은가!

"정신 차려라! 금방 네가 죽어도 좋을 듯이 사랑한 줄리엣은 살아 있으니 네 행복이 아니냐. 티볼트는 너를 죽일 뻔했으나, 오히려 네가 티볼트를 죽였으니 이것도 네 행복이고. 사형을 내려야 할 국법도 너를 두둔하여 추방으로 된 것이니, 이것 역시 네 행복이다. 축복의 보따리가 등 뒤에서 쏟아지고, 행복의 여신도 성장하여 네게 추파를 보내고 있다. 그런데 버릇없는 계집애같이 심술궂게 네 행복과 사랑에 대해서 삐죽거리고 있구나. 아서라, 삼가라. 그러다간 비참하게 죽을라. 약속한 대로 어서 애인에게 가서 그녀 방으로 올라가라. 어서 가서 위로해주거라. (……) 만토바에 가 있으면 내가 때를 봐서 너희들 결혼을 발표하고 두 집안을 화해시켜서 영주님의 용서를 얻어서 너를 부르겠다. 그때는 네가 비탄 속에 떠나는 것보다 200만 배나 기쁠 게 아니냐.”

날은 밝았지만 아직 아침은 아니에요
— 마지막 만남의 순간

'마지막' 만남이라는 사실을 알지 못한 채 베로나로 추방되는 로미오와 그를 보내고 싶지 않은 줄리엣의 짧디짧은 만남.(3막 5장)

둘의 첫 만남과 마지막 만남 사이에 그리 오랜 시간이 경과한 것은 아니지만 극적인 사건들로 가득한 까닭에 긴장된 각 순간들이 한걸음 또 한 걸음 나아가면서 빈틈없이 시간을 채운다.

그러나 이별의 순간은 피할 수 없고, 그 이별이 새로운 만남의 보상이 불확실한 것이라면 비감할 수밖에 없다. 마지막 이별의 밤은 왜 이리 짧기만 한지! 날이 밝았는데 억지로 어둠을 붙잡아 한순간이나마 시간의 발걸음을 미루고자 하건만, 무심한 종달새의 지저귐은 아침을 알린다.

“벌써 가시려고요? 밝으려면 아직 멀었는데. 당신 귓속에 무섭게 뚫고 들어오는 소리는 종달새가 아니라 나이팅게일 소리였어요. 저 소쩍새는 밤마다 저 석류나무 위에서 노래하고 있어요. 정말 나이팅게일이었어요.”

“아침을 알리는 종달새 소리였소. 나이팅게일이 아니었소. 봐요, 심술궂은 비둘기가 저기 저 동쪽 하늘에 뭉게구름을 누비고 있잖소. 밤의 촛불들도 다

사랑의 인문학

타고, 즐거운 아침 해는 안개 깊은 산마루에서 발돋움하고 있소. 난 여기를 떠나 목숨을 살리든가, 그냥 머물러 있다가 죽든가 할 수밖에 없소."

"저기 저 빛은 햇빛이 아니라니까요. 제가 더 잘 알고 있어요. 태양이 내던지는 유성인가 본데 오늘 밤 당신에겐 횃불잡이가 되어 만토바로 가는 길을 비춰줄 거예요. 그러니 좀 더 계세요. 떠나실 필요는 없어요."

"그러면 난 잡혀도 좋고, 죽어도 좋소. 그것이 당신의 뜻이라면 난 흡족하오. 저기 저 회색빛이 아침의 눈동자가 아니라 달님 얼굴을 하얗게 반사한 빛이라고 합시다. 머리 위 높이 창공을 울려대는 저 소리도 종달새가 아니지요. 사실 나도 이대로 있고 싶소. 떠나긴 싫소. 자, 죽음아, 올 테면 오너라! 그것이 줄리엣의 소원이시란다. 여보, 어때요. 얘기나 합시다. 밝으려면 아직 멀었소."

"아침이에요, 날이 밝았어요! 떠나세요. 어서, 떠나세요! 저 종달새 좀 봐. 저렇게 거칠고 불쾌하게 곡조도 안 맞는 소리로 지저귀고 있네. 종달새는 달콤하게 노래한다는데 이 종달새는 그렇지 않고, 우릴 떼어놓는구나. 종달새와 징그러운 두꺼비는 서로 눈알을 바꾼다지요. 아, 그렇다면 소리마저 바꾸었으면! 껴안고 있는 우리를 저 소리가 후다닥 떼어서 아침 노래로 떠나도록 당신을 재촉하는군요. 자, 어서 떠나세요! 점점 더 밝아지네요."

"점점 더 밝아질수록(more light and light) 우리들의 슬픔은 점점 더 어두워지는구려(more dark and dark)."

이런 극명한 명암 대조로 드러나듯이 헤어져야만 하는, 언제 다시 볼지 알수 없는 그들의 '밝은' 아침은 어둡고 무거운 슬픔에서 헤어나지 못한다. 그들의 태양은 밝은 빛을 잃는데, 그들의 사랑으로 이런 슬픔의 대낮을 밝힐 수 있을까?

그런데 줄리엣 아버지는 그녀의 '다른' 결혼을 준비함으로써 사태를 헤어날 수 없는 질곡으로 내몬다. 출구 없는 길에서 어떻게 해야 하는가? 문제를 해결할 길이 있을까? 로미오와 줄리엣의 지혜를 모으거나 (그렇게도 흔한) 조력자의 지혜로 (흔히 보는 다른 이야기들처럼) 신묘한 해결책을 찾아서 이 모든 뒤얽힘이 '헛소동'에 지나지 않는 것으로 판명나면 좋을 텐데. 사랑의 여신은 도대체 무엇을 하고 있으신지? 그들은 사랑 약속만으로 스스로를 지킬 수 있을까? 사랑은 사랑하는 이들을 지고한 곳으로 이끌지 않는단 말인가?

유모가 들어와서 줄리엣 어머니가 온다고 알린다. 발길이 떨어지지 않는 그와 사랑의 약속을 재확인하는 그녀. 아, 이것이 마지막 순간은 아니겠지…….

"안녕, 안녕히! 한 번 더 키스하고 내려가겠소."

"여보, 그리운 자기, 그렇게 가버리시나요? 날마다 시각 마다 꼭 편지 하셔야 해요. 일각이 여삼추니까요(For in a minute there are many days). 어머나, 그렇게 시간을 헤아리다간(by this count) 다음번 만날 때면 난 무척 늙어있겠네요(I shall be much in years)."

"(정원에서) 안녕히! 여보, 기회만 있으면 반드시 소식 전하겠소."

"하지만 우리가 다시 또 만날 것 같아요?"

"그야 만날 수 있고말고. 지금 슬픔은 다음에 만나면 모조리 달콤한 얘깃거리가 될 거요."

"아. 왜 이렇게 맘이 설렐까! 아래 계신 당신이 무덤 속 시체같이(one dead

in a bottom of a tomb) 보여요. 제 눈이 약해서 그런지, 당신 안색이 창백해서 그런지."

"여보, 정말, 내 눈에도 당신이 그렇게 보이는구려. 목마른 슬픔(dry sorrow)이 우리들의 피를 빨아 마시는구려. 안녕, 안녕히!"

'죽음'을 암시하는 이 대화에서 이들은 눈앞의 슬픈 현실을 한편으로는 미래의 막연한 기쁨으로, 다른 한편으로는 미래에 대한 어찌할 수 없는 불안으로 저울질한다. 아직 펼쳐지지 않은 미래의 얼굴이 그들을 어떤 표정으로 맞이할까? 그들에게도 미래가 존재할 수 있을까? 아직 오지 않은 시간의 길목에서 길을 잃지는 않을까? 지극한 사랑의 결말이 모든 갈등과 대립을 넘어서는 촉매가 될 그런 시간이 그들을 기다리고 있을까?

'기쁜' 소식의 기습

방에 들어온 어머니는 울고 있는 줄리엣을 보고 "눈물로 티볼트를 무덤에서 씻어낼" 참이냐고 묻는다. 적당한 슬픔은 깊은 사랑의 표시이지만, 지나친 슬픔은 분별심이 부족한 증거일 수 있다고 달랜다. 줄리엣은 자신의 슬픔이 로미오를 향한 것이지만 어머니에게는 티볼트를 위한 눈물인 것처럼 연기한다.

"너는 티볼트의 죽음을 슬퍼하는 것이 아니라 오빠를 죽인 악당 놈이 살아있는 것이 분해서 우는 것이냐?"

"악당이라뇨, 어머니?"

"저 악당 로미오 말이다."

"(방백) 악당과 로미오는 하늘과 땅 차이겠지. 하느님, 그이를 용서하세요. 저도 진정으로 용서하고 있어요. 하지만 그이처럼 내 마음을 슬프게 하는 사람도 없어요."

"그 배신자, 살인자가 버젓이 살아 있기 때문이다."

그녀는 의미를 비틀어서라도 로미오를 대화에 포함시키려 한다. 그런 ('나쁜') 로미오가 등장하는 것이 ('좋은') 로미오가 없는 것보다 나을 테니까.

"그래요, 어머니. 이 손이 닿지 않는 곳에요. 오빠의 죽음을 나 혼자 복수했으면 좋겠어요!"

"염려 말아라. 기어코 원수는 갚고 말테니까. 이제 그만 울어라. 추방당한 그 거지 놈이 살고 있는 만토바에 사람을 보내서 지독한 독약을 그놈에게 먹여서, 곧장 티볼트를 뒤따라 황천길로 보내버려야겠다. 그렇게 하면 넌 흡족할 것 아니냐."

"그이를 볼 때까지는, 그이가 죽는 것을 볼 때까지 저는 흡족하지 않을 거예요. 가엾게도 제 가슴은 그이 때문에 무척 괴로워요. 어머니, 누구 독약을 가져갈 사람을 구해주시면 로미오가 그걸 마시자마자 곧 잠들어버릴 독약은 제가 조제하겠어요. 아, 분해라, 그 이름을 들으면서도 가까이 갈 수 없어서. 오빠에 대한 애정을 그 살인자한테 원한으로 되갚질 못하다니!"

이렇게 능청을 떠는 줄리엣에게 어머니는 '기쁜' 소식을 전한다. 아버지가 목요일 아침에 패리스 백작과 결혼시키기로 결정했다고 한다. 아버지는 줄리엣의 슬픔이 티볼트 때문이 아니라 로미오 때문임을 모른 채 결혼의 기쁨으로 그치지 않는 눈물을 씻어내고자 한다. 줄리엣의 두 번째 결혼이라니! 그것도 패리스와 해야 하다니. 줄리엣은 어찌 해야 하는가? 당연히 그녀는 반발하지만……

"성 베드로 교회와 성 베드로에게 걸고 단언하지만, 저는 그곳에서 그분과 결혼하지 않겠어요. 왜 그렇게 서두르시나요. 남편 될 사람이 구애하기도 전에 결혼해야 하다니요. 어머니, 제발 아버님께 여쭈어주세요. 전 아직 결혼하지 않겠어요. 정 해야 한다면 패리스보다는 차라리 어머니도 아시다시피 제가 미워하는 로미오와 결혼하겠어요. 그런 걸 기쁜 소식이라고 하시니."

당신 얼굴은 내 것이라오

패리스가 사제관의 로렌스 신부를 찾아와 결혼 얘기를 전할 때 줄리엣이 나타난다. 그는 줄리엣의 아름다운 얼굴이 슬픔 때문에 상한 것을 안타까워한다. 뿐만 아니라 줄리엣이 자신과 결혼할 것이기 때문에 "당신 얼굴도 내 것"이라며 그녀의 심기를 불편하게 한다.[8] (4막 1장)

패리스가 떠나자 줄리엣은 결혼을 막기 위해서라면 죽을 각오까지 되어 있다며 협박하듯 신부에게 도움을 청한다.

이 '부부'는 (칼을 들고) 사랑을 위해 죽음을 불사할 정도로 사랑의 방해물에 굴복하지 않는다. 이런 생사를 건 사랑의 무대에서 "사느냐 죽느냐, 그것

---

8 패리스: 아가씨, 그리고 내 아내여, 잘 만났어요!
줄리엣: 혹시 제가 아내가 된다면 그렇게 부를 수도 있겠죠.
패리스: 그 '혹시(maybe)'가 오는 목요일에 반드시 실현될 것이오.
줄리엣: 반드시 실현된다고 하시니까 실현되겠지요(What must be shall be).
로렌스 신부: 거 참 명답일세.
패리스: 신부님께 참회를 하러 오셨겠지요?

이 문제로다"는 새로운 의미를 갖는다.(줄리엣의 이런 태도는 단순한 위협이 아니라 일종의 암시이기도 하다. 마지막 장면에 무덤에서 깨어난 줄리엣은 사랑과 죽음의 기이한 대면을 보고 극적인 선택을 한다.)

"신부님에 의해서 그이에게 바친 이 손이, 다른 짓에 보증 역할을 하거나 제 참된 사랑이 딴 맘을 먹고 한눈을 파느니, 차라리 이 검으로 손과 마음을 모조리 잘라버리겠어요. (……) 저의 난관을 이 잔인한 검으로 가부를 결정하겠어요. (……) 신부님의 말씀도 소용없다면 차라리 자살을 하겠어요."

줄리엣이 다급하게 경고하자 신부는 묘책을 제안한다. 죽는 것처럼 보이게 하는 약을 이용하자는 것이다. 그 약의 힘으로 혈관 속에 "싸늘한 잠"이 퍼져서 "맥박이 멈추고, 체온과 호흡도 산 사람 같지 않고. 뽀얀 입술과 볼도 시들어 허연 잿빛이 되고, 죽음이 생명의 빛을 닫아 버리듯이 두 눈의 창문도 닫히고, 손발도 생기를 잃어서 굳고, 차디찬 시체같이 될" 것이다. 가사 상태가 48시간 지속되므로, 아침에 죽은 것처럼 보일 수밖에 없으니 관에 담겨서 시체 아닌 시체로 집안 묘지로 갈 것이고, 그동안에 로미오에게 알려서 둘이 안전한 곳으로 피한 뒤에……. 참으로 위험천만한 계획이지만 다른 마땅한 대안이 있는 것도 아니므로……. (그런데 이런 계략이 성공하기 위해서 수많은 우연들의 도움이 필요할 것이다. 그런 우연의 계열 가운데 하나만 어긋나더라도 치명적인 사건이 일어나고 말 것이다.)[9]

그런데 로미오는 신부로부터 이 계략을 듣지 못한 상태이고, 그 내용을 전하는 편지도 받지 못한다. 전염병 때문에 로미오가 추방된 곳에 가기로 한 사

줄리엣: 그 말에 대답하면 당신께 참회를 하게 되게요?
패리스: 나를 사랑하고 있다는 사실을 신부님께 숨기지 말아요.
줄리엣: 당신에게 고백하건데 저는 신부님을 사랑하고 있어요.
패리스: 그럼 나를 사랑하고 있다는 것도 고백하시오.
줄리엣: 고백을 하더라도 면전에서 하는 것보다는 당신 몰래 하는 것이 더 값질 거예요.
패리스: 가엾게도 당신 얼굴은 눈물로 온통 더럽혀져 있구려.

람이 신부의 편지를 전달하지 못한다. 신부는 다시 편지를 보내고 로미오가 올 때까지 줄리엣을 자기 암자에 안치해 두려고 한다.(5막 1장)

추방된 로미오는 베로나에서 온 하인에게서 그녀가 죽어서 집안의 묘지에 묻혔다는 비보를 접한다. 절망한 로미오는 그녀와 함께 죽기 위해서 치명적인 독약을 구해서 줄리엣이 묻힌 묘지로 달려간다.

독약과 칼의 만남, 묘지에서 울리는 사랑 노래

만남을 위한 계략은 실패하고 그들의 엇갈림은 사랑의 축제가 아니라 죽음의 연회로 바뀐다. 우연과 계략의 도움으로 포옹과 행복의 순간을 맞이하는 것이 아니라 을씨년스럽고 살풍경한 묘지 안에서 서로의 싸늘한 시체를 앞에 두고 '네가 죽었으니 나도 죽는', '죽음이 죽음을 부르는' 죽음의 행진이 이어 진다.

이런 죽음은 무의미하거나 실패한 사랑에 지나지 않는 것인가? 아니면 죽음으로 하나 된 사랑의 승리, 죽음마저 극복한 숭고한 사랑이라고 할 수 있는 가?

사랑의 두 화신, 로미오와 줄리엣은 서로의 죽음을 대면하자 '너 없는 세계에서 살아가는 나' 대신에 '함께 죽는 우리', 죽음의 경계 너머에서 상대를 만나기 위해서 죽음의 문을 열고 달려간다.

묘지를 찾은 패리스는 어둠 속에서 로미오와 마주치는데 둘은 얼굴도 알아

줄리엣: 그렇더라도 눈물은 조금밖에 해를 입히지 못해요. 눈물의 해를 입기 전에도 어지간히 못생긴 낯짝이었으니까요.
패리스: 그건 눈물 이상으로 얼굴을 모욕하는 말씀입니다.
줄리엣: 모욕이 아니라 사실이에요. 그리고 그 말을 나는 내 얼굴에 대고 했어요.
패리스: 당신 얼굴도 내 것이오(Thy face is mine). 그런데 그 얼굴을 보고 욕을 했어요.
줄리엣: 하긴 그럴지도 모르죠. 이건 제 것이 아니니까요(it is not mine own).

보지 못한 채 서로 싸우다가 패리스가 로미오의 칼에 쓰러진다. 그는 자기를 줄리엣 무덤 곁에 눕혀 달라고 부탁한다. 로미오는 무덤의 뚜껑을 연다.(5막 3 장)

"(……) 이곳에 누운 줄리엣의 아름다움 덕분에 이 무덤이 빛이 가득한 향연장(feasting presence)이 되었구나. (……) 아, 내 님, 내 아내여! 당신의 꿀맛 같은 숨결(honey of thy breath)을 빨아먹은 죽음의 신도 당신의 아름다움에는 아직 힘을 못 미치고 있구려. 당신은 아직도 정복당하지 않고, 두 입술과 뺨에는 아직도 아름다운 깃발이 심홍색으로 나부끼고, 파리한 죽음의 깃발(death pale flag)도 거기엔 못 미치고 있구려. (……) 아, 사랑하는 줄리엣, 당신은 왜 아직도 이렇게 어여쁘오? 혹시 저 망령 같은 죽음의 귀신조차 당신에게 반해서 그 말라깽이 괴물이 당신을 이곳 암흑에 가두어두고 정부로 삼자는 건 아닐까? 그럴지도 모르니 나는 언제까지나 당신하고 같이 있고, 이곳 컴컴한 밤의 대궐을 다시는 떠나지 않겠소. 난 당신의 시녀 구더기들과 이곳에 있을 테요. 난 이곳을 영원의 안식처(everlasting rest)로 삼고, 세상에 지친 이 육신에서 불운한 별들의 멍에(yoke of inauspicious stars)를 떨쳐버리겠소. 눈이여, 마지막으로 보아라! 팔이여, 마지막 포옹이다! 오, 생명의 문(door of breath)인 입술이여, 정당한 키스로 도장을 찍어서 모든 것을 독점하는 죽음과 영구한 계약을 맺어라! 자 쓰디쓴 선도자(bitter conduct), 냄새 고약한 안내자(unsavoury guide), 지각없는 뱃사공아, 바다에 시달린 너의 배를 당장 암석으로 몰아가다오! 자, 내 님을 위하여! (독약을 마신다.) 아, 정직한 약방 영감이구나! 약효가 빠빠르구우나아. 이이러케 키이스하며 나난 주죽는(다)."

<hr>

9 죽음도 불사한다고 했지만 줄리엣은 두려움을 떨치지 못한다.(4막 3장)
"안녕히! 언제나 다시 또 만날지. 싸늘한 불안이 오싹오싹 혈관 속을 돌고, 마치 생명의 열도 얼어붙는 것만 같구나. 엄마를 다시 불러서 위로나 받아 볼까, 유모…… 아니 유모 따위가 지금 무슨 소용 있담? 이 무서운 장면은 나 혼자 해내야지. 자 약병아! 하지만 이 약이 안 들으면 어떡하나? 그때는 내일 아침 결혼을 해야 하나? 아냐, 아냐! 그건 이 단검이 막아주지. 단검아, 거기 있어라. (단검을 꺼내서 아래에 놓는다.) 하지만 이게 독약이면 어떡하지? 글쎄 신부님은 날 먼저 로미오와 결혼시켰으니 이번

사랑의 인문학

로미오가 죽고 나서야 신부가 무덤에 찾아온다. 패리스와 로미오가 죽어 있다. 그때 줄리엣이 깨어난다.

"아, 고마우신 신부님! 그인 어디 있나요? 제가 지금 어디에 있는 잘 알고 있어요. 여기가 그곳이죠. 그이, 로미오 님은 어디 계세요?"

"이봐, 사람들 소리가 들린다. 저 죽음과 질병의 부자연스러운 잠의 자리에서 나가자. 사람의 힘으로 막을 수 없는 거대한 힘이 우리 계획을 방해했다. 어서 나가자. 네 남편은 네 가슴 위에 쓰러져 죽어 있고, 패리스도 죽었다."

"신부님이나 나가세요. 전 안 나가겠어요. 이게 뭔가요? 잔이 로미오 님의 손에 꼭 쥐어져 있네? 독약을 먹고 불시에 죽었나 보네. 요 깍쟁이! 다 따라 마시고 뒤따라가지 못하게 단 한 방울도 남겨 놓지 않았나? 그럼 당신의 입술에 키스할래. 오, 혹시나 독약이 입술에 아직도 묻어 있다면 생명의 묘약처럼 날 천당으로 보내주겠지. (키스한다.) 입술은 따뜻하구나!"

이때 시동이 야경꾼들을 데리고 들어오는데 줄리엣은 로미오의 칼을 빼들고 자기를 찌른다.

"오, 다행스럽게도 단검이 있네. 이것(가슴)이 네 칼집(thy sheath)이지! (자기 가슴을 찌른다.) 거기 박혀서 날 죽여다오."

칼과 칼집의 비유는 이들의 불가능한 결합을 대체하는 은유이다. 로미오의 일부이자 로미오를 상징하는 칼은 자신의 칼집인 줄리엣과 결합한다.

결혼으로 욕을 면하려고 날 죽일 셈으로 간사하게 조제한 독약이 아닐까? 걱정 되네. 그럴 리야. 오늘까지 성자로 이름난 신부이신데. 하지만 내가 무덤 속에 누워 있을 때에 로미오 님이 날 구하러 오기 전에 누으 뜨면 어떡하지? 아이 무서워! 무덤의 더러운 입구에 맑은 공기도 안 통한다던데, 그 무덤 속에서 숨이 막히고, 그이가 오기 전에 질식해 죽지나 않을까? 혹은 가령 내가 산다고 하더라도, 죽음과 밤중의 무서운 공상에 장소마저 무서운 곳이니…… 아무튼 수백 년 동안 조상들의 뼈가 가득 차 있는 납골당 속이라서, 게다가 피투성이일 티볼트는 갓 묻혀 수의에 감겨 썩고 있고, 또한 밤중에는 종종 귀

다시 2악장을 들으며

현악사중주의 바이올린 파트와 첼로, 비올라 파트는 서로 애절하게 노래하며 멀어져가는 상대를 잡으려고 한다. 한쪽이 먼저 절망의 울음을 던지고 그것을 받아서 비탄의 가락으로 화음을 이룬다. 고조된 감정이 솟아오르면 심연에서 흐느낌을 참는 비통함이 서로에게 손을 내밀고 잡지 못한 서로의 손을 향해서 헤어짐을 거부하는 손짓을 그치지 않는다.

그렇게 공허한 하나가 되며 합쳐지고 나뉘면서 어딘가 보이지 않는 아스라한 곳으로 사라졌다가도 되돌아온다. 서로를 두고 떠나지만 또한 떠날 수 없는 발걸음은 아름다운 소멸과 소멸을 승화시키는 아름다움으로 나아간다. 하늘에서 추락하는 애통한 고음부와 심연에서 되울리는 저음부는 서로의 빈 곳을 채우고 그들이 지향하는 하나 – 둘, 둘 – 하나의 부재하는 일치를 지극히 아름답게 노래한다.

이들의 죽음은 음악 속에서 다른 삶을 얻는다.

이들의 죽음은 사랑을 추구하는 연인들의 마음에서 불멸의 존재로 거듭난다.

그렇다면 우리는 죽음을 통해서 또 다른 삶을 이끄는, 타고 남은 재에서 부활하는 사랑을 이야기할 수 있지 않을까?

우리는 죽음도 갈라놓을 수 없는 사랑, 타고 남은 재에서 거듭나고자 하는 사랑을 보았다. 로미오와 줄리엣에게 물어보자. 사랑은 무엇인가?

신들이 나온다는 말도 있는데—아, 내가 눈을 너무 일찍 뜨면—저 악취나 땅에서 뽑힐 때에 그 소리만 들어도 사람이 미친다는 광인초의 비명 같은 비명 때문에—글쎄 눈을 뜨면, 온통 그런 공포 속에 쌓인 나는 결국 미쳐버리지 않을까? 그리고 미친 나머지 조상들의 뼈를 들고 놀고, 칼 맞은 티볼트의 수의를 벗기고 하다가, 결국 미친 가운데 누구 먼 조상의 뼈를 몽둥이 삼아 절망한 나머지 내 머리통을 내 손으로 쳐부수지나 않을까? 어머나, 저것 봐! 로미오 칼끝에 찔린 티볼트의 망령이 로미오를 찾고 있나 보네. 아서라, 티볼트, 아서라! 로미오님, 저도 같이 갈게요! 이건 당신 축배."(줄리엣은 약을 마

사랑의 인문학

이들은 사랑이 삶의 여러 과정 가운데 하나가 아니라 삶을 넘어서는 어떤 것이라고 하지 않을까? 삶의 수많은 국면들 가운데 다른 것들과 비교할 수 있거나 다른 국면들 곁에 둘 수 있는 것이 아니라, 유일한 국면, 지고한 그 무엇, (어떤 것의 수단이 되지 않는) 자기 목적이라고.

이런 사랑은 존재하는 모든 것의 가치를 다시 묻는다. 기존 사고는 '이것이 참인가, 거짓인가?', '이것은 선한가, 악한가?', '이것은 아름다운가, 추한가?'를 질문한다. 그런데 사랑은 진리도, 선도, 아름다움도 아니고, 목적이나 수단의 틀로 설명할 수도 없다. 사랑은 다른 질문을 던지고 새로운 척도를 요구한다.

삶과 죽음, 사회적 명성과 가치, 기쁨과 슬픔, 원한과 화해 등은 사랑 앞에서 제 본모습을 드러내고 그 가치를 평가받는다. 그것들은 사랑할 만한 것인가? 이 질문은 사물의 외형이나 현실적 유용성의 껍질을 벗기고, 또한 현상 배후의 본질이나 실체적 불변성으로도 설명할 수 없는 '더없이 심오한' 현상들의 구체적인 관계를 드러낸다. 그것은 어떤 고정된 실체에 대한 이름도, 행위와 실천에 대한 명칭도 아니다. 그것은 존재들 간의 일정한 관계 맺기이고 존재들을 배제하고 그 상관성에 주목하는 것이다. '함께', '~없이', '곁에', '헤어져 있는', '사이에' 있는 것들의 밀침과 당김, 이끌거나 끌림, 선택과 배제 등을 문제 삼는다. 이런 관계에서 바깥이 안에 있기도 하고, 멀리 있지만 가깝게 느끼기도 하고, 보이지 않지만 여전히 떠오르기도 하고, 결핍이어서 충족을 요구하지만 어떤 충족에도 솟아나는 갈망이…….

'To be, or not to be?'라는 질문은 삶과 죽음, 존재와 무의 대립을 삶의 지

시고 커튼에 가려진 침대 위에 쓰러진다.)

평에서 제기한다. 로미오는 질문한다. 사랑할 것인가. 사랑을 버릴 것인가? 이 질문은 삶과 죽음의 구별 너머에서 삶도 죽음도 아닌 영역에서 다른 삶, 다른 죽음, 삶과 죽음의 새로운 관계를 모색한다.

존재와 무의 대립이 삶의 영역을 벗어나지 않는 안전한 질문이라면, '사랑할 것인가'라는 질문은 그런 안전이 보장되지 않은, 삶과 죽음이 얼굴을 마주하는 극한 상황에 대면하게 한다. 저 미지의 문턱 너머에는 무엇이 기다리고 있는가?

"나는 사랑한다, 나는 존재한다/죽는다"가 사랑하는 주체들의 자기 이해라면 사랑은 존재에 대해서 질문하는 한 방식일 것이다. 그것은 어떤 존재인가? 어떤 무인가? 사랑과 죽음은 어떻게 만나는가?

사족: 아버지의 사랑 방식
— 내 뜻에 따라야지, 사랑스러운 딸이여!

3막 5장에서 어머니에 뒤이어 방에 들어온 아버지는 딸의 어처구니없는 태도에 격분해서 욕설을 퍼붓는다. 그는 딸의 사랑 문제 따위에 관해서는 무관심한 채 자신의 배려를 무시하는 딸의 태도를 용납할 수 없다. 딸의 사랑이 어떠한 것인지, 그 내용에 관해서는 고려할 필요가 있단 말인가? 그가 딸이 사랑을 모든 것 위에 두는 점을 알았더라도 그런 어리석은 견해에 귀 기울이지도 않았을 것이고, 그에게 중요한 것은 다만 자신의 호의에 따르는지, 자신의 명령에 순종하는지, 사랑 따위가 아니라 '보다 중요한 그 무엇'을 알고 권하는 '아버지의 결정'을 존중하는 것뿐이다. 그가 결정한 결혼은 사랑이 아니라 결혼을 현실적인 것이라고 보는 것도 아니고 사랑이 삶에 어떤 의미를 갖거나, 생사가 걸린 문제라고 보는 것도 아니다. 자신과 가문을 위한 (사려 깊은) 결정에 어떤 의혹도 갖지 않으므로 앞으로 닥칠 (비극적) 사건을 꿈에서조차 생각할 수 없었을 것이다. 그의 결정은 오로지 자식 잘되기를 바라는 것뿐이니.

어쨌든 아버지 앞에 놓인 선택지에는 자신의 결정에 순종하거나 부녀관계를 포기하는 것밖에 없다. 네가 내 딸이라면, 내 말에 따라 결혼해야 한다. 결혼하지 않는다면 너는 내 딸이 아니다. 이런 양자택일 앞에서도 선택해야 하는가?

딸의 사랑에는 아무런 관심도 없고, 다만 자신의 딸 사랑, 자신의 '심사숙고한' 선택이 거부되리라고는 짐작도 못하는 아버지는 이런 배신에 치를 떤다. 차마 입에 담을 수도, 듣는 순간에 귀를 씻고 싶은 욕설로 자신의 사랑을 쏟아 붓는 아버지의 모습.[10]

"해가 떨어지면 하늘에서 이슬이 내리게 마련이지만, 조카의 목숨이 떨어지더니 마구 비가 쏟아지는군. 그래 네가 분수탑이란 말이냐. 원, 여태 울고만 있어? 그칠 줄 모르는 소나기란 말이냐? 그 작은 몸에 넌 배와 바다와 바람을 겸하였단 말이지. 네 눈은 바다라고나 할까, 항상 눈물이 났다 들었다 하는구나. 배라는 네 몸은 이 짜릿한 눈물의 밀물 속에서 항해를 하고 있구나. 그리고 한숨은 바람이라고 할까. 바람은 눈물로 맹위를 떨치고, 눈물은 바람

---

10 이런 아버지는 셰익스피어 극에 흔히 등장하는 익살 광대의 역할을 변형된 형태로 보여주는 듯하다.

으로 들끓고 있으니, 당장에 바람이 자지 않는 한, 폭풍에 시달리는 네 몸은 뒤집히고 말겠다. 여보, 부인, 내 결정은 전했소?"

부인은 줄리엣이 결혼을 받아들이지 않는다고 알린다.

"아버님의 수고를 명예로 삼지는 않아도 고맙다고 생각합니다. 싫은 것을 명예로 삼을 수는 없지만, 싫어도 호의이니 고맙게 생각합니다."

"저런, 저런, 저어런. 저 궤변 좀 보게! 그게 뭐지? '명예(proud)'라느니 '고맙다(I thank you)'느니 '고맙지 않다(I thank you not)'느니 '명예가 아니(not proud)'라느니 하는 것들이. 이 건방진 것 같으니! 고맙고 뭐고 명예고 뭐고, 어서 그 미끈한 팔다리를 갖추어서 오는 목요일에 성 베드로 교회에서 패리스와 결혼하러 갈 준비나 해라. 정 싫다면 들것에라도 실어서 끌고 갈 테다. 꺼져, 이 송장같이 시퍼러둥둥한 년(green-sickness carrion)아! 이 논다니 같은 것(baggage)아! 이 파리한 낯짝(tallow-face) 같으니!"

"어머나, 여보 당신 미쳤소?"

"아버님, 이렇게 무릎을 꿇고 빌겠어요. 부디 참으시고 제 말을 한마디만이라도 들어주세요."

"목이나 매고 죽어버려라! 버릇없는 것! 막돼먹은 딸년 같으니! 분명히 말해두지만, 목요일에 교회로 가든가, 싫다면 다시는 애비 앞에 나타나질 말아. 변명이나 대꾸 같은 건 소용없다. 손끝이 근질근질하구나. 여보, 마누라, 하느님께서 이 딸년 하나만을 주신 것을 우린 복인 줄도 모를 뻔했구려. 허나 이제 보니 하나도 너무 많아요. 딸년 때문에 이런 욕을 보다니. 꼴도 보기 싫다. 못된 것 같으니!"

그의 악담은 계속된다.

"맙소사! 이거 사람 미치겠네. 밤낮 자나 깨나 혼자서나 사람들 속에서나 늘 딸년의 혼인만을 걱정해왔겠다. 그게 이제 가문 좋고, 재산 있고, 교양 있고, 또 사람들 말마따나 지와 덕을 겸비하고 나무랄 데 없이 만사가 구비된 청년을 신랑으로 골라주니까, 바보 같은 것이 분에 넘치는 줄도 모르고, 찔찔 짜면서 결혼이 싫다는 둥, 사랑할 수 없다는 둥, 너무 어리다는 둥, 용서해달라는 둥 대꾸를 한단 말이야. 그래 영 결혼하기 싫으면 용서해주겠다. 허나 네 맘대로 나가서 살아라. 이 집에서 같이 살 수는 없다. 알았어? 잘 생각해봐. 농담은 아니니까. 목요일은 금방이다. 알았어? 가슴에 손을 얹고 곰곰이 생각해보라고. 네가 내 딸이라면 널 내 친구에게 줄 테다. 내 딸이 아니라면 나가서 목을 매건, 빌어먹다 굶어죽건, 맘대로 해. 정말이지 그때는 나도 널 자식으로 안 볼 것이고, 재산은 단 한 푼도 물려주지 않을 테다. 진담이니까 잘 생각해봐. 난 실없는 소릴 하진 않으니까."

"이 슬픈 마음을 들여다볼 자비로운 신은 저 구름 속에도 안 계시나요? 아, 그리운 어머님, 절 버리지 마세요. 이 결혼은 한 달 만이라도, 한 주일만이라도 미뤄주세요. 그것도 안 되겠다면 제 신방은 티볼트가 자고 있는 저 컴컴한 무덤 속에나 마련해주세요."

죽음 앞으로 나아가는 사랑 '이야기'

딸을 사랑하는 아버지가 연출하는 어이없는 장면에 어리둥절해 하는 이들이 많겠지만 사실 우리는 이런 아버지의 태도를 종종 볼 수 있다. 사랑을 위해서 목숨을 바치려는 자식을 이해하지 못하는 아버지의 확신에 가득 찬 결정이 낳는 불행한 사례 가운데 꽤 알려진 경우를 살펴보자.

『데카메론』의 나흘째 되는 날의 첫 번째 이야기에서 살레르노의 탄크레디 공이 초래하는 비극을 보자. 그는 딸의 사랑을 막기 위해 그녀의 연인을 죽여 그 심장을 보내는데 이것을 본 딸이 독약을 마시고 자살한다.

탄크레디 공은 하나밖에 없는 딸 기스몬디를 무척 아꼈다. 그래서 딸의 혼기가 지났어도 결혼시키지 않다가 뒤늦게 공작 가문에 시집보냈지만 안타깝게도 사별하고 말았다. 기스몬디는 남다른 미모를 지니고 재기가 넘쳤으며 "여성으로서는 불필요할 정도로 두뇌가 명석했다." 그녀는 아버지가 그녀를 재혼시키려는 기미가 전혀 보이지 않자 궁정에 드나드는 한 청년인 귀스카르도를 좋아하게 되었다. 그는 낮은 신분 태생이었으나 품위가 있고 귀족적으로 행동했다. 그녀는 끓어오르는 연정을 억누를 수 없어서 갈대 줄기 속에 편지를 넣어 그에게 전달했다. 그는 날듯이 기뻐하며 그녀와 만날 작업에 착수했다.

대공의 궁정 근처에는 가시나무와 잡초로 뒤덮인 낡은 굴이 있어 비밀 계단이 저택의 1층 방으로 통했다. 오랫동안 사용하지 않아서 모두가 그 계단을 잊고 있었다. 하지만 그녀는 그것을 기억하고 있었다.(사랑은 무서운 기억력을 지니고 있나 보다.) 그녀는 아무에게도 들키지 않게 그 문을 열 수 있도록 했고 귀스카르도는 오르내릴 밧줄을 준비했다. 이튿날 밤 시녀들을 일찍 내보낸 기스몬디는 자기를 찾아온 그와 더불어 사랑의 기쁨을 만끽했다. 두 사람은 그들의 사랑을 아무도 눈치 채지 못하도록 주의했다.

그런데 "운명은 오랫동안의 쾌락을 시기해서" 두 연인의 정사를 깊은 슬픔에 빠뜨릴 사건을 마련했다. 탄크레디 공은 가끔 혼자 딸의 방으로 찾아와 시간을 보내곤 했다. 하루는 딸이 하녀들과 놀러 나가는 사이에 혼자 방에 들어와서 침대 옆 의자에 앉았다가 깊이 잠들고 말았다.

그런 줄 꿈에도 몰랐던 기스몬디는 만나기로 약속한 밤에 지하실 문을 열고 그를 맞이한 뒤 침대에서 사랑의 유희를 즐겼다. 잠에서 깨어난 탄크레디 공은 이 모든 장면을 목격하지만 소리치고 싶은 충동을 누르고 일을 조용히 처리하기로 한다.

두 연인은 누가 자기들을 보리라고는 전혀 생각하지 못한 채 여느 때와 같이 침대에 함께 있었다. 탄그레디 공은 가슴이 찢어지는 슬픔을 참고 이튿날 암굴에서 나오는 귀스카르도를 체포했다.

"귀스카르도, 내 눈으로 모든 것을 보았다."

이에 귀스카르도는 담대하게 응수한다.

"사랑은 대공 전하도 저도 어쩔 수 없을 만큼 강력한 것입니다."

공은 이 사실을 모르는 딸을 찾아가 눈물로 호소했다.

"기스몬디, 내가 이 눈으로 확실히 보지 않았다면 네가 남편도 아닌 사내에게 몸을 맡기는 것을 상상조차 할 수 없었을 것이다. (……) 더구나 궁정에 드나드는 많은 사람 가운데 고르고 고른 것이 기껏 귀스카르도라니! 그는 나의 자비로 어릴 적 궁정에서 데려다 기른 신분이 가장 낮은 사내다. 너는 나를 고뇌의 바닥에 내던지고 말았다. (……) 한편으로는 애정에 이끌리고, 다른 편으로는 너의 어리석은 행동으로 인하여 분노로 창자가 뒤집힌다. 애정은 너를 용서하라고 하고, 분노는 이 감정을 거슬러 엄벌에 처하라고 한다."

사태를 파악한 기스몬디는 귀스카르도가 죽었을지도 모른다는 생각에 자비를 구하기보다 차라리 죽는 쪽을 택하기로 한다.

"아버님, 저의 처지에 대해서 변명도 애원도 하지 않겠습니다. (……) 우선 올바른 이유로 저의 명예를 지키고 다음에는 사실로써 제가 품위를 더럽히지 않았음을 보여드리고자 합니다. 제가 귀스카르도를 사랑한 일, 그리고 지금도 사랑하고 있음은 틀림없습니다. 저의 목숨도 그다지 길지 못하겠지만 살아 있는 한 한결같이 그를 사랑할 것입니다. 만약 죽어도 사랑할 수 있다면 저에게는 그를 사랑하는 일밖에 남아 있지 않습니다. (……) 저는 아버지의 자식으로서 살아 있는 육체를 지니고 게다가 아직 젊음에 가득 차 있습니다. 이런 두 가지 이유로 욕정에 불탑니다. 특히 저는 한 번 결혼했던 몸이므로 (……) 그 강렬한 충동을 거역할 수 없어 사랑에 빠지게 되었습니다. 물론 저는 인간 천성의 죄에 마음이 이끌린 것이기에 될 수 있는 대로 아버지에게 수치스러운 일은 하지 않으려고 노력했습니다. (……) 저는 우연하게 귀스카르도를 택한 것이 아니라 숙고한 끝에 누구보다도 훌륭한 사람이라고 여겨 그를 택했습니다. 그분을 끌어들여 우리는 신중하게 오랫동안 서로 연인으로 즐

사랑의 인문학

겼습니다. (……) 아버지께서 지금 꾸짖고 계신 것은 저의 죄가 아니라 운명임을 깨닫지 못하고 계십니다. 운명은 품위 없는 자를 높이 올리기도 하고 품위 있는 자를 떨어뜨리곤 합니다. 그러나 지금은 세상의 도리를 생각해보겠습니다. 우리들은 모두 같은 육체로 되어 있고 동일한 창조주에 의해서 모든 마음이란 것이 같은 힘, 같은 재주, 같은 덕으로 만들어져 있음을 아실 겁니다. 마음의 덕을 많이 지니고 그 힘을 발휘한 자는 고귀한 사람이라고 불리고 그렇지 않으면 고귀한 자가 되지 못합니다. (……) 그러므로 덕의 힘을 발휘하는 자는 어디에서나 그 품위가 나타납니다. 그러니 그런 분을 천하다고 말씀하시는 것은 말을 듣는 쪽이 아니라 말한 사람이 잘못입니다. (……) 제발 혹독한 처벌을 내려주십시오. (……) 만약 이것이 죄라면 저는 최대의 죄를 범한 셈이니 그 지독한 처분에 대해서 어떤 애원도 하지 않겠습니다. 아버지가 귀스카르도에게 대해서 이미 취하신, 또는 취하실 처분을 제게 내리시지 않는다면 저는 제 손으로 그것을 실행하겠습니다."

탄크레디 공은 딸의 마음가짐이 훌륭하지만, 말처럼 딸의 결심이 굳다고는 여기지 않았다. 그래서 그녀의 불타는 사랑에 벌을 주려고 귀스카르도를 목 졸라 죽이고 그 심장을 황금 잔에 담아 딸에게 보냈다. 한편 기스몬디는 이미 독초와 독성이 있는 나무뿌리들로 독약을 만들어놓고 있었다. 부하들이 '황금 잔의 선물'을 전하자 그 심장이 귀스카르도의 것임을 알고 그 심장에 키스하고 부친에게 감사하다는 말을 전하라고 한다. 그녀는 잔 속에 든 심장을 마주보며 그를 대하듯이 얘기한다.

"(……) 그대가 살아 있을 때 그토록 사랑한 여인의 눈물이 없다면 그대의 장례를 다할 수는 없습니다. 그대가 나의 눈물을 받을 수 있도록 신은 저 잔혹한 아버지 마음에 그대를 내게 보낼 마음을 품게 했습니다. 나는 눈물을 흘리지도 않고 아무런 동요 없이 죽으려고 마음먹었으나 그대를 위하여 이제야말로 맘껏 눈물을 흘리리다. 그리고 눈물을 흘리면 주저하지 말고 나의 영혼이 지금까지 깨끗이 간직하던 그대의 영혼과 결합하도록 해주십시오. 그대의 영혼과 함께라면 나는 어디든지 기꺼이 친구가 되어 드리리다. 그대의 영혼은 나의 영혼으로부터 더없이 큰 사랑을 받았으니 내 영혼이 그대에게 가기까지 기다려주세요."

그녀는 심장에 몇 번이고 키스한 뒤 눈물로 씻긴 심장이 있는 잔에 독약을 부어 단숨에 들이켰다. 그녀는 침대에 단정하게 누워 죽음을 기다렸는데, 이 소식을 듣고 달려온 아버지에게 그의 시체를 자기와 함께 묻어달라고 부탁하고는 죽는다. 탄크레디 공의 슬픔은 이루 말할 수 없을 지경이었고 자신의 행위를 후회했다. 이를 알게 된 살레르노 시민들은 비탄에 젖었지만 두 사람의 명예로움을 찬양했다고 한다.

이런 비극적인 사랑 '이야기'는 사랑과 죽음을 주제로 삼는다는 점에서 꽤나 흥미롭다. 하지만 사랑의 '문학'처럼 깊은 감동을 주거나 문학적 형상화가 뛰어난 경우로 보기 어렵다. 데카메론의 사랑 이야기들은 세속적인 사랑을 주제로 삼는다는 점에서 욕망의 해방을 촉구하거나 교육적인 효용성을 지닌다.

반면 사랑의 '문학'은 '사랑'을 소재로 삼지만 문학적 형상화를 통해서 새로운 사랑의 공간을 연다. 사랑의 문학은 사랑에 관한 이야기를 넘어선다. 사랑의 문학은 사랑을 다루지만 단지 목숨을 건 사랑 이야기로 사랑을 고양시키는 것이 아니다. 사랑의 문학은 문학의 장에서 표현의 구체성을 획득하면서 개별적이고 특수한 사랑을 넘어선다. 공간에 묶이거나 시간 속에 잠시 존재하다가 스러지고 망각되는 사랑이 아니라 시공을 넘어 다른 시간, 다른 공간에서 새로운 생명을 얻어 제 발로 걸어 다니는 사랑이 될 것이다. 사랑하는 두 사람까지도 넘어서서.

참고문헌

Shakespeare, W., Romeo and Juliet, Oxford Univ. Press, 2000

『셰익스피어 전집』, 김재남 옮김, 을지서적, 1995

Boccaccio, Il Decameron, Laterza, 2v, 1973

4. 행위의 사랑에서 존재의 사랑으로

— 오르테가 이 가세트의 사랑 탐구

나는 사랑한다. 너는 존재한다

괴테는 『파우스트』 1부에서 "영원히 여성적인 것이 우리를 고양시킨다"라는 선언으로 사랑에 빠진 파우스트의 드라마를 매듭짓는다. 왜 '여성적인 것'이 남성을 구원한다고 했을까. 모든 것을 할 수 있는 능력을 지닌 파우스트가 왜 사랑에 빠졌고 그레트헨을 타락하게 했고, 속죄한 그레트헨을 통해서 구원받게 되었는가? 왜 여성적인 것인가? 인간 역사를 주도하고 전능한 신처럼 우쭐대고, 여성들을 소유물처럼 지배하려는 남성들이 사랑에 빠지다니…….

"나는 생각한다. 나는 존재한다." 이처럼 사고하는 주체는 모든 것의 근거이자 지배자로서 고독하게 군림한다.

"나는 사랑한다. 너는 존재한다." 사랑하는 관계에서 나와 너는 더 이상 그 자체로만 존재하거나 타인을 지배하는 자가 아니다. 사랑하는 나, 또는 사랑하는 너는 서로 끌고 당기면서 밀치고, 흡수하고 배제하고 이끌리고 거리를 두는 상호작용에 휘말린다. 여기에서 자기-타인의 공동 존재는 양자가 존재하는 바탕이 되고 각자의 지향을 구체화하면서 자신의 고유한 원리에 내용을 마련한다. 이런 점에서 고독한 주체, 타인과 참된 관계를 맺지 못해서 추상적인 동일성을 확인하는 데 그치는(나는 기껏 나일뿐, 그 누구와 공감하지도 못하고 심지어 미움을 받지도 않아!) 주체는 사랑을 통해서 타인과 하나가 되기 위해서 노력하고, 사랑에서 자기를 잃어버리기 위해 애쓰면서 자기 너머에 있는 타자와 마주하고 타자를 자기를 구성하는 핵심으로 수용한다.

"나와 너는 서로 사랑한다. 우리는 존재한다." 달리 표현하면, "우리는 사랑한다!"

여성의 사랑이 세계를 바꾼다면

오르테가 이 가세트는 사랑을 탐구하면서 남성의 '행위'와 여성의 '존재'에 주목한다. 그는 존재에 바탕을 둔 여성의 사랑이 세계를 바꾼다고 본다. 여성이 주도하는 이 관점은 사랑의 어떤 점에 주목하는가?

뜨거운 감성을 지닌 남성이라면 마음에 드는 여성 앞에서 그 여성이 자신보다 우월하다는 낯선 느낌을 느꼈을 것이다. 물론 이런 느낌은 그 여성이 그보다 과학을 잘 모르거나 예술적 창의성이 떨어지거나 리더십이 부족하더라도 그리 문제가 되지 않는다. 이처럼 비교와 다른 차원에서 여성은 남성에게 우월한 느낌을 줄 수 있다. 이는 남성적인 우수함(과학적인 지식, 예술적인 재능, 정치 경제적인 권력이나 윤리적인 영웅 같은 것)이 외부적이고 도구적인 성격을 지니기 때문이다.(EA27-8)[11]

남성들이 스스로를 평가하는 기준은 자신이 만든 산물들이다. 하지만 여성을 평가하는 기준은 그와 다르다. 남성의 우수함이 행위(un hacer)에 있다면, 여성의 우수함은 존재(un estar ser)에 있기 때문이다.(EA28)

<hr>

11 오르테가 이 가세트의 『사랑에 관한 연구들(Estudios sobre el amor)』의 스페인어 원본을 EA로 줄여 쓰고 쪽수를 표시함.

따라서 남성이 여성에게 매력을 느끼는 것은 그녀의 행위(actos)가 아니라 그녀의 본질(essencia) 때문이다. 여성이 영향력을 행사하는 부분은 자기다움 (personalidad)을 드러내는 것이다. 이는 빛이 어떻게 하지 않더라도 그 존재만으로도 자신을 두드러지게 하고 빛나는 것과 같다. 이처럼 여성의 본질은 존재하는 상태에서 스스로를 빛낸다. 남성들이 외적인 결과에 매달리고 행위를 우선시한다면, 여성들은 스스로 존재하는 것에 만족할 수 있으므로 보다 자유로운/자족적인 존재라고 할 수 있다.

겉보기에 여성들은 어떤 것에도 개입하거나 참여하지 않는다. 또한 그녀들의 영향력은 폭력적이지 않다. 남성들은 어떠한가? 자신의 능력을 사회적인 유용성, 과학, 예술, 부, 공공질서를 산출하는 데 쏟으면서 폭력적인 행위도 마다하지 않는다.

"전쟁을 벌이고 사람을 죽이고, 위험한 모험을 감행하고, 돌 위에 돌을 놓아 기념물을 만들고, 책을 쓰고, 화려한 말들을 쏟아내고, 명상을 하면서도 무엇인가 한다고 한다. 하지만 여성들은 아무것도 하지 않는 것 같고, 손을 움직이는 것도 행위라기보다는 어떤 몸짓을 하는(en gesto) 것 같은 느낌을 준다."(EA29)

오르테가 이 가세트는 여성의 영향력이 거의 눈에 띄지 않는 까닭이 그것이 퍼져 있어서 어디에나 있기 때문이라고 본다. 그것은 남성들의 영향력처럼 요란스럽지 않아서 그저 "대기 중에 있는" 것 같다. 이처럼 남성은 자신이 행위하는 것(lo que hace)으로, 여성은 자신이 존재하는 것(lo que es)으로 자신을 드러낸다.(EA30)

남성의 지향점이 '어떻게 하면 더 좋은 물건을 만들 수 있을까?'에 맞춰져 있다면, 여성의 그것은 스스로를 만들어나가는 것에 맞춰져 있다. 그 과정을 통해서 더 완전하고 보다 섬세하고 "보다 더 요구하는(mas exigente)" 새로운 (여성의) 유형을 창조하고자 한다.(EA30-1)

이때 오르테가 이 가세트는 여성의 최고의 임무가 요구하는 것(exigir), 남성에게 보다 완전한 것을 요구하는 것이라고 본다. 남성은 그녀의 마음에 들기 위해서 자신의 가장 멋진 면이 "아름다운 재판권자"의 마음에 들기를 바란다. 잘난 체하는 남자라도 사랑의 감정에 이끌릴 때 겉치장을 하는 것은 여성이 자극하는 정신적 변화를 반영한 것이라고 할 수 있다. 남성들이 자신이 지닌 면모를 재정비하고 닦는 것은 어떤 완전함을 위한 충동이다. 나아가 남성은 여성 앞에서 자신이 어떤지를 보여주고자 한다. 어떤 말을 하고, 특정한 몸짓을 하고, 그녀의 눈앞에 선다.

로마의 총독이 자기 소유인 여자 노예와 사랑에 빠질 때, 그는 더 이상 명령하고 군림하는 데 만족하지 않고 그녀의 '인정', '칭찬', '만족'을 얻고자 한다. 나의 '행위'가 마음에 드는지……. 만약 그녀가 불만스러운 표정을 짓고 있다면…….

『사기』에 나오는 주유는 자신이 아끼는 '포사'가 전혀 웃지 않자 그녀를 웃게 만드는 자에게 큰 상을 내리겠다고 한다. 결국 그녀를 웃음 짓게 하기 위해서 적이 쳐들어오지도 않았는데 거짓 봉화를 올리게 하여 나라가 망하는데, 여인의 웃음과 나라의 흥망을 맞바꾼 셈이다.(평강공주께서 뭐라고 하실까를 매번 물어보아야 하는 온달의 경우도 이런 상황과 멀지 않을 것이다.)

그녀가 받아줄까? 아니면 버림받고 말 것인가?

여성은 그런 선택지로 "가벼운 거부의 몸짓(un leve gesto reprobatorio)"이나 "힘을 북돋아주는 미소(una sonora que corobora)"를 던질 수 있다.

이 과정에서 남성은 상대가 싫어하는 면을 고치고 좋아하는 면을 강화할 것이다. 그런 과정을 거치면서 그녀는 사실상 아무것도 하지 않지만 남성들은 자신의 바뀐 모습을 보고 놀랄 수 있다. 그녀는 "한 송이 장미꽃처럼" 대응할 뿐인데 "그것이 마법의 끝이 되어서 전기충격을 일으킨다."(EA31)

대부분의 남성들은 정해진 것들과 물려받은 생각들, 관습적이고 둔한 감정들로 살아간다. 마찬가지로 평범한 여성들은 남성들에 대해서도 평범한 생각, 현실에서 쉽게 실례를 찾을 수 있는 그런 모델을 지닌다. 하지만 새롭게 생각하고, 예술적 규칙을 창조하고, 새로운 법을 만드는 남성들이 있는 것처럼, 자신의 존재와 정열적인 감성으로 남성에 대한 새로운 이상을 요구하는 비범한 여성들이 있다. 이런 여성의 새로운 이상은 사회 전체에 영향력을 행사한다. 이런 여성이 남성에게 바라는 수준이 그 사회가 지녀야 할 고상하고 모범적인 태도, 전형의 도덕적 수준을 결정한다.(EA32-3)

오르테가 이 가세트는 순수한 여성성이 문화의 본질적 차원이라고 본다. 이것은 문화적인 질을 결정하고, 역사를 구성하는 여성만의 독특한 방식을 의미한다. 여성은 자신의 개성(persona)이나 인간적인 면모를 다듬고 정련함으로써 커다란 사회적 변화를 초래할 수 있다. 이는 그녀의 자기관리가 인간성의 범위를 넓히고 감정의 정확성을 높이고, 보다 나은 삶을 위해서 태도에 관한 정교한 감수성을 제공하기 때문이다. 이런 여성들은 드물지만 남성이 만든 보잘것없는 산물에 만족하지 않고 더 나은 것을 요구한다. 남성에게 드물고 특별한 것을 요구함으로써 새로운 계획과 시도들을 촉구한다. "모든 존재는 상승의 리듬을 타고 그런 여성이 활동하는 나라는 희망과 역사의 승리와 확장을 이룬다. 그래서 새로운 삶(vita nuova)이 된다."(EA33)

오르테가 이 가세트는 단테의 『새로운 삶』에서 피렌체의 한 처녀가 짓는 두 가지 표정에 주목한다. 우호적인 미소나 냉정한 경멸의 시선은 남성들에게 일정한 지향점을 제시한다. 괴테가 "영원히 여성적인 것이 우리를 고양시킨다"고 하듯이 여성들이 새로운 가치와 이상을 제시하는 태도가 남성들을 더 높은 곳으로 인도할 것이다.

사랑에 빠짐

보다 구체적으로 사랑의 현상과 관련해서 살펴보자.

오르테가 이 가세트는 사랑이 '사랑에 빠짐(enamoramiento)'이라고 본다.

"사랑에 빠짐은 사랑을 인간의 다른 행위나 감정과 구별하는 사랑의 본질이다. 사랑에 빠짐에는 열정이 있지만 그것은 열정과 다르다. 열정은 사랑에 빠짐이 지니는 특성들 가운데 하나일 뿐이다."(EA131)

이처럼 참된 사랑에는 '사랑에 빠짐'이 있는데, 이것은 육감적인 뜨거움, 과장된 표현, 기술적인 포장, 애무, 열정 등과는 다르다. 사랑에 빠짐은 에로티즘에 관련된 현상들의 전형이자 결정체다. 이것의 특성은 전면적인 환영

(ilusión integral)을 주는 사람에게 이끌리는 것이자, 자기가 그 사람의 심층에 흡수되는 것이다. 이것은 마치 자기의 고유한 삶의 근원에서 뿌리 뽑혀져서 다른 존재의 근원으로 이식되는 것과 같다.(EA47)

그래서 사랑에 빠진 사람은 사랑하는 사람에게 전적으로 자신을 내맡긴다. 곧 의지의 결정을 모두 맡긴다. 이런 근본적인 내맡김(la entrega radical)은 스스로 원해서 하는 것은 아니다. 그것은 자기 의지의 영역을 넘어서는 자기 안에 있는 어떤 힘에 의해서 이루어진다. 원하지 않아도 이루어지는 내맡김이다.(EA48)

이처럼 사랑에서 매혹(encantamiento)과 내맡김은 본질적인 요소다. 어머니도 자식에게 모든 것을 맡기고 친구 사이에서도 그렇게 할 수 있지만 그것들은 환영이나 매혹에 의한 것이 아니다. 어머니는 정신적 능력에 관계없이 근본적인 본능에 따라서 그렇게 하고, 친구는 의지에 따라서 그렇게 한다. 이런 경우들에는 반성적인 이유가 개입된다. 그런데 사랑하는 경우에 영혼은 의지와 관계없이 그 대상에 사로잡힌다. 누군가가 나의 삶을 전면적으로 흡수하는 이 힘은 나를 나로부터 그 대상을 지향하도록 한다. 사랑에 빠진 사람은 자신으로서가 아니라 그 대상으로서 산다.(EA49)

그런데 성적인 끌림(atración sexual)의 경우에는 고유한 이끌림이 없다. 육체는 갈망을 자극하는데, 욕구에 따를 때는 (스스로가 대상에게 가지 않고) 그 대상을 자기에게 끌어당긴다. 이처럼 대상을 끌어당기는 욕망에서 대상은 욕망을 자극하는 수단으로 존재할 뿐이다. 심리적으로 욕망과 매혹 당함(ser encantado)은 정반대로 나타난다. 욕망할 때 나는 대상을 흡수하지만, 반대로 매혹

당하고 마술에 걸린 상태에서는 대상에 흡수된다.(EA50)

오르테가 이 가세트는 정념(pasión)에도 참된 내맡김이 없다고 본다. 그래서 정념은 영혼의 결함을 내포하는 병리적인 상태다. 그는 베르테르나 오셀로처럼 자살하거나 살인을 저지르는 정념이 최고의 사랑이라고 믿지 않는다. 그런 정념은 사랑하는 감정의 절정이 아니라 열등한 영혼에 나타나는 퇴행 같은 것이다. 강박관념에서 벗어나지 못하고 그것에서 벗어나려고 몸부림치는 상태가 정념의 전형적인 예다.

널리 알려진 것처럼 동물적 본능에서 기인한 원초적인 힘이 사랑을 움직인다는 주장이야말로 가짜 신화이다. 사랑은 동물적인 본능이 작동한 결과도 아니고 원초적인 힘도 아니다. 사랑은 창조 행위와 유사하기에 오히려 문학 장르(un género literario)에 더 가깝다.

사랑은 환상인가

오르테가 이 가세트는 수많은 이들의 사랑 교본이 되다시피 한 스탕달의 『연애론』에서 펼치는 사랑론, 사랑의 본질에 관한 고찰을 비판적으로 검토한다.

그는 스탕달 이론의 핵심이 수정(水晶)이론에 있다고 본다. 잘츠부르크 수정 광산에 관목 가지를 떨어뜨려 놓으면 다음 날 그 가지에 찬란한 수정가루들이 뒤덮인다고 한다. 스탕달은 사랑에 관한 인간의 마음도 이런 현상, 곧 어떤 여성의 실제 이미지가 남성의 마음에 들어오면 그 이미지 위에 상상의 층이 쌓이고 텅 비었던 마음에 어떤 완전한 것이 형성된다고 본다.

오르테가 이 가세트는 이런 관점이 그리 바람직하지는 않지만 사랑을 완전한 것(lo perfecto)을 지향하는 것이라고 보는 점만은 인정한다.

이런 수정이론에 따르면 사랑은 허구에 지나지 않는다. 곧 때때로 실수해서 사랑하는 것이 아니라 사랑은 본질적으로 실수일 뿐이다. 사랑하는 것은 존재하지 않는 완전함을 사랑 받는 사람에게 상상적으로 투사하는 것이기 때문이다. 그런 환영이 사라지면 사랑도 함께 지워지고 만다.(EA77) 이런 해석은 사랑이 허깨비(visinario) 같은 것, 실재를 보지 못할 뿐만 아니라 그것을 대체하기까지 한다고 주장한다.

스탕달은 사랑을 세 종류로 구별한다. 탐욕스러운 사랑, 정념의 사랑, 헛됨의 사랑. 이 가운데 정념의 사랑이 참된 것이다. 그런데 오르테가 이 가세트는 이런 구별이 참된 사랑의 범위를 지나치게 확대하고 있다고 지적한다. 정념의 사랑에도 다양한 종류가 있고, 정념의 사랑은 참된 사랑을 은폐하기도 한다.

"사랑은 그것 때문에 더할 나위 없는 칭송의 도구가 되었다. 시인들은 정념이라는 화장 도구로 사랑에 화장을 해서 세련되게 치장하고 그것에 추상적이고 낯선 실재를 덧입힌다. 그래서 우리는 사랑의 감정을 진지하게 느끼기도 전에 이미 사랑에 익숙해지고, 예술품을 대하듯이 그것을 평가하고 심지어 실습할 대상으로 여기기도 한다. 틀에 사로잡혀서 추상적으로 사랑의 이상을 실현하려는 남녀를 상상해서, 결국 그들은 허구적으로 사랑에 빠져서 살아갈 뿐이다. 이런 사랑의 모습에서는 사랑 자체가 사랑의 대상이 되고 구체적인 대상은 다만 핑계일 뿐이다. 사랑에 대한 이런 인식을 지닌 데다 생각하기를 광적으로 좋아하는 사람이라면 필연적으로 수정이론을 만들 것이다."(EA79)

오르테가 이 가세트는 사랑에 환영적이고 자기 기만적인 면이 있더라도 그것을 지나치게 강조할 필요는 없다고 본다. 만약 사랑이 환영적인 것이라면 사랑의 본질을 사고하는 것은 어떤 의미를 지니는가? 내가 어떤 여성을 사랑할 때 그녀가 나의 상상으로 만든 것이라면 정작 그 여성의 존재는 무엇인가? 그 여성은 나에게 어떠한 동기도 주지 않는가? 사랑이 허구라면 사랑을 둘러싼 모든 것, 사랑에 영감을 부여한 대상도 허구에 지나지 않는가?(EA79)[12]

수정이론에 따르면 사랑에 필요한 것은 완전한 사랑을 상상하는 것이다. 그러면서도 그런 상상의 순간을 가장 신비롭고 심오한 순간이라고 강조하지도 않는다. 오히려 수정이론은 사랑의 좌절, 사랑이 어떻게 실패할 수밖에 없는지를 설명하는 데 힘을 쏟는 것처럼 보인다. 곧 사랑에 빠지기(enamoramiento)보다는 사랑에서 벗어나기/사랑의 실패(desenamoramiento)에 주목한다.(EA88)

오르테가 이 가세트는 사랑의 심리와 사건들, 사랑 이야기들에 빠져서 사랑의 본질에 소홀하거나 피상적으로 접근해서는 곤란하다고 지적한다. 그러면 사랑의 본질은 무엇인가? 무엇이 사랑에 고유한 것인가? 그는 플라톤의 사랑관을 참조한다. "사랑은 아름다움을 낳으려는 열망이다." 이때의 아름다움은 완전성을 지향한다. 플라톤에 따르면 사랑은 하나가 되려는 열망(un afán de unirse)이다. 사랑은 보다 완전한 대상, 자기보다 탁월한 것을 찾는 과정이다.(EA89)

---

12 사랑하는 대상의 본질이 변하지 않고 지속하는 경우를 상정하면 그런 사랑은 끝날 수 있는가? (칸트적인 표현을 빌면) "사랑 감정은 그 대상에 의해서 조절되는 것이 아니라 대상이 우리의 뜨거운 환상에 의해서 만들어진다는 것", 사랑은 언젠가는 죽는데 그것은 탄생 자체가 착각이었기 때문이다.(오르테가 이 가세트는 스탕달과 반대 지점에 있는 샤토브리앙의 경우를 "갑자기 그리고 영원히!"라는 틀로 대비시킨다. 샤토브리앙 자신은 참된 사랑을 느낄 수 없는 사람이지만 참된 사랑을 불러일으키는 천부적인 힘을 지니고 있었다. 많은 여성들이 그에게 갑작스럽게 사랑을 느꼈고, 영원히 그 사랑 때문

이런 완전함을 통해서 사랑의 어떤 점을 사고할 수 있는가?(물론 이런 완전함은 상대적인 것, 제한되고 유한한 완전함이다.) 이런 틀로 사랑에 관한 논의에서 흔한 주제인 정신적 사랑과 육체적인 사랑의 관계, 성적 사랑(amor sexual)과 성적 본능(instinto sexual)의 구별을 사고할 수 있다. 본능은 정신적인 세계와 전적으로 분리된 것은 아니다. 그리고 육체적인 사랑에는 단순히 육체에 대한 탐닉만 있는 것이 아니고 일정한 감정적인 이끌림이 동반된다. 또한 성적 본능은 순전히 육체적인 것이지만, 사랑은 전적으로 육체적인 것에만 묶여 있지 않다.

오르테가 이 가세트는 성적 본능이나 성행위를 성적인 사랑과 구별한다. 어떤 경우이든 그런 본능적인 욕구나 행위는 사랑과는 다르고 그것은 그 대상에 상관없이 존재한다. 다른 존재가 아니라 '바로 그 존재'이어야 할 필요가 없다. 게다가 그 사람을 알기 전에도 이미 그런 욕구는 존재한다. 따라서 그 대상이 누구인가는 그리 중요하지 않다. 이처럼 본능은 선택의 여지가 없는 것이므로 완전성 개념을 적용할 수 없다.(EA91)

성적 본능은 종족을 보존하지만, 종족의 완전성을 보장하지는 않는다. 반대로 "육체적인 사랑, 타자를 향하고 그 타자의 영혼을 지향하고 그 육체를 바라보는 지극한 열망은 종족의 고양된 미래를 보장한다."(EA91) 사랑은 (본능과 달리) 대상이 나타나기 전에는 생기지 않고, 그 대상이 나타나야만 시작된다.

사랑에 빠지면 자기 안에는 자신의 개별성을 타자 속에서 용해시키려고 하고, 그 사람을 자기에게 흡수하려는 화급함, 즉 신비한 열망(misterioso afán)이

에 괴로워했다. 이런 사랑의 교리는 갑자기 나타나서 결코 죽지 않은 것이다. 갑자기 그리고 영원히!)

생긴다. 만약 누군가가 자신의 사적인 영역을 침범하면 견딜 수 없을 테지만, 사랑의 경우에는 그것을 허용할 뿐만 아니라 그것을 간절하게 바라기까지 한다.

바로 그/그녀에 대한 이끌림, 집중, 신비한 느낌

오르테가 이 가세트는 스탕달의 주장과 달리 참된 사랑은 환상이 배제된 것이라고 강조한다. 사랑에 환영적인 요소가 없지는 않지만 환영이 사랑의 본질은 아니다.

과연 환상을 배제한 사랑은 가능한가? 환영에 사로잡히지 않고 사랑하는 남성이라면 특정한 여성에게 자신이 그려놓은 완전하고 이상적인 이미지를 대입하지 않을 것이다. 그가 여성에게 기대하는 것은 (그 여성을 알기 전에는 생각할 수 없었던) 그 여성의 고유한 모습이다.

사랑은 대상을 향한 순수한 감정적 활동이다. 그래서 사랑은 지성적인 활동과 다르고 욕구와도 다르다. 목이 마를 때 물 한 컵을 바란다고 해서 물을 사랑한다고 할 수는 없다. 사랑은 욕구에 앞선다. "사랑은 씨앗이고 욕구는 그것에서 자라난 줄기이다." 또한 사랑은 감정적인 활동이므로 기쁨이나 슬픔 같은 수동적인 감정과 다르다. 기쁨이나 슬픔은 "정신을 물들이는 물감이라고 할 수 있지만 그 자체가 적극적인 활동은 아니다."(EA97)

(사랑은 정신성과 관련되고 일상과 분리되지만, 본능적인 면이 작용하지 않으면 사랑이 이루어질 수 없다. 곧 성적 본능이 없는 사랑은 없다. 그런데 그것은 하나의 메커니즘

이고 자동인형의 성격을 지닌다.)(EA99)

사랑에 빠지려면 집중력이 필요하다. 자기를 스쳐가는 수많은 사람들 가운데 단 한 사람에게 집중해야 한다. 대상을 선택할 경우에 다른 대상과 구별하고 위계를 정하고 특정한 존재에 집중하게 된다.

어떤 것에 집중하려면 다른 것들을 무심하게 볼 수 있어야 한다. 한 대상에 집중하는 경우에 다른 대상들은 마치 없는 것처럼 주변으로 밀려난다. 집중하는 대상 자체가 크거나 눈에 잘 띄지 않아도 그것은 더 크고 흔한 대상을 누르고 우리의 모든 것을 차지한다.(EA101)

사랑에 빠짐은 집중력이 만드는 특별한 현상이고 평범한 사람들에게도 일어날 수 있는 비정상적인 사건이다. 수많은 남녀들은 무관심한 상태에서 우연히 서로를 알게 된다. 특정한 존재가 다른 사람과 다르게 보이면서 친근감이나 호의가 생긴다. 그렇게 되기 전에 그 사람은 집중력의 정도에서 다른 사람들과 같은 거리에 있었고 그 거리는 직선이다. 직선거리의 균형이 무너지고 상대에게 집중하고 그 대상에게 사로잡히길 원하면서 그 존재에 대한 자신의 생각을 통제할 수 없게 된다.(EA102-3)

사랑에 빠지면 한 사람에게 비정상적으로 집중하게 된다. 상대가 그것을 알게 되고 집중하려는 욕구가 모이면 두 사람은 인력의 법칙에 따르는 것처럼 이끌린다.[아우구스티누스는 사랑하는 사람을 향한 자연스러운 중력의 속성을 잘 표현한다. "내 사랑은 나의 무게/중심, 그 사랑 어디로 가든 나는 그곳을 향하네.(amor meus pondus meum, il feror, quocumque feror.)]" (EA103)

하지만 오르테가 이 가세트는 사랑에 집중한다고 해서 정신적 삶이 풍요로워진다고 보지는 않는다. 정반대로 의식은 자신을 지배하던 것들을 배제하면서 점차 좁아지고 왜소해진다. 한 사람에게 사로잡히면 의식을 자유롭게 움직일 수 없다. 플라톤은 이런 상태를 신적인 광기(theia mania)라고 불렀다. 그렇지만 정작 사랑에 빠진 사람은 자신의 정신세계가 풍성해진다고 느낀다. 자신의 세계가 좁아지는 것에 비례해서 스스로에게 더 집중하기 때문이다. 정신력을 한 존재에 집중하면 자신의 존재가 최고의 강도로 유지된다는 착각이 생긴다.

오르테가 이 가세트는 이런 점에서 사랑에 빠지는 것이 신비적 체험과 유사하다고 지적한다. (말로 표현할 수 없지만) 신비주의자는 (기도와 명상을 통해서) 어느 날 갑자기 신과 마주한다. 마찬가지로 사랑에 빠진 사람에게 사랑하는 사람은 모든 것이 하나로 모이는 지점이다. 세계의 모든 것이 사랑하는 사람으로 귀결된다. 그/그녀는 전부이자 모든 것, 알파이자 오메가이다. 사랑에 빠진 사람에게 세계는 존재하지 않는다. 사랑하는 사람이 그것을 대체하기 때문이다.

사랑의 선택, 연금술

사랑에 빠진 이들이 자기를 꾸미고 치장하는 것은 일종의 기만 아닐까? 더 예쁘게 보이고 싶어하거나 더 강하게 보이고 싶어한다면 가면을 쓰는 것이 아닐까?

오르테가 이 가세트는 인간이 자신의 존재를 위장하는 점에 주목한다. 인간은 진지하게 위장하는데, 이는 다른 사람을 속이기 위해서가 아니라 스스로 만족하기 위해서이다. 인간은 스스로 배우가 되어서 환경과 사회가 요구하는 것에 따르거나 스스로의 구상에 맞추어서 말하고 행동한다. 자신을 돌아보면, 자신의 의견이나 감정의 대부분은 온전히 자기 것이 아니며, 자기의 개인적 바탕에서 비롯된 것이 아니다. 그래서 인간의 행동이나 말만으로는 그 자신이 누구인지 알 수 없다. 판단 근거로는 행동보다는 그 사람의 표정과 인상이 더 믿을 만하다. 꾸밈없이 드러나는 표정과 인상이 사실은 그의 깊은 비밀을 정확하게 반영한다.(EA134-5)

내면을 가장 잘 보여주는 경우가 사랑할 때다. 우리는 자신의 의지와 행동이 우리의 본질을 반영한다고 생각하고 그렇게 평가받기를 원한다. 이처럼 인간의 의지가 그의 자연스러운 성격을 온전하게 반영한다면 굳이 내면을 들여다볼 필요도 없을 것이다.(EA137-8)

현대 심리학에 따르면 인간의 기능은 창의적(creador)이라기보다 기존의 것을 수정하는(correcto) 쪽으로 발달한다. 의지는 어떤 새로운 자극이나 충동을 만들기보다는 이미 존재하는 자극, 충동을 중지시킨다. 그래서 의지의 개입은 소극적이다. 기호, 욕구 등이 얽혀 있을 때 그 하나가 다른 것을 억제하는 경우가 있다. 이때 의지가 하는 일은 저지당한 충동이 흐르도록 그런 억제를 중지시키는 것이다. 이런 경우에 우리가 원하는 것이 자연스러운 힘으로 느껴지지만 사실 의지가 하는 일은 이미 존재하는 것을 끄집어내는 것이다.(EA138)

데카르트에게 인간은 합리적이고 자유로운 존재다. 근대인은 스스로의 의지를 통해 살아간다고 믿는다. 그러나 실상은 꼭 이성적인 것만도 자유로운 것만도 아니다. 의식, 정신만으로는 모든 것을 설명할 수 없다. 대부분의 삶은 의지와 다른 힘에 이끌린다. 이런 힘들의 갈등은 사랑 대상을 선택할 때 잘 나타난다.(EA139-140)

오르테가 이 가세트는 사랑 대상을 선택할 때 우리가 내밀해진다(intimo)고 지적한다. 사랑은 내면적 심층을 지니므로 그 감정이 즉흥적이더라도 선택의 기로에서 더욱 내밀해(mas íntimos)진다. 그는 사랑이 "형이상학적 감정(sentimento metafísico)"이고 (우주로부터 받아들인) 인간의 근본적이고 궁극적인 인상(impresión radical, última)이라고 본다. 이런 인상이 없이는 살아갈 수 없고, 우리가 느끼고. 생각하고, 좋아하는 것은 이런 힘에 바탕을 둔다. 우리는 의지에 상관없이, 의지와 경험, 논리로 해석할 수 없는, 자신의 운명을 이끄는 어떤 힘을 무의식적으로 알고 있다.

일반적으로 남성은 주변 여성들이 자신에게 관심을 갖기를 바란다. 마음에 드는 여성이 관심 범위 안에 있으면 일정하게 자극을 받는다. 이런 자극은 자동적이고 그녀를 향한 최초의 움직임을 낳는다. 그런 자극이 상호 교환되면 '첫 움직임'은 '더 깊은 감정을 불태우기 위한 부싯돌'이 된다. 이런 초기 감정은 일단 나타나면 영혼의 중심을 바깥의 감정과 연결시킨다. 곧 우리의 반경 안에서 벗어나서 다른 이의 반경으로 자기를 옮아가도록 한다.(EA141)

이런 관심이 사랑이다. 그 관심은 많은 여성 가운데 단 한 사람에게 시선을 고정시킨다. 많은 끌림 가운데 단 하나의 끌림을 선택한다. 사랑을 만족시킬 대상은 언제나 단수이다. 그리고 참된 사랑에는 성적 본능(instinto sexual)이 따른다.(참된 사랑이 성적인 것과 관계없다고 보거나 그 반대로 사랑이 성적 욕망 자체라고 할 수는 없다.) 본능은 그것을 만족시킬 수많은 대상을 지니지만 사랑은 배타적인 경향이 강하다.

오르테가 이 가세트는 사랑이 선택의 문제라고 본다. 사랑은 마음의 중심인 정신적인 심층에서 시작되는데, 사랑이 확장되면서 잠재되어 있던 중심의 힘이 사랑 대상을 선택할 수 있는 능력, 보다 내밀하고 비밀스러운 선호를 부여한다. "사랑이 구체적이고 현미경과 같다면 본능은 엉성하고 망원경과 같다."(EA143)

사랑과 본능은 그 의미가 다르다. 예를 들어 어떤 여성을 사랑하는 남성과 그렇지 않은 남성은 그 여성의 아름다움에 대한 견해가 얼마나 다를까? "여성을 사랑하지 않는 남성은 그 여성의 얼굴과 몸매 같은 굵은 선만 보지만, 사랑하는 남성에게 그 굵은 선들은 이미 지워진 상태에 있다. 그가 보는 것은 그 여성의 눈빛이나 윗입술과 아래 입술이 만나는 모양, 또는 목소리의 음조 같은 것들이다."(EA144)

사랑하는 사람은 자신의 감정의 지향을 분석할 수 있다. "자신의 깊은 곳에서 떠난 감정이 그 사람을 지향하는 것을 느끼면서 그 사랑의 선이 잦은 만남으로 매듭지어지고 그럴 때마다 새로운 자양분을 공급받을 수 있다. 그는 사랑을 끊임없이 확인하는 것으로 살아간다. 그래서 사랑은 단조롭고 끈질기며 무겁다. 상대가 매번 새롭고 기지 넘치는 말을 한다면 그것을 감당할 사람은 없다. 오히려 사랑하는 사람은 자신을 사랑한다는 똑같은 말을 끝없이 반복

하기를 바란다." (EA145)

사랑하는 자는 자기 안에 갇혀 있거나 그 자체로 자족적인 존재가 아니다. 사랑하는 자는 자기를 사랑하는 자에게 채워져야 하는 텅 빈 존재이고, 그 타자에 이끌리고 자기를 내맡기면서 사랑의 연금술의 재료가 되고자 한다. 사랑이라는 연금술사는 사랑하는 이들을 녹이고 벼리고 형성해서 새로운 존재로 거듭나게 한다. 사랑하는 너와 나는 각자의 개별성을 넘어서 사랑 - 관계에서 새로운 존재로 거듭날 수 있다.

참고문헌

Jose Ortega y Gasset, Estudios sobre el amor(EA로 줄임), Madrid : Revista de Ocidente en Alianza Editorial, 1984

5. 사랑의 구원을 찾아서

_ 최인훈의 「가면고」

사랑이란……

최인훈의 「가면고」에서 사랑하는 주인공들은 사랑의 진리를 찾는다. 사랑은 한 개인이 자신의 고유한 영역을 의미화하고 총체화하는 시도 '너머'에 있다. 그래서 자기완성은 자기를 앞세우고 타자를 배제하는 것이 아니라 자기와 근본적으로 다른 타자를 추구하려는 자기 부정에서 출발한다. 이것은 자기의 틀에 따라서 타자를 규정하기를 멈추고, 타자를 자기의 틀에 짜맞추고 가두지 않으며, 타자를 (말하고 움직이는) 인형이나 얼굴 – 탈을 쓰고 있는 무의미한 존재로 보지 않으려는 시도이다.

내가 그런 인형과 탈들에 둘러싸여 있다면 나는 나에 내재하는 고독을 벗어날 수 없을 뿐만 아니라 나 자신, 내면의 공허, 죽음으로 내모는 냉기를 어찌할 수 없을 것이다. 그러면 나의 진리는 내 바깥에 있고, 타인과의 관계가 나를 정립하는 데 필연인가? 실존이 아니라 탈 – 존해야 하는가?

이처럼 사랑은 자기 바깥에서 자기의 내면을 찾고 구성하는 힘겨운 작업이다. 타자를 무화시키고 부정함으로써 주인이 되려는 시도 대신에 자기 부정을 통해서 타자를 긍정하는 길을 찾는다. 이런 탐구의 주인공인 민과 (그의 전생의 존재) 다문고 왕자는 자기 진리를 추구하는 과정에서 부딪히는 한계와 좌절을 넘어서기 위해서 타인의 사랑을 사다리로 삼고자 한다. 이들은 사랑을 진리의 고향에 이르는 강을 건너는 나룻배로 여긴다. 그런데 그 과정에서 사다리와 나룻배가 필요한 까닭에 '잠정적으로' 대상을 사랑하고(사랑하는 체하고) 사랑을 요구한다. 그처럼 타인이 몸과 마음을 희생시켜서 완성에 이른다면 과연 사랑의 전투에서 승리하는 것인가? 사랑은 타인의 피와 살을 먹고 사는 흡혈귀의 축제인가?

세 가지 사랑 이야기

「가면고」에는 세 가지 사랑 이야기가 나온다.

현대 상황에서 사랑의 갈등을 그리는 민과 미라 – 정임의 사랑, (그것의 과거 형태인) 고대 인도를 배경으로 한 다문고 왕자와 마가녀 공주의 사랑, 사랑 이야기의 원형으로 제시되는 신데렐라의 사랑 이야기.[13]

현대 사회에서 사랑의 가능성을 묻는 민의 사랑은 미라와 정임에 대한 상이한 유형의 사랑에 따른 갈등을 낳는다. 자기를 포기하지 않는 미라와의 사랑이 교착상태에 빠지면서 민은 두 가지 출구를 찾는다. 사랑을 통한 구원의 주제로 삼아 수정한 신데렐라 이야기는 기존 동화를 마법으로 탈을 쓴 왕자가 사랑의 힘으로 탈을 벗는 것으로 개작한 것이다.[14] 새로운 사랑 상대인 정임은 예술 무대뿐만 아니라 현실에서도 자기의 탈을 벗으려고 애쓰는 민을 구원하는 순수한 사랑의 대상이다. 이런 주제는 다문고 왕자의 자기도야와 연결된 사랑 이야기와 겹친다. 왕자는 브라마의 얼굴을 지향하고 이를 위해서

---

13   이 이야기들이 하나의 주제를 변주한다면, 그 주제는 사랑을 통한 구원이고, 그것을 다른 시대와 유형에 따라서 변이시킨다고 할 수 있다. 그런데 이것을 상이한 두 주제를 매개항을 개입시켜서 대비, 발전시킨다고 볼 수도 있다.

14   민의 작품인 "신데렐라 공주"는 사랑을 통한 구원의 주제로 다시 쓴 것이다. 민은 사랑의 구원이라는 주제를 현대 무용의 형식으로 표현하고자 한다.(277-8, 299 참조) 주요 내용을 정리해보자.

한 성의 왕자가 마술사의 저주로 얼굴에 탈이 씌워진 채 벗겨지지 않는다. 마술사는 이 세상에서 가장

순수한 아름다움을 지닌 마가녀의 얼굴을 얻고자 그녀의 사랑을 훔치고자 한다. 사랑을 수단으로 삼는 시도가 실패하자 왕자 자신이 새로운 사랑의 주체로 바뀐다. 이런 사랑받기와 사랑하기는 민의 실패한 사랑에 전환점을 마련한다.

이런 틀에서 민과 정임의 결합은 어떤 의미를 갖는가? 이들의 사랑은 다문고와 마가녀의 결합처럼 양 극단의 결합, 이질적인 삶의 태도가 조화를 이룰 수 있는지를 질문한다. 이들은 고독한 모나드들이 고립된 채로 맞서는 현대 사회에서 각자의 고독과 한계를 넘어설 수 있을까?[15]

그런데 민과 미라의 사랑은 상이한 두 자기의식의 차이와 투쟁이 종합에 실패하는 경우를 보여준다. 민에게 미라는 여전히 타자이거나 대상화되는 존재일 뿐이다. 민과 정임의 사랑에서는 정임의 순수한 감성과 민의 배타적인 자기의식을 결합하고자 한다. 이들은 서로의 차이를 바탕으로 삼아서 결핍을 보완하고 종합하고자 한다.

민은 하나가 되기 위해서 미라에게 자기를 버리라고 요구한다. 하지만 자기를 고수하는 미라는 그 민에게 그 질문을 되던진다. 그가 자기의 결핍을 어떻게 보완할 수 있느냐고. 과연 그들은 서로의 결핍을 어떻게 인정하고 보완할 수 있는가? 민은 자기와 이질적인 정임을 자기 기준으로 재단하지 않고 그 존재 자체를 긍정한다. 그녀의 존재에 무엇인가를 덧붙이지 않고도 그 존재 자체가 자연스러운 사랑을 불러일으킨다.

물론 다문고가 마가녀의 '얼굴'을 위해서 그녀의 사랑을 필요로 했듯이, 민은 연극의 성공을 위해서 정임의 순수한 감정이 필요했다. 그러면 정임도 사

아름다운 여성이 왕자를 사랑해야만 탈이 벗겨진다고 예언한다. 왕자는 모든 나라의 공주들에게 초청장을 보내 색시를 고르기 위한 춤 잔치를 연다.
1막. 신데렐라의 집에서 이복동생들이 계모의 도움을 받으며 춤 잔치에 각 채비에 바쁘다. 그들의 어머니가 마술사이고, 왕자의 탈은 아름다운 자기 딸을 왕비로 삼기 위한 계획이었다. 화장을 마친 동생들이 왕자를 유혹하러 떠나고 부엌데기 신데렐라는 홀로 남는다. 곧은 마음과 아름다움을 지닌 그녀는 슬픔에 잠겨 춤을 추다가 불행을 뚫고 자신을 밝음으로 드높인다.

랑 – 수단에 지나지 않는가? 이 질문에 대한 답을 다문고가 대신 제시한다. 처음에는 사랑이 진리에 이르는 수단일 뿐이었지만 사랑에 빠진 그는 사랑을 통해서 진리 '너머'로 나아간다. 자기의 진리, 자기와 타자의 상호 완성의 씨앗은 사랑으로 가꾼 터에서 싹튼다.

넘어설 수 없는 갈등

민과 미라의 사랑은 독자적인 성격을 지닌 두 자기 의식의 대립에 바탕을 둔다. 그들은 위로하고 동정하는 관계가 아니라 싸우는 사랑을 추구하고, 서로 물러서지 않는다. 그들은 "아무런 핸디캡도 없는 잔인한 싸움"을 하는 호적수들이다. "긍지 높고 칼칼한 검객"인 미라는 자신의 갈등과 고민을 짊어진 채 그녀의 조건 없는 긍정을 요구하는 민을 따뜻하게 대하지 못한다.

민과 미라는 서로의 고독과 한계에 갇힌 채 벗어날 길을 찾지 못한다. 그런 민에게 사랑은 고독과 죽음의 냉기를 막는 어떤 시도이다.

"사랑이란, 죽음의 섬뜩한 냉기를 눈치 챈 자의 채난(採暖) 작업이랄까. 서로 몸을 오그려 붙이며 하얀 얼음판 위에서, 처음, 몸과 몸으로 비벼 댄 빙하 시대의 불씨의 이름을 사랑이라 하는가. 그렇게 알아낸 불씨를, 사람들은 몸에서 몸으로 전해오는 것이지. (……) 이 사랑이란 불씨는, 사람들이 어쩌지 못할 죽음의 냉기를 막기 위하여 만들어낸, 인

2막. 왕자의 춤 잔치. 좌우로 늘어선 여성들 가운데 탈을 쓴 왕자. 탈을 벗으려는 고민과 간절한 사랑을 찾는다. 외적 조건이 운명을 규정하는 분위기와 그것을 마주한 왕자의 안타까움과 반항이 드러난다. 여성 지원자들이 한 사람씩 나와서 왕자의 탈을 벗기려고 하지만 계속 실패한다. 마지막에 신데렐라 동생들이 가장 눈부시고 육감적인 춤을 춘 뒤 왕자의 탈을 벗기려고 하지만 역시 실패한다. 왕자는 절망하여 무대에 쓰러진다. 마성을 드러낸 마녀가 망연자실함을 드러내는데, 그녀의 예언은 그녀의 의도를 벗어난 다른 현실을 숨기고 있다. 악마 모녀의 실패에 대한 노여움과 저주에 가득 찬 광기 어린

간 자신의 재산이다. (……) 사랑이 아무리 불타도 눈이 닿는 곳까지 허허한 얼음 벌판의 추위를 막을 수는 없었을 게다. 그러나 사람들은 태우고 또 태웠다. (……) 그러나 지구는 또다시 얼어붙기 시작했다. 이 눈에 보이지 않는 얼음은 더욱 차갑다. (……) 현대는 정말 춥다. 혼자서는 불을 못 피운다. 바람을 막으며 손바닥만 한 얼음 위에 불을 피우려면 두 사람이어야 한다."(최인훈, 234-5)[16]

어느 날 새벽에 찾아간 민을 미라는 싸늘하게 대한다. 그가 작업에 몰두하던 그녀 곁에서 홀로 잠들다가 깨어났을 때 그녀는 그가 "민 자신의 마른 나뭇가지처럼 초라한 맨발"(249)을 그리고 있었다. 이를 참지 못한 그는 그 스케치북을 찢어버린다.

"내가 정말 바라는 것은 무엇일까? 그러나 한번 눈을 뜬 모나드는 마치 체념의 재무덤에서 날개를 떨며 날아오르는 불새처럼, 새로운 회의의 하늘로 솟아오르는 것이었다. 그의 마음에서 퍼덕이는 이 마(魔)의 새는, 아류적인 체념의 잿더미에 파묻히지 않는 고집을 가진 새였다. 털 끝만 한 거짓에도 날카로운 힐난의 울음을 질러대면서 몸부림치는 것이었다. 이 새의 목을 비틀어 파묻어 버리려면, 얼버무리거나 속임이 아닌 그 어떤 틀림없는 것이 있어야 했다."(236)

민은 '자기'를 버리지 못하는 고독한 성주 앞에서 성을 공략하지도 못하고

춤과 비바람 몰아치는 음악이 끝나자 희망과 가능성을 예고하는 음악이 들리고 왕자는 기쁨, 기대, 떨림에 넘친다. 눈부신 품위를 지닌 신데렐라가 등장한다. 왕자의 기쁨에 넘친 구원을 향한 욕망과 프리마 발레리나의 헌신과 사랑을 나타내는 듀엣이 승리와 해결로 나아가다 신데렐라는 마숙사 무녀의 방해를 물리치고 사랑을 고백한다. 외적인 운명이 내적인 필연으로 바뀌고 마침내 탈이 벗겨진다. 사랑을 통한 구원을 표현하는 두 연인의 승리의 춤.

15 서로의 존재를 통해서 보다 큰 완성을 추구하는 것인가, 아니면 얼어붙은 작은 얼음조각 위에서

그렇다고 그냥 지켜보지도 못한 채 결합의 불가능성을 확인할 뿐이다.

"쌍두의 뱀처럼 상대방을 물어뜯으면서 자기 몸에 닥치는 자릿한 마조히즘을 즐기는, 저 밤의 일을 위하여 인간이 한 몸이 된다는 것은 얼마나 괴로운 짐인가."(211)

성적 결합의 순간에도 미라는 어딘가에서 홀로 자기를 바라보고 있을 뿐이다. 그런 모습에 민은 절망하고 격노한다.

"아무 염치도 없이 숨을 몰아쉬는 그런 때, 그녀는 오히려 먼 곳을 보는 눈치로 골똘히 생각에 잠긴 것을 문득 보는 때가 많았던 것이다."(212)

민은 그런 그녀를 받아들이기 어려웠다. "강제가 아닌 바에야, 몸을 섞는 어느 한편이 다른 한쪽을 어색하게 해서는 안 된다. 한 움큼 모래를 씹는 텁텁한 노여움은 그를 몰아 거칠게 만들었다. 자기의 불로 저쪽의 불길을 불러 일으키려는 것이겠지만 그 효험은 미상불 의심스러운 것이었다."(212-3)

결합과 일치를 위한 그들의 노력은 서로의 결핍을 확인하는 곳에서 멈춘다. 각자는 여전히 바깥에 머물러 있는 타인의 공백에 자기를 채워 넣지 못한다. 민은 그들이 하나가 되리라고 기대하는 순간에도 또렷한 자기의식을 지닌 채 다른 하나이고, 자기 성의 고독한 군주인 그녀를 안고 있다.

"미라는 나 혼자만을 짐승을 만들어 주려구 이 일을 하나?" "왜 그런." 그녀는 벌떡 몸을 일으켜, 민의 가슴에 기대면서 오래 그의 입술을 빨았다. 침대 스프링이 가라앉았다가 되살아오는 것을 알린다. 그녀의 눈 속에는 헝클어진 빛이 있었다. "제가 그렇게 못난 여자라면, 우선 제가

서로의 몸을 따뜻하게 하면서 죽음과 냉기를 물리치려는 힘겨운 생존 노력인가?

16   최인훈, 『크리스마스 캐럴/가면고, 최인훈 전집 6』, 문학과 지성사 (초판 1976, 3판 2009). 이하에서 인용은 ( ) 안에 쪽수만 표시함.

제 자신을 용서치 않을 거예요."(213)

넉넉하게 포용하거나 조화에 이르지 못한 채, 개성에 충실한 각자는 몸과 마음의 하나 되기, 자기 망각과 상호 완성을 위해서 자기를 타인에게 바치지 않는다. "교양이 있으면서도 꼬치꼬치 캐지 않는 순수한 여자가 있다면……."

이런 민의 요구에 미라는 그것을 되받는 거꾸로 된 질문을 던진다. (그러는 너는…….)

"교양이 있으면서도 무사처럼 굵직한 선을 가진 남자가 있다면……. 노여우실까?"(213)

두 모나드들에게 '예정된 조화' 같은 것은 없었다.

민은 극단에서 공연하는 연극을 매개로 미라와는 다른 유형의 정임과 사귀게 된다. 정임에 대한 새로운 감정과 미라에 대한 막연한 믿음은 균형을 이루지 못한다. 넉 달 반 동안 민은 "정임과 자기 사이에 놓인 미라의 어깨에 걸려 엎어지면서, 눈 가리고 아옹 하는 광대 노릇을"(284) 할 뿐이다. 미라는 그가 찾아가도 작업에 몰두한 채 거들떠보지도 않는다. "오면 오고 가면 가는가 하는" 무심함 때문에 민은 오히려 미라에게 집착하는데, 그렇다고 미라가 의도적으로 그렇게 한 것도 아니었다. 엇갈림과 평행선 위에서 마주보기.

"몸과 마음이 안고 뒹굴던 여자의 그런 덤덤한 반응"에 민을 무서움까지 느낀다. "버림받는 것. 인간이 싫어졌다고 쓴웃음으로 버림받는 것은 지옥이었다. 하느님은 몰라도 좋지만 너만은 알아달라고 염치를 버리고 매달리고 싶었다."(285) 민은 여전히 "그날 새벽 자기의 앙상한 발목을 그리던 그녀의 싸늘한 눈초리"에 가로막힌다.

「신데렐라」공연이 끝나던 날 미라는 쪽지만 남기고 떠난다. 프랑스로 부임하는 오빠와 함께 파리로 가면서 "사랑했습니다"라는 말을 남긴 채.('알고 있는' 것이 '알았던' 것이나 '앞으로 알게 될' 것과 다른 것처럼, "사랑한다"는 "사랑했다"는 기억도 "사랑하리라"는 약속도 아니다.) 미라는 민을 '사랑했지만' 여전히 사랑하는지, 사랑할 것인지 알 수 없다. 그녀는 자신의 지나간 사랑을 확인하는 것으로 만족했지만 민에게는 그런 확인보다는 현재의 사랑이 문제이다.

민과 미라의 독백들로 이루어진 불협화음의 사랑 노래는 그렇게 끝난다.

사랑의 두 얼굴, 사랑을 통한 자기 찾기

다문고(多聞苦)는 3000년 전 인도 북부에서 융성한 가바나(迦婆那) 국의 왕자이자 민의 전생의 모습이기도 하다. 그의 소원은 브라마(Brahma)의 얼굴을 지니는 것이다.(224)

그는 스승이 어디론가 멀리 떠나가면서 보여준 그림에서 마주친 얼굴을 잊을 수 없었다. ― "브라마가 사람으로 태어난 모습", "두루 갖추고 굽어보는 얼굴", "망설임을 넘어선 표정", "모든 일을 따뜻하게 끌어안으면서 그 만사에서 홀홀히 떨어진 영원의 얼굴".(224)

스승은 모든 사람의 얼굴이 참된 얼굴을 가리는 탈에 지나지 않으며, 모두가 브라마의 얼굴처럼 거룩한 모습을 하고 있지만 업(業)과 무명(無明)에 가려서 그 탈을 벗지 못한다고 설파했다. 그러면 자기 얼굴을 브라마의 얼굴로 만들어야 한다. 물론 "거룩한 아름다움"을 지닌 얼굴을 지닐 수 있는 길은 스스로 찾아야 한다. 왕자는 그런 얼굴을 위해서 이 세계의 비밀을 알아야 한다고 믿는다.(225)

그 후 왕자는 거울을 볼 때마다 쫓기는 듯한 초조함과 억지로 평정심을 꾸미는 자기 모습에 괴로워한다. 얼굴은 날이 갈수록, 학문이 깊어질수록 표정이 맑고 영롱해지기는커녕 오히려 바라는 모습에서 멀어지고, 수련에는 별다른 진전이 없었다.

그는 가바나 성 제일의 미녀, 궁녀 가라녀를 안았던 하룻밤을 되돌아본다. 그토록 황홀한 순간이 지나가자 또 하나의 탈이 얼굴에 덧씌워지는 느낌이 들었다. 무슨 까닭인가.

그는 그녀의 잠든 얼굴을 보며, 모든 것을 다 갖추었지만 "알 수 없는 하나"가 모자라는 느낌을 지울 수 없었다. 사람의 얼굴을 브라마(Brahma)로 만들어주는 그 '한 가지'가 무엇인지 모르니 아름다운 여인을 품에 안아도 막막함을 지울 길이 없었다.

왕자는 탈만 벗을 수 있다면 여인도, "몸의 열반"도 마다하지 않을 셈이었다. 그것도 한 가지 기쁨이 아닐까, 아니면 목이 메도록 슬프면서도 기쁜 일인지도 모른다. 학문에 비해서 직접적이고 단적인 육체적 쾌락 덕분에 "티 없이 자기 자신이 될 수" 있었다. 그러나 만족, 충실함, 일치의 순간은 너무나 짧았다.

"그 견줄 데 없이 티 없고 맑은 데 비하여, 행위 이전보다 더 큰 허무의 주름이 나의 탈에 깊이 새겨지는 것은 이 길이 순수하면 할수록, 거짓에 가깝다는 증거 이외의 아무것도 아니었다. 그 녹을 듯한 기쁨, 그리고 허전함, 인간의 가죽을 벗고 싶은 시들한 뒷맛은 무슨 까닭인가? 사람과 사람이 더욱더 상처를 주고받고, 더욱더 탈을 깊이 도사려 쓰게 하는 누군가에게 속고 난 다음 같다."(229)

왕자는 한 여인을 수단으로 여긴 죄악감보다는 실험이 헛되었다는 감정 때문에 거북했을 뿐이다. 그는 잠에서 깨어서 그를 쳐다보는 그녀의 눈을 보고 놀란다.

"여태껏 나를 이렇게 바라볼 수 있는 사람은 두 사람밖에 없었다. 아버지와 어머니와. 거리낌 없이 눈길을 얽어오는 궁녀의 눈에서 나는 처음으로, 이 여인과 나 사이에 벌어졌던 일의 뜻을 똑똑히 알았던 것이다. 나는 다른 탈 하나가 떨어질 수 없이 튼튼하게 내 살갗에 엉겨 붙는 것을 느꼈다."(230)

그는 무지로 얻은 소박한 표정을 인정할 수는 없었다. 무지에서 오는 단순하고 소박한 마음은 별처럼 숱한 세상의 괴로움을 견딜 수 없는 그저 '하나'일 뿐이다. 그것은 겹겹의 업이 사무쳐 이루어진 '하나'가 아니다. "언뜻 보기에 물 긷는 소녀의 투명한 표정은 브라마의 저 투명한 표정과 닮았지만, 하나는 광물처럼 무기(無機)한 영혼의 타면(惰眠)이고 다른 하나는 불꽃을 겪은 영혼의 원면(原面)이다."(226)

(강변의 모래알처럼) 수많은 슬픔과 기쁨을 안고, (히말라야의 설산처럼) 높고 맑은 슬기를 지니면서도 (바닷가의 소금 굽는 소녀 같은) 천진난만한 웃음을 지닐 수 있어야 한다면 상극을 이루는 두 요소를 어떻게 만나고 하나로 만들 수 있을까?

그는 학문의 불꽃으로 괴로움을 해석하고 가늠하는 힘을 길러왔다. "소금 굽는 소녀의 투명함이 캄캄한 밤이라면, 브라마의 이법을 캐고 모든 학문을 익힌 다음에 오는 아침으로 가는 길"(227)을 찾아야 한다. 하지만 거울을 볼 때마다 탈은 더욱 굳어지고, 그늘은 짙어지고, 투명한 얼굴 바닥이 자꾸 뒤로 숨는 느낌을 지울 수 없었다.

> "산호의 수풀과, 진주의 벌판을 간직한 채, 한 빛깔 담담한 푸른빛으로 웃음 짓는, 저 인도양의 물 같은 얼굴은, 어찌하면 가지게 되는가. 이빨을 가는 표범과, 굶주림에 울부짖는 늑대를 가슴에 품은 채, 한 빛깔 눈부신 흰 빛으로 푸른 하늘을 우러러 보는 저 히말라야의 낯빛을 어찌하면 닮을 수 있을까. 이 서로 어긋나는 두 극이 부드럽게 입 맞추게 할 수 있는 그 비법은 무엇일까."(227)

방법이 잘못되었는가? 얼굴의 탈을 벗기 위해서 영혼의 힘으로 그것에 새겨진 그늘과 홈을 지워나가거나 다듬어가야 하지 않겠는가. 영혼이 브라마가 그 그늘을 던지는 연못이라면, 얼굴은 그 겉면과 같으므로 실체와 현상의 관계를 이룬다. 따라서 구도는 실체적 완성을 통해서 그것이 현상으로 드러나게 하는 작업일 것이다. 그것은, "물속에 아름답고 빛나는 것을 간직하면 할수록, 겉에 어리는 그림자는 그윽할 것이다. 이 얼의 깊은 늪에 산호를 가꾸로, 진주를 배게 하고, 빛깔 고운 조개를 벌여놓아 물결을 헤살 짓지 않고 바람이 일으키는 물결을 어루만져 물을 제자리에 가라앉히는 고기 떼들을 기르는 일"(227-8)일 것이다.

그러나 자기 얼굴에 씌워진 탈은 여전하였다. "원만하고 부드러운 심경으로 느긋이 거니는 봄날의 시골길같이 평화스러운 것이 자아완성의 길이어야만 할 것 같은데, 풍족한 느낌 대신에 굶주린 도깨비마냥 헉헉한 가슴을 쥐어뜯으며, 핏발 선 눈으로 새벽을 맞이하는 곳이 브라마의 길이어야 하는 것은 모순이었다."(228)

흙탕 속에서 아름다움을 구현하는 연꽃의 역설을 받아들여야 하는가. 알 수 없는 길을 언제까지, 어디까지 가야 하는가? 그 길은 어디서 그치며, 언제 탈 뒤쪽에 숨어 있을 본래 얼굴이 드러날 것인가.

방황하던 왕자에게 마술사 부다가 기이한 해결책을 제안한다. 그는 왕자의 소망인 "가장 높은 것과 가장 낮은 것이 합하여 하나가 된"(259) 얼굴을 가지고자 하는 것, 곧 "지금 얼굴에 쓰고 있는 탈"을 벗고자 하는 시도를 해결할 수 있다고 한다.

그는 상극을 이루는 두 요소를 "안에서 맺음으로써"(260) 탈을 벗는 것이 아니라 그것들을 "밖에서" 묶을 수도 있다고 제안한다. 그에 따르면, 왕자는 가장 높은 것을 가졌을 뿐 가장 낮은 것은 갖지 못했다. 그에게 필요한 것은 "평생 배움을 모르고 지낸 자나 배움과 동떨어진 자리에 있는 여인에게만" (260) 있을 수 있다. 따라서 얼굴을 벗는 것이 아니라 그것과 반대로 가장 낮은 것을 지닌 자의 얼굴 가죽을 왕자의 얼굴에 붙이면 될 것이다.

얼마 뒤에 부다가는 벗겨진 사람의 탈을 쟁반에 담아서 들고 온다. 그 낯가죽은 살아 있던 표정 그대로이고 어디 한 곳도 다친 데가 없었다. 부다가는 그것을 왕자의 얼굴에 덧붙인다.(262-4) 첫 번째 시도는 실패한다. 계속 이어지는 얼굴 덧씌우기, 이런 살인 행각은 거듭 실패하지만 그들은 이 시도를 멈추지 않는다.

왕자는 그 시도가 실패하면 자기 존재가 껍데기 밖에 남지 않으리라고 여기며, 브라마의 얼굴에 집착한다. 브라마의 얼굴은 오로지 완성된 자아의 표정이어야 할 테지만 지금은 남의 얼굴을 덧붙이는 것에 매달리면서 그런 방법에 대해서 회의를 품는 것조차 두려워한다.(268)

왕자는 가끔 부다가의 집으로 가서 초 틀에 담긴 얼굴들로 가득한 '얼굴의 방'을 살펴보곤 한다. 그곳에서 떨림을 억누르지 못한 채 "그래서는 안 된다"는 뉘우침과 "그렇더라도 그렇더라도" 어쩔 수 없음을 맞세우면서 냉정을 유지하고자 한다.(270) 왕자는 그 많은 얼굴들 가운데 가장 끌리는 한 여자의 얼굴이 완전에 가까운 것을 보고 놀란다.

"브라마와 가장 먼 자들이 (……) 어찌하여 그런 얼굴을 가질 수 있었던가." (270) 알 수 없는 미움을 느끼는 그는 이런 얼굴들의 아름다움을 폄하한다. "오직 무지한 탓으로" 얻은 것이기에, 그런 것은 왕자가 지닌 가장 높은 것과 맺어져서 영원의 얼굴의 한 부분을 이루는 것으로 족하리라. 그것들은 실험 재료가 된 것만으로도 영광스러워 해야 하리라.(270)

그는 그렇게 자신을 정당화하면서 늘어서 있는 얼굴들을 '물체'로 여긴다. "이것들이 몸에 붙어 있던 때라 한들 정작 지금과 견주어 얼마나 더한 값이 있었단 말일까. 자기를 모르고, 아트만을 찾는 일도 없이 살아온 삶은 짐승과 무엇이 다를 바가 있는가."(271)

부다가는 다비라 국 왕녀 마가녀의 초상화를 보여준다. 그 얼굴을 본 왕자는 그것을 요구한다. 부다가는 (온 인도가 두려워하는) 코끼리 떼를 지휘하는 여인의 얼굴을 벗기는 것이 쉽지 않다고 한다. 왕자가 뜻을 꺾지 않자 부다가는 마가녀에게 접근해서 그 얼굴을 취할 방안을 모색한다. 바라문으로 위장해서 그녀의 마음과 사랑을 얻고 나서 그 얼굴을 취하자고 한다. 사랑에 빠진 왕녀, 그를 유혹하는 왕자. 사랑은 진리에 이르는 사다리에 지나지 않는다. 물론 그녀의 사랑은 진실한 것이어야 한다.

바라문으로 위장하고 왕녀가 즐기는 피리를 불면서 그녀에게 접근한 왕자는 예상보다 쉽게 그녀의 왕궁에 머물 수 있게 된다. 그는 공주와 가까워진다.

마가녀는 고귀한 신분과 총명함에도 불구하고 배움이라곤 전혀 없다. 그는 자신의 높은 지혜와 공주의 순수한 아름다움이 결합하면 브라마의 얼굴을 이룰 수 있으리라고 확신한다.

"나는 여태껏 이처럼 자유자재한 몸짓의 인간을 보지 못했다. 그녀의 마음과 얼굴은 하나였다. 마음이 웃는 것은 몸이 웃는 것이며, 얼굴 밑

사랑의 인문학

에 숨겨진 것이 아무것도 없었다. 밤이 미지 때문에 신비하다면, 창창한 대낮은 그 너무나 투명한 폭로 때문에 오히려 신비한 것이 아닐까. 내가 밤이라면 그녀는 낮이었다. 그녀의 웃음과 이야기는, 거침없는 사람의 아름다움이었다. 혼돈을 모르는 데서 오는 힘이 넘치고 있었다. 그러한 그녀의 얼굴은, 한 번 본 이래 나의 마음에 자리 잡고, 무한한 뒤쫓음으로 나를 몰아넣고 있는, 저 브라마의 얼굴에 대한 쌍둥이 꼴이었다."(296)

저녁에 같이 산책을 하던 공주는 왕자가 바라문의 지위를 버리고 환속할 수 있는지 묻는다. 그는 기다렸다는 듯이 가능하다고 응한다.

그녀는 코끼리에 관한 자신의 경험을 소박하게 이야기한다. 자기 코끼리들이 몇 살이고, 코끼리가 사람 마음을 꿰뚫어 알아서 자신이 없는 사람이 부리면 잘 따르지 않으며 그 큰 몸집에 비해서 먹는 양이 적은 이유가 궁금하다고 얘기한다. 왕자는 '이렇게 어이없고 단순한 관심의 세계에서 살 수 있다'는 점에 놀란다. 그녀의 관심 영역에는 어떠한 추상성이나 초월적인 주제도 어울리지 않는 것 같았고, 제한된 경험과 궁궐의 삶을 있는 그대로 받아들일 뿐이라는 느낌이 들었다. 그녀 영혼은 아트만의 법 같은 문제를 다루도록 만들어진 것 같지 않았다. 왕자는 얼굴 배후에 있을지도 모르는 깊은 사고의 흔적을 찾으며 의아해 한다. "영혼이 없는지도 몰랐다. 그녀가 가진 것은 얼굴뿐이 아니었을까."(297) 그가 그녀에게서 얻을 수 있는 것은 얼굴뿐이라는 생각이 들었다. 그 얼굴로 자기 얼굴을 완성하는 수단이 되어야 하는…….

그날 밤 복잡한 심사로 잠 못 이루던 왕자는 뜰로 나가서 무심코 공주와 함께 있던 자리로 간다. 그런데 그곳에 그녀가 있었다. 마치 다시 만나기를 약속한 것처럼 다소곳이. 하지만 짙은 어둠 때문에 얼굴이 보이지 않았다. 손으로 턱을 받쳐서 바라보아도 얼굴을 볼 수 없었다. 그는 "얼굴 없는 그녀"가 어떤 의미일지를 생각하면서 참을 수 없는 조바심에 사로잡히다가 노여움까지 느낀다. 그는 그녀를 껴안는데 얼굴 없는 그녀는 뿌리치지도 않고 "몸과 마음의 침묵"을 지킬 뿐이다. "얼굴도 볼 수 없고, 말도 없는, 이 따뜻하고 부드러운 덩어리"(299)를 어떻게 받아들여야 할지 알 수 없었고, 저항 없음에 오히려 당황한다.[17]

"지금 얼굴도 보이지 않고 말도 없는" 그녀는 어떤 공격도 불가능한 "튼튼한 요새"였다.(300) 확실히 손아귀에 쥐었다고 생각했던 존재가 뜻밖에도 엄연한 자기 존재를 내세우자 짜증과 노여움이 일었다. 그녀의 입술에도 감각이 없는 듯했다. 여전히 의사표시를 버린 입술에서 무엇을 찾아야 하는가.

그때 시녀들이 공주를 찾으러 나오자 그녀는 인기척을 내며 그에게서 빠져나간다. 혼자 남아서 몸을 숨겨야 했던 왕자는 혼란에 빠진다. 그녀가 자기를 사랑하지 않았을지도 모른다는 생각에 당황한다. 그녀와의 관계는 계략에 불과한 것이 아닌가? 그래도 자기 목적이 이루어지려면 그녀의 진정한 마음을 얻어야 하거늘.

그녀가 알 수 없는 침묵을 지키다가 구태여 시녀들에게 자기 존재를 알리면서 그를 벗어난 까닭은 무엇인가. 그것이 공주가 자기에게 열중하지 않는 증거라면 지금까지의 노력은 수포로 돌아가고 만다.(그에 따르는 위험은 나중 문

---

17 그는 마가녀에게서 어떠한 저항도 느껴보지 않아서, 그녀가 투명함 자체이고, 그것이 대낮의 투명함처럼 미지의 신비를 자아낸다고 보았다. 그는 그런 그녀를 "자신이 마음대로 개척할 수 있는 빈칸"이라고 믿었다. 그녀가 자신의 말에 응답하더라도 "자신이 던진 말의 메아리"일 뿐이라고 여겼다.

제이다.) 무엇보다도 그녀에게 생각할 틈을 주면 안 되지 않겠는가? 단순한 '하나'에 머물러 있을 그녀의 영혼이 분열과 고뇌를 얻는다면 어떻게 순수한 아름다움을 유지할 수 있겠는가.

> "그녀의 얼굴이 저 생각의 흉한 그림자를 지니게 하는 것도 안 될 말이다. 내 연기가 부족했다면, 더 잘된 연기를 보여야 한다. 내가 그녀를 사랑하는 것이 목적이 아닌 바에는 아무리 진실에 가까운 사랑의 연기를 한다손 치더라도 조금도 부끄러울 것이 없다."(301)

이튿날 왕자는 아프다는 핑계를 대고 누워 있었지만 공주는 아침 일찍부터 코끼리 조련장에 나갔다. 지난 밤 일 때문에 "오늘 하루쯤은 자기 방에서 번민의 시간을 가지는 것이, 사랑하는 여인의 통상이 아닐까 생각"하던 그는 자기 존재의 의미에 대한 의심을 떨치지 못한다.

코끼리 조련장으로 그녀를 찾아간 왕자는 코끼리를 모는 그녀의 모습에서 "어젯밤 일을 까맣게 잊은 무심한 얼굴"을 본다. 그 얼굴에 나타난 놀라운 무잡성(無雜性)을 어떻게 받아들여야 하는가. 브라마의 이법과 무관하게 살아온 그 얼굴이건만……. "이 빛나는 얼굴은 그녀의 공이 아니다."(302) 하지만 애쓰지 않고 얻은 완성이 무슨 가치가 있으며, 그것은 완성이 아니라 아예 출발하지 않는 것은 아닐까. 바라문의 전통에 따라 구도 정신의 고귀함을 믿고, 그 길을 통해서만 아트만을 얻을 수 있다고 믿는 그는, 그녀의 얼굴에 반할수록 그 얼굴의 가치를 받아들이기 어려웠다.

왕자는 예상과 달리 공주가 그를 깊이 사랑함을 알게 된다. 왕자는 서로의 사랑을 확인하기 위해서 자기를 위해서 모든 것 — 부모와 나라까지도 — 을 희생하라고 요구한다. 공주는 갈등에 빠져서 그들을 버리지 않고서는 행복할 수 없는지 되묻지만, 왕자는 그들이 함께할 행복을 위해서 포기할 것을 종용한다. 공주는 결심한다. 왕자의 사랑 전략이 성공했으니 (그 의미를 알 수 없었던) 마가녀는 사랑과 자신의 얼굴을 그에게 바친 셈이다. 그는 드디어 그녀의 얼굴을 취한다.

이것으로 그의 기대가 성취될 것인가. (그녀의 살아 있는 존재가 아니라) 그녀의 죽은 얼굴이 새로운 생명과 자기완성을 선물할 것인가. 사랑이 수단이 되고 그 사랑의 결과를 자기 탐구의 재료로 삼은 자기도야. 사랑 없이 사랑 얻기.

왕자는 공주의 '얼굴'을 본다. 죽어서 가죽이 벗겨진 채 쟁반에 담겨온 그녀의 얼굴은 웃고 있었다. 왕자는 그 얼굴을 제 것으로 가짐으로써 "그녀에 대한 사랑으로서의 빚"을 넉넉히 갚을 수 있다고 다짐한다. "그 얼굴을 쓴 순간의 기쁨과 두려움"(308)이 교차하는 가운데 떨리는 손으로 그 얼굴을 당기자 얼굴이 힘없이 손에 묻어나온다. 그의 시도가 실패한 것이다.

> "머리를 곱게 빗고 금방 부스스 눈을 뜰 듯이 웃음 띤 그 얼굴은, 목숨을 모독당한 그 자리에서까지도 끊임없이 소리 없는 사랑을 호소하고 있는, 사람 얼굴의 모양을 하고 쟁반에 담겨진 사랑의 모형이었다."
> (308)

(다비라 국과의 전투에서 죽기를 각오했지만 살아남은) 왕자는 스스로 죽고자 결심한다. 마지막 할 일을 위해서 '얼굴의 방'으로 달려간다. 그는 그곳에서 처음으로 수많은 얼굴들에 대한 공포를 느낀다. 그곳에서 마가녀 공주의 얼굴이 웃고 있었다. 부다가는 왕자에게 후회하는지 묻는다. 왕자는 후회하면서 절규한다.

> "내 탈을 벗지 못해도 좋다. 영원히 깨닫지 못한 채 저주스러운 탈을 쓰고 살아도 좋다. 만일 이 끔찍한 일을 하지만 않았다면, 이 죄만 없어진다면……." (310)

왕자가 칼을 들고 달려들자 그 앞에서 부다가는 횃불을 마가녀의 얼굴에 가져간다. 그러자 그 얼굴이 녹아버린다. 그는 방 안의 모든 얼굴을 그렇게 녹인다. 그 얼굴들은 산 사람의 가죽을 벗긴 것이 아니라 아교와 초로 만든 탈들이었다. 그때 마가녀가 들어선다. 왕자와 그녀는 서로 껴안는다. (왕자는 그녀의 존재가 미심쩍은지 몸을 자꾸만 쓸어보고 진주목걸이를 만져본다.) 마술사 부다가는 옛 스승 사리감의 모습으로 바뀌고, 다시 변신하여 그림에서 보았던 브라마의 신으로 바뀐다.[18]

> "왕자 다문고. 너의 한마디가 너의 업을 치웠다. 탈은 벗겨졌다." (311)

---

[18] 이 장면은 의외의 해결책을 제시하는 점에서 기계 장치의 신(deus ex machina)에 가깝다고 할 수 있다. 곧 연극에서 온갖 문제들을 던져놓고 자연스럽게 해결하지 못한 상황에서 극이 끝날 무렵에 무대 위에서 장치를 타고 내려온 신이 모든 문제를 모조리 해결하는 방식처럼, 자연스럽지 않다는 느낌이 든다.

사랑은······

　마지막 반전 장면은 '사랑'을 통해서 자기를 넘어서는, 자기 – 타자의 새로운 관계가 가능함을 제시한다. 사랑은 자기도야를 위한 수단에 그치는 것도 아니고, 자기의 틀로 타자를 부정하고 그것을 흡수하려는 것도 아니다. 오히려 자기부정을 통해서 타자를 긍정하려는 시도이다. 그것은 자기를 넘어서는, '자기와 전적으로 다른' 타자에게 자기를 바치는 노력에서 출발한다.

　이런 사랑에 충실하려면, 배타적인 자기를 고수하고 타자에 맞서서 그들을 밀어내는 태도를 벗어나고, 멈추고. 그만두어야 한다. 타자를 또 하나의 자기 (alter ego)로 보지 않고, (자기를 위해서 타자를 무너뜨리고 희생시키지 않고) 타자에게 자기를 열고, 타자를 위해서 자기를 (온전히) 바칠 필요가 있다. 자기를 사랑의 제단에 제물로 바치는 것. 사랑은 자기 너머에 있다. 사랑은 자기가 또 하나의 자기를 흡수해서 더 강하고 확대된 자기＋자기를 만드는 것이 아니라 자기 '너머'로 자기를 던지면서 시작된다. 타자는 '전적으로 다른' 자이고, 사랑은 타자에게 자기를 바치는 모험이다.

　이렇게 볼 때 작품에서 암시에 그친 정임에 대한 민의 사랑이 어떤 방향으로 나아갈지, 어떤 가능성을 제시할지 짐작하는 것은 독자의 과제가 될 것이다. 사랑은 완성된 '어떤 것'을 지향하지 않으며 사랑하고 사랑받는 양자를 변형시키고 새로운 존재로 태어나게 한다. 그렇게 타자 속에서 다시 태어난 사랑의 현재는 그들의 손길이 닿지 않는 미래를 향할 것이다. 그 사랑의 공간에서는 자기의 죽음과 타자의 긍정이 맞물리는 상호인정과 차이의 공명으로 활기를 잃지 않을 사랑의 변증법과 차이가 이끄는 공존의 역설이 서로 어우러질 것이다.

참고문헌

최인훈, 『크리스마스 캐럴 / 가면고』, 최인훈 전집 6, 문학과지성사〔초판 1976, 3판 2009〕

6. 슬프고 고통스러운 사랑 앞에서 물러설 것인가

— 셸러의 사랑과 미움의 현상학

널 사랑해, 하지만……

누군가를 사랑할 때, 있는 그대로의 그 사람을 사랑할 수 있을까? 그 사람의 부족한 점까지도 사랑할 수 있을까? 그 사람이 어떤 행동을 하든, 어떤 가능성을 지니건, 바람직한 목표나 이상을 추구하든 상관하지 않고 그 사람 자체를 조건 없이 사랑할 수 있을까?

"널 사랑해. 하지만 조금만 더 예뻤으면 좋겠는데……."

"당신을 사랑해요. 그래도 지금보다 돈이 조금만 더 많았으면……."

"지금 그대로의 당신을 사랑해요. 하지만 앞으로 더욱 열심히 노력해서 국정을 책임지고, 국가와 국민에 봉사하는 자격을 갖출 수 있을 때까지는……."

"당신을 사랑하는데 뭘 더 바라겠소. 다만 가능하다면, 당신도 사실은 간절히 원하겠지만……, 아들 하나만 더 낳을 수 있다면, 내 어찌 당신에게 모든 사랑을 바치지 않을 수 있겠소……."

"널 사랑해. 너무너무, 미치도록 사랑할 거야. 그런데 제발 나처럼 된장 말고 청국장을, 돈가스 말고 스파게티를, 맥주 말고 와인을, 등산보다는 해수욕을 좋아하고, 시나 교양서적 말고 자서전, 자기계발서를 좀 더 많이 읽으면 안 될까, 응, 자기야! 그렇게 할 거지, 그렇지! 그치! 오 마이 러브!"

"엄마는 우리 경진이를 너무너무 사랑하고 아낀단다. 그래도 공부를 더 잘

하면 얼마나 좋을까 하는 생각을 하지 않는 건 아니란다. 꼭 일등을 할 필요
는 없겠지만……."

"온달 서방님, 천자문 세 번 읽으시고, (……) 저번에 덜 끝낸『맹자』를 마
저 암송하시고, (……)『고급 군사학 정복』과『조조의 천하무적 전략』을 다 읽
으셔야만 하옵니다. 만약 그리 하지 않으시면 제가 서방님을 어찌……."

엄마가 아이를 사랑할 때 이상적인 존재에 비추어서 아이를 사랑할까, 아
니면 아이 자체를 조건 없이 사랑할까? 하느님께서 인간을 사랑하신다면 말
잘 듣고 좋은 인간과 허튼 짓이나 하는 나쁜 인간, 돈 잘 버는 분과 못 버는 놈
가려서 사랑하실까? 교회 잘 가는 사람만 사랑하실까? 유한한 인간의 불가피
한 결함을 인정하면서 근본적으로 조건 없이 무한하게 사랑하실까?

우리는 사랑하는 이에게 어떤 조건이나 목표를 제시하면서 '사랑의 이름으
로' 그 사람이 달라지기를 바라지 않는가? 그렇게 달라지고 개선되고 향상되
지 않으면 사랑을 그만큼 줄이거나 사랑을 멈추겠다고 하지는 않는가?

(물론 "있는 그대로" 사랑한다고 해서 상대의 모든 결점을 방치하고 칭찬만 하라는 것
은 아닐 것이다. 사랑하는 이가 다리를 다쳤다면 '다쳤음에도 불구하고', '다쳤지만', 무
엇보다도 '다쳤기 때문에' 사랑할 수 있어야만 사랑하는 것이 아닐까? 연민으로 돌보거
나 사랑을 베풀어주는 것이 아니라면. 상대의 존재 자체를 온전하게 받아들이는 것이 사
랑이라면…….)

평강 공주의 온달 사랑?

사랑의 본질은 무엇인가? 사랑에 본질이 있는가? 있다면 사랑의 본질을 어떻게 알 수 있는가?

사랑의 현상학은 우리가 경험할 수 있는 사랑 '현상들(Phaenomenon)'을 분석하고자 한다. 그래서 사랑의 사건들 너머에 있다고 주장하는 사랑의 본질을 탐구하거나 사랑을 정의하지 않는다. "사랑은 무엇인가"라는 질문보다는 "우리는 사랑을 어떻게 경험하는가", "사랑 현상을 어떻게 이해할 수 있는가"라는 질문이 적절하다. 이는 사랑이라고 불리는 수많은 현상들 위에 군림하는 보편적인 사랑이라는 추상 대신에 저마다 스스로를 드러내는 사랑 현상들의 구체적인 존재방식, 구조를 직관하려는 것이다.

스피노자는 사랑이 외부 원인들로부터 비롯되는 기쁨이고, 미움은 외부 원인들로부터 비롯되는 슬픔이라고 본다.(Spinoza, 3부 정리 13의 보충)[19]

그렇다면 사랑에 따르는 슬픔은 어떻게 받아들여야 하는가. 고통스러운 사랑, 자신의 능력(potentia)을 감소시키는 '슬픈' 사랑은 사랑이 아닌가? 춘향은 고통과 슬픔을 주는 사랑에 시달리면서도 왜 사랑에서 물러서지 않는가? 〈사랑의 기쁨〉이라는 노래처럼 "사랑의 기쁨은 어느덧 사라지고 사랑의 슬픔만 남은" 경우에 여전히 기쁨과 슬픔의 이분법으로 사랑을 '본질적으로' 파악해야 하는가? "슬픈" 사랑은 자신의 자기 보존 욕망(conatus)을 배신하는 것인가?

---

19 기쁨은 정신이 보다 큰 완전성으로 이행하는 것을, 슬픔은 보다 작은 완전성으로 이행하는 수동을 가리킨다.

평강 공주의 바보 온달에 대한 지혜로운 사랑, 사랑 대상에서 새로운 가치를 찾고 만들려는 시도, 교육을 통해서 대상을 변화시키고 개선하려는 시도를 사랑이라고 할 수 있는가? 아니면 반대로 "있는 그대로 사랑하기"라는 구호를 내세우면서 사랑 대상이 지닌 모든 가치와 결점을 남김없이 조건 없이 껴안는 것이 바람직한가?

우악스럽고 위험한 비유(열 번 찍어서 안 넘어가는……)를 내세우면서 누군가를 위해서 공을 많이 들이고 에너지와 염려를 엄청나게 쏟았다는 이유로 정작 당사자는 원하지도 않는데도 불구하고 사랑 "작업"에 총력을 기울이며 집요한 공격을 퍼붓는 시도를 끊임없이 노력하는 사랑, 불가능에 도전하는 사랑이라고 불러야 할 것인가?

우리는 어떤 것을 알고 나서 좋아하기보다는, 어떤 것을 좋아하고 사랑하는 경우에 그것을 알고 싶어 한다. 이런 대상에 대한 사랑을 인식과 관련해서 어떻게 자리매김해야 하는가? 인식을 위한 동기부여에 그치는 것인가, 아니면 사랑이 인식을 윤곽 짓고 인식을 이끄는 긍정적인 것인가?

이런 몇 가지 질문들과 관련해서 막스 셸러의 사랑 – 미움의 현상학을 간략하게 소개하면서 사랑 – 미움의 감정이 어떤 양상으로 나타나는지, 사랑 – 미움의 감정을 폄하하는 기존 사고에 맞서는 새로운 관점이 어떻게 사고하는지를 살펴보자.

사랑과 미움 새롭게 보기

감정과 사랑의 긍정적 성격

사랑하고 미워하는 감정은 이성을 혼란에 빠뜨리는 것인가? 이성주의자는 사랑에 따른 혼란을 반기지 않는다. 그러면 사랑 – 미움의 감정을 배제하는 것이 이성의 객관성을 확보하고 완전성을 고양시키는가? 셸러는 이성이 감정에 대해서 우월하다는 전통적인 위계를 받아들이지 않는다.

철학사를 주도하는 사고틀은 감정이 혼란스럽고 불명료한 인식에 지나지 않는다고 본다.(플라톤은 이데아를 인식하기 위해서 감정, 욕구에서 벗어나고자 하고, 아퀴나스는 감정을 저급한 욕구나 추구 능력으로 보고, 스피노자와 라이프니츠는 감정을 혼란스럽고 불명료한 관념으로, 칸트는 감정을 주관적인 것으로 본다.)

셸러는 이런 사고 흐름을 수용하는 현대적 태도를 비판한다. "세계에 대한 모든 참된 인식은 감정적 작용을 억제하고 대상의 가치적 차이를 무시해야 한다"(조정옥, 37)는 것이다.

또한 그는 아우구스티누스와 파스칼의 사상을 이어받아 감정이 맹목적이라는 편견을 거부한다. 아우구스티누스는 사랑이 추구, 의지, 감정과 다른 작용이고, 사랑이 인식에 선행한다고 본다. 주요 감정인 고통, 기쁨, 불안, 욕구가 감정의 방향은 의지의 방향과 동일하다. 사랑의 일종인 관심이 사랑을, 사랑이 감각적 지각, 표상 인식 등 다른 모든 작용을 좌우하고, 인식이 감정 및 의지의 방향을 결정한다.

세계관의 확장과 심화는 사랑의 심화와 확장에 의존한다. 신의 본질이 사랑이며, 이데아는 신의 사고이고 사랑은 이데아에 앞선다.(Scheler, 1970, 25-7)

파스칼은 감정을 이성이 알 수 없는 것을 이해하는 능력으로 보는데, 그것은 일종의 직관 능력으로서 직접적인 감각 지각을 초월하는 능력이다. 감정에는 고유한 논리가 있으며, 절대성을 갖는 영원하고 절대적인 법칙이 있다. 셀러는 이런 파스칼의 사고를 수용해서 (귀와 청각이 색에 대해서 무지하듯이) 이성적 사고가 얻을 수 없는 대상 경험이 있으며, 이런 경험에서 감정은 (영원한 질서와 서열과 관계 맺는) 참된 객관적 대상들의 가치를 파악한다고 강조하고 있다.(Scheler, 1966, 260-1 ; 조정옥, 38)

셀러는 감정의 능동적 측면에 주목한다. 그는 감정이 (능동적인 활동이 아니라) 외부 원인에 의해서 침투당하는 수동적인 상태라고 보는 편견을 거부한다.[20]

셀러는 (스피노자나 칸트가 주장하듯이 수동적인 감정만 있는 것이 아니라) 작용으로서의 지향적 감정이 있다고 본다. 상태적인 느낌은 느낀 내용, 느껴진 것(Gefuehl)이고, 지향적인 느낌은 느끼는 작용(Fuehlen)이다. 그는 느끼는 작용이 특정한 목표를 향해서 운동하는 점에 주목한다. 느끼는 작용은 대상이 나에게 주어지고 대상이 나타나도록 하는 자아의 움직임이다. 자아는 이런 느끼는 작용으로 가치를 직관한다.

셀러에게 사랑과 미움은 절대성, 선천성, 근원성에서 어떤 감정 작용도 따를 수 없는 최고의 단계다. 사랑은 있는 그대로의 가치를 단순히 수용하는 것

---

20 스피노자는 감정을 혼란된 관념으로 본다. 셀러는 스피노자가 사랑을 기쁨과 같은 감정 상태로 본 점을 비판한다. 대상에서 오는 기쁨 없이 슬픔과 고통만 있는 경우에도 사랑은 가능하고 진행되는 사랑은 멈추지 않는다.(대상이 기쁨과 쾌락을 주는 경우에도 미움은 변하지 않는다.)(Scheler, 1973, 150) 그는 지향적 감정을 어둡고 혼란한 관념으로 보는 점도 비판한다. 그에게 감정, 사랑, 미움은 사고와 실적으로 나를 뿐만 아니라 궁극적이고 근원적인 작용이다.(Scheler, 1966, 268) 스피노자는 감정적 직관의 내용인 가치의 고유하고 독자적인 객관적 영역을 인정하지 않고 가치가 인

이 아니라 가치에서 출발해서 다른 가치들을 자발적으로 찾고 대상의 이상적 가치를 지향한다.(Scheler, 1966, 267 ; 조정옥, 39-40)

감정은 이성에 앞선다

기존 사고에서 감정은 이성에 의해서 다스려져야 하는 질료에 지나지 않는다. 감정 그 자체는 선도 악도 아니지만 잘못 제어하면 악으로 변할 수 있는 위험스러운 것이다. 스피노자는 혼란스러운 관념의 증대, 곧 감정의 증대가 심리 물리적 활동의 위축이고 인식의 결여에 기인하고 동시에 덕의 결여를 초래한다고 보았다. 칸트 역시 감정이 이성적 판단의 질료에 지나지 않는다고 본다. 이처럼 기존 사고는 인식론상이나 윤리적으로 이성이 감정보다 우월하다고 본다.(조정옥, 40)

셸러는 이런 사고에 맞서서 감정이 이성보다 우월하다고 주장한다. 곧 감정이 선천적 진리와 윤리적 선의 원천이다. 나아가 감정이 이성을 지배하고 이성적 사고와 판단, 행위 방향을 결정한다.

셸러는 감정이 이성보다 우월한 측면을 인식론적, 윤리학적 측면에서 해명한다.

인식론적 우월성

감정은 어떤 점에서 인식론적으로 우월한가? 감정은 사실 자체에 대한 직접적 직관이다.

셸러에 따르면 인식은 근원적인 직관과 개념적인 사고의 일치(Identifizie-

위적인 산물이고, 가치가 존재에 의존한다고 본다. 선악은 존재의 완전성의 정도에 비례한다.(같은 책, 267) 스피노자가 지성주의의 관점에서, 도덕적 지혜란 이성을 통하여 감정을 제어하고 해방하는 것이라고 주장하는 것과는 달리 셸러는 사랑과 미움이 능동적 기발성이라는 점, 사랑이 최고선이라고 본다. 스피노자는 사랑과 미움을 외부 원인에서 비롯된 수동성으로 보고 이것으로부터 해방되고자 한다. 그에게서 사랑은 단순한 수동성일 뿐이고 외부 원인에 의한 효과이기 때문에 사랑은 기쁨, 쾌락을 낳더라도 근본적으로는 바람직하지 않다. 능동성을 얻기 위해서는 자신이 원인이 되어서 산출한 타당한

rung)다. 곧 인식은 어떤 것을 어떤 것이라고 지식으로 획득하는 것(eine wissende Besitznahme), 책상이 있을 때, 그것이 색, 맛, 냄새를 비롯해서 형태, 크기 등으로 주어질 때(이 주어진 내용이 직관이다) 그렇게 주어진 직접적인 내용과 책상–개념을 통해서 사고한 바가 일치해야 한다. 곧 직관된 책상과 개념–책상을 일치시키는 것처럼, 직관된 것을 사고된 내용(개념과 판단)과 일치시킨다.(Scheler, 1976, 128) 그런데 감정은 이성적 사고에 앞서서 작용한다. 사고는 직관된 것을 사후적으로 개념화하고 체계화하는 기능에 지나지 않는다.(Scheler, 1966, 68) 또한 감정은 가치라는 본질을 직관하는 점에서도 이성보다 우월하다. 이성은 사실을 인식하지만 가치를 직관하지 못한다.

직관 없는 사고는 공허하다. 직관에 먼저 주어진 것을 사고하기 때문에 직관되지 않은 것을 사고할 수 없다. 직접적인 직관에 비해서 사고는 간접적이다. 직접적 직관은 사실 그 자체를 직접적으로 제공하므로 (상징이나 기호의 매개가 필요한) 간접적인 것에 머무르는 사고보다 우월하다.(Scheler, 1976, 248) 직관된 것은 사고에 의해서 검증되거나 반박될 수 없다.[21]

감정은 인식의 어머니다. 셸러에게 감정은 일종의 비합리적 인식이면서 동시에 합리적 인식을 이끄는 것이다. 최고 단계의 감정인 사랑은 낮은 단계의 감정들뿐만 아니라 모든 사고, 의지, 행위를 이끈다.

사실과 가치를 구별할 때, 어떤 것이 존재하거나 참된 것은 사실의 문제이지만, 그것이 바람직하거나 그렇지 않은 것은 가치의 문제이다. 가치를 직관하는 감정은 이성의 판단에 앞서서 가치들의 지평을 마련한다. 가치 세계는 한 인간이 인식할 수 있는 존재 범위를 윤곽 짓는다. 즉, 존재의 바다에서 한

관념을 통해서 사랑의 감정으로부터 벗어나야만 한다.(조정옥, 32-3)
21 감정은 선천적 인식이다. 셸러에 따르면 선천적인 것(a priori)은 (칸트가 주장하듯이 주관적인 형식이 아니라) 인식 주관과 독립적으로 존재하는 객관적인 것이고, (주관에 의해서 구성되는 것이 아니라) 대상에서 직접 직관되는 것이고, (주관적 인식 형식이 아니라) 인식 가능하거나 인식된 내용이다. 사고된 판단이나 명제도 선천적으로 직관된 사실에 의해서 충족될 때에만 선천적인 진리일 수 있다. 감정은 가치라는 선천적 본질을 직관하는 기능이므로 이성적 사고보다 우월하다. 칸트가 인식의 요소

섬처럼 떼어낸다.(Scheler, 1957, 356)

우리가 어떤 것을 좋아하고 사랑하는 경우에 그것에 대해 자세히 알고 싶어 한다. 이는 가치 세계가 인식 세계의 범위를 결정하기 때문이다. 인식 범위가 가치 세계의 범위를 결정하는 것이 아니라 감정의 범위와 방향이 인식의 범위와 방향을 결정한다.(조정옥, 42-3)

인식은 사랑을 전제하고 사랑은 인식을 이끈다. "사랑은 인식하도록 촉진하고 이끄는 자명종이고 정신과 이성의 어머니이다."(Scheler, 1957, 356)

"하늘이 푸르다"라는 인식은 나라는 존재가 하늘의 푸름에 참여하는 것이다. 인식은 한 존재가 다른 존재자의 존재(Sosein)에 참여하는 일종의 존재관계이다. 이런 인식을 위해서는 자신을 초월해서 다른 존재자에게 건너가는 작용인 사랑이 있어야 한다. 자신과 자신의 상태, 의식 내용을 떠나는 자기 초월이 자신을 세계와 접촉할 수 있도록 한다.(조정옥, 43)

윤리학적 우월성

감정은 가치에 대한 선천적 직관이다. 이로부터 이성적 도덕 법칙이 마련될 수 있다.(칸트처럼 이성의 도덕법칙이 선천적이고, 감정을 전적으로 배제해야 한다고 보기는 어렵다.) 감정은 이성적 사고보다 근원적이므로 윤리적 인식에서도 사고에 앞선다.

선이란 보다 높은 가치를 실현하려는 의지나 행위에 들어 있는 가치다. 그래서 선을 위해서는 가치 인식이 전제되어야 한다. 사물이나 사태의 가치, 가치 높낮이를 알아보는 가치 느낌, 가치 선호 배척, 사랑과 미움 같은 감정은

를 감성이나 지성으로 보는 것과 달리 셸러는 감성도 지성도 아닌 제3요소로 감정을 본다. 칸트는 인간 정신을 감성과 지성으로 나누는 사고틀에 따라서 감정을 감각의 일종으로 보는 데 그쳤다.(Scheler, 1966, 82; 조정옥, 42)

도덕 인식이다. 이런 도덕 인식의 영역은 지적 판단, 명제 영역과 독립된 것이다.(Scheler, 1966, 88)[22]

셸러는 감정이 의지를 선으로 이끄는 점을 강조한다. 감정에 의한 도덕적 인식이 의지와 행위를 선으로 이끈다.(같은 책, 87) 의지와 행위는 가치를 실현하려는 지향을 갖는다. 의지가 행위능력이라면 어떤 것이 바람직한 행위인지를 알려주는 가치 느낌이 의지를 이끌어야만, 의지는 맹목적인 상태에서 벗어나 도덕적 통찰을 얻을 수 있다.(Scheler, 1966, 87)

그는 (칸트의 주장처럼) 의무 의식에서 출발한 행위는 참된 의미의 도덕적 인식이 결여된 것이고, 참된 도덕적 인식 없이 단순하게 의무에 복종하는 것은 참된 의미의 선이 아니라고 본다. 선을 추구하도록 이끄는 것은 사랑이다. 이런 관점에서 사랑은 최고선이고, 보다 높은 가치를 실현하는 활동이다. 사랑은 대상의 가치를 찾아내고 보다 높은 가치로 이끌고 대상의 이상적인 가치상에 이르는, 가치를 고양시키는(Werterhoehung) 운동이다. 셸러는 모든 대상에 대한 모든 방식의 사랑을 우월한 선이라고 본다.[23](Scheler, 1973, 165; 조정옥, 45-6)

사랑과 미움의 현상학

사랑은 추구인가?

흔히 사랑을 갈망과 추구로 이해한다. 지금 현재 주어진 상태가 아니라 보

---

22 칸트가 이론철학에 있어 아 프리오리(a priori)를 판단 기능에서 도출하듯이 실천철학에 있어 아 프리오리를 의지 기능에서 도출하는 것은 잘못이다. 실천적, 선천적 종합판단인 도덕법칙을 실천이성에서 도출하는 것, 도덕법칙에서 선악이 파생된다고 볼 수 없다. 셸러는 도덕법칙이 선, 악의 일차적 감정으로 느껴지고 선천적으로 직관된 것을 이차적 사고를 통해서 서술한 것에 지나지 않는다. 생명이 귀중하다는 가치 느낌은 살인하지 말라는 도덕법칙보다 앞서 존재하고, 도덕법칙이 생기는 근원이다. 도덕 명령은 가치에서 출발하고 가치에 의해서 제약되고 가치를 목표로 삼아서 (가치를 실현하려는 목

다 완전한 상태를 향하여 나아가고자 한다. 지금의 사랑이 아니라 내일의 사랑, 부족한 '우리'가 아니라 보다 완전한 우리를 위해서 무엇인가를 덧붙이거나 없애야 한다고, 지금 상태를 사랑하는 데 만족할 수 없다고 생각한다. 과연 그런가? 사랑에 무엇인가를 보완하거나 수정해야만 하는가? 사랑은 어떤 목표를 향해서 무엇인가를 추구하는 것인가?

셀러는 사랑에 추구(Streben)가 포함될 수 있지만 그것이 사랑의 본질은 아니라고 본다.(Scheler, 1973, 146) 사랑 작용은 무엇인가를 추구하지 않고, 마찬가지로 미움 작용도 어떤 것에 맞서서 추구하지 않는다. 어떤 것에 대한 추구와 달리 사랑에는 실현되어야 할 내용으로서의 목표(Ziel)가 결여되어 있다.

> "환하게 피어오르듯이 잠자는 아이를 사랑스럽게 지켜보는 어머니는 과연 무엇을 실현하려고 하는가? 신에 대한 사랑에서는 어떤 것이 실현되어야 하는가? 우리가 예술 작품을 사랑하는 경우는 어떤가? 사랑은 사랑하는 대상에 대한 수많은 추구, 갈망, 열망 등을 수반하지만 사랑 자체는 그것들 가운데 어떤 것도 아니다. 심지어 사랑은 추구와 반대 법칙을 따른다. 추구는 그것이 만족되면 닳아 없어지고 안정되지만 사랑은 동일하게 머무른다. 또는 사랑은 사물에 보다 깊이 침잠한다는 의미의 작용, 처음에는 숨겨진 가치를 점점 더 환하게 내비친다는 의미의 작용에서 성장한다. 사랑의 작용에는 그 작용에 따른 만족과 행복 이외의 다른 만족은 의미가 없다."(Scheler, 1973, 146)[24]

표) 가치를 지향한다. 이렇게 볼 때 도덕적 선악은 도덕법칙을 기준으로 성립하는 것이 아니라 도덕법칙이 선악 가치를 기준으로 존립한다.(조정옥, 44)
또한 무질서한 감각이 호합에 형식을 가인하는 순수이성과 마찬가지로 무질서한 중동이 다반에 법치을 각인하는 실천이성은 신화에 지나지 않는다.(Scheler, 1966, 72, 85) 실천이성은 존재하지 않거나 있다고 하더라도 도덕적 인식 능력이 아니다.
23 이런 관점은 인격적 사랑을 덕 자체로 본 아리스토텔레스, 신에 대한 지성적인 사랑과 인식을 최

셸러는 사랑과 미움에 대한 현상학적 분석을 통해서 사랑의 소극적 규정들과 적극적/긍정적 규정들을 제시한다. 이 두 측면을 차례대로 살펴보자.

사랑 - 미움의 소극적 규정들

사랑은 쾌-불쾌나 행복-불행으로부터 독립적이고 불변적이다. 사랑에서 감정 상태들이 변하더라도 "마치 고요하고 확고한 빛줄기처럼 사랑과 미움이 대상 속에 머무르는" 점을 보면 그것은 감정 상태들의 변화에 독립적이다. (Scheler, 1973, 150)

셸러는 사랑하는 인간이 주는 아픔과 고통 때문에 그에 대한 사랑이 변하는 것이 아니며, 미워하는 인간이 주는 기쁨과 쾌락 때문에 그에 대한 미움이 변치는 않는다고 지적한다. 다양한 기쁨과 고통을 겪더라도 사랑과 미움의 관계는 변하지 않는다.

"사랑 대상은 온갖 기쁨뿐만 아니라 온갖 고통의 풍부한 근원"이다. 미움의 경우에도 마찬가지로, "그가 미울수록 그의 행복과 안녕이 우리를 아프게 하고 그의 불운과 무가치함이 우리를 기쁘게 만든다. 그럴수록 그는 온갖 고통과 온갖 기쁨의 풍부한 근원"이 된다.(Scheler, 1973, 150)

사랑과 미움은 감정상태가 아니다. 셸러는 브렌타노를 수용하여 사랑과 미움의 작용이 지닌 요소적인 성격을 인식하고 사랑과 미움을 '판단'보다 근원적이라고 본다. 브렌타노는 사랑과 미움을 감정 상태, 추구, 열정으로 보거나 그것들의 혼합으로 보는 심리학적인 오류를 거부한다.[25] 나아가 셸러는 사랑과 미움이 단순한 인식기능에만 관련되지 않고 가치 대상들과 관계 맺는다고

고선으로 본 스피노자, 타인에 대한 존경과 사랑을 도덕적 의무라고 본 칸트와 부분적으로 합치된다.
24 사랑이 추구가 아니라고 할 때, 추구는 사랑하는 대상에서 새로운 가치를 찾거나 만들려는 시도, 교육을 통해서 대상을 변화시키고 개선하려는 시도를 가리킨다. 이런 시도가 동반되는 사랑은 참된 사랑이 아니고 충족되지 못한 사랑이다.
25 셸러는 사랑과 미움을 도덕적 인식의 근원에서 신호배척(選好排斥, Vorziehen Nachsetzen)과 동일시하는 브렌타노의 사고를 받아들이지 않는다.

본다. "나는 가치를 사랑하는 것이 아니라 가치 있는 어떤 것을 사랑한다."
(Scheler, 1973, 151)

그리고 사랑과 미움은 가치평가처럼 거리를 둔 작용이 아니다. 가치평가는 평가 대상의 가치가 특수한 지향에서 눈앞의 현재로 나타나도록 해야 한다. 그런데 사랑과 미움에는 그러한 '거리'가 없다. 이는 사랑과 미움이 가치 내용에 대한 근원적이고 직접적인 감정적 태도이기 때문이다. 사랑과 미움에는 가치가 미리 주어지지 않는다. 그래서 사람들은 사랑과 미움의 근거를 대라고 할 때 어찌할 줄 모른다. 그런 근거들은 사후적으로 구한 것에 지나지 않는다.

"넌, 그 사람의 어떤 점을 사랑하니?"

"널 사랑해. 그런데 꼭 집어서 뭘 사랑하는지 말하기가……."

합리주의는 사랑과 미움이 눈먼 것이라고 본다. 하지만 사랑과 미움이야말로 이성의 눈이 아닌 다른 눈으로 가치를 본다. 사랑과 미움에는 이성의 명증성과 비교할 수 없는 고유한 명증성이 있다.(같은 책, 152-3)

사랑과 미움이 더 확실하고 순수하고 명료할수록 추구에 따르는 불안은 더 많이 해소된다. 사랑과 미움에는 실현되어야 할 어떤 것이 주어져 있지 않다.

사랑은 타인의 존재를 전제로 하지 않는다. 흔한 오해와 달리 사랑과 미움은 본질적으로 사회적인 태도가 아니다. 사랑은 타인으로서의 타인을 지향하는 경우에만 타인을 시기하거나 위해를 가할 수 있다. 이타주의와 사랑은 다르다. 이타주의가 다른 인간에 대한 태도이고, 자기를 도외시하려는 집착이라면 이런 타인에 대한 태도는 사랑과 무관하다. 만약 그런 도외시에 토대를

둔 사람이 있다면 자기를 거부하는 이유를 찾는 자기증오일 뿐이다.(같은 책, 153-4)

사랑의 긍정적인 규정들

무엇보다 사랑은 가치를 고양시키는 작용이다. 셸러는 사랑이 한 대상이나 인격의 가치를 더 빛나게 해준다고 지적한다. 이때 미움은 이와 반대되는 운동으로 보다 낮은 가치의 가능적 실존에 주목하고 더 높은 가치의 가능적 실존을 지양하는 데 눈을 돌린다.

사랑은 가능적인(moeglich) 더 높은 가치를 정립하고 더 높은 가치를 보존하는가 하면 동시에 가능적인 더 낮은 가치를 지양하고자 한다. 같은 맥락에서 미움은 가치 영역에 닫히는 것이 아니라 가능적인 더 낮은 가치를 적극적으로 통찰하는 것이라고 할 수 있다.(같은 책, 155-6)

그리고, 사랑은 자발적 작용이다. 이 말은 한편으로는 사랑이 반작용에 그치는 것이 아니라 능동적이고 동시에 창조적 작용임을 의미한다. 사랑은 가치에 대한 반작용이 아니므로 가치들의 높고 낮음을 비교하지 않고도 주어진다.

"예를 들어서 어떤 것을 선택하지 않고도 베토벤을 브람스보다 선호할 수 있다. 선택은 행위 의지와 관련되지 대상 그 자체에 관련되지 않는다. 그러나 선호는 두 가치를 전제하고 그 사이에서 선호가 일어난다. 사랑과 미움은 그렇지 않다. 오히려 사랑은 한 대상의 주어진 가치에서

그 대상의 보다 높은 가치를 실현하려는 지향 운동이다."(같은 책, 156)

사랑은 주어지는 가치를 감정적으로 받아들이지 않는다. 사물 자체가 지니고 있고, 사랑하기 전에 이미 주어진 가치 때문에 그것에 관여하는 것도 아니다. 사랑은 대상의 "이상적인 가치상"을 지향한다.

> "사랑하면서 사랑하는 대상의 긍정적인 가치들 — 아름다움, 우아함, 인격적 재능 등 — 을 느끼지만 그것은 사랑이 없어도 할 수 있는 것이다. 사랑은 실재로서 이미 주어진 가치들과 더불어 가능한 보다 높은 가치들, 곧 이미 거기에 있었고 일어난 가치들보다 더 높은 가치들, 하지만 아직 긍정적인 성질로 주어지지 않은 가치들에 대한 지향, 운동이 있는 곳에서 비로소 존재한다."(같은 책, 156)

셸러는 사랑이 보다 높은 가치를 향한 운동이라는 점에서 사랑이 창조적이라고 본다. 사랑은 가치 자체를 산출하지는 않지만 (가능한 가치 느낌, 가치 수용과 관련해서) 사실 영역에서 '새롭고 보다 높은' 가치가 나타나도록 한다. 한편 미움은 사실적으로 더 높은 가치를 없애고 가치를 보는 인식적 선호와 느낌의 눈을 무디고 어둡게 만들므로 파괴적이다. 미움이 가치들을 소멸시키므로 미워할 때 가치들은 느껴지지 않는다.(같은 책, 157) 사소한 가치라도 남아 있다면, 미워하기 어려울 것이다.

또한 셸러는 사랑과 미움에서 가치 대상이 어떻게 주어지는지를 살핀다.

사랑은 가치를 고양시키는 지향작용과 함께 대상이나 가치 담지자를 향하여 시작된다. 이때, 보다 높은 가치가 실재하지 않더라도 별로 문제가 되지 않는다. 더 높은 가치가 부족하다고 하면서 그런 가치를 요구하는 경우는 어떤가? 가치가 문제인가 아니면 그것이 부족하다고 불만스러워 하는 것인가? 이상적 가치상을 앞세워서 대상이 지니지 않은 새롭고 보다 높은 가치를 찾는다면, 그런 추구는 단지 충족되지 못한 사랑 때문에 생기는 것일 뿐이다. 또한 사랑이 대상의 사실적 가치를 높이려는 추구라고 할 수도 없다. (선하기를 바라거나 선을 추구하는 경우, 예를 들어서 한 인간을 개선하려고 하거나 그가 더 높은 가치를 갖도록 돕는 경우는 사랑에 결핍된 어떤 것을 덧붙이려는 것이다.) 한 인격에 대한 사랑은 사랑 자체의 운동에서 마치 이상적인 가치상이 예시된 것처럼 생성된다. 그가 이상적인 인격이어서가 아니라, 사랑 때문에 이상적인 존재로 느껴진다. 그 가치상은 느껴진 것에 바탕을 두지만 경험적인 가치에서 나온 것만은 아니다.(같은 책, 159-160)[26]

이상적인 연인이나 남편이 되어야 하니까 현재 상태를 넘어선 목표에 도달할 때까지 사랑을 미루겠다고 하는 경우를 생각해보자. 만약 목표 달성에 실패하면 사랑받을 자격이 없는 것이고 사랑은 무엇을 이루기 위한 수단처럼 되고 말 것이다.

사랑은 높은 가치실현을 추구하지 않는다. 셸러는 사랑에서 보다 높은 가치와 그것을 실현하려는 목표, 의지를 앞세운 목적 설정은 일어나지 않는다고 지적한다. 오히려 사랑 자체가 대상 속에 그때그때 보다 높은 가치를 지속적으로 "사랑의 운동 과정에서 출현하게끔 한다." 그 가치는 사랑의 대상 자

---

[26] 대상을 개선하려는 의지는 사랑을 사라지게 만드는 교육적인 태도를 끌어들인다. 개선의지는 해당하는 자의 이미 존재하는 모습과 그렇게 되어야 할 모습을 분리시키는데, 사랑은 이런 분리에 차이를 두지 않는다. 사랑에는 그런 분리가 없다. 사랑은 경험적인 가치 사실과 이상적인 가치상 사이를 분리하지 않는다.

체에서 사랑하는 자가 추구하는 활동이 없이도 "스스로 흘러나오듯이" 나타난다.(같은 책, 160)[27] 사랑받을 만큼 가치가 넘치기 때문에 사랑하는 것이라기보다는 사랑하기 때문에 사랑받는 대상에 가치가 넘치는 것처럼 보인다.

셸러는 충동적인 열정 때문에 사랑에 눈이 멀고 만다는 편견을 받아들이지 않는다. 참된 사랑은 사랑하는 대상에 있는 보다 높은 가치들을 보는 정신적인 눈을 연다. 사랑은 그것을 잘 보도록 하지 눈을 어둡게 하지 않는다.

경험적인 감정에서 눈을 어둡게 만드는 것은 사랑이 아니라, 그것에 지속적으로 동반되는 감각적인 충동일 뿐이다. 그런 충동은 사랑을 가로막고 제한한다. 오히려 사랑하면서 눈이 열린다. 그것은 관심, 주목, 지각, 주시 등의 단계를 갖는다. 구체적인 대상에 오점이 있는 경우에도 그것들과 더불어 대상을 사랑하는 데서 사랑의 진정성이 입증된다. 그러나 사랑하는 대상에서 더 높은 가치들을 억지스럽게 찾는 것은 사랑의 결핍을 드러낼 뿐이다.(Scheler, 1973, 160-1)

자신이 찾는 가치를 발견하지 못했다고 해서 사랑을 멈추지는 않는다. 사랑을 사랑으로 만드는 것은 주어진 것으로서의 보다 높은 가치들 때문에 눈이 열리는 것이 아니다. 사랑하기 때문에 그렇게 눈이 열리는 것이다.(같은 책, 161)

사랑하면서 가치가 나타나지 가치가 사랑을 가능케 하는 것이 아니므로, 사랑할 때 요구되는, 보다 높은 가치는 사랑하기 전에 미리 주어지지 않는다. 그 가치는 "사랑의 운동에서" 비로소 (마치 결말인 듯이) 출현한다. 가치의 보다 높은 쪽 방향은 사랑 속에 숨겨져 있다.(같은 책, 161)

---

27 셸러는 이런 근본 현상을 왜곡, 은폐하는 경우가 많다고 지적한다. 이미 존재하는 가치가 단지 포착된 것이라거나, 사랑은 단지 이런 가치들을 창조하고 의지적으로 산출하는 동기일 뿐이라거나, 사랑은 스스로 새로운 가치들을 창조한다고 보는 경우들이 그렇다. 이런 경우들에 사랑은 존재하지 않는다.(같은 책, 160)

셸러는 사랑이 대상을 변화시키려는 의지라고 보지 않는다. (이런 점 때문에 한 인간을 "있는 그대로" 사랑해야 한다고 할 수도 있다.) 그런 점에서 대상이 지닌 가치들과 함께 대상 그대로를 사랑해야 한다. 하지만 대상에 대해서 "너는 ~ 해야만 한다"라고 당위를 주장하면, 대상을 변화시키려는 의지를 앞세우는 것이다. 어떤 형태로든 "너는 그러해야만 한다"를 사랑하는 조건으로 내세운다면 사랑의 본질은 파괴되고 만다.[28]

흔히 주장하듯 사랑은 환영을 만들고 그것에서 만족을 누리는 것인가? 셸러는 환영에 대한 사랑, 환영을 사랑한다는 주장을 인정하지 않는다.

왜 사랑의 이름으로 환영을 만드는가? 왜 사랑을 앞세워 타인이 보다 높은 가치를 창조하고 보다 높은 가치를 지향해야 한다고 요구하는가? 이는 자신의 가치를 사랑 대상에 투사하기 때문에 생긴다. 그것은 대상이 지니지도 않은 가치들을 지어내고 사랑하는 대상을 원하는 바대로 꾸며낸다.

물론 그런 환영은 존재하지만, 그것은 (대상에 대한 사랑 때문이 아니라) 자신의 이념과 감정과 관심에서 벗어나지 못하기 때문이다. 사랑하는 자가 만들어내곤 하는 대상에 대한 과대평가, 떠받들기, 이상화 뒤에는 냉담한 타인이 존재하곤 한다. 그들은 대상이 지니고 있는 특별한 개인적 가치를 보지 못한다.(같은 책, 162-3)

"사랑만이 가치를 보는 눈을 민감하게 만든다." 그래서 서술할 수 없고 개념으로 번역되지 않는 말할 수 없는 개인(individiuum ineffabile)의 본질은 사랑 속에서, 사랑에 따른 통찰에서만 완전하고 순수하게 드러난다.(같은 책, 163)

(사랑하는 자는 타인들보다 더 많이 본다. 사랑하는 자야말로 객관적인 것과 실재적

---

28 셸러는 "대상을 있는 그대로"를 오해하기 쉽다고 지적한다. 이 말을 "우리는 대상에서 느끼는 가치들과 함께 대상들을 사랑한다" 또는 "대상을 통해서 가치들을 사랑한다"와 동일시해서는 안 된다. 이런 성격은 사랑에 속하는 운동의 성격을 제거하기 때문이다. 문제가 되는 존재는 대상의 이상적인 존재로서 실존적인 경험적 존재도, 당위 존재도 아니다.

인 것을 보는 자다. 칸트처럼 실재성과 객관성을 단순한 보편타당성과 보편적 인정으로 격하하는 주관주의는 이런 점을 보지 못한다.)

많은 경우에 사랑을 이상화하곤 한다. 그런 성향은 타인에 대한 사랑의 책임이 아니라 자신의 취향, 관심, 이념, 가치평가에 갇혀 스스로 사랑의 장애물을 만든다. 그런 편파적인 이기주의를 사랑이라고 할 수 있는가?

셸러는 (가치의 보다 높음으로 지향하는 운동인) 사랑의 근본 현상을 이해한다면 다음 주장을 받아들이리라고 본다.

> "사랑은 가치를 지닌 각각의 구체적인 개별적 대상, 그리고 그의 이상적인 규정에 따라서 가능한 최고 가치에 이르는 운동이며, 그에게 고유한 그의 이상적인 가치 존재에 이르는 운동이다." (Scheler, 1973, 164)

이런 주장에서 잘 드러나듯이 사랑은 에로스적인 측면과 함께 아가페적인 요소를 지닌다. 셸러의 사랑 철학은 에로스를 포함하면서 그것을 넘어서는 아가페를 사랑의 보다 높은 가치로 지향한다.

참고문헌

조정옥(1999), 『감정과 에로스의 철학: 막스 셸러의 철학』, 철학과 현실사.

Scheler, Max(1957) Gesammelte Werke, Bd. 10 Bern.

_____ (1966), Der Formalismus in der Ethik und die materiale Wertethik, Bern.

_____ (1970), Liebe und Erkenntnis, Bern.

_____ (1973), Wesen und Formen der Sympathie, Berlin.

_____ (1976), Spaete Schriften, Bern.

Spinoza, B. ETHICA Heidelberg/ Carl Winters Universitaetbuchhandlung, 1972.

7. 사랑의 제단에 바쳐진 그녀

_ 사바토의 치명적인 사랑

사랑의 끝에는 무엇이 있는가?

사랑은 사람을 살리는가, 죽이는가? 살린다면 어떤 힘으로 살리고, 죽인다면 어떤 이유로 그렇게 하는가? 사랑이 그 무엇과도 견줄 수 없는 삶의 활력이라면 어떤 힘을 주는가? 사랑이 죽음의 사신이라면 왜 사랑의 이름으로 그 칼을 휘두르는가? 사랑의 제단에는 얼마나 많은 희생물이 필요한가?

사랑의 끝에는 무엇이 있는가? 두 존재의 일치인가? 아리스토파네스가 주장한 것처럼 반쪽들의 일치, 완전성, 조화, 결합이 있는가? 아니면 흔히 보는 것처럼 파국들과 증오가 있을 뿐인가? 서로 다른 두 존재가 씁쓸하게 차이를 확인하는 절차에 도장을 찍고 있는 장면에서 미소를 머금고 그런 차이를 성공적으로 극복한 상호성의 변증법을 제시할 수 있는가?

'사랑과 미움의 변증법'에서 미움은, 자체의 힘으로 사랑의 나무를 뿌리째 뽑아버리기도 한다. 그것은 쉽게 진정되는 요소보다 크고 심오한 사랑으로 복귀하는 계기에 머물지 않는다. 이런 극단적인 감정을 어떻게 이해할 수 있는가?

사랑이 '죽이는' 사랑이라면……, 사랑이 죽음을 부른다면?

아무도 죽이기 위해서 사랑하지는 않지만 사랑하기 때문에 죽는/죽이는 경우가 없지 않다. 이런 사랑 – 희생, 사랑 – 살인을 어떻게 이해할 수 있는가? 이런 사건은 둘이 하나가 되려는 사랑의 요구에 들어 있는 죽음 충동이나 공격 충동인가?

(하이데거가 지적하듯이) 인간이 죽음을 향해서 나아가는 존재자라면, 사랑을 얻기 위해서, 사랑하므로 죽음에 이르는 인간을 생각할 수 있는가? 로미오와 줄리엣은 그들의 생명을 사랑의 제단에 기꺼이 바친다. 오셀로 역시 자기 연인의 생명을 질투와 증오의 표지를 덧붙여서 사랑의 다른 이름으로 헌정한다.

나와 너의 사랑이 나와 너의 '차이'를 보존한 더 큰 일치가 아니라 너를 나에게 대입하고 너의 자율성과 차이를 철저하게 지우는, 사랑의 이름으로 다른 나를 강요하는 것이라면, 사랑은 타자 죽이기에 지나지 않을 것이다.(너의 생각, 너의 취향, 너의 욕망은 너의 것이 아니라 나의 생각, 나의 취향, 나의 욕망과 일치할 때에만 바람직한 것이란다. 나의 아들아! ― 엄마! 저의 사소한 취향까지 바꿔놓으시면 저라는 존재는 더 이상…….)

사랑의 제단에 무엇을 바칠 것인가? 사랑의 나무에서는 미움의 가지가 자라고 질투의 꽃이 피어난다. 사랑에 부정적인 요소가 있을 수 없다는 일면적인 찬사는 공허하거나 추상적이다. 질투가 자극하고 숙성시키지 않는 사랑이 어디 있겠는가. 미움으로 변형되지 않는 사랑은 그저 따뜻한 관심에 지나지 않는다. 우리는 상대를 사랑하는 만큼 미워한다. 미움의 힘은 사랑의 힘과 방향이 반대일 뿐 그 크기와 강렬함이 대동소이하다. 사랑하였으므로 미워하였노라!

그림 속의 창문 앞에 선 그녀

사바토(Ernesto Sabato)의 『터널』은 사랑하는 여인을 죽인 자의 사랑을 다룬다. 화가인 화자는 한 여성을 지독하게 사랑 "했다". 사랑한 까닭에 그녀를 죽이고 만다. 그는 바로 그녀의 살인범이다. 『터널』은 이런 살인범의 고백을 통해서 사랑의 어두운 측면을 탐구한다. 작가는 사랑에 관해서 진지하게 질문한다. 사랑이 불러들이는 죽음이라는 까다로운 주제를 살펴보자.

화자는 자기를 이해할 수 있었던 단 한 사람이 존재했는데, 바로 그 사람을 자신이 죽였다고 털어놓는다.

"아, 그럼에도 불구하고 나는 당신을 죽이고 말았소! 당신을 죽인 인간이 바로 나였고, 나는 당신의 차분하면서도 불안스러운 얼굴을 만지지도 못한 채 마치 유리벽으로 보듯이 당신의 얼굴을 바라보고 있었소! 나는 너무 어리석고, 너무 맹목적이고, 너무 이기적이고, 너무 잔인했소!"(Sabato, 101/108)[29]

그는 1946년에, 한 살롱에 '모성'이라는 작품을 전시한다. 작품의 구성이 뛰어나다는 비평가들의 평가에 화자는 그것이 "심오하게 지적인 어떤 것"을 포함하기 때문이라고 생각한다. 하지만 정작 그 자신은 다른 것에 주목한다. 그림 왼쪽의 맨 윗부분, 작은 창문 너머로 보이는 원경(遠景)이다.

쓸쓸한 해변에서 한 여자가 바다를 바라보는 장면에서, "여자의 시선은 무엇인가를 기다리는 것 같았고, 멀리서 자기를 부르는 가냘픈 소리를 듣고 있는 것 같기도 했다."(65/19) 아마 그 장면은 "불안에 사로잡히고(ansiosa) 절대

---

[29] 사바토(E. Sábato), 『터널(El túnel)』의 스페인어본과 한글 번역본의 쪽수를 병기한다.

적인 고독"을 암시하는 것이리라. 하지만 그림을 보는 사람들 가운데 아무도 그 장면에 주의를 기울이지 않았다. "단 한 사람을 제외하고는, 그 누구도 문제의 장면이 뭔가 본질적인 것을 다루고 있는 점을 이해하지 못하는 것 같았다."(65/19)

전시회 첫날, 낯선 아가씨가 그림 앞에서 한참 머물러 있으면서 "창문 너머의 장면을 뚫어지게 쳐다보고 있었는데, 그녀가 그 장면에 그토록 몰두하고 있는 사이에 나는 그녀가 세계 전체로부터 격리되어 있다는 확신을 가졌다. 그녀는 내 그림 앞으로 지나가거나 멈추는 사람들을 거들떠보지도 않았고, 그들의 말을 듣고 있지도 않았다."(65/20)

그는 불안스럽게 그녀에게 주목하다가 그녀가 사라지자 "억제할 수 없는 두려움과 그녀를 부르고 싶은 고통스러운 욕망(angustioso deseo) 사이에서" 망설인다. "무엇 때문에 두려움을 느낀단 말인가?" 그는 그녀가 사라지면 다시는 볼 수 없으리라는 생각에 어찌할 바를 모른다.

그는 전시회 동안 매일 전시장에서 그녀의 모습을 찾았지만 그녀는 끝내 다시 나타나지 않았다.

"그로부터 몇 개월 동안 나는 그녀만, 그녀를 다시 만날 가능성에 대해서만 생각했다. 그리고 어떤 식으로든, 오로지 그녀만을 위해서 그림을 그렸다. 그것은 마치 창문 너머로 보이는 그 작은 장면이 점차 커져서 화폭 전체를, 내 작품 전체를 차지하게 되는 것과 같았다."(65-6/21)

우연한 마주침

그는 그토록 갈망하던 그녀와 우연히 마주친다. 길을 가다가 맞은편에서 그녀가 걸어가는 것을 보고 따라가다가 한 회사의 엘리베이터 앞에 단 둘이 마주서게 된다.

"당신이 나를 알아보았기 때문에 얼굴이 빨개진 거예요. 당신은 우리가 이렇게 만난 것이 우연이라고 믿을지 모르지만, 이건 우연이 아니고, 우연 같은 것은 결코 없어요. 나는 몇 달 동안 당신을 생각해왔어요. 오늘 거리에서 당신의 모습을 보고는 이렇게 따라왔고 당신에게 아주 중요한 것을 묻고 싶은데, 그건 바로 창문에 관한 겁니다. 아시겠어요?"

"창문이라뇨? ……무, 무슨 창문을 말하시는 거죠?"

그는 그녀가 그것을 기억하지 못한다고 여기고 자신이 우스꽝스럽게 된 것 같아서 그만 포기하고 밖으로 나간다. 그런데 한참 후에 그녀가 그를 부른다.

"용서하세요, 선생님……. 제 어리석음을 용서해주세요……. 너무 놀라는 바람에 그만……."

("조금 전까지만 해도 세계는 쓸모없는 사물들과 존재들의 혼돈 상태에 지나지 않았다. 하지만 이제 세계가 다시 제자리를 잡고 어떤 질서에 따른다고 느껴졌다.")

"선생님께서 그 장면에 대해서 물으시는 건 줄 몰랐어요."

"그럼 그 장면을 기억한단 말인가요?"

"그 장면을 늘(constantemente) 기억하고 있었어요."

그녀는 그 말을 내던지고는 갑자기 사라진다. 그는 이튿날 그녀를 만나기 위해서 그 회사 출입구에서 오전 내내 기다린다. 포기하고 그만 가려는 순간 그녀를 다시 만난다. 그는 그녀를 근처 광장 쪽으로 끌고 가서, 왜 도망쳤냐고 다그친다. 그녀가 도망치고 싶다고 하자 자신의 심정을 토로한다.

"절대로 도망가지 않겠다고 약속해주시오. 난 아가씨가 무척 필요하단 말이오."

"……"

"왜 말을 않는 거요?"

"저는 하찮은 여자예요. 선생님은 위대한 예술가시고요. 그런데 무엇 때문에 저 같은 여자를 필요로 하시는지 모르겠어요."(84/63-4)

그는 그 이유에 대해서 명확하게 답하지 못한다.

그는 비평가들 가운데 아무도 창문 장면에 주목하지 않았고, 그것에 주목한 단 한사람이 바로 그녀라고 얘기한다. 그는 그녀가 자기처럼 '느낀다'고, 그녀가 창문 장면을 자기와 같은 방식으로 바라본다고, (그녀가 무슨 생각을 하고, 자기가 무슨 생각을 하는지 모르지만) 그녀가 자기처럼 생각한다는 것을 안다고 얘기한다.

"전에는 많이 생각했고, 집 한 채를 짓는 것처럼 그림을 그렸소. 하지만 그 창문 장면은 예외였소. 정확한 이유는 잘 몰랐지만 그 장면은 그런 식으로 그려야 한다고 느꼈소. 그 이유는 여전히 잘 모르겠소. 실제로, 그 창문 장면은 그림의 나머지 부분과 아무런 관련이 없는데, 아마도 그 얼간이 같은 비평가

사랑의 인문학

가운데 한 사람이 내게 그 점을 상기시켜주었던 것 같소. 나는 장님처럼 더듬으며 길을 가고 있는데, 아가씨가 나처럼 느낀다는 것을 알고 있기 때문에 아가씨의 도움이 필요하다는 거요."

"선생님이 생각하시는 게 뭔지 정확하게 알 수가 없어요."

"나도 내가 뭘 생각하는지 도무지 모른다고 조금 전에 말했잖소. 만약에 내가 나 자신이 느끼고 있는 것을 말로 정확하게 표현할 수 있다면, 이는 내가 생각도 명확하게 하고 있다는 반증이지요. 그렇지 않나요?"(86/69-70)

그는 수용소 장면을 얘기하면서 인간이 고통을 벗어나지 못한 채 살아가고, 서로 싸우고, 괴롭힘을 당하면서 괴롭히고, 죽고 죽이는 무익한 코미디를 연출하는 '의미의 결핍'에 관해서 생각한다. 인간의 삶이 인간과 무관한 천체들의 사막에서 부르짖는 익명의 절규에 지나지 않는 것일지 모른다고 생각한다.

"그 해변 장면이 뭔가 심오하다는 것은 알고 있지만 왠지 무섭게 느껴져요. 아니 그보다는 '나'를 더 심오하게 드러낸다고 할 수 있을 거요. ……바로 그거요. 명확한 메시지는 아니고. 물론 아니지요. 하지만 '나'를 심층적으로(profundamente) 드러내고 있어요."

"혹시 절망의 메시지가 아닐까요?"

"그래요."

"내 생각에도 절망의 메시지인 것 같아요. 봐요, 아가씨도 나처럼 생각하고 있잖아요."

"그런데 선생님은 절망의 메시지 같은 것도 찬사의 대상이 된다고 생각하시는 건가요?"

"아니오, 그런 것 같지는 않아요."(87/72-3)

그는 그녀의 표정이 굳어지는 것을 초조하게 바라본다. 그녀는 만남의 다리를 제공하는 것 같았다. 하지만 이 사귐의 다리는 심연 위에 있는 일시적이고 부서지기 쉬운 것이었다.

"선생님이 저를 만나서 뭘 얻게 될지는 모르겠어요. 저는 가까이 다가오는 모든 사람에게 해를 끼치는 여자거든요."(88/73-4)

그들은 다시 만난다.

"정오부터 당신 생각만 하느라고 아무 일도 하지 못했소."

"나도 역시."

"나도 역시라니, 무슨 말이오?"

"나도 생각만 하느라고 아무 일도 하지 못했어요."

"그런데 무슨 생각 말이오?"

"모든 걸 생각했어요."(78)

"어떻게 모든 걸 생각할 수 있어요? 도대체 뭘 생각했다는 말이오?"

"이 모든 게 다 특이하다는 생각을 했어요. ……선생님의 그림을 비롯해서…… 어제 우리가 만난 것이라든지…… 오늘 일도 그렇고, ……뭐가 뭔지 모르겠어요."

"그래요, 하지만 난 한순간도 쉬지 않고 당신만 생각했다고 당신에게 말했어요."(89/78-9)

그는 그녀의 애매한 표현에 화가 나고, (일반적인 사항이 아니라) 구체적인 것만이 자신을 감동시킬 수 있다고 본다.

"나는 당신이 나무를 바라보고 있을 때의 당신의 옆얼굴이며, 당신의 밤색 머리카락이며, 당신의 딱딱한 눈빛이 금방 부드러워지는 모습이며, 당신이 걷는 방식 같은 것을 모조리 생각했어요……."

"지금 전화를 끊어야겠어요. 누가 오고 있어요."(89-90/79-80)

그날 이후 그는 그녀 생각 때문에 아무것도 하지 못하고 번민하다가 그녀가 농장으로 떠나고 남편만 남아 있는 그녀의 집을 찾아간다. 그는 집에서 그녀의 남편인 아옌데(그는 시각장애인이다)를 만나 그녀가 남긴 편지를 전달 받는다.

한 번은 농장으로 떠난 그녀를 기다리면서 편지를 보낸다. 짧은 편지와 몇 단어만으로 된 답장이 오간다.

편지: "당신을 사랑해요(Te quiero). 마리아, 당신을 사랑해요. 당신을 사랑해요."

그녀의 답장: "당신에게 많은 해를 끼칠까 두려워요."

그의 답장: "설령 당신이 내게 해를 끼친다고 해도 나는 괜찮소. 당신을 사랑할 수 없다면 나는 죽고 말 거요. 당신을 보지 못한 채 보내는 매 순간은 끝없는 고문(interminable tortura)과 같소."

이틀 후에 그녀가 전화를 해서 당장 만나기로 약속한다.

"얼마나 애타게 기다리던 순간인가! 난 시간이 더 빨리 흐를까 해서 이리저리 정처 없이 걸었으니! 내 영혼이 얼마나 부드러운 감정으로 가득 찼는가! 세상이, 여름 오후가, 보도에서 노는 아이들이 정말 아름답게 보이는군! 나는 지금 사랑이란 것이 사람을 어떻게 눈멀게 하고 어떤 마력을 지니기에 모든

것을 변형시키는지 생각하고 있다. 얼마나 아름다운 세상인가! 웃다가 죽어도 좋아!"(102-3/111)

이후에 그들의 만남이 잦아지고 그들의 사랑은 보다 적극적으로 전개된다.

사랑, 그 괴로움

그들은 한 달 이상 매일같이 만난다. 화자는 이 시기가 경이롭지만 (슬픈 일들이 많아서) 무섭기도 하다고 회상한다. 마리아가 화실에 찾아오곤 했는데 그는 그녀의 사랑이 최고조에 이르렀을 때 그것이 어머니나 누이의 사랑 같다는 생각이 들어서 그런 미진함을 넘어설 만한 육체적 결합이 참된 사랑을 보장하리라고 기대한다.

그런데 육체적인 사랑은 그의 마음을 진정시키기는커녕 도리어 혼란을 초래할 뿐이었다. 그것 때문에 새로운 의혹이 생기고 이해 부족으로 고통스러워하고 끔찍한 경험까지 하게 된다.

"우리는 내 화실에서 내가 결코 잊지 못할 시간들을 함께 보냈다. 마리아가 지닌 여러 모순과 그녀의 설명할 수 없는 태도 때문에 그 기간 내내 나의 감정은 가장 순수한 사랑과 가장 격렬한 증오 사이에서 방황했다. 곧 그녀의 모든 언행이 작위적이라는 의심이 들었다. 가끔씩 그녀는 순결한 사춘기 소녀 같은가 하면, 어떤 때는 평범한 보통 여자처럼 여겨지기도 했는데, 그럴 때면 기나긴 의심의 행렬이 머릿속을 지나갔다. 어디서? 어떻게? 어떤 사람들이?

언제?"(107/123)

그는 의심과 두려움을 떨치지 못해서 잔인한 행동을 하기도 한다. 그녀의 양팔을 틀어쥐고 비틀어대면서 눈을 뚫어질 듯 쳐다보며 "사랑, 참된 사랑을 보장해줄 것을" 강요한다. 그런데 그렇게 요구하는 그 자신은 참된 사랑이 무엇인지 잘 알고 있을까?

그는 참된 사랑의 의미를 깊이 생각해본 적이 없었다. 그것이 육체적 열정(pasión física)이 포함된 어떤 사랑을 가리키는가? 그는 마리아와 "확고하게 소통하기 위해서 필사적으로 육체적인 열정을 추구"한다. 그래서 어떤 경우에는 소통을 이루었다는 확신을 갖기도 했지만, 그 소통이 "너무 교묘하고, 너무 일시적이고, 너무 부드럽게 이루어졌기 때문에" 소통이 끝난 뒤에 설명하기 어려운 불만을 느끼고 더욱 절망적인 상태에 빠지곤 했다.

"나는 우리가 진정으로 마음이 통한 순간들이 있었으리라는 것을 잘 안다. 그리고 항상 위와 같은 느낌을 동반하는 우울증, 곧 그 아름다운 순간이 덧없기 때문에 우리 두 사람을 본질적으로 소통하게 하지는 못한다는 엄연한 사실에 따른 우울증은 우리가 함께 있음으로써 완화되곤 했다. 사실 우리 두 사람은 서로를 바라보기만 해도 우리가 동일한 것을 생각하고, 아니 느끼고 있음을 충분히 알 수 있었다."(108/125) 그들이 그 순간 이후에 무엇을 하든지 고통스러워 한 것은 의사소통의 순간이 허망하다고 느끼기 때문이었다. 더욱 나쁜 점은 그들의 육체적 융합, 일치(fusión unirnos corporalmente)를 확실하게 하려는 안타까움 때문에 육체적으로 결합해야 한다고 강요하는 것이 오히려 새로운 거리감을 낳았다. "육체적인 행위를 통해서는 우리의 융합(fusión) 상태를 연장시키거나 확고하게 하는 것이 도저히 불가능함을 확인할 수 있을 뿐이었다. 하지만 그녀는 내가 지닌 그런 고정 관념을 지워버릴 욕심으로 자신이 참된 쾌감(sentir un verdadero), 거의 믿을 수 없을 정도의 쾌감(casi increíble placer)을 느끼는 것처럼 보임으로써 사태를 악화시키곤 했다."(108/126)

그는 억지로 그녀에게 참된 감정과 느낌이 어떤 것인지 털어놓으라고 요구한다. 그러자 그녀는 오히려 육체적으로 가까워진다는 느낌이 들면 회피하곤 한다. "마침내 완전한 회의에 빠진 그녀는 육체적인 접촉은 우리의 사랑을 위해 무익하고 위험하다고 나에게 인식시키려고 애썼다."(108/126)

이런 태도 때문에 그는 마리아의 사랑의 본성(naturaleza)이 무엇인지에 대해서 의혹을 갖는다. "만일 그녀가 연극을 하지 않았다면 육체적인 결합이 해롭다고 주장할 수 있을 것이고, 그 이유 때문에 앞으로 그녀가 육체적 결합을 피할 가능성이 있지 않을까 자문하곤 했다. 그녀가 육체적 결합을 처음부터 싫어했던 것이 사실일 수도 있고, 그녀의 쾌락은 가장된 것일 수도 있었다."(108/127)

이런 점 때문에 둘은 서로 다툰다. 그녀가 미묘하고 새로운 의혹들을 만들면 그에 맞서서 그는 더욱 복잡한 질문들을 만들어낸다. 이런 의혹과 질문의 어처구니없는 대결은 무엇을 위한 것인가? 사랑? 사랑의 파괴? 의혹을 거친 더 깊고 확고한 사랑?

"그녀의 위선적인 속임수 앞에서 나를 가장 화나게 만들었던 것은 내가 어린애처럼 완전히 무방비 상태로 그녀에게 마음과 몸을 내맡겼다는 사실이었다." "당신이 나를 속였다는 것을 내가 조금이라도 확증하면 당신을 개처럼

죽여 버릴 테야."(109/127)

　어느 날 그는 격렬한 말다툼 끝에 그녀에게 "창녀"라고 소리 지른다. "내가 증오와 후회 사이에서 갈등을 겪은 뒤에 용서를 받으려고 그녀에게 달려갔을 때 그녀의 얼굴은 눈물로 범벅이 되어 있었다. 어찌해야 좋을지 모를 상황이었다. 나는 그녀의 눈에 부드럽게 입을 맞추고, 겸손하게 용서를 빌고, 그녀 앞에서 울음을 터뜨리면서 내가 잔인하고, 불공정하고,. 복수심에 불타는 인간이라고 자책했다. 그런 내 행위는 그녀가 비통한 심정을 조금이라도 드러내는 동안에는 지속되었다. 하지만 그녀가 마음의 평정을 되찾고, 행복한 듯이 미소 짓자 그녀가 계속해서 슬픈 상태로 있지 않는 것이 더 부자연스럽게 느껴졌다. 그녀가 마음을 어느 정도 진정시킬 수는 있지만 내가 큰 소리로 욕설을 퍼부었음에도 불구하고 그녀가 그토록 즐거워할 수 있는지 의심스러웠고, 또 어떤 여자라도, 하다못해 창녀들까지도, 자신이 그런 식으로 평가받을 때 수치심을 느낄 수밖에 없는데 '그런 평가에 어떤 진실이 내포되어 있지 않는 한' 그 어떤 여자도 그처럼 빠르게 즐거운 기분으로 되돌아 올 수는 없다는 생각이 들었다."(109/128-9)

　그들 사이에는 이와 비슷한 장면들이 매일같이 되풀이된다. 가끔 말다툼이 차분하게 끝나고 산책하는 경우도 있었지만.[30]

　그는 날이 갈수록 반복되고 뒤틀리는 자신의 질문들이 "그녀의 침묵, 쌀쌀맞은 시선, 공허한 말들, 몇 번의 농장행, 바람기" 때문이라고 여긴다.

　그의 질문들 가운데 "마리아 자신과 그녀의 사랑을 무시무시하게 조망했던 예리한 질문"(113/138)이 있다. 마리아가 아옌데와 결혼했으므로 "그 남자에

30　"하지만 그처럼 다정한 순간들은, 갈수록 폭풍우가 거세지고 구름이 짙게 깔리는 하늘에서 비치는 불안정한 햇빛처럼 날이 갈수록 횟수가 줄고 시간도 짧아졌다. 어쨌든 나의 의구심과 집요한 질문들은, 마치 칡 하나가 자신의 무서운 덩굴로 공원에 있는 나무들을 옭아매 질식시키는 것처럼 모든 것을 휘감아 버렸다."(109/129)

대해서 무엇을 느꼈을까?" 이것을 '아옌데 문제'라고 부른다.

'아옌데 문제'

화자는 자신의 사랑을 확인하고자 마리아가 남편 아옌데와 어떤 관계를 맺는지에 대해서 질문해서 그녀를 궁지에 몰아넣는다. 그는 이 문제에 두 가지 의문이 맞물려 있는 것이라고 본다. "마리아가 아옌데를 한 번이라도 사랑한 적이 있었을까? 아직도 마리아가 아옌데를 사랑하고 있을까?"(113/139)

만약에 그녀가 아옌데를 사랑하지 않는다면 도대체 누구를 사랑하는가? 나인가, (농장에 있는) 사촌동생인 헌터인가? "마리아가 여러 남자를 각기 다른 방식으로 사랑할 수 있었을까?" "하지만 그녀가 '그 누구도 사랑하지 않을 수도' 있고, 우리 남자들 각자를 계속 불쌍한 것들, 철부지라고 불렀을 수도 있고. 우리 각자는 그녀에게 '유일한 사람(el unico)'일 수도 있고, 그 밖의 남자들은 단순한 그림자들로서, 그녀가 피상적이거나 현상적인 관계를 유지했던 남자들에 지나지 않을 수도 있었다."(113/140)

그는 이 문제를 해명하고자 아옌데와 결혼한 이유를 묻는다.

"사랑했으니까요."

"그러니까 지금은 사랑하지 않는다는 말이군요."

"이제 그 사람을 사랑하지 않는다고 말한 적은 없어요."

"당신은 그 사람을 '사랑했다(lo queria)'라고 했지 '사랑한다(lo querio)'라고

사랑의 인문학

하지는 않았잖소."

"당신은 말끝마다 트집을 잡아서 도저히 이해할 수 없을 정도로 비틀어대는군요. 내가 그 사람을 사랑했기 때문에 결혼했다고 말한 것은 지금 그 사람을 사랑하지 않는다는 뜻이 아니란 말이에요."

"아, 그러니까 지금도 그를 사랑한다는 말이군요."

"……."

"왜 대답을 못하는 거요?"

"대답하는 게 부질없는 짓 같아서요. 우리는 이런 식으로 똑같은 대화를 여러 번 했잖아요."

"이번 대화는 전에 했던 것들과는 달라요. 난 당신에게 지금도 아옌데를 사랑하느냐고 물었고, 당신은 그렇다고 답했소. 언젠가 부두에서 내가 당신의 첫사랑이라고 내게 말했던 기억이 나요. ……그래, 어떤 답을 할 거요?"

그는 그녀가 모순적일 뿐만 아니라 그녀에게서 어떤 진술도 엄청난 노력을 기울여야만 얻을 수 있다는 사실에 힘겨워한다.

"사랑하는 방식은 다양하잖아요."(114/140-2)

의혹과 질문, 질문이 낳는 의혹들

그녀가 남편을 친오빠처럼 사랑한다고 하자 그는 다시 질문한다.

"현재도 남편과 잠자리를 하고 있나요?"

"그 질문에 대답할 필요가 있나요?"

"반드시 대답해야 하오."

"이런 식으로 묻다니 정말 끔찍하다는 생각이 드는군요."

"아주 간단해요. '예', '아니오'라고 답하면 돼요."

"대답이 그렇게 단순하지만은 않아요. 할 수도 있고 안 할 수도 있어요."

"그 말은 일단 한다는 의미로 받아들이겠소."

"좋아요. 그렇다고 해두죠. 뭐."

"그렇다면 당신이 그걸 원한다는 말이군요."

그는 악의적으로 단정한다. 마리아 자신이 남편과 함께 자는 것을 실제로 원했다고 믿기 때문이 아니라, '오빠 같은 애정'을 밝히고 싶었기 때문이다.

"내가 조금 전에 말한 것은 그 사람과 잠자리를 한다는 것뿐이었지 내가 그걸 원한다는 뜻은 아니었어요."

"오, 그래요. ……그러니까 당신은 그걸 원치 않지만 '남편에게는 당신이 원하는 것처럼 믿게 하면서' 그렇게 한다는 말이군요."

마리아는 얼굴빛이 변하고 눈물을 흘린다.

"난 그런 말 한 적 없어요."

"만약에 당신이 그와 함께 자는 것에 아무런 감흥도 느끼지 않고, 또 그것을 원치 않는다는 기색을 드러낸다면, 그리고 남편과의 육체적 결합이 단지 남편의 애정에 대한 보답으로, 그의 고매한 정신에 대한 존경 때문에 당신이 희생하는 것이라는 점을 드러낸다면, 아옌데는 다시는 당신과 잠자리를 함께 하지 않을 게 분명하오. 곧 당신이 남편과 계속해서 잠자리를 한다는 사실은

사랑의 인문학

당신이 감정뿐만 아니라 느낌까지도 그를 속일 수 있다는 것을 증명하는 것이오. 그러니까 당신은 성적 쾌감을 완벽하게 모방할 수 있는 여자란 말이오."

"당신은 이루 말할 수 없이 잔인하군요."

"난 심층적인 것(el fondo)에 관심이 많으니까, 겉으로 나타난 형태에 대해서는 그만 얘기합시다. 본질(el fondo)은 당신이 몇 년 동안 그에게 당신 자신의 감정뿐만 아니라 느낌까지도 감쪽같이 속일 수 있는 여자라는 점이오. 이제 그 어떤 애송이도 이 문제의 결론을 쉽게 낼 수 있소. 즉 당신이 나 또한 속이지 않을 이유가 있었나 하는 거요. ……나는 데스데모나의 아버지가 오셀로에게 아버지를 속인 여자는 다른 남자도 속일 수 있다고 경고한 이유가 무엇인지 기억하고 있소. 따라서 나는 당신이 몇 년 동안 계속 아옌데를 속였다는 사실을 내 뇌리에서 결코 떨쳐버릴 수 없었소."

그 순간에 그는 잔인성을 최대로 발휘하고픈 충동에 이끌리고, 그녀가 천박하고 어리석다고 생각하면서 한마디 덧붙인다.

"장님을 속이다니."(115-6/144-7)

내가 또 다른 나에게

그는 이 말을 입 밖에 꺼내면서 약간 후회한다. 그의 이런 사악한 만족감 밑에 "보다 순수하고 다정다감한 '다른 나'"가 있기 때문이다. '다른 나'는 어리석고 무익한 말에 대해서 은밀하게 마리아 편을 들고 싶어 했다. 또한 그

'다른 나'는 내 의식과 의지를 장악하고 그런 말을 막고자 했다. "문제의 말이 끝나고 나서 (……) 비로소 나는 내 존재의 온전한 주인이 되어 나더러 마리아에게 용서를 빌고, 마리아 앞에서 무릎을 꿇고, 나의 어리석음과 잔인함을 인정하라고 명령했다."

그의 의식이 둘로 분열되면서 한 자아는 아름다운 행위를 권하고 다른 자아는 그것을 사기, 위선, 거짓 관대함이라고 고발한다. 한쪽은 모욕하라고 충동질하고, 다른 쪽은 그 사람을 동정하고, 다른 사람의 행위를 고발한 나를 비난한다. 한 자아가 세계의 아름다움을 보게 하는 동안에 다른 자아는 세계의 추함과 행복의 우스꽝스러움을 보여준다.(117/149-150)

어쨌든 마리아의 영혼이 입은 상처는 어찌할 수 없었다. 그는 그녀가 두 사람의 정신 사이에 놓인 개폐교를 들어 올렸다는 생각이 들자, 절망에 휩싸여 엄청난 굴욕도 감수하고 그녀의 발에 입을 맞추지만, 그녀는 동정 어린 시선으로 바라보다가 밖으로 나간다. "그녀는 화실 밖으로 나가면서 자신은 내게 아무런 원한도 지니지 않았다는 점을 다시 한 번 더 확인해주었고, 내 의지는 완전히 꺾여 있었다. 나는 화실 한 가운데에서 넋이 나간 사람처럼 한 점을 응시하고 있었으나 아무것도 보지 않고 있었다."(118/150-1)

그는 절대적인 고독감에 사로잡힌다. 술에 취해 선창으로 걸어가서, 주저앉아 울면서 발밑에서 출렁거리는 바닷물을 보면서 자살 유혹을 느낀다.

그는 마리아가 농장으로 떠난 뒤에 편지를 보낸다.(정확하게 기억할 수는 없지만, 자기를 용서하라고, 자기는 쓰레기 같은 인간이라고, 그녀의 사랑을 받을 자격이 없다고, 절대적인 고독 속에서 죽어 마땅하다는 내용일 것이다.) 두 번째, 세 번째, 네 번째 편지를 쓰는데 내용은 같지만 점점 더 황량한 분위기를 띤다. 그는 마지 막 편지에서 그날 밤 그녀와 헤어지고 난 뒤의 일들을 모두 고백하고, 자신의 그동안의 천박한 행위를 털어놓고 자살하고 싶은 유혹을 느낀 것까지 고백한 다. 그런 것들을 무기처럼 사용하는 것이 부끄러웠지만 자신의 천박한 행위 와 고독에 따른 절망감에 대해서 쓰면서 자신에 대한 애정을 느끼고, 연민 때 문에 울기까지 한다. 그는 마리아가 편지를 읽으면서 자기와 같은 감정을 느 끼기를 은근히 바라고 그런 희망으로 즐거워한다.

애정이 담긴 마리아의 편지가 왔는데 농장에 찾아오기를 바란다는 내용이 었다. 그는 미친 사람처럼 가방과 화구 상자를 들고 기차역으로 달려간다.

그가 도착한 '아옌데 역'은 간이역인데, 마리아는 마중을 나오지 않았다. 대 신 마중 나온 운전수가 그녀가 몸이 불편하다고 전한다.('그녀의 앙큼한 속을 누 가 알랴.') 그는 그냥 돌아갈까 망설이다가 농장으로 간다.

그곳에서 마리아 없이 헌터와 사촌여동생 미미 아옌데를 만난다. 그는 분 노를 억누른 채 그들을 예리하게 관찰하면서 몇 가지 화제에 대해서 원치 않 은 대화로 시간을 보낸다. 그는 마리아가 갑자기 들이닥친 사촌여동생을 피 하느라고 몸이 불편한 체했으리라고 짐작한다. 그는 마리아가 그런 부류의 사 람들과 어울릴 수 없으리라고 생각하면서도 기이한 슬픔을 느낀다.

"내가 그 집에 도착해 헌터와 미미가 위선자이며 변덕이 심한 인간이라는 사실을 알았을 때, 내 영혼의 바깥 부분이 즐거움으로 충만한 것은 헌터가 경 쟁 상대가 될 수 없다는 사실을 확인했기 때문이었다. 그러나 마리아도 그들

집단의 일원이고, 어떤 식으로든 그들과 유사한 속성을 지닐 수 있다고 생각했을 때(아니, '느꼈을 때') 내 영혼의 가장 깊은 부분은 슬픔으로 물들었다."
(133/186-7)

황홀한 순간의 지극한 슬픔

그는 농장에 며칠 있을 생각이었지만 바로 다음 날 아침 일찍 떠난다. 그전날 마리아와 함께 해변을 걸었다.[31] 그들은 바위에 앉아 파도 소리를 들으며 (틴토레토의 그림 〈사라센인의 해난 구조〉를 연상시키는) 하늘을 바라보았다.

마리아는 사실 자신이 그 그림을 본 이후에 그를 애타게 그리워했다고 고백한다. 화자가 그녀를 만나기 위해 혼자 노력을 하고 그녀를 삶의 중심에 두고 오로지 그녀만 생각하며 견딘 것처럼 그녀 역시 그런 그리움을 안고 지낸 것이었으니. 그러면 서로 애타게 그리워하던 그들은 이런 그리움을 바탕으로 조화로운 관계를 유지할 수 있을까? 이런 고백은 시기를 놓친 것이 아닐까?

마리아는 "나는 당신과 함께 이 하늘과 이 바다를 바라보는 꿈을 셀 수 없이 꾸었어요"라고 얘기를 시작한다.

"이따금 우리가 이런 장면에서 늘 함께 살고 있었던 것처럼 느껴져요. 내가 전시장에서 당신 그림에 나타난 그 '창문의 여자'를 보았을 때, 당신을 바로 나 자신처럼 느꼈고, 당신 역시 어떤 사람을, 무언의 대화자를 무턱대고 찾고 있다고 느꼈어요. 그날부터 나는 늘 당신만 생각했고, 그리고 이곳, 내 삶의

---

31 그는 평소 알던 마리아와 다른 모습, 활동적이고 생명력이 넘치는 모습을 보고 놀란다. 그녀는 나무줄기, 마른 잎, 작은 벌레 한 마리의 색을 보며, 비릿한 냄새가 뒤섞인 유칼리나무 향기를 맡고도 열광한다. 그에게 생경한 그런 태도가 다른 남자에게는 익숙한 것이라고 생각하면서 슬픔과 절망감을 느낀다. 그의 슬픔은 파도소리와 해변의 파란 하늘을 배경으로 더욱 커져 간다. 그 감정은 그가 아름다움, 아름다운 것의 속성을 지닌 것 앞에서 느끼던 것이었다.

많은 시간을 보낸 바로 이곳에서 당신과 함께 있는 장면을 수없이 꿈꾸었어요. 어느 날 나는 당신을 찾아가서 내 심정을 솔직하게 고백하겠다는 마음까지 먹었어요. 하지만 나는 언젠가 한 번 착각한 적이 있었기 때문에 당신에도 착각할 수 있다는 두려움을 지니고 있었는데, 어찌 되었든 내가 찾고자 하는 사람이 바로 당신이기를 기대했어요. 나는 마음속으로나마 최선을 다해 당신을 도와주었고, 밤마다 당신의 이름을 불렀으며, 당신을 만날 수 있으리라 확신할 지경까지 이르렀는데, 문제의 그 엘리베이터 앞에서 뜻밖에 당신을 만나게 되었을 때 두려움 때문에 온몸이 마비될 정도였고, 바보처럼 말 한마디 못했던 거예요. 그리고 당신이 내게 실례했다고 무안한 마음으로 그 자리를 피했을 때, 나는 미친 사람처럼 당신 뒤를 쫓아갔어요. 그다음에 우리는 산 마르틴 광장에서 몇 번 만났는데 그때마다 당신은 내게 그동안의 경위를 설명할 필요가 있다고 믿었고, 나는 이러다가는 당신을 영원히 잃어버릴지도 모른다는 조바심과 내가 당신을 타락시킬지도 모른다는 두려움 사이에서 우왕좌왕하면서 당신의 정신을 다른 곳으로 돌리려고 애를 쓰곤 했어요. 그럼에도 불구하고 나는 당신의 기를 꺾고, 당신의 아리송한 말과 암호 같은 메시지를 내가 이해하지 못한 것으로 착각하도록 애썼어요."(137/198-199)

그는 조용히 아름다운 감정들과 음울한 생각들의 소용돌이 한가운데서 그녀의 멋진 목소리를 느끼고 있었다. 또한 지는 태양을 바라보면서 "마술처럼 황홀한 이 순간"이 자기 생전에 결코 되풀이 되지 않으리라고 느낀다. "결코 더 이상은 없어." 그는 현기증을 느끼며 그녀와 함께 발밑의 심연에 떨어지고 싶은 충동을 억제하느라고 애쓴다.

그는 어렴풋이 마리아의 조각난 말들을 듣고 있다. "오, 하느님……, 우리가 함께 있는 이 긴 시간 속에는 수많은 것들이 있습니다……. 무시무시한 것들입니다……. 우리는 이 경치의 일부일 뿐만 아니라 살과 뼈로 이루어진 작은 존재, 추악함과 무의미가 가득한 사소한 존재입니다……."

그는 마리아가 자신을 추악하고 무의미한 존재라고 말했지만, 자신이 고상하지 못하며, 마리아 역시 자기 같은 사람이 될 수 있고, 그런 사람이 될 수도 있다고 여기면서 서글퍼한다. 그는 그녀의 "몸을 찢고 목을 졸라서 바다에 내던지고 싶은 욕망"을 느낀다.

우리는 이런 아름답고 황홀한 순간의 빛으로 앞으로 닥칠 어두운 갈등의 미로를 밝힐 수 있기를 기대하지만, 황홀한 일치를 위하여 죽음도 두려워하지 않는다. 죽음이 사랑하는 두 존재를 온전한 하나로 만드는 방식인가? 그들은 자신들의 존재를 사랑의 제단에 바쳐야 하는가?

뒤이은 사소한 사건에서 그는 질투에 바탕을 둔 기이한 추론과 오해의 인식론으로 마리아에 대한 사랑을 극단적으로 표현한다.

마리아는 누구인가

그들이 농장으로 돌아오자 헌터가 몹시 흥분한다. 해변으로 산책 나가기 전에 아무 일도 없었기 때문에 그 사이 뭔가 이상한 분위기가 형성된 것 같았다. 그는 헌터가 질투를 하고 있으며, 그와 마리아 사이에는 단순한 우정, 친족 관

계 이상의 것이 있다고 생각한다. "물론 마리아가 그를 사랑하고 있다는 의미
는 아니었다. 오히려 마리아가 다른 사람을 더 소중하게 생각하는 사실을 안
헌터가 짜증을 냈을 가능성이 더 컸다. 어찌 되었건 헌터의 짜증이 질투심에
기인한 것이었다면 그는 내게 적대감을 보여주어야 하는데, 마리아 말고는 그
와 나 사이에는 서로 적대감을 느낄 만한 원인이 없었다." (139/205)

마리아와 헌터 사이에 있었던 다툼 때문에 그는 뜬눈으로 밤을 지새우며
"마리아가 사촌동생 헌터와 모종의 관계가 있을까?"를 두고 추론을 펼친다.

① 헌터가 질투심 때문에 마리아를 괴롭히고, 마리아가 그를 사랑하지 않
는다면, 마리아는 왜 자주 농장에 오는가? 농장에 홀로 살고 있는 헌터 때문
인가?

② 마리아가 헌터를 언급할 때마다 무관심한 태도를 취하는 까닭은?

③ 마리아가 그날 오후에 자신의 약점들에 대해서 말하면서 무슨 말을 하
고 싶었을까? 그녀에게 편지로 일련의 비열한 짓들(술에 취한 일, 창녀와 어울린
일 등)을 털어놓은 적이 있는데 그녀가 (자신이 "출항하는 배와 황혼에 물든 공원
같은 존재"가 아니라고 하면서) 그런 행동들을 이해한다고 말했다. 그러면 그녀
의 삶에도 나처럼 어둡고 야비한 점들이 있다는 것인가?

화자는 가혹한 결론에 이른다. "마리아는 헌터의 연인/정부(amante)다."
(141/208)

그는 날이 밝자마자 작별인사도 하지 않고 하인에게 떠난다는 말을 전해달
라고 당부하고 떠난다. 무한한 슬픔을 안고. 그는 그 후 며칠 동안 잘 기억나
지 않는 "잔혹한 나날들"을 보낸다.

그는 술에 취해서 쓰러져 있거나 항구의 벤치에서 며칠을 보낸 것 같은 불확실한 기억을 더듬는다. 하루는 술집을 몇 군데 전전하다가 깨어보니 경찰서 유치장에 있었다.

그는 마리아에게 (사실상 마지막) 편지를 쓴다. 먼저 도망친 이유를 설명하고 싶다고 하고 ('도망친'이 아니라 '떠난'으로 고친다) 그녀가 보여준 관심에 고마움을 표시하고 ('나에게'를 '나라는 인간에게'로 고친다), 그녀 자신이 알려준 것처럼 가끔씩 그녀가 '저속한 격정'에 사로잡히긴 하지만, 상냥하고 순수한 감정이 넘치는 사람임을 이해한다고 쓴다. 그리고 "출항하는 배나 공원에서 바라본 황혼의 가치", 곧 마리아의 가치를 정확하게 평가하지만, 그녀 자신이 상상할 수 있는 것처럼 ('상상할'을 '계산할'로 바꾼다) 그런 평가도 사랑을 유지하거나 증명하기에는 불충분하다고 쓴다. 어떻게 그녀가 헌터와 자면서 동시에 자기 남편과 자기에게 사랑한다고 할 수 있는지 도저히 이해할 수 없다고 쓴다. 그는 편지를 다시 읽어보고 고치면서 "충분히 공격적인" 점을 확인하고 그것을 보내고 만다.[32]

그 후에 그는 마리아와 함께 있었던 나무그늘에 앉아 행복한 시절을 회상한다. "내가 마리아를 의심하고 미워할 구체적인 이유가 있는가?" 그들 사랑의 가장 좋았던 순간들이 "섬세하고 조심스러운 태도로 내 영혼을 부드럽게 사로잡았다." 그의 슬픔은 불안으로 바뀌고, 마리아에 대한 증오가 자신에 대한 증오로 바뀐다.

그는 농장에 전화를 걸었지만 (바로 통화하지 못하고) 한 시간 뒤에 그녀 쪽에서 전화가 걸려온다. 그는 편지보다 더 심하게 공격한다. 처음에는 겸손하

---

32 실제로는 편지를 보내자마자 마리아가 헌터의 정부라고 유추한 이유가 무엇인지 밝히지 않았고, 그렇게 그녀를 상처입힘으로써 무엇을 얻을 수 있을지 의혹에 사로잡는다. 그녀의 마음을 나에게 돌리려는 것이라면 그렇게 해서는 안 될 것이다. "'그럼에도 불구하고' 나에게 돌아오기만을 간절하게 바라고 있는 것은 아닌가? 어떻든 마리아가 헌터의 애인이라는 결론은 공격적일 뿐 전혀 근거가 없는 가설에 지나지 않는다." 이런 생각 때문에 우체국에 다시 달려가서 그 편지를 돌려달라고 한바탕 소동을 부리지만 결국 돌려받지 못한다.

고 부드럽게 시작했으나, "그녀의 괴로워하는 듯한 목소리", "그의 질문에 전혀 답하지 않는 점" 때문에 흥분해서 점점 폭력적이 되면서, 자기 말이 옳고 그녀의 고통이 부당하다며, 그래서 자살할 것이라고 위협한다. 그래서 당장 만나야 한다고 요구한다.("또 한 번 서로에게 잔인하게 상처를 입히는 것 말고는 우리가 얻을 게 없을 거예요." "당신이 오지 않으면 난 자살할 거요.")

마리아와 만나기로 약속한 전날, 그는 기대감과 함께 증오심에 사로잡힌다. 그는 스스로를 경멸하면서 술집에서 여자와 어울리다가 그녀를 자기 화실로 데리고 온다. 그들이 함께 누웠을 때 무서운 생각이 스쳐간다. "그 루마니아 출신 여자의 표정이 언젠가 마리아의 표정에서 보았던 것과 흡사했다." 그는 기이한 결론에 이른다. "마리아와 창녀는 잠자리에서 유사한 표정을 지었다. 창녀는 쾌락을 느끼는 것처럼 가장했고, 마리아도 쾌락을 느끼는 것처럼 가장했다. 그러므로 마리아는 창녀다."(152/235-6)

이런 어처구니없는 결론에 이른 그는 결판을 내고자 결심하고 "과거의 모든 의심스러운 순간들"을 회상한다.[처음 통화할 때 목소리를 바꿈으로써 위장 능력을 보여준 점, 불가사의한 말들로 주위에 있던 흐릿한 그림자들의 존재가 드러난 점, "내가 당신을 해롭게 한다"는 말, 고통스러운 성냥불 장면, 처음에 키스를 거부했고, 자신의 증오심을 고백하도록 다그쳤을 때, 자기에게 육체적인 사랑만을 허용한 점, "육체적인 쾌감이 절정에 이르렀을 때조차도 어머니나 누이 같은 애정을 표현했기 때문에 나는 그녀가 육체적 쾌락을 못 이겨 흥분하고, 쾌락에 취해서 무심결에 무슨 말인가를 내뱉고, 절정에 이르러 얼굴 표정을 일그러뜨린다는 생각을 전혀 하지 못했다."(아옌데 같은 금욕주의자와 함께 살았기 때문에 배우기 어려웠을 것인데) 그녀의 특이한 성적 기교

그리고 그렇게 편지를 포기한 뒤에는 생각을 바꾸어서 편지를 잘 썼기 때문에 마리아에게 전해지는 것이 좋을 것이라고 스스로를 위안한다. 이처럼 그는 자기에게 필요한 일을 하는 것을 가로막는 장애물이 생기면 물불을 가리지 않고 투쟁하다가 막상 패배하면 그것을 받아들이고 시간이 지나면 그렇게 될 수밖에 없었다고 인정한다.

는? 남편을 사랑하는지 물어보았을 때 답하면서 자기감정을 교묘하게 꾸미거나 속일 수 있음을 보여준 점, 헌터의 어색한 질투, 바닷가 절벽에서 "언젠가 한번 착각한 적이 있었기 때문에"라고 한 말 - 누구와 언제, 어떻게 착각했단 말인가? 루마니아 여자와 함께 지낸 소름끼치는 장면, "자기 그림을 보고 웃던 짐승 같은 여자와 내가 그림을 그릴 수 있도록 북돋아주었던 그 연약한 여자, 마리아가 어느 순간에 같은 표정을 지닌다니! (……) 두 여자가 동일한 표정을 지녔다는 것은 결국 인간의 본성이 하나라는 슬픈 사실을 확인시켜주는 것이다. 빌어먹을!"(153/238-9)]

그녀의 부재

그는 늘 만나던 장소에서 만나기로 약속한다. 하지만 그녀는 서로 만나서 얻을 것이 없다고 염려한다. 둘 사이에 놓인 허약한 다리마저 부실해져서 자칫 서로에게 상처 입힐 수 있고, 게다가 헌터가 아파서 누워 있다는 것이다. 그는 그녀가 "거짓말을 늘어놓는"다고 생각한다.

"어쨌든 5시 정각에 만나는 걸로 합시다."

그는 그곳에 일찍 가서 기다린다. 그는 그들 사랑의 증인인 나무들과 오솔길들, 벤치들을 보면서 우울한 절망감에 사로잡힌다. 어떻게 "우리 사랑이 영원할 것이라"고 믿게 되었을까? 전에는 모든 것이 기적, 환상처럼 보였지만, 모든 것이 무의미한 것처럼 음산하고 차갑게 보였다. 만약 사랑을 잃는다면 "혼자 남게 될 수도 있다"는 공포에 휩싸인다. "마리아의 과거 남자 관계가 왜 나에게 중요하지?" "설령 그녀의 도움이 우리 두 사람이 서로 교감하던 순간에만, 우리 두 사람을 결합시켰던 신비스러운 사랑의 순간에만 제한적으로 작용했더라도, 나는 그녀의 도움을 결코 포기할 수 없으리라는 생각이 들었다." (156/246)

그래서 그녀의 사랑을 조건 없이 받아들이겠다고 결심한다. 그래서 새로운 삶을 시작할 수 있다는 생각으로 즐거워하기까지 한다.

그런데 마리아는 5시 반이 되어도 나타나지 않는다. 전화를 걸었더니 그녀가 농장으로 떠났으며 그곳에서 일주일 정도 머물 것이라고 한다. "그날 오후 그녀를 만나고 싶어 그토록 애타게 간청했건만, 그렇게도 그녀를 필요로 했건만!"(156/ 247) 그는 그녀가 자기를 버렸다고 생각한다.

"하지만 그녀가 공원에서 나를 위로하는 것과 농장에서 헌터와 자는 것 사이에서 갈등하다가 후자를 선택했음이 틀림없어."

그는 다시 아옌데 집으로 전화해서 마리아가 농장으로 떠나기 전에 농장에 있는 헌터의 전화를 받았다는 사실을 확인한다. 그는 "승리감과 고통"에 사로잡힌다. "예상했던 대로야! 무한한 고독과 어리석은 자부심, 내가 착각을 하지 않았다는 자부심이 동시에 나를 지배했다."

그는 그녀 대신에 그녀와 관련된 자신의 작품들을 공격 대상으로 삼는다. 그는 칼을 들고 화실에 들어간다. 자신의 옛 그림들이 더 이상 의미가 있을 리 없었다. "그 해변이, 내가 그토록 원했지만 항상 내게서 멀리 떨어져 있던 그 여자가, 그 기다림이 산산조각 나는 모습이 내 눈에 맺혀 있는 눈물을 통해서 혼란스럽게 드러났다. 나는 화포 조각들이 더러운 걸레로 변할 때까지 발로 짓밟고 뭉개버렸다. 이제 앞으로 그 어리석은 기다림에 대한 회답은 결코 받을 수 없을 거야! 나는 그 기다림이 전혀 쓸모없다는 사실을 그 어느 때보다도 절실하게 깨달았다."(157/249-250)

터널, 그 안과 바깥

그는 친구의 차를 몰고 시속 130킬로미터의 속도로 그녀에게 달려간다. 갑자기 그녀가 뚫을 수 없는 유리벽 뒤에 존재한다고 느낀다. 그녀의 모습을 볼 수는 있지만 목소리를 들을 수도, 몸을 만질 수도 없다.(158/251-2)

그는 "자책과 증오와 사랑이 뒤섞인 감정들"이 명멸하는 가운데 그녀가 자기를 버린 이유를 가장 냉혹하게 상상하면서 "고통스러운 쾌감(el doloroso placer)"을 느낀다. "한쪽에는 내가 있었고, 그날 오후 나를 만나기로 약속했었다. 무엇을 하려고? 모호하고 거북한 문제를 얘기하려고, 다시 한 번 유리벽을 사이에 두고 얼굴을 마주 보려고, 우리 각자의 초조하고 절망적인 시선을 서로 바라보려고, 우리의 신호들을 이해하려고 하고. 유리벽을 통해서 헛되이(vanamente) 서로를 만지고, 더듬고, 애무하고 싶어서, 그런 불가능한 꿈을 다시 한 번 더 꾸려고. 다른 한 쪽에는 헌터가 있었고, 그가 전화기를 들고 부르기만 하면 그녀는 그의 침대로 달려갈 수 있었다. 이 모든 건 정말 해괴하고 서글픈 짓이야!"(158-9/252-3)

그는 밤늦게 농장 근처에 도착해서 차를 국도변에 세워놓고 농장까지 걸어간다. 농장에 도착하니 아래층에 불이 환하게 켜져 있었다. 그는 저택이 보이는 공원에서 기다린다.

끝이 보이지 않는 기다림 속에서 시간이 무심하게 흘러갔다. 무심한 시계 속의 시간은 감정, 운명, 사랑, 죽음과 무관했지만 그가 겪는 시간은 무한하고 복잡했다. 그의 시간은 "온갖 사물, 과거로의 회귀로 가득 차 있었고, 어떤 때는 격렬하게 소용돌이치는 검은 강이었다가, 어떤 때는 이상할 정도로 잔잔한 바다, 마리아와 내가 그 안에서 꼼짝도 않고 서로 바라보는 정지된 바다, 영속하는 바다와 같았고, 다른 때는 다시 강으로 변하기도 했고, 우리를 어린 시절의 꿈처럼 끌고 가기도 했다. 그 시간 속에서 나는 말을 탄 그녀가 바람에 머리카락을 휘날리면서 몽롱한 시선으로 질풍처럼 달리고 있는 모습을 보곤 했고, 남쪽 마을 내 고향에서, 내 병실에서 유리창에 얼굴을 붙인 채 역시 몽롱한 시선으로 눈을 바라보고 있는 내 모습을 보곤 했다."(159/254-5)

그는 두 사람이 터널 속에 있다고 생각한다. 평행한 채로 이어지는 상이한 통로들 속에……

"우리 두 사람은 그녀만을 위한 기호로서 내가 그려놓았고, 내가 이미 그곳에 있고 그 통로들이 결국에는 서로 연결되어 있으며, 두 사람의 만남의 시각이 도래했다는 것을 비밀스럽게 알리는 것으로서 내가 그려 놓았던 장면을 배경으로 삼아서, 그 통로들 끝에서 서로 만나기 위해 비슷한 시각에 떠돌아다니는 비슷한 영혼들처럼 한 사람이 다른 사람 옆에서 동시에 가고 있다는 사실을 모르고 있었다."(160/255)

그들은 그 통로를 통해서 만날 것이다. 그런데 그 만남은 어떤 방식으로 이루어질까? 두 통로가 합쳐지고 두 영혼이 서로 소통할(communicado) 수 있는가? 통로는 만남의 매체인가, 아니면 분리와 파국을 초래하는 장애물인가?

그 통로를 가르는 유리벽 때문에 "마리아를 볼 수"는 있지만 통로는 여전히 평행선을 이루고 있고, 유리벽이 가끔 검은 석벽으로 변해서 건너편에서 무슨 일이 일어나는지 알 수가 없다. 보이지 않을 때 그녀에게 어떤 사건들이 일어날까?

"그런 순간들에는 그녀의 얼굴이 변하고, 우롱하는 듯한 그녀의 표정이 그녀의 얼굴을 일그러뜨리고, 그녀가 다른 남자와 웃음을 교환할 것이고, 통로에 관한 모든 이야기는 나의 우스꽝스러운 고안이거나 나의 믿음이었고, '어떻게 되었건 통로 하나가, 어둡고 외로운 터널 하나, 나의 터널이, 나의 유년 시절, 청년 시절, 내 일생이 지나갔건 터널'이 있었다는 생각이 들었다." (160-1/256)

그는 순진하게도 석벽 사이에 있는 투명한 부분들을 통해서 그녀가 자기 터널과 평행한 다른 터널로 자기에게 오고 있다고 믿었다. 하지만 그녀가 만남이 보장된 평행한 터널에 있는 것이 아니라면? 자기 혼자서만 터널에 갇혀 있고, 그녀는 그 바깥의 '다른' 세계에 살고 있다면?

"이 아가씨는 실제로 어느 넓은 세계, 사람들이 터널에서 살지 않는 제한받지 않는(sin límites) 세계에 속해 있었다. 아마도 그녀는 호기심에 이끌려 나의 특이한 창문 가운데 하나에 다가와서 구제할 수 없는 고독에 빠져 있는 내 모습을 몰래 보았을 것이다. 아니면 내 그림의 침묵하는 언어(lenguaje mudo), 열쇠(clave)가 그녀를 곤혹스럽게 했을 것이다." (160/257)

그가 좁고 어두운 통로를 지나가는 동안에 그녀는 바깥에서 마음껏 누리는 생활을 했을 것이다. 그는 그녀가 더 이상 자신의 의지대로 만날 수 있는 세계 안에 있지 않을 수도 있음을 인정한다. 그가 상상하는 다른 세계에서 그녀는 어떤 삶을 살았을까? 그는 그녀가 춤과 파티를 즐기면서 "일상적이고 자극적인" 삶을 살 수도 있고, "기이하고 부조리한" 삶이나 "유쾌하고 부질없는" 생활을 한다고 상상하기도 한다. 그런데 그녀와 그의 삶은 무관하지 않다. 그가 그녀에게 갈 수는 없지만 그녀가 그에게 오거나 그의 삶에 관심을 가질 수도 있으니까.

"그런데 내가 내 창문 가운데 하나를 지나갈 때, 가끔씩 그녀가 말없이 초조한 표정으로 나를 기다리곤 했다.(왜 나를 기다리는 것일까? 왜 말없이 초조한 표정을 짓고 있을까?) 하지만 그녀가 시간에 맞춰 도착하지 않거나 가끔 통로 안에 갇혀 있는 이 가엾은 존재를 잊을 때도 있었다. 그러면 나는 얼굴을 유리벽에 바짝 붙인 채 저 멀리서 해맑은 미소를 머금고 있거나 태평스럽게 춤을 추고 있는 그녀의 모습을 바라보았다. 최악의 경우에는 그녀의 모습이 전혀 보이지 않아서 그녀가 접근할 수 없는 장소나 아주 추잡한 곳에 있으리라고 상상하기도 했다. 그럴 때면 내 운명은 상상했던 것보다 더할 수 없이 고독했다."(160-1/256-7)

그가 이처럼 바다와 터널을 상상하고 있을 때 그녀와 헌터가 팔짱을 긴 채 천천히 계단을 내려왔다. 그들의 모습을 보는 순간 그는 심장이 얼어붙고 딱딱해지는 것을 느낀다. 그는 그녀가 그의 고통을 속속들이 알고 있으면서도 '의도적으로' 그를 지옥에 내던진다고 생각(하고 싶어)한다. "그럼에도 불구하고 그녀는 내가 자기를 필요로 하고 있다는 것도, 내가 그날 오후 자기를 기다리고 있었다는 것도, 내가 쓸데없이 자기를 기다리면서 매 순간마다 엄청난 고통을 겪었으리라는 것도 알고 있었다. 그럼에도 불구하고 그녀는 자신이 평온한 상태에서 즐기고 있는 바로 이 순간 내가 추리와 상상으로 지은 완벽한 지옥에서 고통 받으리라는 사실을 '알고 있었다.' 금방이라도 부서질 것 같은 저 연약한 여인의 가슴에 그토록 무자비하고 냉혹하고 추잡한 짐승이 도사리고 있을 수 있다니!"(161/258-9)

그의 사고에는 더 이상 자신이 그녀를 괴롭힌 일이라든가 그녀의 상황에 대한 배려, 자신과 다른 그녀가 원하는 바가 무엇인지에 대한 고려는 존재하지 않는다. 그의 앞에는 용서받을 수 없는 그녀만 존재할 뿐이다. 물론 그녀의 죄는 사랑을 배신한 것이다.

그는 마리아가 그 어리석은 인간과 팔짱을 끼고 함께 공원을 걸어 다니고, 향기를 맡고, 풀밭에 앉아서 즐기면서도, 자기가 "내장을 파먹는 굶주린 구더기들"에게 시달리며 "검은 사막"에 있을 것이라는 사실을 알고 있다고 여긴다. 그녀는 자신의 고통을 즐기고 있는가?

그는 마리아와 그 남자가 자기("터널 속에 있는 그 우스꽝스러운 남자")를 비웃는다고 여긴다. 그 두 사람은 오랫동안 공원을 거닐다가 비가 내리기 시작하자 집으로 들어간다. 잠시 후 헌터의 침실에 불이 켜진다. 다음에 다른 침실의 불이 켜져야 한다. 그런데 끝내 다른 방의 불은 켜지지 않았다. "오, 하느님. 그 순간 무한한 고독의 감각으로 내 영혼이 얼마나 텅 비어버렸는지 말할 힘조차 남아 있지 않아요! 무인도에 갇혀 있는 나를 구해줄 수 있는 마지막

배가 구해달라는 내 신호를 못 본 채 멀리 스쳐 지나가버린 것 같은 절망감을 느꼈다."(162/261)

사랑하였으므로……

이제 그가 그녀를 죽이는 마지막 장면이 남아 있다. 그녀를 응징하는……. 그는 그녀를 왜 처벌하려는 것일까? 무슨 이유로? 무엇을 얻기 위해서? 어떤 감정이나 충동을 만족시키기 위해서? 이런 행위가 "그녀를 사랑했다" 또는 "지금도 사랑하고 있다"는 주장으로 정당화될 수 있는가?

그는 폭풍우 속에서 창살에 의지해 그녀의 침실이 있는 2층까지 기어 올라간다. 떨리는 손으로 칼을 움켜쥐고 침실 문을 연다. 그는 그녀 곁에 선다. 그를 발견한 그녀가 외친다.

"뭐하는 거예요, 후안 파블로?"

"당신을 죽이려고 왔소. 마리아! 당신이 나를 홀로 버려두었잖소."(163/263)

그는 울면서 그녀의 가슴에 칼을 꽂는다.[33]

그는 그녀를 죽인 후에 곧바로 부에노스아이레스로 달려가 남편 아옌데를 찾는다. 그는 아옌데에게 소리 지른다. "방금 농장에서 돌아왔소! 마리아는 헌터의 정부였소!" 아옌데가 자기 말을 믿지 않자 다시 소리 지른다. "마리아는 나의 정부이기도 하고, 다른 많은 남자들이 정부이기도 하단 말이오."

---

33 "그녀는 턱을 악물고 두 눈을 감았는데, 내가 피가 뚝뚝 떨어지는 칼을 뽑자 안간힘을 써서 눈을 뜨더니 고통에 찬 비굴한 시선으로 나를 쳐다보았다. 그 순간 갑작스러운 분노가 내 영혼에 불을 질렀고, 나는 그녀의 가슴과 배를 여러 차례 더 찔렀다."(같은 곳)

그는 무서운 쾌감을 느낀다. "내가 당신을 속인 게 아니라 그녀가 우리 모두를 속였소! 하지만 이제 누구도 속일 수 없소. 이해하겠소? 그 누구도! 그 누구도 속일 수 없다니까!"

"이런 미친 놈(insensato) 같으니!"(163-4/264-5)

그는 자수한다.(나중에 남편 아옌데는 자살한다.)

공판 과정에서 화자가 그림의 창문 장면을 언급하자 사람들은 웃는다. 그는 자기 안에서 "시커먼 동굴"이 점점 커지는 것을 느낀다.

감옥에서 자신의 행위, 자신의 사랑을 고백한 화자가 마지막으로 남기로 싶은 말은 "사랑한다"일 것이다. 물론 이 사랑은 마리아라는 유일한 대상에게 바치는 것이다.[사랑한다는 말은 우리에게는 '사랑했다'로 들리지만 그에게는 현재형이어야만 할 것이다. 그가 곧 다가올 죽음을 두려워하지 않는다면 사랑의 현재(진행)형에 자기를 던지고 싶기 때문일 것이리라.]

"내 그림을 제대로 이해했던 사람은 단 한 사람 밖에 없었다(sólo existió un ser). 하지만 이 작품들은 우둔한 관점을 지닌 비평가들로부터 날이 갈수록 더 칭찬을 받을 것임이 틀림없다. 그리고 이 지옥의 벽들은 날이 갈수록 더욱더 밀폐된 상태가 될 것이다."(165/268)

참고문헌

Sábato, Ernesto, *El túnel*, Catedra, 1989.

에르네스토 사바토, 『터널』, 조구호 옮김. 이룸, 2006.

8. 사랑의 복잡성

— 모랭의 사랑철학

사랑, 이성과 광기의 통일

사랑을 겪어본 이들이라면, 사랑이 이런 것인가 하면 저런 것이고, 또한 저런 것이면서 동시에 이렇기도 하다는 것을 잘 알 것이다. 사랑하는 감정, 사랑하기와 사랑 받기, 사랑에서 하는 말과 행동, 사랑의 의미 등은 단순하지 않다. 사랑의 고통에 몸부림치는 이는 그 고통을 벗어나고자 하면서도, 또 그 고통을 사랑과 함께 껴안고자 한다. 사랑은 천국과 지옥을 오가는 것이고 고통만큼의 행복을 주는 것이면서 기쁨과 슬픔의 두 얼굴을 지닌 것이다. 자유를 추구하면서도 기꺼이 사랑의 노예가 되고자 하고, 사랑하기 때문에 헤어질 수 있는가 하면, 사랑하는 만큼 지독하게 미워하고 상대를 파멸에 빠뜨리려고 애쓰기도 한다. 어느 것이 사랑의 참된 모습인가? 사랑의 얼굴은 몇 개인가?

'사랑은 무엇인가?'라는 질문에 '사랑은 A다.' 또는 '사랑은 B-D다'라고 답할 수 있다. 이 경우 사랑은 A라는 규정할 수 있는 대상, B-D라는 (좀 더 복잡해 보이는) 여전히 규정 가능한 대상이다. 과연 사랑을 이렇게 '어떤 것'으로 정의할 수 있는가? 사랑은 이것이거나 저것, 또는 이것과 저것의 합(또는 저것 없는 이것)인가?

질문을 바꿔보자. 사랑은 단순한 것인가, 복잡한 것인가? 사랑 앞에서 갈등하는 수많은 주인공들은 상반되는 사랑의 두 얼굴(또는 열 가지 얼굴)을 하나로 합치거나 단일한 것으로 환원하고자 한다.

단 하나의 얼굴만 지닌 것으로 단순화된 사랑은 '이것'이다. (사랑은 '미친 짓'이다. 사랑은 인간에게 주어진 최고의 선물이다. 사랑은 떠난다고 말하는 그녀에게 아무런 말없이 고이 보내며 진달래꽃 사뿐히 즈려 밟고 가라고 속울음을 우는 것이다.) 그런데 이런 단순한 사랑으로 사랑이 지닌 역설, 모순, 불확실성들을 이해할 수 있을까? 이런 단순한 사랑관은 사랑의 역설과 모순을 무시하거나 사랑에 서투른 자의 둔한 판단, 어리석은 행위 탓으로 돌릴 것이다.

복잡성(complexité)의 이론가 에드가 모랭은 '기초 인류학'에서 인간을 이성적 인간(homo sapiens)이나 미친 인간(homo demens)이 아니라 '이성적이면서 동시에 미친 인간(homo sapiens-demens)'으로 본다. 인간은 이성적이지만 동시에 예술을 즐기고, 이미지와 허구 세계를 창조하고, 놀이에 몰두하며, 축제에서 열광하고, 꿈을 꾸고 사랑하는 점에서 미친 인간이기도 하다.

이런 인간은 선의와 악의를 동시에 지닌다. 인간은 약점, 무가치한 결점을 지니고 더없이 잔인하지만 동시에 배려하고 우아하기도 하다. 파괴와 창조의 가능성을 함께 지니고, 의식과 무의식을 동시에 지닌 양면적인 존재이다.

그러면 이런 복잡한 존재인 인간에게 사랑은 어떤 것일까?

사랑은 이성적 원리를 지니는가, 아니면 광기에 지나지 않는가?(플라톤은 「파이드로스」에서는 사랑을 신성한 광기로 보고, 「향연」에서는 에로스가 진리에 이르는 통로이고, 에로스를 통해서만 진리를 얻을 수 있다고 본다.) 사랑이 광기에 넘치는 것이라면 사랑에는 이성적 측면이 전혀 없는가? 거꾸로 사랑이 이성적 인간의 작업이라면 사랑에 내재하는 열광과 광기의 측면을 모두 제거해야 하는가? 사랑하는 대상을 선택할 때, 사랑할 때, 질투에 내몰릴 때, 사랑의 위기가 닥칠 때 이성의 깃발을 높이 들고 모든 것을 합리적으로 결정해야 하는가? 이런 사고는 사랑의 한 측면에만 매달림으로써 사랑을 단편화, 단순화, 일면화할 뿐이다.

모랭의 복잡성의 사고는 상반되는 이성과 광기를 사랑에서 함께 사고하고, 사랑의 역설, 모순, 모호함, 불확실성 같은 측면들에 주목한다. 그는 사랑이 "이성과 광기가 통일되는 정점"(Morin, 1997, 32)[34]에 있다고 본다. 이성과 비이성을 고립시켜 그 하나만 주장하는 것이 단순화하는 모델이라면, 사랑에서도 이성이나 광기만으로 사랑을 단순화하는 사고를 벗어날 필요가 있다.

우리가 이런 정의에 만족하지 못하더라도 사랑의 복잡성을 부정하기는 어려울 것이다. (인간이 이성적이고 '그리고' 광기를 지닌 것이 아니라 이성적이고 '동시에' 광기를 지닌 것처럼) 사랑은 이성과 광기라는 상반된 것을 동시에 지니고 상반된 힘에 이끌리고 그런 힘을 하나로 모아야 하는 복잡한 관계이다.

복잡성이란 뗄 수 없이 결합된 이질적인 구성요소들의 조직(tissu)이다. 그렇다면 사랑은 다양하고 상이한 실들로 짜여진 '하나'의 천이다. "(당신을) 사랑해요(je t'aime)"라는 말의 명백한 정합성 뒤에는 상이한 구성요소들의 연합들이 있다.(A16)

이를테면 사랑에는 물리적, 생물학적 구성 요소가 있는가 하면, 신화적, 상상적인 구성요소들도 있다.(신화와 상상은 단순히 상부구조이거나 환상에 지나지 않는 것이 아니라 심층적인 인간 현실이다.)(A16-7)

사랑은 역설을 지닌다. 한 예로 사랑은 신체적 존재에 뿌리박고 있어서 사

34 모랭의 『사랑, 시, 지혜(Amour, Poésie, Sagesse)』를 A로 줄여 쓰고 해당 쪽수를 밝힌다.

랑이 말에 앞서지만, 동시에 정신적, 신화적 존재에 뿌리박고 있으므로 말이 사랑에 앞선다. 이런 점에서 사랑은 말에 따르면서 동시에 말에 앞서는 역설적인 것이다.(A17)

사랑에 관해서 말하지 않는 문화들이 있다. 사랑을 말하지 않는다고 해서 사랑이 나타나지 않고 존재하지도 않는다고 할 수는 없다. 사랑에 침묵하는 문화에서 사랑은 말하지 않음(non-dit)을 강조하는 방식으로 존재하는 어떤 것인가? 라 로슈퓨코는 만약에 사랑의 소설들이 없었다면 사랑을 알 수 없으리라고 지적한다. 그러면 사랑의 문학은 사랑에 구성적인가? 그것은 사랑을 촉진하고 드러나게 하고 감각 가능하고 활동하도록 하는가? 모랭은 이런 사랑에 관한 말에서도 복잡성이 작용한다고 본다. 진리와 함께 환상과 기만이 표현되기 때문이다. 사랑하면서 정직하게 있는 그대로, 느낀 대로 얘기하는 것이 얼마나 많은 어려움을 낳는지! 그렇다고 '적절한' 과장과 환상을 이용하는 곡예가 능사는 아니다.(A17-18)

인간화 과정과 사랑

생물학적 진화 과정과 관련해서 사랑이 어떤 측면들을 포함하고, 인간화 과정(hominisation)에서 사랑은 어떤 고유성을 지니는가?

동물의 삶에서 사랑의 기원을 찾을 수 있다. 인간은 포유류에서 진화해왔으며, 정서적 성격(affectivité)은 포유류들에게서 발전된 것이다. 사랑은 동물적 원천을 지닌다. 새들은 영장류나 포유류보다 우리에게 더 가까운 현상들을 표명한다. 서로 짝을 이루어 평생을 함께하는 한 쌍의 새들은 "천생연분(inséparables)"이라고 할 만하게 대부분의 시간을 (거의 강박적으로) 입맞춤하면서 보낸다. 상이한 두 성 간에 "사랑스러운 뽀뽀(charmants petits bécots)"를 멈추지 않으면서 어쩌면 그토록 강렬하고 공생적인 관계를 유지하는지!

그런데 포유류에게는 그 이상의 것인 체온이 있다. 온혈동물들의 체모에는 따스한 기운이 있다. 새끼 포유류는 차가운 세계에서 미숙한 채로 태어난다. 그들은 분리된 상태로 태어나지만 발육 초기에 엄마와의 따스한 결합 속에서 살아간다. 이런 분리 속의 결합(l'union dans la séparation), 결합 속의 분리는 사랑에 특징적이다. 유아와 엄마가 맺는 이런 감정적(affective)이고 강렬한 (intense) 관계는 영장류와 인간들에게서 변형되고 연장되고 확대된다. 침팬지에게서 엄마와 자식 간의 관계는 자식이 어른이 될 때까지 지속된다.(이때 근친상간은 존재하지 않는다.)(A 19-20)

인간화 과정에서 성인 인간은 어린 시절과 청년기의 다정함(affectivité), 정서적 강렬함을 보존하고 발전시킨다. 포유류는 이런 다정함을 응시, 입, 언어, 소리로 표현한다. 입에서 비롯되는 이것들은 언어에 앞서는 사랑의 말과 같은 것이다. 아기를 핥아주는 어미, 손을 핥는 개의 경우에 이것들은 이미 인간세계의 입맞춤을 표현한다고 할 수 있다.(A20)

사랑의 동물적, 포유류적인 뿌리와 관련해서 볼 때, 인간화 과정에서 비롯된 호모 사피엔스에게는 남성과 여성 사이의 성적 이끌림이 영속적이다. 영장류의 경우에는 (암컷이 매력적이 되는) 발정기가 정해져 있어 성은 주기적으로 제한되지만, 인류는 성적 매력이 기간 제한을 받지 않고 지속된다. 게다가 다른 영장류에게서 교미는 후위로 이루어지지만 인류는 얼굴과 얼굴을 마주한 관계(face-à-face)를 갖는다. 그 때문에 얼굴은 특이한 역할을 한다.[35]

제인스(Julian Jaynes)에 따르면(『의식의 기원과 정신의 분열』) 고대 제국들에서 인간 정신은 단일하지 않고 양원제적(bicaméral:兩院制的)이다. 우리의 뇌에는 단순히 두 개의 반구가 있는 게 아니라 별도로 두 개의 방이 갖춰져 있다.

첫 번째 방에는 위로부터 오는 것, 곧 신들, 신-왕(roi-dieu), 사제들, 제국 등의 초월적 질서들이 있다. 개인들은 명령받은 대로 좀비처럼 복종한다. 이는 사회의 명령이 신성한 본성을 지니거나 신성화되기 때문이다. 두 번째 방은 사적인 삶으로 이루어진다. 사람들은 휴식을 취하고 자녀들과 다정하고 친밀한 정서적 관계를 갖고, 부인과 정서적, 성적 관계를 갖는다.(두 가지는 분리된 것인데 신성한 것, 종교적인 것은 단 하나의 방에 집중된다.(A22)

그런데 5세기 아테네에서 뜻밖에도 의식(conscience)이 출현(irruption)하는데, 이는 두 방이 소통함을 보여준다. 특정한 시기에 첫 번째 방의 과도한 신성함이 멈추고 상이한 측면들이 서로 마주보게 된다. 권력을 얻은 신성함은 추락하고 개인 존재에 고착되는데, 이 대상이 바로 사랑받는 존재(l'être aimé)다.

개인이 자율성을 얻고 그것이 개화하는 경우에, 사랑은 주제화되고 그것 자체로 인정받는다. 신성하고, 숭배되고 찬양받는 모든 대상은 구체적인 살을 지닌 인간에게 투사될 수 있다. 그런 인간은 사랑이 고착된 대상이 된다. 사랑은 신성한 것과 통속적인 것, 신화적인 것과 성적인 것의 만남으로 구체적

---

35 호모 사피엔스를 특징짓는 결정적인 요소는 성교의 강렬함이다. 인간학적 관점에서 고대, 근대 사회에서 제례의식, 축제, 숭배 등과 관련된 황홀경 같은 이차적인 상태의 현상들이 나타난다. 여기에서 현존하는 것뿐만 아니라 신성한 것과 시와 연결된 이차적인 상태의 황홀경을 추구하는 것도 볼 수 있다. 신화들, 숭배, 존경, 찬양 현상들 주변에서 고대 인간들에게서 신성화된 인격이 나타난다.(A21)

인 형상을 얻는다. 신성한 대상에 쏟는 애정이 통속적인 대상을 지향하고, 평범한 대상이 신성한 존재로 여겨진다. 이 과정에서 다른 개인들과 관계 맺으면서 점점 더 신비하고 황홀한 경험, 숭배와 신성한 경험을 겪는다.(A23)

욕망이 나타날 때 성적인 존재는 (그들로부터 아주 멀리 온 것과 그들을 넘어서는 것의) 이중적 소유/사로잡힘(double possession)에 예속된다. 성이 명시적으로 드러나는 재생산의 주기, 유전학은 우리를 소유하는/사로잡는 것이자 동시에 우리가 소유하는/사로잡는 어떤 것이기도 하다. 우리는 재생산과 유전법칙에 조건 지워지지만, 그 조건을 바탕으로 욕망과 사랑을 인간적으로 조직한다. 이런 욕망이 첫 번째 사로잡음이다.(A23)

또한 신성한 것, 종교적인 것에서 비롯되는 것 역시 우리를 사로잡는다. 성적 생활의 기원에서 비롯되는 신체적 사로잡음은 신화적인 것에서 오는 신체적 사로잡음과 만난다. 이런 마주침에서 사랑이 문제가 된다. 곧 우리는 이중적으로 사로잡히고 우리는 우리를 사로잡는 것을 사로잡는다. 고유한 자산인 신체적 동기와 신화적 동기가 맞물린다.(A24)

사랑의 질서와 무질서

그러면 욕망과 사랑의 비사교성/야만성(sauvagerie)을 어떻게 이해할 수 있는가? 이 질문은 사회질서와 관련된다. 동물 사회의 구성원들은 제도를 지니지 않지만 규칙에 따른다. 예를 들어서 우두머리 수컷이 대부분의 암컷들을 독차지하는 경우에 다른 수컷들은 짝짓기에서 배제된다.(이것이 위계적 규칙과 관련된 것일 수 있지만 그렇다고 제도적인 규칙이 있다고 하기는 어렵다.)

반면 인간은 제도들을 창조하고 족외혼, 부모 되기 규칙들을 제도화하고 결혼을 엄격한 양식으로 규정한다. 모랭은 인간 사회에서 결혼이 사회적 범주들의 동질성에 복종하는 점이 놀랍지만, 욕망의 현상과 극복된 사랑 현상이 이런 규칙들을 위반하는 점도 놀라운 일이라고 지적한다. 사랑과 결혼은 두 얼굴을 지니고 있다.

"물론 사랑은 지나치게 족내혼적(endogame)이고, 근친상간적이 되지만 또한 사랑은 지나치게 족외혼적(exogame)이고, 사생아적(adultérin)이고, 집단, 부족, 조국을 배신하기도 한다."(24-5) 이런 사랑의 비사교성(sauvagerie)은 은밀함과 위반으로 나타난다.

(문화적, 사회적 개화로 고양된) 사랑은 사회적 질서에 복종하지 않는다. 사랑은 사회적 장벽들을 무시하고, 그것들을 깨뜨리고 위반한다. 이런 사랑은 "보헤미안의 자식"이다.(A25)

'신화로 경험된 사랑'과 '욕망으로 경험되는 사랑'이 분리(séparation)되는 양극화도 문제이다. 한 극단에서는 열광적으로 정신적인 사랑을 찬양하고, 다른 극단에서는 성이 동물성(bestialité)에나 어울린다고 생각하거나 매춘에 내맡긴다. 이를 사랑의 '저주받은 부분'이라 할 만하다.

이런 사랑의 양극성이 개인을 숭고한 사랑과 저속한 욕망으로 분열시키지만, 양 극단 사이에서 대화와 소통이 마련되기도 한다. 신체의 충만함과 동시에 영혼의 충만함이 만나는 행복한 순간들이 있기 때문이다.(A25-6)

사랑의 인문학

우리는 사랑에서 결합뿐만 아니라 분리도 볼 수 있다. 이런 까닭에 헤겔이 사랑의 고유함을 "일치(union)와 불일치(désunion)의 일치"라고 한 점을 이해할 수 있다.(사랑의 일치에는 불일치가 내재하고, 불일치와 긴장관계를 지닌 일치는 영속적인 지위를 누릴 수 없다. 상반되는 두 힘은 긴장, 갈등 관계를 이루면서 대립하면서 서로를 보완한다.)

욕망, 성을 포함하는 사랑은 매춘에 고착될 수도 있다. 그렇지만 참된 사랑은 성교에서 존속하는 것으로 확인되는데, 사랑 없는 욕망은 성교 이후의 슬픔으로 해소되고 만다. 모랭은 인간을 성교 이후에 슬픔에 빠지는(homo triste post coitum) 존재라고 보는 냉소적인 관점에 대해서 사랑하는 주체에게는 성교 이후의 행복(felix post coitum)이 가능하다고 지적한다.(A26)

사랑에 내재하는 파괴와 재생

사랑은 영속적인가? 사랑에는 사랑을 파괴하고 해체하는 힘이 있다.

열역학적 사고에서 모든 대상은 내적 파괴의 원리에서 벗어날 수 없다. 사랑은 퇴락과 보편적 해체의 원리인 '열역학 2법칙'에 예속된다. 그렇지만 생명체는 그 법칙에 맞서서 엔트로피를 지속적으로 낮추면서 나름의 항상성(homeostasis)을 유지한다. 그들은 자신에 내재하는 고유한 해체를 바탕으로 삼아서 존속한다.(A26-7)

(슈뢰딩거는 생명체가 마치 열역학 2법칙에 따르지 않는 것처럼 보인다고 하면서 살

아 있는 조직의 역설적 측면을 지적한다. 모든 물리 체계가 쉴 새 없이 엔트로피를 증가시키고, 질서를 파괴하고, 무질서를 증가시키는 방향으로 작동하는 데 반해서, 생명 기계는 엔트로피를 낮추면서 조직을 증식하고 재생산할 수 있는 '발생적' 가능성을 지닌다.)

산다는 것은 무엇인가? 생명은 죽음과 어떤 관계를 맺는가? 생명과 죽음은 서로 무관한 별개의 것인가, 살아 있는 것은 살아 있고 죽음은 그 바깥에 삶과 무관하게 존재하는 것인가?

헤라클레이토스는 자신의 단편을 통해 "죽음 속에서 살고, 삶 속에서 죽는다"고 지적한다.[36] 삶과 죽음이 맞물리는 과정에서 생명체는 해체되면서 동시에 조직되는 과정적 존재이다.

세포들은 퇴락하면서(se dégradent) 죽지만 다른 세포들로 대체된다. 생명체는 해체 과정을 이용해서 스스로를 젊어지도록 한다. 생명체는 스스로를 쇄신하는 능력을 지녔다.〔작동하기 시작하면서부터 쇠퇴하는(se dégrader) 인공기계와 다르다.〕

이런 관점에서 사랑을 어떻게 볼 수 있는가? 사랑에는 어떤 적대성이 들어 있고, 또 사랑은 그것을 재생으로 전환시키는 힘을 어떻게 마련하는가? 사랑도 끊임없이 다시 태어나면서(en renaissant) 나름의 항상성과 연속성을 유지한다.(A27)

돌멩이와 촛불 앞에서 "우리 사랑 영원히!"라는 소망을 살펴보자.

생명 조직과 물리적 조직은 근본적으로 다르다. 생명체는 열린계로서 (닫힌계로서 에너지가 감소하는 경우와 달리) 주변 세계와 에너지, 정보, 물질을 교환

---

36 헤라클레이토스의 단편 116 "불사자들(athanatoi)은 가사자들(thnēētoi)이고 가사자들은 불사자들이다. 저들의 죽음을 살고, 저들의 삶을 죽으니까"에서 인용한 구절이다.

하면서 항상성을 유지한다.

돌멩이 같은 닫힌계는 외부와의 물질, 에너지의 교환 없이 평형상태로 있다. 반대로 촛불 불꽃의 항상성, 세포나 유기체의 내적 환경의 항상성은 평형에 매어 있지 않으며, 에너지 흐름에 비평형적이다. 이런 비평형은 오히려 계의 평형을 유지시켜 안정성과 연속성을 마련한다. 따라서 안정되고 항상적인 상태는 역설적이다. 촛불의 불꽃이나 유기체에서 구조들은 구성요소들이 바뀜에도 불구하고 같은 것으로 유지된다. 열린계는 비평형을 통해서 안정된 역동성을 유지한다.

따라서 사랑이 바위처럼 단단하고 변치 않는 것이길 바라는 것은 열역학 법칙을 무시하는 것에 지나지 않는다. 사랑은 닫힌계가 아니라 열린계로서 죽음과 삶의 변증법을 거치면서 끊임없이 부활, 갱신, 쇄신하는 힘을 지닌 것이 아닐까?

숭고한 것은 그 자체로 주어지는 것이 아니라 항상 태어나는 상태 가운데 있고, '사랑에 빠짐'은 고정된 상태로 영속하기보다 항상 새로운 상태를 유지한다. 프란체스코 알베로니(Francesco Alberoni)는 사랑은 태어나는 것, 영속적으로 새로워지는 것이라고 본다.〔『사랑에 빠짐과 사랑(Enamorento e Amore)』〕

사회에서 제도화되는 모든 것, 삶에 설정되는 모든 것은 해체되거나 무미건조해진다. 사랑에 집착할 때 이런 집착이 때로는 욕망을 희생시키는 것으로 빠져들기(s'affrofondir) 때문에 비극적 결과에 이르기도 한다. (A27-8)

어떤 행동학자는 침팬지의 성장한 아들이 자신의 어미와 성관계를 맺지 않는다(한쪽이 다른 쪽에 성적으로 끌리지 않는다)고 보고한다. 이런 생식 충동의 금지는 어미－아들의 오랜 애정(attachement)에서 나온 것이다. 오래되고 지속적인 애정은 혈연적 유대보다 더 친밀하지만 욕망의 힘을 해소시켜서 그것을 모르는 자, 새로운 존재로 방향을 바꾸도록 한다.(A28)

사랑은 (생명처럼) 역설적이고, 사랑은 (지속하는 생명처럼) 지속하는 힘을 지닐 수 있다. 우리는 죽으면서 살고 살면서 죽는다. 사랑은 잠재적으로 쇄신될 (se régénérer) 수 있어야 한다.(A28)[37]

모랭은 신화적인 것과 물리적인 것의 일치가 '눈'으로 나타나는 점에 주목한다. 사랑스러운 눈길(regard)은 자력처럼 이끌거나(magnétique) 전기현상을 일으키는(électriques) 경향이 있다. 그것은 열광으로 고양되는 점에서 (보아뱀이 병아리에 열광하는 것처럼 무서운 것이지만) 상호적일 수 있다. 이상한 힘을 지닌 눈들이 동시에 서로 마주치면서 물리적 힘과 신화가 만나고 그들의 영혼을 국지화한다.

입술에도 이 같은 힘이 있다. 입술은 (먹고 소화시키는 것뿐만이 아니라) 영혼의 인간학적 개념에 상응하는 숨결이 오가는 길이다. (서구가 대중화한) 입술에 입 맞추기는 입술의 생물학적이고 에로틱한(érotique) 신화적인 능력의 놀라운 만남을 집중시키고 구체화한다. 입맞춤은 타자와의 물리적 일치에 대한 유비(analogon)이자 영혼이 융합되는 두 숨결의 융합이기도 하다.(A29)

이런 입술은 신화적인 것뿐만 아니라 생리학적인 것에 열려 있는 특이한 어떤 것이 된다. 이런 입술은 말하고, 이런 말에는 매우 아름다운 것들이 있고, 사랑의 말들(paroles d'amour)이 사랑의 침묵에 뒤따른다.(A29-30)

얼굴은 사랑의 모든 구성요소들을 결정화(結晶化)한다. 얼굴을 부각시킴으

---

37 모랭은 사랑이 시와 관련된다고 본다. 사랑은 그 자체에서 (일상적 삶을 지배하는) 산문과 (일상적 삶에 새로운 활기를 주는) 시 사이의 대화로 작용한다.

로써 (특히 영화가 등장한 이후) 찬양, 칭송, 거대화하는 역할을 할 수 있다. 얼굴은 홀로그램처럼 사랑의 총체성을 포함한다.[38] 개인적 사랑에 신성한 것, 종교적인 것, 신화적인 것, 신비한 것의 범주들이 도입되고 그것들이 보다 심층적인 곳에 뿌리내린다.(A30)

사랑의 복잡성

사랑의 복잡성을 어떻게 사고할 것인가? 계몽의 시대를 주도한 합리주의적이고 비판적인 이성으로 사랑의 복잡성을 사고할 수 있는가? 이런 차가운 이성은 사랑을 해소시키려 할 뿐만 아니라 그것을 환상과 광기, 일종의 병리현상으로 여긴다. 낭만주의 사고에서 사랑은 존재의 진리였다. 그러면 "사랑을 아는 이성(raison amoureuse)", 냉각된 이성의 한계를 극복하는 이성이 있는가?(A30-1)

차가운 이성은 신화를 피상적인 부대현상, 환상적인 것으로 여길 뿐이다.(이런 계몽적인 이성은 종교가 사제들의 고안물이었고 민중들을 속이려는 사기행각이었다고 비판한다. 이 세기는 종교적 욕구의 심층적 뿌리, 특히 구원의 욕구를 파악하지 못했다.)(A31)

그런데 신화의 인류 사회학적(anthroposociale) 심층에 주목하면 신화의 (심층적인) 현실성을 이해할 수 있다. 인간의 현실은 신화적 구성요소를 지닌다. 이성적 인간과 미친 인간, 광기와 지혜 사이에 명확한 경계를 확정할 수 없다.

---

38 홀로그램적 원리는 전체와 부분의 관계를 새롭게 조망한다. 물리적 이미지인 홀로그램에서 그 이미지의 미소한 점들은 표상된 대상에 관한 정보의 준-총체성을 포함한다. 여기에서 부분은 전체 안에 있을 뿐만 아니라 전체가 부분 안에 있다.(유기체의 각 세포들은 그 유기체의 유전정보 총체를 포함한다.) 홀로그램 조직에서 부분들이 갖는 특성을 보자. ①부분들은 전체 조직이 지닌 일반적이고 발생적인 성격들을 배치하는 단일하고 독특한(originale) 것이다. ②부분들은 상대적 자율성을 지닌다. ③부분들은 서로 소통하고 조직상의 교환을 실행한다. ④부분들은 전체를 쇄신하는 사건적인 것이다. 이

언제 그 한쪽에서 다른 쪽으로 옮아가는지 모를 뿐만 아니라 양자 사이에는 가역성도 있다. 예를 들어서 철저하게 합리적인 삶은 순수한 광기로 바뀔 수 있다.

현실을 완전하게 이해하고 장악할 수 있다는 이성의 꿈에도 광기가 있다. 자기 안에 갇힌 이성은 '광기'이고, 최악의 광기는 자신이 광기를 제거할 수 있다고 믿는 것이다. 이처럼 이성을 자신의 한계 이상으로 추진하면 망상에 이를 수 있다.

그렇다면 사랑이란 무엇인가?

모랭은 사랑이 "광기와 지혜가 일치하는 정점"이라고 본다. 사랑은 근본적인 모순을 짊어지는 것이고 사랑에서 광기와 지혜는 공존한다. 그는 인간이 신화 없이 살 수 없는데, 신화들 가운데 "사랑에 대한 믿음"이 "가장 고상하고 가장 강력하고 아마도 우리가 애착을 가질 만한 유일한 신화"라고 본다.(A32)

이런 신화와 공생하는 태도는 (신화와 타협하는 것이 아니라) 대화 – 적대성 – 수용의 복잡한 관계를 맺는다. 〔복잡성을 구체화한 대화 원리는 적대적이고 경쟁적이면서 보충적인 것에 주목한다. 적대관계에서는 한 항이 다른 항을 제압하지만 동시에 그것들은 협력하여 조직하면서 새로운 복잡성을 생산한다. 엔트로피 – 음의 엔트로피, 쇠퇴(dégénération) – 쇄신(régénération) 사이에는 경쟁하고 적대하면서 동시에 보충하는 관계가 작용한다.〕

모랭은 이와 관련하여 파스칼의 내기를 참조한다. (신의 존재를 논리적으로 증명할 수 없는 것처럼) "사랑의 필연성"을 경험적, 논리적으로 증명할 수 없다.

틀에서 전체는 부분 안에 일정한 방식으로 기록되는데 바로 그 부분은 전체에 포함된다. 전체의 복잡한 조직화는 단일성을 지닌 각 부분들에 기록된다. "나는 부분들을 파악하지 않고서는 전체를 파악할 수 없고, 전체를 파악하지 않고서는 부분들을 파악할 수 없다."(파스칼)(양운덕, 6장)

곧 사랑에 찬성하거나 사랑에 관해서 내기를 할 수 밖에 없다. 삶 전체를 걸고 연인, 타인, 인간을 사랑할 것인지, 사랑하지 않을 것인지에 대해서 내기를 걸어야 한다. 사랑하는 쪽인가, 그 반대인가? 어느 쪽이 바람직한가?

우리는 알지 못한 채로, 의지하지 않으면서도 우리 삶이나 다른 이의 삶을 구속하는(engager) 힘을 마주한다. 사랑은 자기만을 구속하는 것이 아니기 때문에 "무서운 모험"이다.

하지만 플라톤이 지적하는 영혼의 불멸성을 참조할 때, 사랑은 감행할 만한 "아름다운 모험"이기도 하다. 사랑은 "아름다운 신화"다. 사랑에서 방황과 불확실성을 벗어나기는 어렵다.

"이것이 나에게 좋은 것인가? 그녀에게 좋은 것인가? 우리에게 좋은 것인가?" 이런 질문에 절대적인 답을 줄 수 없다. 사랑은 번개를 맞은 것처럼 갑작스럽고 온 존재를 불태우는 것이지만 사랑하는 자를 방황과 표류에 휩쓸리게 한다.

사랑은 "진리의 감정"을 지니지만 진리의 감정은 가장 커다란 오류의 원천이기도 하다. 사랑은 불행하게도 얼마나 큰 환상을 심어주는지!(A34)[39]

이런 까닭에 사랑은 "가장 참된 종교일 수 있고, 동시에 가장 참된 정신적 병일 수 있다." 우리는 (대등하게 현실적인) 양 극단 사이에서 동요한다.

개인적인 진리는 타인에 의해서 드러나고 어떤 결과를 일으킨다. 동시에 우리는 사랑에서 타인의 진리를 발견한다.(A35) 사랑의 진정성(l'authenticité)과 관련해서 우리의 눈에 따라 타인을 보는 것만도 아니고 타인의 진리에 의해서 오염되는(contaminer) 것까지 동시에 고려해야 한다.

---

[39] 진리의 감정이 없는 진리만큼 빈곤한 것은 없다. 우리는 2+2=4라고, 이 탁자가 탁자이고 의지가 아니라고 진리를 확증하지만, 이런 명제에 관해서 진리 감정을 갖지는 않는다. 그런데 진리에 대한 감정이 없다면 그것이 체험된 진리일 수 없다. 하지만 가장 위대한 진리의 원천은 동시에 가장 위대한 오류의 원천이기도 하다.(A34-5)

우리는 사랑의 욕구(besoin)를 짊어지고 번개를 받아들이는 열광의 과정을 개시하기에 좋은 순간의 — 나쁜 순간일 수도 있다 — 만남(un rencontre)을 추구한다. 이런 순간에 우리는 사랑의 필요/욕구를 타인에게 투사한다.

사랑하는 이들은 고착되고 굳어지면서(durci), 또한 (그들의 이미지가 된) 그들의 토템인 타인을 무시하기도 한다. 그들은 숭배하는 것을 믿으면서도 무시한다. 자신과 타인에 대한 이런 몰이해가 사랑의 비극 가운데 하나이다. 사랑은 자기의 진리를 타인에게서 찾도록 자기를 타인에게 개방한다. 그런 위험한 모험을 통해서 자기 안에 갇힌 존재는 자기를 넘어선다.

"하지만 사랑의 아름다움은 자기에게서 타인의 진리, 타인에게서 자기의 진리가 상호 침투하는 것이고, 사랑의 진리를 타자성을 통해서 찾는 것이다." (A36)

사랑, 시, 지혜

사랑은 상호적인 사로잡힘을 이해하는 길을 연다. 사랑은 "우리를 소유하는 것을 소유하기/우리를 사로잡는 것을 사로잡기(posséder ce qui nous possède)다."(A36) 우리는 우리에게 선행하는 과정에 의해서 산출된 개인들이다. 우리는 우리를 넘어서는 사물들, 우리 너머로 나아갈 것들에 의해서 소유되지만 우리는 그것들을 소유할 수 있다.[40]

우리는 그것들을 삶의 경험 자체를 구성하기 위해서, 그것으로 삶을 직조

---

40 조직적 재귀(récursion organisationnel)에서 최종 산물들, 결과들은 최초 상태나 원인으로 작용한다. 결과들이 동시에 '원인들'이 되고 산물이 그것의 '생산자'가 된다. 재귀적 고리(boucle récursive)는 전통적인 원인 - 결과의 직선적 모델을 재고하고 조직화를 다르게 이해한다. 개체와 종, 재생산의 예를 들어보자. 개체들은 그것들에 앞서는 재생산 과정의 산물이다. 그렇지만 일단 개체가 산물들인 한에서 개체는 계속되는 과정의 생산자들이어야 한다. 사회와 관련시켜보면, 사회는 개인들 간의 상호작용들에 의해 산출되지만 그것이 일단 생산되고 나면 개인들과 그 산물들에 반작용한다. 개인들은 사회, 문

하기 위해서 이용한다. 모랭은 이런 사랑이 시, 지혜와 상관적이라고 본다. 사랑은 삶의 시적인 부분을 이룬다. — 시는 일상생활을 지배하는 산문적인 것이 삶을 전적으로 지배하고 삼키지 않도록 하는 요소이다.

"사랑은 삶의 시(la poésie de la vie), 삶을 빚어내는 기획의 일부를 이룬다. 시는 삶에 대한 사랑(l'amour de la vie)의 일부를 이룬다." 사랑과 시가 서로를 낳는다면 서로 동일시될 수 있다. 만약 사랑이 지혜와 광기의 지고한 통일이라면 사랑과 시와 지혜는 서로 맞물리면서 서로 산출하는 상호작용의 원을 이룰 것이다.(A10)

그래서 사랑이 광기와 지혜가 일치하는 정점이라면 사랑에서 지혜와 광기를 분리할 수 없을 뿐만 아니라 서로가 서로를 산출한다.[41] "시적인 상태는 우리를 광기와 지혜를 가로질러서 광기와 지혜 너머로 이끈다."(A9)(이런 사랑-시-지혜에 관한 논의는 다른 기회에 보충하기로 하자.)

참고문헌

Morin, Edgar(1997), Amour, Poésie, Sagesse (A로 줄여 씀), Editions du Seuil.

_____ (1973), Le Paradigme perdu : la nature humaine, Seuil.

_____ La Méthode. 2. La Vie de la Vie, Seuil, 1980.

3. La Connaissance de la Connaissance, Seuil, 1986.

5. L'humanité de l'humanité : L'identité humaine, 2001.

양운덕(2002), 「모랭의 복잡성 패러다임과 자기 조직화」, 과학사상 42호.

화, 언어, 획득된 지식이 없다면 인간적 개체로 형성될 수 없다 개인들은 사회의 산물이면서 그들을 산출하는 사회를 산출한다. 개인들은 산물들이면서 동시에 생산자들이다.(양운덕, 6장)
[41] 시는 문학적 표현 양식만을 뜻하지 않고, 열기, 경탄, 친교(communion), 명정(酩酊), 열광에 참여하는 상태이다.

9. 질투와 기만에서 사랑 찾기

— 프루스트의 『잃어버린 시간을 찾아서』에서 본 스완의 사랑

사랑의 진리

프루스트의 『잃어버린 시간을 찾아서』를 사랑이라는 주제로 조명할 수 있을까? 질투와 사랑에 뒤얽힌 진리, 사랑의 진리에 대해서 어떤 점을 밝힐 수 있을까?

철학자들은 진리가 보편적이어서 개별적인 경험을 넘어서고, 숭고하거나 선하다고 본다. 그렇다면 '사랑의 진리'를 해명하기 위해서 이런 진리관을 따르거나 그것을 적절하게 변형하면 충분한가? 아니면 근본적으로 다른 관점에서 파악해야 하는가? 사랑을 통해서 다른 진리를 찾거나 진리의 다른 본질을 파악할 수 있는가?

사랑하는 사람에게 진리는 어떤 의미를 갖는가? 사랑은 감정의 문제이므로 진리 같은 것은 불필요한가? 만약 사랑의 진리가 문제라면 이 진리는 어떤 조건에서 어떻게 드러나고, 그 진리를 추구하려면 어떤 경험이 필요하고, 어떤 능력이 있어야 하는가?(예를 들어서, 진리를 이끄는 호기심과 경이로움은 자발적인 것이지만 사랑의 진리는 연인이 애써 숨기는 무엇을 탐색해야 하고, 그런 진실 같은 것을 원하지 않고 알게 되는 것을 두려워하면서도 피치 못할 사정에 이끌려 억지로 마지못해서 진리를 찾아 나선다. 또한 진리가 보편적인 사고 능력과 지성을 요구한다면 사랑의 진리를 찾으려면 연인의 행위와 말들을 모조리 기억하고 재구성하는 능력이 필요하다. 진리가 선한 것이라는 믿음처럼 사랑하는 두 사람에게서 선한 동기와 선한 효과를 지니는가?)

사랑에서 질투는 어떤 작용을 하는가? 질투 없는 사랑은 있을 수 없고 질투는 사랑에 본질적인가? 아니면 질투는 사랑의 한 속성일 뿐이거나 일시적인 것에 지나지 않는가? 질투 없는 순수하고 충만한 사랑을 상정할 수 있는가? 질투하지 않는 사랑이야말로 성숙한 사랑 방식인가?

이런 질문에 답하기 위해서 '스완의 사랑'에 나타난 몇 장면을 함께 읽으면서 프루스트가 사랑을 어떻게 주제화하는지 살펴보자.

『잃어버린 시간을 찾아서』의 1부인 『스완네 집 쪽으로』의 후반부는 스완의 사랑을 다룬다. 작품의 다른 이야기가 화자의 경험을 시간의 흐름에 따라서 재구성하면서 1인칭 서술자를 상정하는 것과 달리, '스완의 사랑'은 3인칭 관찰자 시점과 스완의 내면세계를 응시하는 작가의 관점을 혼합해서 스완과 오데트의 사랑을 관찰하고 '재현'하는 형식을 택한다.

오데트의 창문 앞에서: 진리 욕망과 아는 즐거움 – 고통

사랑의 진리 탐구와 관련해서 오데트의 창문 앞에서 벌어지는 흥미로운 장면을 살펴보자.

스완은 오데트를 주로 밤에 찾아가곤 했다. 그런데 한 번은 낮에 여유가 있어서 그녀 집에 들렀다. 초인종을 눌렀더니 인기척이 들리고 발자국 소리가 나는데도 문을 열어주지 않았다. 그는 기다리다가 집 뒤편으로 돌아가서 창문을 두드리며 이름을 부르지만 창문도 열어주지 않았다. 한 시간 뒤에 다시

가보니 오데트가 초인종이 울렸을 때 자고 있었는데 뒤늦게 나가보니 스완이 이미 가고 없었다고 둘러댔다.

스완은 전에도 오데트가 거침없이 거짓말을 하곤 했다는 사실을 상기한다. 한 번은 그녀가 스완과 함께 집에 있으면서 병을 구실로 만찬회에 나가지 않았는데, 다음 날 베르뒤랭 부인에게 변명하면서 거짓말을 한다. 스완은 이런 거짓말이 대인관계의 파탄을 막기 위한 것이라고 짐작하는 데 그친다.

한 번은 스완이 오데트와 같이 있을 때, 초인종 소리가 들리는데도 오데트는 억지스럽게 계속 얘기를 하며 그를 붙잡아둔다. 그런데 밖에서 누군가가 왔다가 오데트가 없다는 얘기를 듣고 돌아간다.

스완은 우연히 오데트가 포르슈빌에게 보낸 편지를 보게 된다. "제가 문을 연 것은 잘한 것이었어요. 삼촌이 오신 것이었어요."(232/143/168)[42] 그 편지에는 포르슈빌에게 실례한 것을 사과하고 그녀 집에 궐련을 두고 간 것을 알리는 내용이 있었다. 그런데 그것은 지난 날 스완이 처음 그녀에게 찾아갔을 때 보낸 것과 똑같은 내용이었다. 다만 스완에게는 "왜 당신 마음도 잊어버리고 놓고 가시지 않으셨어요. 마음이라면 돌려드리지 않았을 텐데."(232/143/168)라는 구절이 덧붙여져 있었다.

이런 오데트의 거짓말을 배경으로 스완이 진리를 찾는 일에 내몰리는 색다른 경우를 보자. 한 번은 스완이 11시가 넘어서 오데트의 집에 찾아 간 적이 있었다. 그녀는 (뇌우 때문에 마음이 편치 않은 데다 두통이 심하다는) 핑계를 대며 30분도 안 되어 그를 돌려보냈다. 그는 집으로 돌아갔지만 그녀가 어떤 남자를 기다린다는 의심을 품게 되었다. 결국 그녀 집을 나온 지 한 시간 반이 흐

---

42 이하에서 프루스트의 불어본, 김창석의 번역본, 김희영의 번역본의 쪽수를 차례대로 병기한다.

른 뒤에 합승마차를 타고 그녀의 집 뒤쪽 거리로 갔다.

그가 여러 번 그녀에게 침실의 창문을 열어달라고 창을 두드리던 곳 근처에 이르렀다. 거리의 창문들에는 모두 불이 꺼진 상태이고 한 창에서만 불빛이 비쳐 나왔다. 그 불빛은 예전에는 "기나긴 밤과 밤, 그의 눈에 띄기 훨씬 전부터 그를 기다리며, 거리에 들어선 그를 기쁘게 하며 '그녀가 저기에서 자기를 기다리네' 하고 알려주던" 것이었지만, 지금은 '그녀가 저기에서 그녀가 기다리던 다른 사내와 함께 있네' 하고 알리는 기호인 까닭에 그는 괴로워하며, 그 사내가 누구일까 궁금해 한다.

"그는 황금빛 분위기 속, 창틀 뒤에 보이지 않는 미운 한 쌍이 움직이는 것을 보면서, 자기가 떠난 후에 온 놈의 존재와 오데트의 거짓과 그녀가 그놈과 한창 맛보고 있는 행복을 드러내는 속삭임을 듣고는 괴로워하였다." (273/130/154)

조금 전까지 의심하던 오데트의 다른 삶(l'autre vie)이 지금 눈앞에서 환하게 드러날 것이므로 그는 "아무것도 모르는 죄수 여인처럼 갇힌" 그들에 대해서 원할 때 들어가서 현장을 포착할 수 있다. 하지만 그는 기습하는 대신에 덧문을 두드리기로 했다. 그래서 오데트에게 자신이 그녀가 한 짓을 알고, 속삭임을 들었음을 알려주고자 했다. 그래서 조금 전까지 다른 사내와 함께 자기의 착각을 비웃고 있다고 상상했지만 "이제는 거꾸로 그들이야말로 자기가 먼 곳에 있다고 여기고, 이미 덧문을 두드리려고 와 있는 자기에게 결국 속는 줄도 모르고" 있는 불리한 지위에 놓인 것이다.(273/131/154)

스완은 이상한 쾌감을 느낀다. "의혹과 고통이 진정될 때 느끼는 것과는 다

사랑의 인문학

른 무엇, 곧 지성적인 즐거움(un plaisir de l'intelligence)"(273/131/155)을 느낀다. 이런 기묘한 상황에서 인식의 즐거움이라니! 질투로 고통을 감내하면서 얻는 사랑의 진리는 기이한 즐거움과 진리 충동을 일깨운다.

스완은 근래에 사랑에 빠지고 나서 사물들에 대해서 흥미를 느끼기 시작했지만, 그것은 그것들이 오데트와 관련되거나 그녀의 추억을 반영하는 경우에만 그러했다. 그런데 지금 질투가 되살린 것은 "학구적인 젊은 시절의 능력, 곧 진리에 대한 열정(la passion de la vérité)"(273/131/155)이었다. 그런데 이런 열정은 일반적인 것이 아니라 구체적이고 개인적인 진리를 추구한다.

"그와 연인 사이에서, 오로지 그녀로부터만 빛을 발하는 진리, 오데트의 행동이나 그녀의 교류관계, 계획, 그녀의 과거를 유일한 대상으로 삼아서 거의 무한한 가치(prix infini)를 지니고 이해관계를 벗어난 아름다움(une beauté désintéressée)을 갖는, 전적으로 개인적인 진리(vérité tout individuelle)였다."(273-4/131/155)

스완에게 일상적인 사소함은 무가치한 것에 지나지 않았다. 그런데 사랑하고 나서 개인이 아주 심오한(si profond) 어떤 것이 되어서, "한 여인의 일상의 사소한 것"에 대한 호기심이 생겼다. 그것은 지난 날 "역사에 대해서 품었던 호기심"과 같은 것이다. 그래서 지금까지 부끄러워했던 기이한 짓들, "창 앞에서 동정을 살피는 것, 필요하다면 내일 제3자를 능숙하게 꾀어서 말하게 하거나, 하인을 매수하거나 문에서 엿듣거나 하는 것"이 진리를 탐구하는 적절한 방법으로 바뀐다. 그러한 시도가 "고문서(textes) 해독, 증언들의 비교, 기념비에 대한 해석과 마찬가지로 진리 탐구(la recherche de la vérité)에 적절한 참되고 지성적으로 가치 있는(véritable valeur intellectuelle) 과학적 조사방법"으로 여겨졌다.(274/131-2/156)

그런데 스완은 덧문을 두드리려고 하다가 자기가 의심을 품는 것을 오데트가 알게 될까 봐 부끄러워하며 갈등한다. 졸렬한 짓 때문에 그녀가 자기를 싫어할지도 모른다. 하지만 덧문을 두드리지 않는다면, "그녀가 자기를 속이면서도 자기를 사랑해주는 것"을 용인하게 된다. 눈앞의 욕망을 따를 것인가, 그래서 장래의 행복을 희생시킬 것인가? 아니면 진리 같은 것을 내팽개치고 물러설 것인가?

그러나 그 순간 진리를 알려는 욕망(le désire de connaître la vérité)이 더 강하고, 더 고귀하게 여겨졌다. 그래서 진리 없는 행복 대신에 진리가 드러내는 불행을 직면할 각오를 할 수밖에 없었다. 철학적 진리는 도덕적 선과 인식의 쾌감을 준다고 주장할지 모르지만 사랑하는 자의 진리는 불행의 지옥에 뛰어들 용기를 요구한다. 진리 아니면 행복! 어느 것을 택할 것인가?

"스완은 목숨을 내던지더라도 정확하게 재구성하고 싶었던 상황의 현실을, 마치 열독하는 학자가 감동하지 않을 수 없는 풍부한 예술미가 그 귀중한 고서본의 금박 겉장에 있는 것처럼 빛의 줄무늬가 난 창 뒤에서 읽을 수 있음을 알고 있었다." "그는 이처럼 황황히, 이처럼 아름답게 빛을 통과시키는 반투명 재질의 종이로 된 유일한, 하루살이의, 소중한 진서에서, 자기를 뜨겁게 흥분시키는 진리를 알게 되는 것에 쾌감을 느꼈다."(275/ 132/156)

또한 스완은 아는 자와 모르는 자의 대립항에서 아는 자의 우월함을 택한다. 그 자신은 안에 있는 그들에 대해서 우월감을 느끼는 자리에 있다. 그것

사랑의 인문학

은 "안다는 사실 자체보다는 자기가 알고 있음을 그들에게 보여줄 수 있다"는 우월감이다.

그는 결심하고 나서 덧문을 두드린다. 소리가 나지 않아서 더 세게 두드리자 알지 못하는 사내의 목소리가 들린다. ("거기 누구요?") 한 번 더 두드리자 창과 덧문이 열린다. (그는 이제 물러설 수 없어서 시기심 많은 꼴로 보이지 않으려고 쾌활하게 소리친다. "그대로 자구려. 이 앞을 지나다가 불이 보여서 이제 몸이 편해졌는지 알려고 들렸어요.") 그런데 눈앞에 늙은 신사 두 사람이 창가에 서 있는 것이 아닌가?

그는 모양이 같은 창문들 가운데 불이 켜진 창문을 오데트 방의 것으로 잘못 알고 이웃집 창문을 두드린 것이었다.

그는 그곳을 떠나면서 자기가 오데트를 지나치게 사랑하고 있다는 증거를 안고 돌아온다. 물론 그는 이 실패를 오데트에게 말하지 않는다.

이런 에피소드는 스완의 실수를 빌려서 그와 오데트가 맺는 관계의 이면(裏面), 사실은 (그날 밤의 예외를 제외하고) 일상적으로 그녀가 다른 누군가(동성애적 대상도 포함해서)와 사랑의 시간을 보내는 것을 암시한다고 볼 수 있다.

그래서 이 사건 이후에 스완은 이 뜻하지 않은 기억과 우연히 마주칠 때마다 심한 고통을 느낀다. 그는 고통을 초래하는 것을 생각하지 않으려고 애쓰지만 다시 그것을 생각하게 되고, 그 때문에 다시 괴로워하곤 하였다.

그의 질투는 "마치 그의 사랑의 그림자인 것처럼" 애정표현들로 가득 찼다. 그런데 그녀가 "스완을 비웃고 다른 남자에 대한 사랑스러운 미소와 기울어진 머리, 하지만 지금은 다른 입술 쪽으로 기울어진 머리와, 전에 그에게 보여주었던 애정표현, 그렇지만 이제는 다른 사내에게 주는 온갖 애정표현들과 뒤섞인다."(276/134/158-9)

그가 그녀의 집에서 가져온 관능적인 추억은 타인이 그 자리에 있는 상상과 겹치면서 그를 고통스럽게 한다. 그런 추억은(스케치, 설계도 같은 것이어서) "그녀가 다른 녀석들과 어울려 가질 수 있는 타오르는 듯하거나 정신을 잃을 듯한 자세를 상상하도록 한다. 그래서 그녀 곁에서 맛보는 쾌락 하나하나를, 자기가 고안했으나 경솔하게도 그 달콤함을 그녀에게 알리고 만 애무 하나하나를, 그녀에게서 찾아낸 매력 하나하나를 알려준 것을 후회하게 되었다. 왜냐하면 조금 후에는 그런 것들이 새로운 고문 도구가 되어서 그의 고통을 더할 것이기 때문이다."(276/134-5/159)

사랑의 시작, 사랑의 조건

오데트를 찾아서

스완은 오데트를 만나기 위해서 베르뒤랭 부부가 조직한 사교모임에 참여한다. 그 모임은 제대로 된 사교계에는 발을 들여놓기 어려운 이들이 주를 이루는, 고상하지도 심미적이지 않은 취미와 기호를 가졌으나 스스로를 특별한 존재라 자부하는 속물들의 폐쇄적인 사교 모임이었다. 수많은 여성 편력을 지닌 데다 고급 사교계의 총아인 스완이 갈 만한 모임은 아니었다. 스완은 자기에게 어울리지도 않는 모임에 부자연스럽게 참여하면서 그들의 기묘한 압력을 느낀다. 그가 오데트에게 관심을 쏟을수록 그런 배척과 견제가 더 심해진다. 그에게 오데트는 친밀하고 관심을 끌 만하지만 그렇다고 배타적인 사랑 대상이라고 할 존재는 아니었다. 그런데 언제 그녀에 대한 사랑이 시작되고 그녀만이 스완의 유일한 사랑 대상이 되었을까? 그것은 오데트가 지닌 객관적 특성 때문이 아니라 우연한 사건 때문이었다.

한 번은 스완이 오데트를 만나러 베르뒤랭네 모임에 갔는데, 급사가 그녀의 전갈, 한 시간 전에 그녀가 떠나면서 집에 가기 전에 프레보 카페에 초콜릿을 먹으려고 들를지 모른다는 얘기를 들었다. 스완은 프레보 가게로 조급하게 달려간다.

그는 베르뒤랭네 모임에서 오데트가 이미 떠났다는 말을 들었을 때 기묘한 생각들이 떠올랐다. "그는 갑자기 마음에 생긴 고통의 새로움을 깨달았다. (……) 그런데 뭐란 말인가(Quoi)? 내일이 아니고는 오데트를 만나지 못할 거라는 사실 때문에 생긴 마음의 동요는, 한 시간 전 베르뒤랭네 모임에 가면서 그 스스로 바랐던 것이 아니었던가?"

그는 지금 프레보 카페로 가는 자신이 다른 자기라고 느낀다. 그는 이미 예전의 스완이 아니다.

"그는 더 이상 혼자가 아니다. 새로운 인간(une nouvelle personne)이 그에게 덧붙여지고 뒤섞여서 그와 함께 있었다. 그리고 아마 그는 새로운 인간으로부터 벗어날 수 없을 것이다. 마치 스승이나 질병에 대해서 그러하듯이 이 존재는 조심스럽게 대해야 함을 인정하지 않을 수 없다. 그렇지만 그 새로운 인간이 자기에게 덧붙여졌다고 느낀 순간부터, 그에게 삶은 더욱 흥미로워 보

였다."(228/65-6/78)

"프레보 카페에서 만날지도 모르지만 (이 기대 때문에 그 만남을 앞선 수많은 순간들이 모조리 뒤죽박죽이 되고 벌거벗겨져서, 정신을 안정시킬 만한 단 하나의 공상이나 추억도 찾지 못했다), 실제로 만난다면, 아마 다른 만남처럼 하찮은 것이 되고 말 것이다."(229/66/78)

오데트는 프레보 카페에 없었다. 그래서 모든 레스토랑을 찾기로 하고, 자신은 한쪽 방향의 레스토랑을 찾고, 마차몰이꾼에게 다른 방향의 레스토랑을 찾도록 지시했다. 등불이 꺼지기 시작하는 카페들 주변을 배회하는 스완의 모습은 "마치 어둠의 왕국, 죽은 이들의 망령들 사이에서 에우리디케를 찾는 것"처럼 보인다.

사랑의 조건

그러면 사랑은 어떤 조건에서 이루어지는가? 방금 본 오데트 찾기처럼 스완이 오데트를 사랑할 만한 존재로 여기는 까닭은 그녀의 객관적인 속성에 매력을 느끼기 때문이거나 사랑의 내적 전개 과정에 따른 결과가 아니다. 그러면 사랑의 결핍을 불러일으키는 조건은 무엇인가?

"사랑이 산출되는 온갖 양태들이나 성스러운 병을 퍼뜨리는 가장 효과적인 것은 이따금 우리를 스쳐 지나가는 커다란 동요의 숨결이다. 운명의 주사위가 던져진 그런 순간에 우리가 기쁨을 함께 나누는 존재야말로 우리가 사랑하게 될 자이다. 그 존재가 과연, 그때까지의 다른 존재

이상으로, 또는 다른 존재와 같은 정도로 우리 마음에 들거나 그렇지 않은 것은 그리 문제가 되지 않는다. 필요한 것은 그 존재에 대한 우리의 취향이 배타적이 되는 점이다. 그래서 이 존재가 우리 곁에 없을 때 그 사람의 동의로 우리가 누리던 쾌락이 갑작스럽게 그 사람을 대상으로 삼는 불안한 욕구로, 이 세계의 법칙으로는 결코 채워질 수도, 치유될 수도 없는 부조리한 욕구, 그 사람을 소유하려는 미친 듯한(insensé) 고통스러운 욕구로 대체될 때, 이러한 사랑의 조건은 실현된다."(230/ 68-9/81-2)

스완은 그때까지 문을 닫지 않은 레스토랑을 찾아다닌다. 그러면서 "행복의 유일한 가설"을 놓지 않는다. "그는 이제 자기의 동요, 이 만남에 우연한 가치를 숨기지 않고, 만남이 성공할 경우에 마차몰이꾼에게 보수를 주겠다는 약속까지 했으니, 마치 성공하고자 하는 소망을 이 마차몰이꾼에게 불어넣음으로써 자기 소망을 더 강화해서, 설령 오데트가 이미 집에 돌아가서 자고 있을 경우에도, 자기를 위해서만은 그녀가 큰 거리의 어느 레스토랑에 있으리라고 생각했다."

이곳저곳 찾아다니던 그는 우연히 오데트와 마주친다. "나중에 오데트는 그에게 설명했다. 프레보에는 마침 자리가 없어서 메종 도레에 가서 구석진 곳에서 밤참을 먹었기 때문에 그의 눈에 띄지 않았을 것이고, 자기는 마차 쪽으로 돌아가는 길이었다고."(231/69/82-3)

"그녀는 그를 만나리라고 그다지 기대하지 않았기에 깜짝 놀랐다. 스완이 파리를 분주하게 돌아다닌 것은 그녀를 만날 수 있으리라고 믿었기 때문이 아니라, 만남을 단념하기가 너무 잔혹했기 때문이었다. 그러나 이 기쁨, 그의 이성이 오늘 밤에는 실현되지 않을 것이라고 쉴 새 없이 평가하던 기쁨이, 이제는 오히려 그 덕분에 보다 현실적인 것으로 보였다. 기쁨이 있으리라고 예측하면서 기쁨에 협력한 것이 아니었으므로 기쁨은 그의 바깥에 머물러 있었다. 그 기쁨을 자신에게 주기 위해서 정신에서 끌어낼 필요도 없었다. 기쁨은 스스로 발산되었고, 기쁨 자체가 그가 두려워하던 고립을 꿈처럼 사라지게 하는 찬란하게 빛나는 진리(vérité)를 투사했다. 그래서 그는 아무 생각 없이 그 진리에 자기의 행복한 몽상을 기대어 쉬게 할 수 있었다. 마치 어느 화창한 날 지중해의 해변에 도착한 나그네가, 떠나온 고장들의 존재마저 의심할 정도로 빛나고도 끈질긴 푸르름에 도취되어서 바다 쪽에 눈길을 던지기보다는 찬란하게 내쏘는 광채에 눈부신 것과 비슷했다."(231-2/69-70/83)

"카틀레야를 하다"
그때 오데트는 카틀레야 꽃다발을 손에 들고 있었다. 그리고 같은 꽃을 백조의 깃털 장식에 달아 레이스 머리쓰개 아래 꽂고 있었다. 그런데 마차의 말이 장애물 때문에 껑충 뛰는 바람에 그들은 엉덩방아를 찧고 그녀는 소리를 지른다. 그는 그녀의 어깨에 팔을 둘러 자기 쪽으로 기대도록 안으면서 말한다.

"(……) 조금 전 충격으로 삐져나온 당신의 코르사주의 꽃을 바로잡아 드려도 괜찮을까요? 잃어버릴지도 모르니 좀 더 깊이 꽂으면 어떨까요."(232/71/84)

남자에서 이런 정중한 대접을 받아 본 적이 없던 오데트는 무척 기뻐한다.

"아무렴요. 전혀 거북하지 않아요."

"(……) 정말 괜찮으신가요? 자, 뭔가 조금……. 그렇군요……. 꽃가루가 당신 몸에 묻었군요. 손으로 꽃가루를 닦아 드려도 될까요? 너무 세게 하지 않았습니까? 너무 거칠지는 않았나요? 조금 간지럽겠지요? 하지만 구겨지지 않도록 우단 옷에 손대지 않으려고 조심하니까, 자연히, 이것 봐요, 정말 꼭 매어두어야 했어요. 떨어질 뻔했어요. 이렇게 내가 좀 더 깊이 꽂아 놓으면……. 정말 불쾌하지 않으신가요? 향기가 있는지 없는지 알기 위해서 좀 맡아봐도 될까요? 이 내음을 한 번도 맡아본 적이 없어서요. 맡아도 괜찮겠습니까? 진실(vérité)을 말씀해주세요."(232-3/71/85)

그는 오데트가 피렌체파의 거장이 그린 여인처럼 우수를 띤 엄숙한 얼굴과 닮았다고 여긴다. "그리고 그런 얼굴을 그녀가 마지못해 그의 입술 위에 떨어뜨리려는 순간에 약간의 사이를 두고 잠시 동안 그 얼굴을 두 손 사이에 붙잡은 것은 바로 스완이었다. 마치 무척 사랑하는 아들의 시상식에 함께하기 위해서 초대받은 모친을 대하듯이, 그의 상념이 서둘러 달려와 그토록 오랫동안 품어 온 꿈을 알아보고, 그 꿈의 실현에 참여하도록 시간을 주고 싶었다. 어쩌면 스완은 아직 소유되지 못한, 아직 껴안아 보지도 않은 이 오데트의 얼굴에, 영원히 떠날 풍경을 눈 속에 간직하려는 이의 눈길을 던졌는지도 모른

다."(233/72/86)

그러나 그는 그녀에 대해서 소심해서 카틀레야를 고치는 것으로 시작하여 드디어 그날 밤 그녀를 자기 것으로 만들고 나서, 혹은 그녀의 마음을 언짢게 할까 봐서, 혹은 나중에 생각하게 속인 것으로 보일까 봐서, 혹은 그날 밤의 요구보다 더 큰 요구를 표명할 만한 대담성이 없어서, 며칠 동안 이 구실을 사용했다. 그녀가 가슴에 카틀레야를 꽂고 있으면, 그는 말했다. "유감천만인데요. 오늘 저녁, 카틀레야를 고칠 필요가 없다니, 저번 밤처럼 금세 떨어질 지경은 아니지만, 아무래도 요것은 좀 똑바르지 않은 것 같군요. 요전처럼 향기를 풍기는지 맡아 보아도 좋을까요?" 또는 그녀가 꽃을 꽂고 있지 않으면 아쉬운 듯이 얘기한다. "오, 오늘 저녁은 카틀레야가 없군요. 고쳐드릴 수가 없어요."

"그래서 얼마 동안은 첫날의 순서대로 손가락이나 입술로 오데트의 가슴을 어루만지는 것으로 시작하여 매번 애무가 시작되었다. 그리고 아주 한참 후에 카틀레야 꽃을 고쳐주기(고치는 흉내)가 사라지고 나서도, '카틀레야를 하다(faire catleya)'라는 은유가 육체적인 점유 행위(possession physique)를 뜻하려고 무심하게 사용하는 단순한 용어가 되어서, 이 은유는 그 잊어버린 용법을 기념하면서, 두 사람의 용어 가운데 그 용법보다 오래 남았다."(234/73/87)

"그날 밤, 그가 몸을 떨면서 바란 것은 '카틀레야의 커다란 연보랏빛 꽃

잎 사이에서 나오려 하는 이 여인의 점유'였다. 그리고 그가 이미 맛보고 있는 쾌락, 오데트가 알아차리지 못했기 때문에, 아마도 참고 있기 때문에, 쾌락은 그에게 — 마치 지상 낙원의 꽃들 사이에서 그 쾌락을 맛본 첫 인간에게 그러했듯이 — 지금까지 존재하지 않았던 쾌락, 그래서 지금 그가 창조하려고 하는 쾌락 — 그것에 그가 붙인 특별한 이름('카틀레야를 한다')이 남긴 흔적만큼이나 아주 엄하고 특별하고 새로운 기쁨처럼 생각되었다."(234/74/87-8)

사랑의 기만

스완은 2년 전에 오데트가 했던 말을 상기했다. "아이, 우스워! 베르뒈랭 부인이 요즘 나밖에 없다고 하지 뭐예요. 나를 연인이라고 하고(je suis un amour), 날 껴안고 입 맞추지 뭐예요. 그리고 함께 쇼핑 다니고 싶대요. 말도 놓으라고 하지 뭐예요."(361/256/296)

그 당시에 스완은 동성애에 대한 의혹을 모르던 때여서 이 말을 (오데트가 기이한 짓을 감추려는 속셈에서 말한 것 속에 숨겨진 것을 알아보기는커녕) "뜨거운 우정의 표시"로 받아들였다. 뒤늦게 베르뒈랭 부인의 애정에 대한 회상이 그녀의 나쁜 취향에 대한 대화의 추억과 연결되었다. "이제는 이 두 가지를 머리에서 떼어놓을 수 없고 현실에서도 베르뒈랭 부인의 애정이 뭔가 진지하고 중요한 뜻을 그 농담에 부여하고, 농담은 대신 애정의 순진성을 빼앗고 서로 뒤

얽히는 것을 보았다."(361/256/297)

그는 오데트의 집에 가서 일부러 그녀 곁에서 멀리 떨어져 앉았고, 입맞추려고도 하지 않았다. "그 입맞춤이 오데트의 마음이나 자기 마음에, 입맞춤이 애정을 일깨울지, 노여움을 일깨울지 알 수 없게 되었기 때문이다. 그는 침묵을 지키면서 그들의 사랑이 죽어가는 것을 바라보았다."(361-2/256/297)

그는 결심하고서 몇 가지를 물어본다. "당신과 베르뒤랭 부인에 관해서 전에 내가 어떻게 생각했는지 기억나오? 말해봐요, 그게 진실이었는지, 그 부인하고요, 아니면 다른 여인하고요?" 그녀는 머리를 내젓는다. "그러나 앞으로 올 사물을 부인하는 데 쓰이는 이런 도리머리는 과거 일을 부인하는 데 쓰이면, 그 속에 어떤 불확실성이 뒤섞인다. 그뿐만 아니라 그것은 강한 부정이나 도덕적 불가능성보다는 오히려 개인적인 편의상의 이유를 나타낼 뿐이다. 오데트가 그런 표시를 해서 거짓(faux)이라는 뜻을 표시한 것을 보고 스완은 그것이 분명 참(vrai)이라고 파악했다."(362/257/297)

그는 "나는 어떤 여자하고도 그런 짓을 결코 하지 않았어요"라고 말해보라고 재촉한다. 그녀가 그 말을 받아서 되풀이하고 맹세하자 그는 계속 추궁한다.

"난 말이오, 내가 알고 있는 것밖에는 말하지 않아요, 하지만 늘 내가 말하는 것 이상을 알고 있어요. 그러나 아무리 남들이 일러바쳐서 당신을 미워하게 하더라도, 당신이 고백한다면 내 괴로움이 가벼워질 거요. 이건 당신만이 할 수 있는 것이오. 당신 행동에 화를 내는 게 아니오. 난 모든 것을 용서하오. 당신을 사랑하니까. 내가 화를 내는 것은 내가 아는 바를 끝까지 부정하려고 하는 당신의 거짓, 당신의 터무니없는 허위(fausseté absurde) 때문이오. 그런데 내가 알고 있는 것을 당신이 잡아떼며 맹세하는 걸 보면서, 어떻게 당신을 계속 사랑할 수 있겠소? (……) 자, 어서, 당신의 성스러운 메달을 걸고 예전에 그런 일이 있었는지 말해봐요."(363/258/298-9)

"하지만 난 그런 건 하나도 몰라요, 나는." 그녀는 화가 나서 소리 지른다. "아마 오래전에, 제가 하는 짓이 무엇인지도 모르고 아마 두세 번(peut être deux ou trois fois)."(363/258/299)

그런데 이 "두세 번"이라는 말은 십자가 같은 생생한 흔적을 남기고 "심장에 닿기라도 한 것처럼 가슴을 찢고, 독약을 삼킨 것처럼 그를 아프게 할 수" 있는 것이었다.

그렇다고 이런 불행을 치르게 한 오데트가 덜 소중한 것은 아니었다. "오히려 고뇌가 커지면 커질수록, 동시에 이 여인만이 지닌 진통제적, 해독제적인 가치가 커지는 것처럼 더욱 소중해졌다. 그는 갑자기 악화된 환자를 돌보듯이, 그녀를 보살펴주고 싶었다. 그녀가 '두세 번' 했다고 말한 무서운 일이 다시 일어나지 않도록 해주고 싶었다. 그러려면 오데트를 감시해야 했다." (363/259/300)

하지만 그녀를 한 여인으로부터 가로막을 수는 있더라도 여인들은 수없이 많지 않은가? 그는 그녀의 또 다른 존재를 알아야 하겠다는 불가능한 욕망에 사로잡힌다.

"벌써 그는 질문을 다시 시작하려고 하였다. 왜냐하면 그의 질투가 어떠한 적이라도 뒤로 물러갈 만큼 수고해서 그처럼 심한 타격을 가하고, 그가 아는 한 가장 잔혹한 고통을 지각하게 한 그 자신의 질투는 그에게 더욱 깊은 상처를 입히려고 하였기 때문이다. 마치 사악한 신처럼, 질투는 스완을 부추겨서 파멸에 이르기까지 밀고 나갔다. ……마지막으로 묻겠는데, 내가 아는 여인하고였소?"(364-5/260/302)

"……이걸로 끝이오. 딱 한마디만. 그게 얼마 전의 일이었소?"(365/261/302)

"……여기 이 방에서 일어난 일이었소? 어느 저녁이라고 하지 말고, 그날 저녁 내가 무엇을 하고 있었는지 생각나게 해달라는 거요. 이봐요. 누구하고 함께 그랬는지 당신에게 생각나지 않을 리가 없잖소. 오데트, 내 사랑!"(365/261/302-3)

오데트는 모른다고 완강하게 버티다가 예상치 않은 다른 사건을 노출시킨다. 해명은 또 다른 의혹을 부르는데, 이 의혹을 감당하기 어려운 더 큰 거짓을 새로운 추론의 항목에 포함시켜야 할 것이다.

"그래도 모르는 걸 어떡해요. 아, 부아였나 봐요. 당신이 부아의 섬으로 우리를 만나러 오시던 저녁이었나 봐요……."

그녀는 자신의 진실성(véracité)을 증명하는 세부사항을 제시하게 되어서 꽤 기쁜 듯이 말했다.

"옆 테이블에 오랜만에 보는 한 여자가 있었어요. 그분이 저보고 말하지 뭐예요. '잠깐 작은 바위 뒤로 가서, 달빛이 물에 맑게 비치는 걸 봅시다.' 저는 우선 하품부터 하고 대답했어요. '전 싫어요. 피곤하니까. 여기가 더 좋아요.' 그분은 이렇게 아름다운 달빛을 본 적이 없었다고 확언했어요. 제가 그분에게 말했지요. '웬 허풍이세요(Cette blague)!' 라고요. 그 여자가 뭘 하려는지 난 잘 알고 있었거든요."(365-6/261-2/303)

오데트는 웃으면서 이 이야기를 한다. 그리고 덧붙이기를 "가엾기도 하셔라, 저를 괴롭히고, 저에게 거짓말을 하게 시키고선 기뻐하시다니, 전 당신이 절 편하게 내버려두라고 거짓말을 하는 거예요."(366/262/303)

스완에게는 이 두 번째 타격이 더 강렬했다. "그 일이 자기가 모르는 과거가 아니라, 그처럼 뚜렷하게 생각나는 밤마다—오데트와 함께 보내고, 그렇게 잘 알고 있는 줄 믿었는데, 이제 와서 과거를 돌아다보아 간교하고 무서운 무엇인가를 당한 느낌이 드는 그 밤마다—그의 눈에 띄지 않게 감추어져서 최근에 일어난 일이라고는 꿈에도 생각해본 적이 없었다. 수많은 밤의 한가운데, 갑자기 커다란 구멍, 부아 섬에서의 그 순간이 뻥 뚫린 것이었다. 오데트는 지성적이진 않았지만 자연스러운 매력을 지니고 있었다. 그녀가 그때의 광경을 꾸밈없이 흉내 내며 이야기해서, 스완은 헐떡거리며 모든 것을 눈앞에 보았다. 오데트의 하품을, 작은 바위를."(363/262/304)

이처럼 스완이 그녀를 심문하자 "그녀의 약간의 고백"이, 그가 "의심할 수 있는 것보다 더 많은 것을 드러내는" 까닭에 "그녀가 이제까지 그런 짓을 자주 한" 것이고, "그런 짓을 앞으로도 되풀이할 것"이라는 단정을 내려야 할지를 평가하고자 했다.

그녀가 내뱉은 "그분이 뭘 하려는지 난 잘 알고 있었거든요", "두세 번", "웬 허풍이세요" 같은 말들을 되새겼다. 이런 말의 칼이 그에게 일격을 가하는 듯했다.(367/263-4/304) 그는 격심한 고통에 사로잡혔다.[43]

<u>43</u> "어떤 덫에 걸렸기에 그 문이 닫히자마자 이런 새로운 지옥에 굴러 떨어지고 말았는가, 한 번 떨어지면 영영 빠져나올 수 없는 이 새 지옥에, 가엾은 오데트! 그는 그녀를 원망하지 않았다. 그녀에게는 죄가 반밖에 없었다. (……) 하지만 전에 무관심하게 읽었던 알프레드 비니의 『어느 시인의 일기』의 그 문장, '한 여인을 사랑한다고 느꼈을 때, 그 여인의 주변은 어떠한가? 그 여인의 생활은 어떠했는가? 하고 물어보아야 하는데, 우리 삶의 온갖 행복이 거기에 달려 있기 때문이다'라는 구절이 얼마나 뼈아픈 진리가 되었는지. 스완은 '웬 허풍이세요!' '그 여자가 뭘 하려는지 전 잘 알고 있었거든요'

"그는 기억의 재창조하는 무서운 능력에 감탄했다. 고통이 진정되려면, 나이와 더불어 모태의 힘이 약화되어서 번식력이 감퇴되기를 기다릴 수밖에 없다. 그런데 오데트가 입 밖에 낸 말 가운데 어느 하나가 그를 괴롭히는 힘이 소진되는 것처럼 보였을 때, 지금까지 스완이 그다지 주의를 기울이지 않아서 거의 새로운 것이나 다름없는 다른 말이 앞선 말을 대체하면서 이전 그대로의 힘으로 그를 갈겨댔다."(368/265/307)

"롬 대공부인 댁에서 저녁식사를 한 날 밤의 기억이 고통스러운 것이었으나, 그것은 그의 아픔의 중심에 지나지 않았다. 이 아픔은 그것을 둘러싸는 앞뒤의 나날에 고통의 빛을 비추고 있었다. 그리고 그가 이 기억의 어떤 지점인지를 찾아내려고 해도 베르뒤랭네 패거리가 자주 부아 섬에서 저녁식사를 하던 계절 전체가 그를 아프게 하였다. 얼마나 고통스러웠는지, 질투가 불러일으킨 호기심도, 그 호기심을 채우려면 새로운 고통을 주지 않을까 하는 두려움 때문에, 서서히 약화되어 갔다."(368/265/308)

"아직 그와 만나기 전에 오데트가 지낸 모든 삶의 시기, 한 번도 상상해보려고 한 일이 없던 시기는, 그가 막연히 생각하고 있듯이 추상적인 연장이 아니라, 역시 특정한 해들로 이루어지고, 구체적인 사건들로 채워졌다는 사실을 깨달았다. 그 이상을 알게 되면, 빛깔 없이 흐르는 물 모양이자 참을 만하던 과거가 당장 만질 수 있고 더러운 신체로 변하고, 개별적이고 악마적인 얼굴을 하지 않을까 해서 겁이 났다. 그래서

하는 단순한 문장을 한 자 한 자를 생각하면서 음미하는 것에 그토록 고통스럽게 하는(faire le ma) 힘이 있다는 사실에 놀랐다. 하지만 그가 단순한 것으로 여기는 것은 골조의 조각에 지나지 않고 오데트가 이야기하는 동안에 겪었던 고통이 그것 사이에 붙어 있다가 언제라도 그에게 돌아올 수 있다는 것을 이해했다. 이는 이제 다시 느낀 것이 그것과 똑같은 고통이었기 때문이다."(367-8/264-5/306-7)

사랑의 인문학

그는 과거를 생각하려고 애쓰지/탐구하려 하지(chercher) 않았는데, 이는 과거를 생각하는 것이 귀찮아서가 아니라 고통이 두렵기 때문이었다. 그는 부아 섬이라든가 롬 대공 부인이라는 이름을 예전처럼 가슴 찢기는 고통 없이 듣는 날이 다시 오기를 기대했다."(368-9/266/308)

스완의 이런 자기 방어에도 불구하고 진리는 바깥에서 침입한다. 바로 오데트 자신이 깨닫지 못한 채, 스완이 모르고 있는 것, 알기를 꺼려하는 것을 자주 스스로 누설한다. "오데트의 실제 생활과 스완이 믿었고 아직도 믿는 오데트의 비교적 순진한 생활 사이에 놓인 커다란 차이, 그 차이의 넓이를 오데트 자신도 전혀 모르고 있었다."(369/266/308-9)

타락한 이가 남들 앞에서는 정숙한 체하면서 악습을 눈치 채지 않기를 바라지만 그 악습은 자신도 모르는 사이에 커져서 통제할 수 없게 되고 만다. 오데트는 자기를 모르거나 자기를 가장하는 인간처럼 행위한다.

"이런 악덕이 오데트의 정신에서 그녀가 스완에게 숨겼던 행동들의 기억과 동거하는 동안 그런 악습이 오데트의 정신에서 오데트의 다른 순진한 행동도 점점 그 숨기는 행동에 반영되어 그 악습에 물들어갔는데, 그녀는 그런 것에서 조금도 이상한 점을 알아차리지 못했고, 그 행동도 그녀의 독특한 환경 가운데 활동하면서 전혀 폭발(détonnassent)하지 않았다. 하지만 그녀가 감추고 있는 행동을 스완에게 얘기할 때, 그는 그것이 계시(révélation)하는 환경에서 생기는 격렬한 공포에 내몰렸다."

어느 날 스완은 그녀가 뚜쟁이 여인의 신세를 진 일이 있는지 물어보려고 애썼다. 그는 (그럴 리 없다고 확신하면서) 익명의 고발편지가 주는 의혹을 없애기 위해서 오데트에게 해명할 기회를 주고 싶었다.

"어머! 천만에요! 하긴 그것 때문에 시달리지 않은 것도 아니지만요."

그러고선 건방진 미소를 지으면서 덧붙였다.

"어제도 나를 두 시간 이상이나 기다린 여자가 있었는데, 얼마라도 상관없다고 하지 뭐예요. 어느 대사가 그 여인에게 '당신이 그녀를 데리고 오지 않으면 자살하겠다'라고 부탁했나 봐요. (……) 마침내 제가 나가서 그 여자를 어떻게 대했는지 당신이 보셨더라면 좋았을 텐데. 옆방에서 듣고 있던 하녀 말로는 제가 목이 터져라 소리 질렀다는 거예요. '싫다고 하는데도 왜 이러세요. 그런 생각은 마음에 들지 않아요. 어쨌든 저도 하고 싶은 대로 할 자유가 있다고 생각해요! 돈이라도 필요하면 또 모를까.' (……) 아! 당신이 어딘가에 숨어 있었더라면 얼마나 좋았을까요. 내 사랑! 당신은 만족했을 거예요. 당신의 귀여운 오데트에게 그래도 좋은 점이 있기는 하지요. 비록 누군가는 가증스럽다고 생각하는 모양이지만."(369-370/267/ 309-310)

게다가 스완에게 탄로 난 게 아닌가 하는 추측으로 오데트가 잘못을 고백하는 경우에, 그 고백은 오랜 의심을 종결짓기는커녕 도리어 새로운 의혹의 출발점이 되곤 했다. 그 고백이 결코 그의 의심과 추론에 들어맞지 않았기 때문이다. 오데트가 그 고백에서 중요한 점을 생략하려고 한 것은 허사였고, 게

사랑의 인문학

다가 그 부수적인 곳에, 스완이 미처 상상하지 못했던 그 무엇인가가 남아 있어서. "그 새로움이 스완을 억누르며 그의 질투에 문제가 되는 항(termes)을 바꿔놓곤 했다."(370/268/310)

메종 도레의 숨겨진 이야기

이런 사례 가운데 스완을 경악케 한 것이 있었는데, 바로 그의 사랑의 출발점이 되었던 사건의 진리가 드러나고 만 것이다.

한 번은 오데트가 스완에게, (파리 뮈르시아의) 무도회 날에 포르슈빌이 그녀를 방문한 것을 해명했다. 스완은 "그렇게 오래전부터 그 사람과 아는 사이였나? 아아, 그렇지, 그랬지" 하고 몰랐던 표시를 내지 않았지만 그는 떨고 있었다. 그처럼 소중하게 간직해온 그녀의 편지, 그것을 받았던 그 무도회 날에 "그녀가 메종 도르[:메종 도레]에서 포르슈빌과 함께 점심을 들었나 보다 하는 생각에."(370/268/311)

그런데 '메종 도레' 때문에 다른 의혹이 드러난다. "응, 그건 말이에요. 당신이 프레보카페로 절 찾으러 갔다가 돌아오는 길에 저하고 만났을 때, 제가 메종 도레에서 막 나오는 길이라고 말한 밤이 있지 않나요. 그날 밤 나는 그곳에 가지 않았거든요." 그녀는 그가 그것을 알고 있다고 (잘못) 생각하고 얘길 하면서 (스완의 고통은 짐작도 못하고) 까르르 웃는다.

> "사실은 그때 메종 도레에 가지 않았어요. 포르슈빌 집에서 나오는 길이었어요. 물론 그전에 프레보에 가 있었던 것은 정말이고요. 그분과

거기서 만났는데, 자기 집에 가서 판화를 구경하지 않겠냐고 했어요. 그러나 그 댁에는 누군가가 이미 그분을 만나려고 온 분이 있었어요. 당신에게 메종 도레에서 막 오는 길이라고 한 것은 당신의 마음을 언짢게 할까 봐 그런 거예요. 어떻게 생각하세요. 오히려 제가 더 친절한 게 아닌가요. 틀린 말을 한 것은 제 잘못이에요. 하지만 이제 그 사실을 당신에게 솔직하게 얘기하잖아요."(372/269/312)

그는 이 말에 압도되고 만다.

"너무나 행복해서 감히 다시 생각해보려고도 한 적이 없던 그 (소중한) 몇 달 동안, 그녀가 그를 그토록 사랑해주었던 그 몇 달 동안에도, 그녀는 이미 그를 속였던 것이 아닌가! 메종 도레에서 오는 길이라고 말했던 그때(그들이 처음으로 '카틀레야를 하던' 그 밤)가 이미 그러했으니. 하물며 그 몇 달 동안에, 얼마나 많은 순간들에 스완이 꿈에도 의심하지 않았던 거짓말들이 감춰져 있을 것인가?"(371/269-270/312)

스완은 그녀의 손쉬운 거짓말들의 효용도 이해할 수 있었다. 예를 들어서, 어느 날 그녀가 "저, 베르뒤랭 부인에게, 드레스가 미처 준비되지 않았다든가, 이륜마차가 늦게 왔다든가 말하면 그만이죠. 언제든지 적당히 꾸며대는 수가 있는 법이에요"라고 둘러댄 얘기를 상기한다. 그렇다면 마찬가지로 늦는 것을 변명하거나 밀회의 시간을 변경하는 것을 변명할 때 '베르뒤랭 부인'

을 얼마든지 '스완'으로 대체할 수 있을 것이다. "저, 스완에게 드레스가 미처 준비되지 않았다든가, 이륜마차가 늦게 왔다든가 말하면 그만이죠. 언제든지 적당히 꾸며대는 수가 있는 법이에요"라고.(371/270/312-3)

오데트가 제시한 세계, 거짓말과 변명으로 조직한 사랑의 공간에서 드러난 말과 행동 밑에 감당하기 힘든 무엇인가 숨어 있었다. 그것들은 스완의 행복이 고통으로 바뀌고, 그 고통을 감내해야만 밝혀지는 어둠의 제국이었다. 스완의 가장 그리운 온갖 추억 아래, "지난날 오데트가 말하고 그것을 복음서의 말처럼 그가 믿어마지 않았던" 가장 단순한 말 아래에(sous les paroles les plus simples), 그녀가 그에게 얘기한 그 나날의 행동 아래에서, 그리고 자주 드는 장소(예를 들어서 재봉 여공의 집, 부아의 큰 길, 경마장) 아래에 "표면에 나타나지 않은 여러 거짓말이 존재함을 느꼈다. 게다가 그런 거짓말은 가장 그리운 것으로 기억에 남아 있던 것들을 모조리 비열한(ignoble) 것으로 만들고 말았다.

> "그녀의 메종 도레에 관한 고백을 들었을 때, 마치 『니네베(Nineveh)의 패망』에 나오는 추악한 짐승들처럼, 그가 느꼈던 암흑 같은 공포를 도처에 떠돌게 하면서 그의 심중에 아름답게 쌓아올린 그녀의 과거의 온 건물의 돌들이 하나하나 흔들리고 말았다."(371/ 270-1/313-4)

그가 메종 도레에 관한 기억이 떠오를 때마다 그 이름을 회피한 것은 그 이름이 "이미 오래전에 잃어버린 행복이 아니라 이제 막 알게 된 불행을 상기시키기 때문이다."

"우리의 사랑, 우리의 질투라고 믿는 것은 연속적이고 분할되지 않는, 동일한 열정이 아니기 때문이다. 사랑이나 질투는 무한하게 연속적인 사랑, 무한하게 다른 질투들로 구성되어 덧없지만, 그 끊임없는 다양성 때문에 연속적이라는 인상(l'impression de la continuité), 단일성(l'unité)을 지닌다는 착각을 일으킨다. 스완의 사랑의 생명, 질투의 충실성(fidélité)은 수많은 욕망과 의혹들의 죽음과 배신(infidélité)으로 이루어진 것들인데, 그 모든 것이 오데트를 대상으로 삼는 것이었다. 만일 스완이 오랫동안 그녀를 만나지 못했더라도, 그동안에 죽었을 욕망과 의혹을 다른 것이 차지하지 못했을 것이다. 그런데 만나기 때문에, 오데트의 존재는 스완의 가슴에 다정함과 의혹의 씨앗을 번갈아 계속 뿌려댔다."(372/271/314)

작품 마지막 부분에서 기차에서 자다가 깨어난 스완은 꿈속에서 본 오데트의 파리한 안색, 야윈 두 볼, 피곤한 눈을 기억하면서 그들이 알게 된 이후에 주의해서 보지 않던 것을 포함해서 모든 것을 상기한다.

"필경 잠자는 동안, 그의 기억이 처음으로 그들이 관계를 맺을 무렵까지 거슬러 올라가 그런 온갖 것의 정확한 감각을 찾으려고 했던 것이다. 그래서 그 자신이 더 이상 불행하지 않으면서도, 동시에 도덕적 수준도 낮아지면서 다시금 그에게 나타나는 비열함으로 외쳤다. 내 마음에 들지도 않고 내 부류(mon genre)도 아닌 한 여인 때문에 내 삶의 여러 해를 망치고, 죽고 싶어 하기까지 하고, 내 엄청난 사랑(mon plus grand amour)을 바치다니!"(382/286/330)

스완의 역설적인 사랑에서 애정과 의심, 고통과 진리 찾기의 꽃을 번갈아 피게 한 오데트, 사랑하면서 수많은 시간을 허비하고 질투를 불러일으켜서 사랑의 진리를 찾아 나서게 하면서 기만이 사랑에 불가피한 것임을 철저하게 깨닫도록 한 그 여인!(그녀는 객관적인 특성을 지닌 사랑할 만한/미워할 만한 대상인가, 아니면 스완의 사랑, 욕망에 의해서 상상적으로 구성된 존재에 지나지 않는가?)

음악이 들려주는 스완의 사랑 이야기, 사랑과 그 표현

스완의 사랑이 지닌 몇 가지 얼굴을 뱅퇴이유의 바이올린 소나타가 어떻게 형상화하는지, 사랑이 어떻게 예술적으로 표현되는지를 살펴보자.

이상적인 관계 방식을 염두에 두면, 바이올린 소나타에서 바이올린과 피아노는 사이 좋은 한 쌍이 되어서 자기와 타자의 상이한 통일, 각자의 개성을 존중하면서 자신들의 조화로운 관계를 표현하는 두 연인이 될 수 있고, 자기에게 몰두하고 타자와 소통하지 못한 채 양자의 갈등과 긴장을 극단적으로 보여줄 수 있다.

먼저 스완의 사랑이 지닌 신비한 본질을 알리는 소나타의 표현을 살펴보자.

"그러나 이 소악절은 스완이 그것에 귀 기울이자마자 금세 그에게서 소악절에 필요한 공간을 자유롭게 열어서 스완의 영혼의 균형에 변화가 일어나곤 하였다. (……) 미지의 매력에 대한 목마름(soif d'un charme inconnu), 그것을 이 소악절이 그의 마음속에 눈뜨게 했지만, 이 목마름을 채워줄 만한 뚜렷한 그 어떤 것도 가져다주지 않았다. 그래서 소악절이 물리적 이해나 걱정이 온갖 인간에게 가치 있는 인간적인 고려를 지워서 스완의 영혼의 그 부분을 텅 빈 채로 두어서, 거기에 자유롭게 오데트의 이름을 기입했다. 오데트의 애정이 약간 모자라거나 실망을 주는 듯한 느낌이라도 들면 소악절이 와서 그것을 더하고 그 신비한 본질(essence mystérieuse)을 혼합시켰다." (237-8/77/91-2)

소나타는 사랑의 "낯선 도취"를 표현하기도 한다. 사랑의 증인으로서 사랑이 연약함을 알리고 체념과 비애가 깃든 것임을 전한다. 하지만 스완은 그것에 귀기울기보다는 '입맞춤의 비'에 젖은 채로 달콤함에 몰두한다.

"그는 이 악절의 감미로움의 근저에서 고통스러움, 어쩌면 은밀하게 진정되지 못한 채 남아 있는 고통까지도 알아차리기 시작했으나, 그것을 고통스러워하지는 않았다. 설사 그 악절이 사랑을 연약한(fragile) 것이라고 한들 개의하랴. 그의 사랑은 그처럼 강하였는데(fort)! 그는 이 악절이 뿌리는 슬픔(tristesse)과 더불어 유희하고, 슬픔이 그의 마음을 지나가지만 그의 행복함을 더 깊고 더 달콤하게 하는 애무처럼 그 슬픔이 지나가는 것을 느꼈다. 그는 오데트에게 그 악절을 열 번, 스무 번 되풀이해서 연주시키면서 동시에 그에게 입맞춤을 계속할 것을 요구했다. 입맞춤 하나하나는 다른 입맞춤을 불러온다. 사랑의 첫 무렵에 입맞춤은 얼마나 자연스럽게 생겨나는지! 그것은 서로 몸을 누르기만 해도 쏟아져 나온다. 한 시간 동안에 서로 주고받은 입맞춤은 5월의 들판에 핀 꽃들만큼 헤아릴 수도 없었다."(237/78/92-3)

하지만 사랑의 슬픔과 체념을 표현하는 음악은 그러한 행복이 연약한 것에 지나지 않음을 형상화한다. 그런데 사랑의 내용이 지닌 연약함과 그것에 대한 표현은 상이한 것이다. 전자가 시간 안에서만 존재하다가 시간 안에서 스러지고 사라지고 마는 것이라면 후자는 그렇지 않다. 사랑의 표현, '표현된' 사랑은 시간을 벗어나고 소멸의 운명을 따르지 않는다.

"마치 연주자들이 그 소악절을 연주한다기보다는 그 소악절이 모습을 나타내는 데 필요한 의례를 올리는 듯하였고, 또 혼을 불러내는 기적을 빌어 잠시 그 기적을 연장시키는 데 필요한 주문을 외우는 것처럼 보여서 (……) 그 소악절은 그의 사랑의 속내 얘기를 들어주는 여신이 청중 앞에서 그의 곁에까지 이르러, 그를 외딴 곳으로 데리고 가서 이야기하려고 그런 울림의 외관으로 변장했다는 느낌이 들었다. 그리고 소악절이 그에게 해야 할 말을 하면서 지나가자 그는 낱말 모두를 한 마디 한 마디 되씹으면서 꽃향기처럼 가볍게 위로하고 소곤거리며 지나가는 동안, 그 낱말들이 그처럼 빨리 날아가는 것을 보고 안타까워하면서, 의식하지 못한 채 조화롭고 덧없이 사라지는 모습에 입술을 갓다 대고 입맞춤하는 시늉을 하였다. 이제 그는 홀로 유배되었다고 느끼지 않았다. 그에게 말 건네는 가락이 낮은 목소리로 오데트에 대해서 속삭이고 있었으므로. 악절은 전날처럼 오데트도 자기도 알지 못한다는 인상을 주지 않았기 때문이다. 그 악절은 그토록 자주 그들이 서로 사랑하고 있는 기쁨을 목격한 증인이었다! 그 악절은 또한 자주 두 사람의 사랑의 연약함(fragilité)

을 그에게 경고했다. 그 무렵에 소악절의 미소나 그 맑고도 투명한 억양에서 그는 고통이 어려 있음을 알아차렸는데, 지금은 마법에서 깨어나 오히려 거의 즐겁다고 할 체념(une résignation presque gaie)의 우아함(grâce)을 찾아냈다. 지난날 소악절이 그에게 얘기하던 비애(chagrins, 그는 소악절이 미소 지으면서 그 구불구불하고도 빠른 흐름으로 비애를 끌어들이는 것을 보면서 슬퍼하지 않았는데), 지금에는 그의 것이 되고 말아서 한시도 거기에서 벗어날 가망이 없다시피 된 그 비애에 대해서, 소악절은 예전의 행복에 대해서 말하듯이 그에게 말하는 것 같았다. '이게 다 뭐란 말인가? 이 모든 것은 아무것도 아니지 않은가(Tout cela n'est rien)!'라고."(347-8/237/274)

이런 예술적 진리는 사랑하는 자의 죽음조차 뛰어넘는다. 죽음에 의해서도 소멸되지 않는 이 진리는 어떤 시간을 정립하는가?

"우리는 죽을 것이다. 하지만 우리가 인질로 잡은 이 성스러운 포로들도 우리와 운명을 함께하리라. 그러나 그들과 함께하는 죽음이라면 죽음도 덜 쓰라리고(de moins amer), 덜 부끄럽고(de moins inglorieux), 아마도 덜 개연적인(de moins probable) 것이 되리라."(350/240/278)

스완은 사랑의 진리를 표현하는 소나타에 공감한다. 그 소나타가 자아내는 감정을 따라가면서 사랑의 연약함을 인식한다. 그러나 음악이 감싸는 사랑하는 시간은 깊은 공감과 함께 사라진다. 그러면 사랑의 경험은 특정한 시작과 과정과 끝에 갇혀 있다가 그 경과와 함께 사라지면서 기억 속의 존재, 회상 대상이 될 뿐인가? 그는 지나가는 시간을 포착하는 법을 모른 채 사랑에 몰두하거나 실망할 뿐 어떠한 시도도 하지 않는다.

사랑이 아니라 사랑의 예술적 표현(예술의 영역에서 예술적 시간에 따라 존재하는 사랑)은 죽음을 넘어선다. 예술은 삶과 죽음, 사랑의 허약함, 변천과 질투를 넘어선 '고유한' 시간의 세계를 정립한다. 그러면 사랑은 더 이상 시간 안에서 변하고 스러지는 것이길 멈추고 표현된 시간과 함께 자신의 생명을 새로운 시간에서 펼칠 수 있다.

예를 들어서 사랑을 표현하는 베토벤의 소나타가 있다고 하자. 우리가 겪는 사랑은 지나가지만 그 사랑(의 기쁨과 고통, 사랑의 정감을 형상화한)을 노래한 소나타는 무한하게 반복되면서 결코 사라지지 않을 것이다. 이렇게 작품 속에 형상화되고 객관화된 사랑은 어떤 시간도 무너뜨릴 수 없는 고유한 세계를 빚어낸다.

"마지막 악장 도입부에서 스완이 들은 피아노와 바이올린의 아름다운 대화! (……) 먼저 외로운 피아노가 배우자에게 버림받은 새처럼 탄식한다. 이 소리를 들은 바이올린이 이웃 나무에서 말 걸듯이 그 소리에 응답한다. 그것은 세계의 시초인 듯, 지상엔 아직 그 둘밖에 없는 듯했다. 아니 차라리 다른 모든 것에 닫힌 이 세계는 한 창조자의 논리에 따라서 지어져서, 앞으로는 절대로 이 둘 외에는 거기에, 이 소나타에 들어가지 못할 것 같았다. 그건 한 마리 새인가? 소악절의 미처 완성되지 않은 넋인가? 요정이던가? 그 눈에 보이지 않고(invisible) 신음하는(gémissant) 소리, 그 탄식에 뒤이어 피아노가 부드럽게 되풀이한 이 존재는? 피아노의 외침이 어찌나 갑작스러웠는지 바이올리니스트는 그것을 붙잡으려고 재빠르게 활을 그어야 했다. 놀라운 새로다! 바이올리니스트는 새를 홀리고, 길들이고, 붙잡고 싶은 듯 했다. 벌써 새는 바이올리니스트의 넋 속에 날아들어 이미 불러일으킨 소악절이 강신자(降神者)의 몸을 흔들어대듯이 정말로 사로잡힌 바이올리니스트의 몸을 흔들어댔다." (351-2/242-3/280-1)

예술로 표현된 사랑의 진리는 사랑의 경험에서 소진되거나 사라지지 않는다. 그 진리는 스완의 질투와 고통을 가로지르면서 경험적 시간을 뛰어넘는다. 스완의 사랑은 그런 진리가 시간화 되는 경험의 장을 펼친다.

스완의 사랑은 이런 예술적 진리와 시간을 되찾을 수 있는 문 앞에서 우리를 기다리게 한다. 스완처럼 사라질 수밖에 없는 사랑 경험에 멈출 것인가? 사랑을 넘어선 다른 세계로 나아갈 것인가? 그런 세계는 어디에 있는가? 프루스트는 '잃어버린 시간을 되찾는 것'을 문학의 고유한 과제라고 본다. 글쓰기는 잃어버린 시간을 되찾으려는 시도다. 그런 시간에서 존재하는(숨 쉬고 행복과 미움에 휩쓸리고 안타까움을 벗어나지 못하는) 사랑은 환멸과 죽음마저도 넘어선다.

참고문헌

Proust, M., A la recherche du temps perdu, t. 1, Editions Gallimard : Paris, 1954.

『잃어버린 시간을 찾아서』, 『스완네 집 쪽으로 2』, 김창석 옮김. 국일 미디어, 1998.

『잃어버린 시간을 찾아서』, 『스완네 집 쪽으로 2』, 김희영 옮김. 민음사, 2012.

10. 하나 되기에서 '둘'의 사랑으로

_ 바디우의 사랑 철학

사랑은 '하나 되기'인가?

마지막 장면에서 사랑하는 이들이 결혼해서 아들딸 많이 낳고 행복하게 잘 살았다는 결말을 온전한 끝이라고 믿는 이는 많지 않다. 그래서 '그 후에' 어떻게 되었을까? 백설공주와 결혼한 왕자는? 귀향한 오디세우스와 페넬로페는 못다한 사랑을 지속시키며 삶의 마지막까지 온전한 행복을 누렸을까? 이 도령과 춘향의 결혼생활은?

이런 이야기들의 바탕에는 사랑이 '하나 되기'라는 사고가 깔려 있다. 서로 다른 취향, 습관, 성장 환경, 문화, 세계관을 지닌 이질적인 남성과 여성이 어떻게 사랑 안에서 두 가지 상이하고 이질적인 것들을 녹여서 '하나'가 될 수 있을까? 두 생각을 어떻게 합하고, 두 습관을 어떻게 조화시킬까? 두 세계관은 어떻게 종합되거나 승화될 수 있을까?

관계의 몇 가지 경우를 살펴보자. 칸트의 관계 범주를 참고하면, 가능한 세 경우가 있다. 둘 가운데 하나가 원인이 되고 다른 것이 결과가 되는 경우가 있고, 한쪽이 실체로서 본질적 지위에 있고 다른 쪽이 있으나 마나 한 것인 경우가 있다. 이런 두 경우는 어쨌든 한쪽이 다른 쪽을 지배하거나 사실상 부정한다.

바람직한 것은 양자가 서로 공존하고 상호작용하는 경우일 것이다. 상이한 두 존재가 사랑의 이름으로 서로 상대를 인정하고 상대의 장점을 통해서 자기를 보충하려는 조화와 화해의 틀을 제안할 수 있다.

하지만 이런 아름다른 제안을 과연 어느 쪽에서 먼저 시도해야 할까?(먼저 고개를 숙이거나 무릎을 꿇으면 무시당하거나 걷어차이지 않을까?) 상호인정을 위해서 각자가 자기를 부정하고 그 부정이 서로에 대한 긍정으로 나아가야 한다. 과연 그것이 가능한가? 사랑의 이름으로 양자를 화해시키고 더 큰 통일을 추구하는 것이 바람직한가?

이런 상호작용 모델은 (수많은 이들이 경악하듯이) 칸트가 결혼을 설명할 때 지적하는 것처럼 서로의 성적 기관을 상호 공유하는 것을 이상으로 삼는 것에 지나지 않는 것은 아닌가? 상호성의 아름다운 이름으로 두 성은 조화와 타협의 그늘에서 하나가 되는 것이 바람직한가?

일자(一者)가 아니라 '다수성'을 철학적 출발점으로 삼는 알랭 바디우(Alain Badiou)는 사랑하면서 동일성이 아닌 차이에서 비롯된 세계를 경험할 수 있다고 지적한다.

그는 현대사회에서 각자가 자기 이익만 추구하는 것처럼 보이지만 사랑이 그렇지 않음을 보여주는 사례라고 여긴다. 누구도 사랑을 서로의 이익만을 추구하는 단순한 교환으로 인식하지 않으며, 수익을 기대하는 투자처럼 계산하지 않는다.(심지어 사랑하면서 시련을 받아들이고, 고통을 감내하기도 한다.) 그리고 사랑은 차이에 대한 근본적인 경험을 만드는 지점이고, 차이의 관점을 시험하는 사고로 이끈다.

플라톤은 사랑이 보편적인 영향력을 지니며, 실현가능한 보편성의 개인적 경험이자 철학적으로 근본적이라고 보았다. 바디우는 플라톤이 사랑의 도약에 보편의 씨앗이 있다고 한 점, 사랑의 경험이 이데아를 향한 도약이라는 점을 환기시킨다. 사랑하는 자는 연인의 아름다운 몸을 보면서 감탄하는 과정에서 아름다움에 대해서 사고한다. 그래서 사랑에는 우연의 순전한 특수성에 머물지 않고 보편적 가치를 지니는 요소로 넘어가는 경험이 있다.(Badiou, 2009, 19-20/26-7)[44]

하나에서 둘로

바디우는 사랑이 정치, 과학, 예술을 비롯한 진리 산출 절차들 가운데 하나라고 주장한다. 그는 사랑이 '하나/一者'의 길에서 벗어나는 것이라고 보기에 사랑에 관한 기존의 관점들, 즉 융합적 사랑, 희생적 사랑, 상부구조적 사랑에 의문을 제기한다.(E 255-6/338-9)

'융합적(fusionnelle) 사랑'은 사랑을 황홀경의 하나로 간주한다. 황홀한 하나됨을 추구하는 사랑은 다수를 제거함으로써 둘 너머에 있는 상태를 설정한다. 이런 낭만적인 개념은 사랑을 황홀한 만남으로 소진시킨다. 사랑은 "마술적인 외재성의 한순간에 불타고 소진되고 소비"(E 33/41)된다. 그 결과 기적적인 것, 완전히 녹아버린 하나의 만남이 도래한다.

낭만적 신화에서 이런 융합의 지점은 흔히 죽음으로 귀결된다. 이런 틀에서 사랑과 죽음은 깊은 관련을 맺는다. 바그너의 「트리스탄과 이졸데」의 경

44　바디우의 저작들은 다음과 같은 약자로 표기하고 그 쪽수를 밝히는데 앞쪽은 불어본, 뒤쪽은 우리말 번역본 쪽수이다.
C: Conditions (『조건들』, 이종영 옮김, 새물결)
D: 「La scène du Deux」, in De l'amour.
E: Éloge de l'amour(『사랑 예찬』, 조재룡 옮김, 길).

우, 예외적이고 형언할 수 없는 순간에 사랑을 소진한 주인공들은 더 이상 남아 있는 세계로 들어갈 수 없다.(E 34/42)

'희생적(oblative) 사랑'은 동일자를 타자의 제단에 바치는 관점에 선다. 하지만 바디우는 사랑이 '헌신적인' 경험이고, 자기를 최종적으로 전체 – 타자에 결부시키는 것, 타자를 위해서 자신을 완전히 망각하는 경험이라고 보지 않는다. (괴테가 영원한 여성성이 우리를 고양시킨다고 했지만) 사랑은 우리를 '높은 곳으로' 이끌지 않으며 그 나머지 것들을 낮은 곳으로 끌어내리지도 않는다.(E28/34)

'상부구조적(superstructurelle) 사랑'은 사랑을 성적 욕망을 가리거나 장식하는 환상으로 여긴다. 염세적인 프랑스 모럴리스트들은 사랑이 일종의 환상이고, 사랑이 "성의 실재(le réel du sexe)가 자리 잡는 장식용 겉치레"이거나 "욕망과 성적 질투가 사랑의 핵심"이라고 본다.

이런 모럴리스트에게 사랑은 사실상 존재하지 않으며, 욕망의 미사여구에 지나지 않는다. 곧 욕망만이 존재하고 사랑은 단지 성적 욕망에 부착된 상상적 구성물일 뿐이다. 그는 이런 사랑에 대한 불신을 직선적으로 표현하면 다음과 같을 것이다.

당신이 성적 욕망을 품고 있다면 그것을 실천하시오. 그러면 된다오. 그렇다고 해서 누구를 사랑해야 한다는 생각을 바탕으로 환상을 품을 필요는 없소. 그런 것은 모두 내팽개치고 어서 목표를 향해서 돌진하시오!(E36-7/45)

사랑의 인문학

그는 자유로운 두 개인 사이의 사랑을 계약으로 여기는 상업적이고 법률적인 관념도 비판한다. 이런 사고는 서로 사랑한다고 선언하고서는, 관계의 동등성이나 상호이익이 동반되는 점에 주의를 기울이기 때문이다.

바디우는 사랑이 이런 시도들을 벗어나서 '둘'의 관점에서 진리를 구축 (construction)한다고 본다. 하나가 아닌 '둘'에서 시작해서 세계를 경험할 때 세계는 무엇일까? 동일성이 아니라 차이에서 검증되고 실행되고 체험된 세계란 어떤 것인가? 사랑은 성적 욕망과 시련들, 차이의 관점에서 시련을 겪는 것에 관여하는 것을 포함한다.(E26-7/32)

타인과의 만남이 있다. 만남은 전적으로 불투명한 상태로 존재하는 하나의 사건이고, 실제 세계에서 일어나는 다양한 결과들을 통해서 현실성을 갖는다.(E27-8/33) 곧 사랑은 단순한 생존 충동이나 이해 관심을 벗어나서 탈중심적인 관점에서 어떤 세계를 구축하는 것이다.(28/34)

예를 들어 산에 올라가서 사랑하는 여인의 어깨에 기댄 채, 황금빛 초원, 나무 그늘, 울타리 뒤에서 미동도 하지 않는 검은코 양 떼들, 바위 뒤로 서서히 모습을 감추는 태양 등 저녁 무렵의 평화를 보는 자는 바로 나이며, 그녀의 얼굴을 통해서가 아니라 있는 그대로의 세계에서, 내가 사랑하는 여인이 나와 같은 세계를 보고 있다는 바로 그 사실을 인식하는 것이다. 나아가 이런 동일성이 세계에 속한다는 사실, 사랑은 바로 이 순간 동일한 하나의 차이가 된다는 역설을 내가 알고 있는 것이다. 따라서 사랑은 존재하고 사랑은 여전히 존재하리라는 사실을 약

속한다.(E28-9/34)

그녀와 나는 유일한 주체, 사랑의 주체로 구체화되고(incorporés) 사랑의 주체는 양자의 프리즘을 거쳐서 세계에 펼쳐진다. "사랑은 나의 개인적인 시선을 가득 채우는 것에 국한되는 대신에 이 세계가 이루어지고 탄생한 결과 존재하는 그 무엇이다. 사랑은 언제나 세계의 탄생을 목격할 가능성을 내포한다."(E29/35)

둘의 무대

어떤 사고에서 출발하면 사랑을 재발명할 수 있는가?

각자의 경험에 부합하는 '두' 지점에서 출발해서 사랑에 관한 문제에 접근해야 한다. 먼저 사랑은 두 사람 각자의 무한한 주체성을 바탕으로 두 사람 간의 단순한 차이를 구성하는 분리나 이접(離接 disjonction)[45]을 다룬다. 이런 분리는 성적 차이에 바탕을 둔다. 곧 사랑에서 분리, 차이의 일차적 요소인 '둘(Deux)'을 갖는다. 그래서 사랑은 이 둘과 교섭한다.(E31-2/39-40)

그리고 사랑은 분리를 다루므로 이 둘인 어떤 것이 무대에 등장하고, 새로운 방식으로 세계를 경험할 때, 사랑은 불확실하거나 우발적인 형태를 취할 수 있다. 사랑은 이런 만남에서 시작된다. 바디우는 (형이상학적인 방식으로) 이런 만남에 사건(événement)의 지위를 부여한다. 그래서 사물들의 직접적인 법

---

45 논리학에서 선언(選言)이라고 하기도 하는데 A '또는' B(A∨B)처럼 두 진술을 '또는'으로 연결시키는 경우를 가리킨다.

칙에 속하지 않는 어떤 것이 사회적 지위를 갖는다.(E32/40)

이런 출발점의 예들을 문학과 예술에서 많이 볼 수 있다. '둘'을 강조하는 작품들에서 연인이 같은 사회계층이나 같은 집단, 파벌, 국가에 속하지 않은 경우가 대부분이다. 두 연인이 대립된 세계에 속하는『로미오와 줄리엣』이 이런 분리/이접의 대표적인 알레고리다. 이 둘은 강력한 이원성과 극단적인 분리를 가로질러 사랑의 대각선을 교차시킨다.

두 차이들의 만남은 하나의 사건이다. 곧 우발적이고도 놀라운 것, "사랑의 놀라움들(surprises de l'amour)"이다. 이런 사건이 사랑에서 근본적인 첫 지점(le premier point)이다. 이런 놀라움으로 세계에 대한 경험인 한 과정이 풀려나간다. 사랑은 두 개인의 단순한 만남이나 폐쇄된 관계가 아니라 무엇인가를 구축하는 것이고, 더 이상 '하나'의 관점이 아니라 '둘'의 관점에서 진행된다. 이것이 "둘의 무대, 또는 둘이 펼치는 무대(La scène du Deux)"이다. 바디우는 (사랑의 시작뿐만 아니라) 사랑의 지속도 둘의 관점에서 이해한다.(32-3/40-1)

그는 사랑을 통합의 관점에서 보지 않으므로 급진적이고 낭만적인 사랑 개념을 거부한다. 그런 개념은 강한 예술적 매력은 있지만 실존적 위험을 내포한다. 사랑은 세계의 법칙들에 의해서는 계산하거나 예측할 수 없는 사건이다. 그 무엇도 만남이 이루어지도록 허용하지 않는데, 이는 서로 만나는 순간, 서로 만나는 것이 다른 무엇으로도 환원될 수 없기 때문이다.(E34/42-3)

사랑에서 수수께끼는 사랑이 시작되는 순간이 지닌 황홀함에 있지 않다. 시작되는 순간의 황홀함이 존재하지만, 사랑은 지속적인 구축이어야 한다. 사랑은 끈기 있게 이어지는 일종의 모험이다. 곧 사랑에는 모험적인 측면이 필요하지만 끈기도 필요하다. 최초의 장애물, 최초의 심각한 대립, 최초의 권태 때문에 사랑을 포기할 것인가? "참된 사랑은 공간과 세계와 시간이 사랑에 부과하는 장애물들을 지속적으로, 때로는 매몰차게 극복하는 그런 것일 것이다."(E 35/43)

기적적인 만남의 순간은 사랑의 영원성을 약속한다. 하지만 바디우는 덜 기적적이면서(moins miraculeuse) 더 힘들여 노력하는(plus laborieuse) 영원성의 개념, 차례대로 끈기 있게 이루어지는 시간적 영원성, 둘의 경험의 구축을 제안한다.(E 69-70/90)

만남의 기적을 인정하더라도 만남을 고립시키거나 그것이 매 지점에서 구축된 진리의 미래를 지향하지 않는다면 만남의 기적은 초현실주의 시학에만 속할 뿐이다.(E 69/90)

지속(durée)은 사랑이 끝없이 유지되고 서로가 항상 사랑하고 영원히 사랑하는 것만을 뜻하지 않는다. 사랑은 삶에서 지속되는 다른 방식을 고안한다(inventer). 각자라는 존재는 사랑의 시련에서 새로운 시간성과 마주한다. 사랑은 "지속하려는 강한 욕망"이지만, 이것에 미지의 것을 지속시키려는 욕망을 더해야 한다. 사랑은 삶을 재발명함(réinvention)이다. 사랑을 재발명하는 것은 이런 재발명을 재발명함(réinventer cette réinvention)이다.(E36/44)

"당신을 사랑해(je t'aime)"라는 선언은 만남이라는 사건을 확정하기 때문에 근본적이고 책임을 부여한다. 그러나 "타인에게 자기 몸을 맡기는 행위, 타인을 위해서 옷을 벗는 행위, 알몸이 되는 행위, 태고의 몸짓을 완수하는 행위, 부끄러움을 모두 던져버리는 행위, 소리 지르는 행위처럼 몸과 결부된 장면으로 들어서는 것들은 사랑에 내맡김(abandon)의 증거로서 가치를 지닌다."
(E37/46)[46]

(우정과 달리) 사랑은 타인의 존재의 총체성에 관련되며, 육체의 내맡김은 이런 총체성의 물질적 상징이기도 하다.(E37/46-7) 물론 이것이 욕망에 지나지 않는다고 반박할 수도 있다. 하지만 사랑의 선언에서 선언된 사랑의 요소에서 욕망의 효과들을 산출하는 것은 직접적으로 욕망이 아니다. 사랑은 자신의 증거로 욕망을 감싸고자 한다. 두 몸이 취하는 의례는 말의 물질적 담보이고, 삶의 재발명에 대한 약속이 육체의 밀착을 통해서 보호되리라고 여긴다.

> "연인들은 가장 격렬한 섹스에서조차도, 몸이 사랑을 받아들였다는 증거 위에 평화가 내려앉을 때, 잠에서 깨어난 아침에, 마치 두 육신의 수호천사처럼 사랑이 거기에 있다는 사실을 알게 된다."(E38/47)

바디우는 이런 점 때문에 사랑이 (사랑의 상실에 관심을 갖는 이데올로그라면 몰라도) 누구에게도 단순한 성적 욕망의 위장술이나 종족 재생산을 위한 괴물 같은 술책일 수 없다고 본다.

사랑의 진리

사랑은 어떤 점에서 진리의 절차(procédure de vérité)인가? 그것은 진리가 구

---

46 우정은 육체적인 증거를 찾지 않으며 육체의 향유에 따른 공명이 없다. 우정은 가장 이지적인 감정, 열정을 불신하는 철학자들이 선호하는 감정이다.

축되는 경험이고, '둘'에 관한 진리, 차이의 진리이다. 곧 사랑은 진리 경험이다.(E39/51) 사랑은 시련을 받아들이고 지속을 약속하고 차이에서 비롯된 세계의 경험을 수용하면서 나름의 방식으로 차이에 관한 새로운 진리를 생산한다.(E39-40/52)

사랑 이야기가 우리를 사로잡고, 대중의 관심을 끄는 까닭은 무엇인가? 사랑에 보편적인 어떤 것이 있기 때문일 것이다. 사랑은 하나가 아닌 둘이 되는 것과 관련된 새로운 진리 경험을 제시한다. "사람들은 자신들이 진리를 사랑한다는 사실을 모르더라도 진리를 사랑한다."(E40/52-3)

바디우는 사랑의 선언에 주목한다. 사랑에 필수적 선언인 '사랑한다'라고 말하는 행위는 왜 중요한가? 선언을 통해서 사건의 구조에 등재되기 때문이다. 사랑은 만남이라는 절대적으로 우발적이고 우연한 특성에서 시작된다. "사랑과 우연의 놀이"는 불가피하고, 우연은 특정한 순간에 고정되어야 한다. "우연이 지속성을 출발시켜야 한다."(E41/53)

그러나 순수한 우연이 어떻게 진리를 구축하는 지지대가 될 수 있는가? 예측할 수 없는 돌발적인 것들과 연결된 것이 어떻게 짝지어지고 혼합된 두 삶의 온전한 의미가 되는가? 단순한 만남에서 어떻게 "우리가 둘이라고 해독되는 단일한 세계의 역설"을 지향하는가?(E41/53-4)

어떻게 보면 이것은 신비한 물음이다. 주변에서 일어나는 진부한 사랑의 사실들에서 왜 진리를 이야기해야 하는가? 김 부장과 이 대리가 사랑에 빠지고, 이 사람과 저 친구가 사랑 때문에 괴로워하는 흔한 사실들에 왜 진리의 이름표를 붙이려고 하는가? 사소하고 무의미해 보이는 미시적인 삶의 근본 사건

은 완고하게 지속될 때 보편적인 의미를 지닐 수 있다.(E41-2/54)

사랑을 선언함으로써 '만남-사건'에서 진리 구축이 시작되고, 만남의 우연이 시작이라는 형식으로 고정된다. 이렇게 시작된 것은 지속되고, 더 이상 처음 시작되던 때처럼 우연적이고 우발적이지 않게 된다. 그것은 필연처럼 나타나는 세계의 경험과 새로움으로 가득 찬다.(E42/55)

'우연'이 고정되면 '절대적인 우연'이 운명의 겉모습을 취한다. 그래서 "사랑한다"는 선언은 우연에서 운명으로 이행하는 과정이다. 사랑한다는 선언은 위태로우며 긴장감이 넘친다. 사랑 선언은 단 한 번으로 끝나지 않고 "길고 산만하고 혼란스럽고 복잡하고, 선언되고 다시 선언되며, 그런 후에도 여전히 다시 선언될 수밖에 없을 것이다."(E43/55)

이처럼 "(나는) 너를 사랑해"라는 사랑 선언은 우연을 고정시키는 순간인데, 만약 이런 "너를 사랑해"가 섹스를 위한 술책—충분히 그럴 수 있지만—이 아니라면 그것은 무엇일까?(E43/55-6)

"너를 사랑해"는 하나의 우연에서 그와 다른 것을 끄집어내고자 함을 말하고자 한다. 우연으로부터 지속, 끈기, 약속, 충실성을 이끌어내겠다고. 이때 충실성은 우연한 하나의 만남에서 그것이 필연적이라고 할 만큼 견고한 구축으로 이행함을 뜻한다.(E43/56)

이런 충실성은 "다른 누군가와 섹스를 하지 않겠다는 단호한 약속보다 더 두드러진 의미를 담고" 있다. "나는 너를 사랑해"는 어떤 특별한 공인을 필요로 하지 않는 약속, 만남이 우연성에서 벗어나도록 지속성을 구축하는 약속이다. (말라르메가 시를 "낱말에 의한 낱말로 극복된 우연"이라고 한 것처럼) 사랑에서 충실성은 끈기 있는 승리를 가리킨다. "지속성의 고안(l'invention d'une du-rée)"에서, "한 세계의 탄생"에서, 하루하루가 뒤를 잇는 "우연한 만남을 극복함(le hasard de la rencontre vaincu)"을 가리킨다.(E44/57)

왜 사람들은 종종 '널 영원히(toujours) 사랑할 거야'라는 말을 하는가? 사랑한다는 말이 "항상(toujours)"을 의미한다면 "너를 언제나(pour toujours) 사랑한다"고 하는 것은 우연을 영원 속에 고정시키는 것이다. 이런 우연을 고정시킴은 영원을 통고함(annonce d'éternité)이다. 모든 사랑은 영원을 선언한다. 그 이후에 생기는 모든 문제는 이 영원을 시간상에 기록하는 것이다. 영원의 선언은 시간 안에서 실현되고 전개된다.(시간 속에서 이 영원은 내리막길을 가기도 하므로 사랑은 강렬한 감정일 수 있다.)(E45-6/58-9)

이처럼 사랑은 순간에 일어난 우연에서 시작되어서 영원을 제안하는 드문 경험이다. 영원을 말하게 하는 "항상"에서 우리는 이 말이 무엇을 뜻하고, 그 지속성이 어떤 성격을 지니는지 알고 있는가? "항상"이 지향하는 "영원히"는 삶이 지속되는 시간 속에서도 존재할 수 있다. 바디우는 이렇게 나타나는 사랑의 행복과 함께 혁명적 행동에 참여할 때 느끼는 정치적 열정, 예술작품이 주는 기쁨, 학문적 깨달음에서 느끼는 초자연적인 희열이 주어질 수 있다고 본다.(E46/59-60)

절뚝거리며 함께 걷기

바디우는 사랑을 둘의 무대에서 이루어지는 "이중적 기능의 지속적인 실행"(D187)이라고 본다. 사랑의 과정은 불협화음을 이루면서 진행된다. 이는 '둘의 무대'와 성적인 사랑이 결코 조화로운 과정이 아님을 지적하는 것이다. 그렇지만 사랑은 그런 어려움과 함께 지속된다. 불협화음과 다툼을 겪으면서도 사랑은 비틀거리면서 나름대로 걸어간다. 그는 이런 과정을 다리절기(boiterie)라고 부른다.

비 – 관계가 내포하는 이중의 기능은 사랑을 절름발이로 만든다. 바디우는 이것을 보충(suppléance)으로 여긴다. 다리절기는 진행(marche)이면서 동시에 진행을 금지하는 것이다.(D187)

사랑에 완전한 걸음이란 없다. 다리를 절면서 걷는 절름발이의 걸음. 사랑은 (황홀한) 출발점에서부터 모든 역경을 연인 앞에 던진다. 연인들은 사랑하면서 동시에 번민에 빠지고 그 즐거움에 괴로워하고, 희열만큼이나 큰 고통에 몸부림친다. 사랑은 그 출발점에서부터 위기이다. 순조로운 사랑은 없다. 모든 사랑은 위기의 지속을 통해서만 유지되고 길이가 다른 두 다리를 끌며 힘겹게 걸음을 옮긴다.(서용순, 2008, 98)

바디우는 사랑을 속류화하거나 신비화하는 시도를 거부한다. 이런 시도들은 이중의 기능 가운데 하나에 사랑을 떠넘긴다. 그 하나는 저속한 사랑으로서 대상성만이 지배적인 성적 연애이고 다른 하나는 대상에서 벗어난 숭고한 사랑(플라톤적 사랑)이다. 전자는 다리절기를 배제하므로 잘 진행될 수 있지만 어떠한 둘의 무대도 세우지 않는 구조의 활성화(activation de la structure)이고, 후자는 어떠한 걸음의 질서(l'ordre du marche)도 지니지 않는 분리 그 자체에서 상상적 개별화만을 고려한다. 이것은 숭고한 포기라는 예술적 표상과 관련된다.(D187).

이 둘은 모두 보충에 실패한 사랑이다. "사랑의 본질은 저속하지도 숭고하지도 않다." 그래서 사랑은 절뚝거리는 걸음을 감내하는 힘겹게 마련하는 질서(l'ordre du labeur)에 속한다.(D188)

이런 노고의 질서는 내적인 대상에 몰입함과 외적인 확장을 번갈아 되풀이하는 과정이다. 사랑은 한편으로는 내적인 대상을 향한다. 이런 내적 대상을 지향함은 둘을 지우고 대상에 대한 오해를 재생산하고 성적인 비–관계와 끊임없이 마주친다. 또 한편으로 사랑은 외적으로 확장된다. 사랑을 통해서 참된 둘의 무대를 세울 수 있다. 둘의 만남은 두 입장을 여럿(多)의 세계로 이끌고 세계에 대한 조사를 가능하게 한다. 이런 여럿을 향해서 열림이 둘의 무대가 만드는 사랑의 고유한 실천이다. "만약 이것이 없다면 사랑은 성적 정사를 제외하곤 고유한 무대라곤 갖지 않는다."(D188) 대상을 둘러싸고 몰입하면서 확장하는 사랑의 운동은 절름발이의 노고에 빗댈 만하다.(서용순, 2008, 99)

사랑의 이중적 기능 가운데 어느 한쪽도 제거할 수 없다. 만남은 둘을 사랑의 주체로 호출하면서 그들을 다자로 나아가게 한다. 이렇게 다자로 나아가는 이유는 그것이 타자성을 성찰하도록 하기 때문이다.(같은 곳) 최초의 다자인 둘에서 무한이 열린다. 사랑의 둘은 자신으로 만족할 수 없고 존재의 제한

없는 다자(multiple sans limite de l'Être)를 향해 열린다.(C358/474)

'하나의 사고'인 사랑

바디우는 포르투갈 시인 페소아(Pessoa)가 "사랑은 하나의 사고다"라고 지적한 점에 주목한다. 보통 사랑이 육체이고 욕망이자 감정의 움직임이거나 이성과 사고가 아닌 모든 것이라고 주장하지만, 그는 사랑을 사고와 관련 짓고 진리 절차의 하나로 본다.

바디우는 그리스 이래 철학자들이 대중 앞에서 말해왔으므로 자신을 공개하는 철학의 구술적인 측면이 중요하다고 본다.

사람들은 철학자가 현혹하고 유혹을 통해서 비개연적인 진리의 길로 이끈다고 비난한다. 하지만 바디우는 플라톤이 『국가』 5권에서 참된 철학자를 사랑과 관련해서 정의하는 부분을 참조한다. 그는 사랑에서 시작해야 하고, 유혹하는 방법을 사용하면서 진리의 이름으로 유혹해야 한다고 주장한다.(E78-9/100-1)

플라톤은 "어떤 이가 사랑한다면 일부를 사랑하고 다른 일부를 사랑하지 않는 것이 아니라 그 전체를 사랑한다"는 점을 지적한다. 이런 플라톤의 말을 바디우는 자신의 언어로 번역한다. "사랑이라는 대상에 대해서 말하고자 할 때 우리가 연인이라면 이 대상을 총체적으로 사랑한다고 말할 수 있"으므로 사랑의 실천적인 측면과 철학자의 정의 사이의 관계를, 사랑에 넋이 나간 젊은이라면, 페소아가 말한 "사랑이 하나의 사고라는 것을 알아차릴 능력"이 있을 것이며, "사랑으로 시작되지 않은 것은 결코 철학에 이르지 못할 것"이다. 그는 사랑의 찬가를 사랑하는 '너'에게 바친다.

> '사랑하기'는 온갖 고독을 넘어 세계로부터 존재에 생명력을 불어넣을 수 있는 모든 것과 함께 포획되는 것이다. 이 세계에서 나는 타자와 함께하는 행복의 원천이 나에게 주어지는 것을 직접 본다. "나는 널 사랑해"는 내 존재를 위해서 네가 있는 그 원천이 이 세계에 있다는 것이 된다. 페소아는 사랑하는 '너'에게 사랑의 찬가를 바쳤다. "물속에서 나는 우리의 기쁨을, 하지만 무엇보다도 너의 기쁨을 본다."(E87/113)[47]

방랑과 이야기로 직조되는 사랑

바디우는 베케트의 작품들을 사랑의 언어, 사랑의 사고로 재구성한다. 늙은 부부의 얘기를 다룬 「오! 아름다운 날들이여!」에서 여성이 두드러진다. 모든 것이 황량한 상태에서 바닥에 깊이 묻혀 있는 여성은 "이 얼마나 아름다운 날들이었던가!"라고 외친다. 사랑이 항상 거기에 있다고 생각하기 때문이다. 사랑은 자기 존재를 파국적인 현상(en apparence catastrophe)으로 구성하는 강력하고 불변적인 요소이다. 사랑은 이런 파국 뒤에 숨겨진 힘이다.

베케트는 『이제 그만(Assez)』에서 산과 사막이 혼재하는 배경에서 늙은 부

---

47 말라르메의 시에서처럼 "물결 속에서 벗은 채(Dans l'onde toi devenu)/네 기쁨에 이르는 너를(Ta jubilation nue)" 본다.

부의 방황을 다룬다. 이야기는 사랑과 부부의 지속성에 관한 내용으로 전개되는데, 육체의 황폐함, 실존의 단조로움, 날로 어려워지는 섹스 등을 드러낸다. 이런 과정을 거치면서 결국 빛나는 사랑하는 능력의 체제(régime de la puissance)와 사랑을 구축하도록 지속시키는 완고함의 체제(régime de l'obstination)를 자리매김한다.(E73-4/92)[48]

바디우는 베케트가 사랑를 제시한다고 본다. 사랑에 대한 남성의 입장은 명령과 고정성을 결합시키고, 여성의 입장은 방랑과 이야기를 결합시킨다. 베케트는 '두 성에 대한 이념'을 제시하는데 이 가운데 여성적 입장에 배분된 이념이 다자를 향한 열림을 가능하게 한다.

이를 이해하기 위해서 바디우의 해석을 살펴보자. 그는 베케트의 텍스트들에 나타난 네 함수들을 정리한다.(C361-2/479-480)

첫 번째 함수는 방랑(errance), 여행이다. 암흑 속의 여행, 사랑의 충실한 궤도의 무한한 우연을 제시하는 여행, 만남의 효과에 드러난 세계를 횡단하는 여행.

『이제 그만』에서 (나이 든) 연인들은 언덕들, 꽃들 속을 끊임없이 산책한다. 이것은 둘의 지속을 확립하는 것이고 우연의 명령으로 시간을 정초하는 것이다.

두 번째 함수는 부동성이다. 이것은 최초의 명명, 만남 - 사건의 명명으로 고정된 지점을 확보한다. 이런 부동성은 예를 들어서 갈대 사이에 걸린 보트의 움직이지 않음, 타자의 눈동자에 파고드는 시선들의 흔들리지 않음 같은 것이다.

---

48 베케트의 작품에서 사랑은 순수한 만남에서 비롯된다. 두 궤도의 우연이 사랑을 규정하는데 이 우연들에 앞서는 것이라곤 고독이 있을 뿐이다. 어떠한 둘도 만남에 앞서지 않는다. 성적 차이는 오로지 만남의 관점에서만, 사랑의 과정에서만 사고될 수 있다.(C357/473-4)
만남은 '둘', 사랑의 기원적 능력(puissance)이다. 그것에 앞서는 것은 없으며 그것을 잴 척도도 없다. 그리고 이런 능력은 감정의 능력이나 육체의 성적 능력, 욕망하는 능력에 의해서 측정될 수 없다.(C357/474) 따라서 사랑은 강렬한 감정의 흐름에 그치는 것이 아니라 하나의 사고이고, 성적 능력

세 번째 함수는 명령(impératif)의 함수이다. 분리된 상태에서도 언제나(tou-jours) 계속할 것. 그래서 분리 자체를 계속함의 양식으로 규정한다. 이런 사랑하는 노력(un travail de l'amour)에 대한 내적 보상이 행복이다.(E69/90)

네 번째 함수는 이야기의 함수로서, 둘의 관점에서 세계의 잠재적 무한을 전하는 것이고, 무한의 믿을 수 없는 펼쳐짐을 이야기하는 것이다. 이것은 베케트가 "축복받은 푸르른 시간(le temps béni du bleu)"이라고 한 것이고, 방랑을 동반하는 문서고(archivage)에 기록하는 것이다.

이처럼 사랑은 방랑, 부동성, 명령, 이야기의 함수들로 각각의 개별적인 지속을 짜나간다. 바디우는 베케트가 이런 함수를 조합해서 (경험적이거나 생물학적인 성별화와 독립된) 둘의 남성적 극과 여성적 극을 규정한다고 본다.

남성적 극은 부동성의 함수와 명령의 함수를 조합한 것이다. '남성'은 정초자(fondateur)의 이름으로 계속(continuation)의 법칙을 규정하면서 사랑 속에서 움직이지 않는다. 이 극은 이야기 함수를 결여하기 때문에 벙어리 상태다. 사랑에서 남성은 이름의 말없는 수호자이다. 방랑의 함수가 결여되어 있으므로 사랑하는 남자의 극은 사랑을 증명하는 어떤 것도 하지 않는 것, 암흑 속에서 움직이지 않고 사랑에 대한 강한 추상적 확신을 지닌다.(C362/481)

여성적 극은 방랑과 이야기를 조합한다. 이 극은 이름의 고정성과 일치하지 않으며, 세계에서 이름이 무한하게 펼쳐지는 것이나 끝없는 영광의 이야기와 일치하지 않는다. 여성적 극은 유일한 규정을 받아들이지 않고 권력에 대해서 부단하게 조사(enquête)하고 검증한다. 사랑에서 여성은 이름보다는 의미를 보호하기 위해서 움직인다. 이런 보호는 조사와 떠도는 우연(le hasard

의 크기로 사랑의 행복을 이야기할 수 없고, 사랑을 욕망으로 대체할 수 없다.
베케트는 사랑을 감상성과 섹슈얼리티의 혼합으로 축소시키지 않는다. 진리를 추구하는 사건인 사랑은 그런 것들을 초과하는 순수한 사건, 만남에 달려 있다. 만남은 둘 자체의 토대를 이룬다. 만남이 만드는 사랑의 형상에서 둘이 솟아난다(survient). 사랑은 낭만적인 관념이 주장하듯이 (선행하는) 둘을 하나로 만드는 것이 아니다. 사랑은 융합도 용해도 아니다. "사랑은 둘을 둘로서 존재할 수 있도록 하는 때로는 힘겨운(laborieuse) 조건이다."(C358/474) 『말론 죽다(Malone meurt)』에서 맥만(Macmann)

errant)을 내포하는데 동시에 그런 우연은 이야기에서 영속적으로 제자리를 벗어남이다.(C363/481)

사랑은 이런 양극성에 대한 규정으로 현존하고, 이 양극성은 네 기능을 개별적으로 분배한다.

> "사랑만이 남성(명령의 부동성, 이름의 수호)과 여성(진리의 방랑, 이름이 말로 귀결됨)이 있음을 확증한다. 사랑이 아니라면 그 어떤 것도 성의 둘(le Deux des sexes)을 증명하지 못한다. 곧 하나가 있고 또 다른 하나가 있었을 뿐, 둘은 없었을 것이다. 남성 '그리고' 여성은 없었을 것이다."(C 363/481-2)

이런 점들은 유적 절차들의 수적 성격(數的 性格)과 관련된다.

① 하나: 사랑에서 먼저 주어지는 것은 유아론적 하나이다.(코기토와 존재의 회색 암흑이 무한한 말의 되풀이 속에서 대면하는 것, 몸과 몸으로 부딪히는 것이다.) ② 둘: 그다음에 둘이 주어지는데, 이 둘은 만남의 사건과 명명의 계산될 수 없는 시(poème)로 도래한다. ③ 무한: 마지막으로 둘이 관통하면서 펼치는 감각적인 것의 무한이 있다. 무한에서 둘 자체의 진리가 조금씩 펼쳐진다.

이러한 하나, 둘, 무한의 수적 성격은 사랑의 절차에만 고유한 것이다. 이런 수적 성격-하나, 둘, 무한-이 베케트가 행복이라고 부르는 것의 장소이다. 행복은 사랑의 절차를 개별화한다. 오직 사랑에만 행복이 있는데, 이는 그런 진리 유형에 대한 보상이다. "예술에는 쾌락. 과학에는 기쁨, 정치에는 열

과 그를 간호하는 몰(Moll)의 만남에서, 이들의 사랑은 노인들이나 죽어가는 사람들의 사랑으로서 강렬한 서정성을 갖는다.

정이 있고, 사랑에는 행복이 있다."(C363/482)

이것들은 존재의 공백이 도래하는 것과 관련된다. 이것이 주체에서 수용되면서 행복이 가능해진다. 행복의 고유함은 존재의 공백이 둘-사이에서, 둘의 실질적 성격을 이루는 것에서 둘의 분리와 성적 차이로 포착된다. 기존의 사고처럼 행복은 하나가 되는 것, 융합의 신화에서 나오는 것이 아니다. "사랑만이 현실화할 수 있는 차이의 진리, 성적 차이의 진리의 주체적 목록"이다.(C364/482-3)

바디우는 행복의 핵심과 관련해서 성별화가 행복의 장소(le site)이자 몫(l'enjeu)이라고 본다. 행복과 관련해서 남성은 분리, 둘-사이를 맹목적으로 수호한다.『이제 그만』의 여주인공은 말한다. "우리는 갈라져 있었지. 그것이 그가 원했던 것이었지." 남성적 극은 분열(scission)의 욕망을 지탱한다. 이 욕망은 둘-사이의 갈라짐에서 둘을 표명하려는 욕망이다. 남성의 욕망은 공백에 촉발되거나 공백에 의해서 촉발된다. 남성은 "둘의 무(le rien du Deux)"를 욕망한다.

이와 달리 여성적 극은 "오직 둘만(rien que le Deux)"을 욕망한다. 둘이 둘로서 지속되는 무한한 끈기를 욕망한다. 이런 여성적 층위는『이제 그만』의 끝부분에서 잘 드러난다. 둘의 무에 대해서, 남성이 죽으러 떠났다는 사실에 의해서 상징적으로 지시되는, 둘을 내적으로 촉발하는 공백에 대해서 여성은 "오로지 둘만(rien que le Deux)"의 완강함, 끈질김을 대립시킨다.

"평온함의 이런 관념은 그가 가져다준 것이다. 그가 없었다면 그런 평온함을 지닐 수 없었을 것이다. 나는 이제 꽃들만 남겨놓고 모든 것을 지우려 한다. 더 이상 비도 내리지 않고, 더 이상 젖꼭지도 없을 것이다. 단지 우리 둘만이(rien que nous deux) 꽃들 사이를 쏘다닐 것이다. 나의 시든 젖가슴이 그의 늙은 손을 느끼는 것은 이제 그만."(C364/484)[49]

바디우는 빛나는 베케트의 텍스트들에서 불행을 가로질러 행복을 산출하는 예들에 주목한다. "밝은 공백(vide claire)", "불행의 빛남(la brillance du mahleur)", "공백이 찾아오는 매우 짧은 힘겨운 시간(très bref temps laborieusx d'un visitation du vide) 속의 행복", "이 공백을 염원할 수 있는 시간"인 일 초.

이런 점에서 베케트의 예술은 삶의 불행, 보이는 것의 불행으로부터 참되게 공백을 촉발하는 행복(bonheur d'une suscitation véridique du vide)으로 이행하도록 하고, 만남의 측정할 수 없는 힘, 명명의 모험, 방랑과 고정성, 명령과 이야기의 조합을 밤의 분열 속에서 직조한다.

남성의 입장과 여성의 입장

이상의 내용을 좀 더 형식적인 용어를 통해서 다시 정리하고 사랑의 진리 절차를 보다 엄격하게 살펴보자. 사랑은 어떤 점에서 '둘'의 확립이고. 사랑은 어떻게 진리를 산출하며, 이런 진리는 남성과 여성의 성 차이에 바탕을 두

---

49 행복은 남성과 여성에 무구별적(indistinctment)이다. 행복은 분리하는 공백이자. 그 공백을 드러내는 결합(conjonction)이다. "행복으로서, 행복의 도면(tracé)으로서 공백은 둘의 무(le rien du Deux)이고 '그리고(et)' 오로지 둘만(le rien que le Deux)이다. 공백이 공유하는 성별화는 움직이지 않으면서 방랑하는 것이고, 명령이면서도 이야기이다."(C364-5/484)

는가?(수학이나 논리학, 집합론 같은 말 근처에만 가도 머리가 어지러운 이는 이 단락을 건너뛰어도 좋다.)

바디우는 사랑에서 출발해서 둘의 존재를 연역한다. 이는 사랑의 진리를 긍정하기 위한 예비 절차이다. 그는 사랑에 대한 공리를 이루는 네 가지 테제를 제시한다.

1) 경험에 대한 두 입장이 있다.

그는 남성의 입장과 여성의 입장을 구별한다.

2) 두 입장은 전적으로 분리된다.

남성의 입장과 여성의 입장 사이에는 어떤 일치도 존재하지 않는다.

3) 입장은 없다.

그는 분리의 테제를 통해서 남성의 입장과 여성의 입장은 단지 사후에 확립될 뿐이고 사랑이 이 두 입장을 개별화한다고 본다. 그런데 두 입장의 분리는 내부에서 관찰될 수 없기 때문에 직접적으로 앎의 대상이 될 수 없다. 분리에 대한 지식을 말하려면 제3의 입장이 필요하다. 그런데 세 번째 테제가 이것을 금지한다. 그래서 제3의 입장이 없이 분리를 이야기해야 한다. 그런데 이것은 분리된 입장에서는 불가능하다.(C257-8/341-2)

바디우는 이런 분리 테제를 제시한 후에 분리를 통합하는 함수를 설정한다.

4) 단일한 인류(une seule humanité)가 있다.

이 인류는 관념적이거나 생물학적인 인류 개념과 다르다. 바디우는 진리 철학에 따라서 인류 개념을 구성한다. 그것은 진리 절차를 지탱하는 것으로서의 인류이다. 인류는 (해방의) 정치, (개념적인) 과학, (창조적인) 예술, (감정과 성의 혼합으로 환원되지 않는) 사랑이 있는 한에서만 입증된다.

진리 절차들은 인류라는 기호 안에서만 가능하다. 바디우는 이 함수를 H(x)로 표기한다. x는 적어도 하나의 (진리의) 발생적 절차(une procédure générique) 상에서 주체로서 움직인다는 의미이다. 활성화된(activé) 주체 x는 인류 함수가 실존함을 입증한다.(C259/ 343) 주체의 실존을 통해서 입증되는 인류 함수는 진리의 보편성을 지시한다. 이 테제를 앞의 것들과 연결시키면, 분리되어 있는 두 입장을 관통하는 것이 진리다. 진리를 통해서 다른 입장에 속한 x는 그 입장에서 벗어나서 인류로서 통합된다. 진리는 (각자의) 입장을 초월하는 매개이다.

제3의 입장이 없다면 성의 분리를 말하기 위해서 다른 무엇인가가 바깥에서 들어와야 한다. 이 분리에 무엇인가를 덧붙여야(supplémenter) 하는데 그것이 만남이라는 사건이다. 만남의 사건은 사랑의 절차를 끌어오는 계기다. 이 만남이라는 사건에서 참된 '둘'을 도래하게 하는 진리가 출발한다.

그렇지만 이 둘은 두 입장을 하나로 셈하는 것이 아니다. 분리된 둘, 주어져 있는 둘이다. 분리된 둘은 전체적인 분리, 제3의 입장이 없는 분리이다. "두 입장은 둘로 셈해질 수 없다."(261-2/346-7) 사랑은 셋을 모르기 때문에 결코 둘로 셈해지지 않는다.(서용순, 2007a 225)

바디우는 이런 셈의 불가능성 때문에 첫 번째 테제를 수정한다.

1-1) 하나의 입장이 있고, 또 하나의 입장이 있다.(C262/347)

둘을 이루지 않는 '하나'와 '하나'가 있다. 이 수정된 테제는 전적인 분리를 표현한다. 완전한 분리 상태에서 두 입장은 서로 식별할 수 없다. 이 두 입장은 서로를 알지 못한다. 둘은 철저하게 분리된 둘이고 그런 둘의 '존재'는 알려지지 않는다.(C262/347)

바디우는 사랑을 둘 자체의 도래(l'avenement)로 보고 이것을 '둘의 무대'로 정식화한다. 둘을 가정하는 이런 사건은 상황에 우연적으로 덧붙여진 것(supplément hasadeux)이고, 이것이 바로 '만남(rencontre)'이다.

만남에서 비롯된 둘은 사랑의 진리를 실천하는 것으로서 자신들에만 갇혀 있지 않는다. "둘은 통로이자 축을 이루는 지점이고 첫 번째 수적인 성격이다." 둘은 최초로 주어진 유아론적인 하나와 존재들과 경험의 무한 사이의 길을 나아간다.

> "사랑의 둘은 일반적인 타자성에 대한 우연적 성찰이다. 사랑의 둘은 코기토의 하나를 중단시키거나 침입하고, 그 때문에 자기에게 만족할 수 없고 존재의 한계 없는 다수(multiple sans limite de l'Être)를 향해 열린다."(C358/475)[50]

참된 둘과 인류 함수

분리된 둘의 만남인 '사랑의 사건'은 참된 둘을 도래하게 한다. 이런 우발

---

50 사랑의 둘은 감각적인 것을 도래하게 한다. 존재의 회색 암흑만 있는 곳에서 둘의 진리 효과로 세계의 감각적 굴절(flexion sensible)이 세워진다. "감각적인 것과 무한은 동일"하다.
바디우는 하나와 무한이 정합적인 존재론적 테제라는 점이 『어떻게Comment』에서 공리로 제시된다고 본다. 어둠 속을 기어 다니는 주인공은 말한다. "명백히 말하는 게 좋겠다. 나는 혼자이고 더 이상 문제가 없거나, 우리는 무한수이고 마찬가지로 더 이상 문제가 없거나이다."(C359/475-6)
하나와 무한의 테제를 한꺼번에 타당시하는 이런 추상적 공리에 대해서 사랑의 둘은 감각적인 관점을

적인 사건은 하나의 선언, "사랑한다"는 선언을 통하여 고정되고 공백을 호출한다. 그 공백은 둘의 분리라는 공백이다. 공백으로서의 둘은 사건과 함께 도래한다. 사건적 언표는 '하나'를 파괴하고 '둘'을 상황 속에 성립시킨다. 분리를 넘어서 분리의 진리로 나아간다. 둘의 성립에서 "너를 사랑한다"는 언표는 사랑을 상황 속에 끌어들인다. 사랑은 최초의 명명에 대한 다함이 없는 (interminable) 충실성이다.(C263/349)

"너를 사랑한다"는 첫 번째 언명에 대한 지속적인 충실성(비록 결별에 이르더라도)이 둘의 만남이라는 사랑의 사건을 무한한 과정에 연결시킨다. 이제 나와 너라는 둘은 비로소 상황 속에서 '둘'로 성립되고 무한으로 나아간다. 사랑 덕분에 분리의 존재는 상황의 분리로 나아가지 않는다. 그것은 연인들에게 유일한 상황이고 분리는 이 상황의 법칙이 된다.(C264/349-350)

두 입장을 관통하는 인류 함수 H(x)의 효과는 단일하다. 이는 이 진리가 모든 사람에게 해당되기 때문이다. 이제 둘의 진리는 상황의 통일성을 보장한다. 이렇게 분리에 의해서 사고된 사랑의 진리는 하나로서의 다수(multiple-un)에 의해서 성립된다.(C263-4/ 348-50; 서용순, 2007a 226)

이런 사랑의 사건으로서의 둘의 출현은 결코 사랑의 상부구조적 관점에 포섭되지 않는다. 사랑은 욕망과 이질적이다. 바디우는 사랑이 없는 성적 행위는 "엄밀한 의미의 자위행위"에 지나지 않는다고 본다. 욕망의 성행위는 "한 입장 내부에서만 관계하는 것이기 때문이다."

"오직 사랑만이 성을 둘의 형상으로 드러낸다."(C266/352) 사랑의 진리는 엄격하게 분리된 '둘'의 진리이다.(그렇지만 둘의 진리는 '하나'이다.) 둘의 만남

취한다. "사랑은 아름다움, 뉘앙스, 색을 전한다. 사랑은 또 다른 야상곡, 두 번째 야상곡이라고 할 수 있는 것을 전한다. 그것은 존재의 회색 암흑의 야상곡이 아니라 살랑거리는 밤, 잎들과 초목들의 밤, 별들과 물의 밤의 야상곡이다 만남과 노력의 가장 엄격한 조건들에서 사랑의 둘은 어둠을 둘로 가른다. 한편으로는 존재의 회색 암흑과 다른 한편으로는 감각적인 것의 무한하게 다양한 암흑으로." (C359/476)
사랑은 기원적 일자로 하여금 동일성의 고문을 유지하도록 하는 회색 암흑의 위협에서도 다수를 허용

에서 사랑의 사건의 무한한 상황은 하나의 진리만을 표현한다. (분리를 전제하는) 사랑의 상황은 둘에게 유일한 것이다.

사랑의 사건은 어떻게 작용하는가? 사랑은 '둘'을 무엇으로 인도하는가? 사랑은 '둘'을 하나로 만드는가? 사랑은 서로에 대해서 배우게 하는가?

(앞에서도 지적했듯이) 사랑은 둘을 하나로 셈하지 않고 둘을 확립하고 둘의 무대를 유지하는 것이다. 둘의 무대에서 각자는 다른 성에 대해 배우지 않는다. 바디우는 사랑을 "둘의 관점에서 행하는 세계에 대한 조사(enquête)"라고 한다.(C268/355)

이런 조사를 통해서 사랑은 무엇을 알게 하는가?[51] 사랑의 경우에 진리에 대한 지식은 성별화된 분리에 대한 지식이고 사랑은 이런 지식을 강제한다.(C268-9/355-6)

그런데 사랑에 대한 남성의 입장과 여성의 입장은 서로 다르다. 남성 입장은 분리의 공백을 고정시키는 둘의 분할, 둘-사이(entre-deux)를 지지한다. 남성이 확인하는 언표는 "우리는 하나가 아닌 둘이었다"이다.

반면 여성 입장은 둘이 방랑 속에서 지속되는 것을 지지한다. 여성의 언표는 "우리는 둘이었고 그렇지 않았다면 우리는 있지도 않았다"이다. 바디우는 여성의 언표를, 있는 그대로의 존재를 겨누는 존재론적 언표로 본다. 남성의 언표는 둘을 가정함으로써 수의 변화와 '하나'의 고통스러운 난입을 겨누는 점에서 (존재론적이라기보다는) 논리적이다.(C269/356-7)

바디우는 사랑을 통해서 둘의 입장을 분리하는데 그 언표들은 충돌한다. 곧 논리적 언표와 존재론적 언표가 충돌할 수밖에 없다. 그런데 그 두 언표는 모

한다.(C359-361/476-479) 바디우는 사랑의 둘에서 유아론적 하나가 세계의 무한한 다수성으로 옮아가는 것, 존재의 회색 암흑이 갈라지는 예들을 든다.

[51] 모든 사건은 강제(forçage)와 연관된다. 진리가 출현했을 때 이 무한한 진리는 결코 완전한 방식으로 현시되지 않는다. 진리는 사후에 (진리에 대해서 선취된) 지식으로 강제된다.

두 '둘'을 드러낸다. 바디우는 분리된 입장과 그 입장들을 가로지르는 진리가 둘의 사건으로서의 사랑에 대한 논리적 담론이라고 본다.

사랑의 사고가 인류 함수 H(x)와 어떤 관계를 맺는가를 정리하자. 인류 함수 H(x)는 인류를 표시한다. 이것은 과학, 정치, 예술, 사랑이라는 진리의 네 유형의 "잠재적인 합성(composition virtuelle)"을 표현하는 함수다. H(x)는 진리를 통해서만 성립한다. 분리된 입장들은 이 함수에 대해서도 분리되어 있고 이런 분리는 결정적이다. "남성의 입장에서 각 절차의 유형은 다른 절차의 유형을 고려하지 않은 채 그 자체로 함수 H(x)에 가치를 부여한다." 곧 남성에게 "각 진리의 유형은 다른 진리의 유형을 은유적으로 표현한다. 그런 은유는 각각의 유형에서 인류 H를 내재적으로 긍정한다."(C271-2/359-60)

여성의 입장은 다르다. 여성의 입장에서 이 합성은 사랑의 네 가지 유형을 하나로 묶는데, 인류는 이런 조건에서만 존재한다. 여성의 입장에서 볼 때 '사랑 없이는' 인류가 성립할 수 없다. "인류 함수 H(x)가 가치를 갖는 것은 사랑의 발생적(générique) 절차가 존재하는 한에서이다."(C270-2/358-60) 여성의 입장은 사랑을 축으로 나머지 진리의 유형을 감싸는 것이다.

사랑은 여성에게 인류를 성립시키는 유일한 절차다. 여성의 입장에서 파악된 인류, "인류의 여성적 표상은 전체적인 지각을 가능하게 하고 그것이 실패할 때 비인류로 가닿는다."(C272/360) 바디우는 보편성은 남성의 입장에서 주어지지 않으며, 보편성에 이르는 것, 사랑을 통해서 인류를 성립시키는 보편성을 엮는 것은 여성의 입장이라고 본다.

이때 그가 주목할 것은 (누가 보편성의 입장을 지니는가보다는) 그 보편성을 보증하는 것이다. 그것은 사랑, 곧 모든 진리 유형들을 인류 함수 H(x) 안에서 하나로 묶는 분리의 진리인 '사랑'이다. 여성은 인류 함수 H(x)의 보편성을 보증하기를 원하고, 여성에게 그것은 사랑을 통해서 이루어지므로 여성의 입장은 H(x)를 긍정한다. 여성의 입장에서만 모든 x에 대해서 H(x)가 성립한다.(C273/361) 곧 모든 x(주체)는 진리의 절차를 지탱하고 인류를 성립시킨다.

참고문헌

서용순 (2007a), 「철학과 정신분석: '둘'이라는 관건」, 『한국 라깡과 현대 정신분석』 9권 1호.

_____ (2007b), 「베케트라는 질문에 답하기」, 『현대비평과 이론』, 14권 2호.

_____ (2008), 「비 – 관계의 관계로서의 사랑」, 『한국 라깡과 현대 정신분석』 10권 1호.

Badiou, A. (1992), Conditions (『조건들』, 이종영 옮김, 새물결) (C로 표기함), Seuil.

_____ (1995), Beckett : L'increvable désir, Hachette.

_____ (1999), 「La scène du Deux」, in De l'amour(D로 표기함), Flammarion.

Badiou, A. & Truong, N. (2009), Éloge de l'amour(사랑 예찬, 조재룡 옮김, 길) (E로 표기함), Flammarion.

11.

우주에 넘치는 숱은 사랑들

_ 칼비노의 사랑 이야기 두 편

우리의 주인공 Qfwfq

칼비노가 『사랑은 어려워』에서 불가능한 사랑에 관한 일련의 흥미로운 작품들을 발표한 사실은 잘 알려져 있다. 그런데 그의 또 다른 대표작인 『코스미코미케(cosmicomiche)』가 슬픈 사랑 이야기의 모음이라는 점을 아는 사람은 많지 않다.

과학 이론과 문학적 상상력의 신묘한 만남들을 보여주는 이 책은 우주의 탄생에서부터 오늘에 이르기까지의 시공간을 무대로 삼아 주인공(Qfwfq)이 겪은 다채롭고 슬픈 사랑 이야기를 흥미롭게 그린다. 아! 물론 이 주인공이라는 Qfwfq는 발음이 "카프카"를 무척 닮긴 했지만 어떤 사람을 가리키는 것도 아니고 작품에 제시된 모든 사건들을 겪고 그것을 얘기하는 어떤 존재이다. (작품을 읽지 않은 독자는 상상하기 어려울지도 모르겠다.)

몇 가지 예를 들면, 멸종된 공룡(dinosauro)의 유일한 생존자이면서 스스로가 공룡임을 숨겨야 한다고 주장하는 최후의 공룡이기도 하고, 지구가 지표면을 형성하기도 전에 지구 '안'에 살던 존재이기도 하고, 다른 존재와 소통하기 위해서 나름대로 노력하다가 나선형 조개껍질과 눈을 시각기관으로 처음 만들어낸 원시조개이기도 하고, 유사분열과 감수분열의 주인공인 세포이기도 하고, 은하계를 공전하는 태양계에 살면서 2억 년이 걸리는 그 공전의

한 지점을 기호로 표시한 원시 기호학자이자, 2억 광년 너머의 별들과 소통을 추구하면서 절망하는 존재이자, 빅뱅이 일어나기 전에 모두 함께 살던, 특히 모두에게 스파게티를 해주려고 하던 Ph(i)N 아주머니와 함께 살던 최소한의 존재이기도 하고, 모두이자 아무도 아닌, 하지만 우리 모두의 세포와 정신에 살고 있을 그 어떤 ○○이다.[52]

사랑 이야기 1
: 색깔 없는 세계의 사랑 — 사랑하는 이의 얼굴을 보고 싶은

'몇 천만 년 아니 몇 십억 년 전'에 소설이나 사랑 이야기가 존재하지도 않았던 어떤 상상의 나라에서 한 존재가 잠에서 깨어났을 때, 그는 대기권이 형성되기도 전인 지구의 어느 곳에 홀로 서 있는 자신을 발견한다. 아! 벌레마저도 자신의 색을 지니고 있건만 그 어느 것도 색이라곤 지니지 않은, 아니 지닐 수 없는 이 무색의 세계, 소리도 색도 없는 세계에서는 어떤 슬픈 사랑 이야기가 숨어 있을까? 오르페우스와 유리디체를 주제로 한 先史的(아니 先先先先先史的인) 변주를 한번 들어보자.

대기권 없는 지구에서

먼저 지구의 대기권과 바다들이 형성되기 전의 모습을 상상해보자. 지구는 우주공간에서 회전하는 회색빛 공 같은 모습이었으리라. 현재의 달처럼 태양

---

52 칼비노, 『코스미코미케』, 김운찬 옮김, 열린 책, 1994 (최근 『우주만화』라는 바뀐 제목으로 '미스터 노(know)' 시리즈에 포함되어 있고, 이 내용이 일부 발췌된 축약본이 같은 제목(『우주만화』, 이현경 옮김)으로 민음사에서 나와 있다.)
필자는 이탈리아어본(Calvino, Cosmicomiche, Garzanti, 1984)에서 인용한다. C로 줄여서 쓰고 해당 쪽수를 표시한다.

에서 내뿜는 살인적인 자외선들이 차단막 없이 그대로 내려쪼여서 모든 색이 파괴되었을 것이다.(달 표면의 바위들도 음울하고 일률적인 회색빛이 아닌가?) 이런 지구가 다채로운 색을 갖게 된 것은 자외선을 여과하는 대기권 덕분이었다.

소리 없는 세상

대기권이 없었던 시기에는 (대기권이 지붕이 되어서 막아주지 않아서) 운석들이 우주에서 우박처럼 쏟아졌을 것이다. 그리고 정적만 있었을 것이다. 아무리 소리쳐도 진동하는 대기가 없으니 벙어리, 귀머거리가 될 수밖에 없었을 것이다. 밤이 되면 모든 것을 얼어붙게 만들 추위가 몰아쳤을 것이다. 그나마 지구의 껍질이 땅속으로부터 가열되었기에 아마 바위를 껴안고 짧은 밤(당시의 지구는 빠르게 자전했을 것이다.)을 견디어야 했을 것이다. 그런데 색깔이 없어서 불편한 점은 누군가, 무엇인가를 찾을 때 시력을 집중시켜야만 하는 점이리라. 모든 것이 한결같이 무색이므로 어떤 형태도 주변의 것과 뚜렷하게 구별되지 않았기 때문이다.

어느 날 Qfwfq는 우연히 주변 세계와 구별되는, 자기와 비슷한 존재 Ayl을 발견한다. 그들은 서로 어울려서 회색의 대지를 뛰어다니곤 했다. 그들이 달려갈 때 오후의 희미한 빛 속에서 Ayl의 머리카락들이 휘날리는 모습과 분화구에서 불꽃들이 흔들리는 모습은 구별되지 않았다. 똑같이 창백한 날개의 흔들림 같을 뿐이었다. 그들이 가까이 앉아 있을 때에도 주변과 다른 상대의 존재를 보기 위해서는 눈이 한동안 적응하고 나서야 상대의 윤곽을 겨우 알아볼 수 있었다.

서로 취향이 다른 대부분의 연인들처럼 Qfwfq와 Ayl은 취향이 달랐다. 한 번은 태양이 질 때 불투명한 바위 절벽에 햇살이 비스듬하게 비치면서 몇 개의 돌들이 반짝거렸다. Qfwfq는 빛나는 돌들이 아름답다고 했지만 Ayl은 희미한 회색 돌들을 가리킬 뿐이었다. Qfwfq가 모았던 빛나는 돌들은 태양의 반사광이 사라지자 다시 다른 것과 구별할 수 없는 불투명한 색으로 바뀌었다. 그때에야 Ayl은 회색 돌들이 아름답다고 했다.

어느 날 Qfwfq는 바위를 껴안지 않은 최초의 밤—잔인할 정도로 짧은—을 보낸다. 햇빛은 매순간 Ayl의 모습을 지우려 하고, 그 존재를 의심하도록 만들지만 어둠은 그녀가 존재한다는 확신을 주었다. 물론 날이 새고 지구가 회색빛으로 물들면 매번 Ayl을 찾아다녀야 했다. Ayl이 곁에 있어도 알아보지 못한 채 침묵의 외침을 지르면서.[53]

Qfwfq는 모든 사물을 감싸고 있는 창백한 회색 너머에 있을 '다른' 세계를 찾았다. (물론 회색이 아닌 다른 색들을 상상할 수도 없었다.) 그런데 Ayl은 모든 진동이 배제되고 침묵이 지배하는 그곳에 만족을 느꼈다. Ayl은 시력의 중립성을 깨뜨리는 것을 좋아하지 않았다. 회색이 조금이나마 회색과 다르게 되려는 욕망을 인정하지 않았던 Ayl에게는 회색만이 아름다웠다. Ayl에게는 모든 사물들이 회색의 공통성 안에서 다양한 차이를 지니고 있었다. 마치 플라톤의 비유—날 때부터 동굴에 묶인 채로 벽면에 비친 그림자들만 바로 보고 살아가면서 그것들을 사물의 참된 모습이라고 믿는-를 상기시키듯 이 그림자와 저 그림자를 잘 식별하는 자들처럼.

Qfwfq는 사물들에서 미지의 진동을 이끌어내려고 했지만, Ayl은 모든 것

---

53 유성 하나가 하늘을 가로지르다가 태양 앞을 지나갔다. 유성이 잠시 태양빛을 가로막는 필터 역할을 하는 바람에 갑자기 세상이 그때까지 본적이 없는 빛에 잠겼다. 오렌지색의 절벽 아래 진홍빛 심연이 열렸다. Qfwfq의 보랏빛 손이 파르스름한 유성을 가리켰다. Ayl이 어떤 방식으로 빛나는지 보려고 몸을 돌렸다. 그녀는 보이지 않았다. 지루한 회색이 갑작스럽게 붕괴되는 과정에서 찬란한 모자이크의 틈 사이로 몸을 숨겼다. 유성의 모습은 태양에서 멀어졌고 지구는 다시 회색으로 뒤덮였다. 한 번 찬란한 빛을 쬔 Qfwfq의 눈에는 더욱 음울하고 불투명하고 흐릿한 회색이었다. 그리고 Ayl은 사라졌다.

을 최종적인 물질의 무색지대로 환원시키려고 했다. ……어느 날 Ayl이 사라졌다. 도대체 회색의 제국 그 어디에서 회색의 Ayl을 찾을 수 있단 말인가?

소리가 들리는 지구의 틈

Qfwfq는 오랜 노력 끝에 어렵게 Ayl을 찾아낸다. 그곳에서 그들은 석영을 공 삼아서 던지고 받으며 놀았다. 그 당시 지구는 계속되는 지진의 와중에서 힘겹게 균형을 유지하고 있었다. 이따금 지진 때문에 땅바닥이 들썩거렸는데, Qfwfq와 Ayl 사이에서 땅이 갈라지기도 했다. 그 틈을 사이에 두고 그들은 (태연한 척) 공을 던지며 놀았다.

심연의 틈 사이로 지구의 심장부에 있던 물질들이 솟아올랐다. 한 번은 일종의 두꺼운 가스층이 지구 껍질 위로 퍼져나갔다. 마치 나지막한 안개가 서서히 피어오르듯이. 그러더니 금세 발꿈치까지 차오르고 무릎, 허리까지 올라왔다. 전혀 본 적이 없던 일이었다. 거대한 유체 덩어리가 퍼지면서 온통 주위를 감싸고 있었다.

Qfwfq가 Ayl에게 공을 던졌을 때 이상한 일이 일어났다. 공이 의도했던 곳에 못 미쳐서 틈 사이에 떨어지고 만 것이다. 그는 공이 갑자기 무거워진 까닭을 이해하지 못했다. 게다가 갈라진 틈 사이가 엄청나게 넓게 벌어져서 Ayl은 아주 멀리 떨어진 곳에 있었다. "Ayl" 하고 부르는 Qfwfq의 소리가 상상하지 못할 정도로 크게 퍼져나갔는데, 유체의 물결은 그 목소리를 덮을 정도로 으르렁거렸다.

빨갛고 파란 지구

Qfwfq의 발밑에서 퍼지던 유체 덩어리가 갑자기 새로운 빛깔을 띠자 눈을 멀게 할 정도의 빛깔에 감탄한 Qfwfq는 불분명한 고함을 질렀다. "Ayl, 바다는 파랗다!" (물론 이 말은 나중에야 분명한 의미를 갖는다. 처음에는 그저 색이 있을 뿐이고 그것이 파란지 노란지는 나중에 색의 분류가 이루어진 후에야 알아볼 수 있을 테니까.)

드디어 기다렸던 변화가 일어나고 있나 보다. 지구에 공기와 물이 존재하다니! 갓 태어난 '푸른' 바다 위로 붉은 태양이 지고 있었다. Qfwfq는 외친다. "태양은 빨갛다. Ayl! 정말 빨갛다!"

밤이 되자 이제 어둠까지도 달라졌다. Ayl을 찾아다니던 Qfwfq는 "별들은 노랗다, Ayl!" 하고 외친다. 그러나 어디에도 Ayl은 없었다. 주위의 세상은 새로운 색의 향연으로 가득했다. "불그스레한 구름들이 뭉쳐 보라색 덩어리가 되었고, 황금빛 번개들이 쏟아져 내렸다. 기나긴 폭풍우가 끝나고 하늘에 걸린 무지개는 한 번도 본 적이 없던 색깔들을 빛내고 있었다. 엽록소들은 이미 진화를 시작했고, 이끼와 양치류 식물들이 개울 수변의 계곡을 녹색으로 뒤덮었다."

그런데 Ayl이 없는데 Qfwfq에게 이런 다채로운 화려함이 도대체 무슨 의미가 있는가! Qfwfq는 지구를 가로지르면서 회색이었던 사물들을 다시 보면서 거듭 놀랐다. 불은 빨갛고, 얼음은 하얗고, 하늘은 푸르고, 땅은 갈색이고, 수정은 수정색이었다. 그러면 Ayl은? Ayl은……? Qfwfq는 모든 상상력을 동원하여 Ayl의 모습을 그려보았지만 아무것도 떠오르지 않았다.

볼 수 없는 그녀

지구 그 어디에도 Ayl은 없었다. Qfwfq는 지구 밑을 찾아보기로 하고 지진
이 일어났을 때 그 틈 사이로 뛰어들었다. 아래로 또 아래로 들어갔다.

"Ayl, Ayl! 밖이 얼마나 아름다운지 몰라, 나와 봐!"

어느 날 목이 쉬도록 소리치던 Qfwfq는 나지막하게 답하는 Ayl의 목소리
를 듣는다.

"쉬이. 나 여기 있어. 왜 그렇게 소리치는 거야?"

물론 아무것도 보이지 않았다.

"Ayl! 나랑 밖으로 나가자. 밖이 얼마나……."

"난 바깥 싫어."

Qfwfq는 거짓말을 했다.

"일시적인 변화일 뿐이야. 이제 다 끝났어. 모든 게 예전으로 되돌아갔다
고. 나가자."

'Ayl이 밖에 나가서 최초의 혼란스러운 순간만 견디면 색깔들에 적응하고
만족하겠지. 나의 선한 거짓말을 이해해줄 거고.'

"정말이야?"

"그럼. 왜 거짓말을 하겠어. 가자, 너를 데리고 갈게."

"아니야. 네가 앞장 서. 뒤따라 갈게."

"너를 다시 보고 싶어 미칠 지경인데……."

"너는 단지 내가 좋아하는 모습으로 나를 다시 볼 수 있을 거야. 앞장 서.
뒤돌아보지 말고."

지진이 길을 열어주었다. 바위 층들이 부챗살 모양으로 열리고 둘은 틈 사이로 나아갔다. Qfwfq 등 뒤에서 Ayl의 가벼운 발걸음 소리가 들렸다. 한 번만 더 지진이 나면 그들은 바깥으로 나갈 수 있을 것이다. Qfwfq는 펼쳐지는 화강암의 계단 사이를 달렸다. 저쪽에서는 이미 그들을 바깥으로 이끌 틈새가 벌어지고, 그 사이로 태양이 비치는 파란 지구 껍질이 보이고, 햇살이 그들을 맞이하러 다가오고 있었다. 바로 그때 Qfwfq는 Ayl의 얼굴 위로 떠오르는 색깔이 보고 싶었다. 그는 Ayl 쪽으로 고개를 돌렸다.

(오르페우스와 유리디체를 아는 독자라면 이 이후의 장면을 뚜렷하게 상상할 수 있을 것이다. 안타깝지만 오르페오가 다시는 유리디체를 만나지 못한다. 그 이후의 그는 어떻게 삶을 유지할 수 있었을까? 그녀의 살아 있는 모습을 제시하는 노래로 자기의 존재 이유를 찾았을 것이다. 마치 사물이 부재하는 언어로 사물을 노래하는 시인들처럼.)

그녀 없는 세계의 아름다움

Qfwfq는 어둠 속으로 달아나는 Ayl의 외침을 들었다. 햇살로 캄캄해진 Qfwfq의 눈으로는 아무것도 볼 수 없었다. 그때 지진의 굉음이 모든 것을 뒤엎고 갑자기 바위벽이 수직으로 솟아오르면서 둘을 갈라놓았다. 바로 그곳에 거대한 산맥이 형성되는 중이었다. Qfwfq는 바깥으로 튕겨나가고 Ayl은 바위벽 저 너머, 지구의 내부에 남아 있었다. 발밑에 펼쳐지는 광경이 눈에 들어왔다. 갑자기 최초의 진홍색 양귀비꽃들이 피어나는 녹색 평원들, 파랗게 반짝이는 바다를 향해서 황갈색 언덕들이 펼쳐진 들판들. 하지만 그 모든 것은 아무런 의미도 없었고, 천박하고 위선적으로 보일 뿐이었다. 그것들은 Ayl

의 존재, Ayl의 세계, Ayl이 지녔던 아름다움의 개념과 너무 대조적인 것이 아닌가? 'Ayl의 자리는 결코 '이곳'이 될 수 없겠지.'

Qfwfq는 고통과 놀라움 속에서 자기가 이곳에 남아 있음을 깨달았다.

'화려한 색깔들의 번쩍임, 하늘빛에서 장밋빛으로 바뀌는 구름들, 가을이면 노랗게 물드는 녹색의 잎들을 벗어날 수 없겠구나. 모든 것이 나름의 색을 지닌 이 세계를, Ayl 없는 세계를!'

더 이상 상상할 수 없고, 차가운 회색 바위벽 말고는 Ayl의 세계를 희미하게나마 상기시켜줄 것이라고는 남아 있지 않았다.

"색깔 없는" 세계는 이제 "사랑 없는" 세계로 바뀌었고, Qfwfq는 Ayl의 흔적을 찾아서 사물들의 색을 하나씩 지우는 놀이에 열중한다. 하지만 아무리 노력해도 Ayl의 모습을 만들어낼 수 없었다. 색깔 없는 존재인 Ayl의 얼굴을 한 번이라도 볼 수 있었으면……

사랑 이야기 2
: 내 사랑에 앞서는 그들의 사랑, 수억 년을 이어져온

이번에는 Qfwfq의 다른 사랑, 사람 Qfwfq의 슬픈 사랑 이야기를 들어보자.

Qfwfq는 누군가—이 존재는 분명 사람, 그것도 한 여성이다—를 사랑한다. 그녀는 파리 5구역, B……가 183번지, L. 부인 댁에 거주하는 프리실라

랭우드(Priscilla Langwood)이다.

흔히 사랑에는 선택, 곧 자유의지가 넘친다고들 한다. 성과 사랑을 구별하여, 성은 충동에 휩쓸리지만 사랑에는 선택의 자유가 있다고 주장하곤 한다. 그런데 과연 사랑은 이런 자유와 개별성이 꽃피는 특권적인 지점인가?[54]

하지만 만약 사랑에서 어떠한 선택이나 자유의지도 찾을 수 없다면 어떻게 될까? 우리가 누군가의 사랑을 대신하고, 현재의 내 사랑이 과거의 그들의 사랑을 반복하는 것이라면⋯⋯. 어떤 점에서 그런 "사랑의 영원 회귀"가 우리를 실망스럽게 할까? 사랑의 참을 수 없는 허전함!

칼비노는 '바이오 코미케'를 다루는 한 작품 「프리실라(Priscilla)」에서 '유사분열(mitosi)'과 '감수분열(meiosi)'을 사랑의 테마로 재구성한다. 단세포 존재는 왜 자신과 똑같은 다른 개체를 형성할까? 유사분열 과정을 어떻게 자족성의 고독에 지친 한 세포의 자기 사랑의 산물로 볼 수 있을까? 그리고 다세포 존재들은 자신의 복잡성을 유지하면서 어떻게 사랑을 하고, 그 사랑의 생물학적 바탕에서 진행되는 감수분열이라는 (비가시적이고 신비하고 필연적인) 과정이 유기체의 사랑을 텅 빈 것으로 만들까?

너무나 많은, 헤아릴 수 없는 세포들의 집합체

먼저 상황을 직시하자. 사랑의 두 주인공인 '나'와 '프리실라'는 다세포 유기체들이다. 그러면 생명체로서 '나'라고 하는 자는 누구이고, 또한 '프리실라'라는 개체는 무엇을 의미하는가?

프리실라와 나는 같은 종의 개체이고, 그녀는 나와 상반되는 성을 지니지

---

54 모방욕망의 이론가 지라르는 사랑 주체가 사랑 대상을 곧바로 지향하는 것이 아니라 자신이 전범(paradigme)으로 삼는 존재가 지정한 대상을 사랑한다고 주장한다. 이 경우에 사랑 주체와 대상은 간접적으로만 관계 맺는다. 돈키호테가 전설적 기사인 아마디스 데 가울레의 이상에 따라서 볼 수도 없고 존재하지도 않는 사랑의 이상인 "둘씨네아"를 사랑하는 것처럼.

만 나처럼 다세포 존재다. 하지만 이 다세포 개체는 50조 개가 넘는 세포들로 이루어진 존재가 아닌가? '나'라는 말이 이 가운데 마음에 드는 일부 세포들(예를 들면 뇌나 심장)을 가리키는가, 아니면 그 모든 세포들을 막연하게 뭉뚱그려서 가리키는가?

그 세포들은 생화학적 과정들, 서로 상이하고 각 개체의 세포들 각각의 염색체 안에 있는 핵산들, 곧 세포들 자체의 단백질 안에서 여러 과정들을 결정하는 핵산들의 일정한 연쇄들로 이루어지는 과정을 수행한다.(C261)

그러므로 나와 프리실라에 대해서 얘기하려면 나의 단백질들과 프리실라의 단백질들 사이에 설정되는 단백질 가득한 관계들을 정의할 수밖에 없다.(C261) (나의 것이든 그녀의 것이든) 단백질들은 세포들 하나하나에서 동일한 계열로 배치된 핵산들의 연쇄로 통제된다. 둘 사이의 사랑 얘기를 하려면 엄청난 수의 세포들 각각을 전적으로 무시할 수도 없고 그렇다고 모든 세포가 하나처럼 움직인다고 할 수도 없다. 이 복잡한 관계 전체를 밝히기도 어렵지만 이런 관계에 앞서서 누가 누구와 관계 맺는지부터 밝혀야 한다.(조금만 생각해보면, 관계 유형을 밝히는 것도 사실은 중요하지 않다. 예를 들어서 정신적인 관계와 신체적인 관계 사이에 무슨 차이가 있을까? 정신적인 관계는 뉴런들이 맺는 관계를 떠나서 존재할 수 없지 않은가? 수십억 개의 세포들이 자극을 받고 그것에 반응하는 과정들을 언급하는 것은 신체적인 관계를 언급하는 것과 별로 다를 바가 없다.)(C261)

유전자 전달체의 임무: 전달하라! 질문하지 말고!

이처럼 누가 누구와 관계 맺는가에 대해서 얘기하는 점에 대해서 그럴듯한 반대의견이 있을 수 있다. 세포들이 신진대사활동을 하기 때문에 매순간 단백질 분자들은 끊임없이 새롭게 변하고 있지 않은가? 따라서 나는 매순간 동일한 나 자신이 아니라는 것이다. 그럴듯한 반론이지만 조금만 더 생각하면 그렇지도 않다. 세포들은 새로워지지만 전혀 다른 것이 아니라 기존 세포들에 의해서 설정된 프로그램에 따라서 재생된다. 그렇다면 "변화 속의 동일성"을 유지하는 나는 여전히 "나"이고, 사랑스러운 프리실라도 역시 그녀 자신일 수밖에 없다.

이처럼 내가 나이고, 프리실라도 프리실라라고 할 때, 각자의 '나'는 무엇을 의미하는가? 유전 문제를 생각하면 개체는 유전에 의해서 결정되고 스스로 유전을 좌우할 수 없다는 점이 문제가 된다. 나에게 선택권이 있을까? 내가 그녀를 선택하고 자유롭게 결정할 수 있는가? 나의 세포들은 유전적 유산과 특수한 관계를 맺으면서 특수한 배치(speciale configurazione)를 이룬다. 그 유전적 유산의 환경은 '처음부터' 그렇게 만들어진 것이다. 유전 덕분에 나의 세포들은 나의 것이 되고 프리실라의 세포들은 프리실라의 것이 된다. 누가 의도를 지니고 그렇게 한 것은 아닐 테고 그 누구도 그 프로그램에 의도를 개입시킬 수 없을 것이다. 게다가 나와 프리실라가 어떻게 발생했는지는 누구에게도 중요하지 않다. 유전이 할 일은 (그것을 어떻게 받아들이는지에 신경 쓰지 않고) 전달하라고 전달받은 것을 전달하는 것일 뿐이다. 혼동을 피하기 위해서 "따옴표 안의 나와 따옴표 안의 프리실라가 따옴표안의 우리의 유전적 유산, 또는 따옴표 안의 우리 형식인가?"(C262)에 답하자.(문제가 조금씩 얽히니까 눈을 반짝이는 독자들을 보니……) 물론 이때 형식이라고 하는 것은 눈에 보이는 것뿐만 아니라 보이지 않는 것, 프리실라의 모든 양식을 포함한다.

> "그녀에게는 푹시아 꽃이나 오렌지색이 잘 어울리는 점, 그녀는 특수한 향기를 발산하는 분비선을 지닐 뿐만 아니라, 지금까지 먹은 음식과 사용한 비누 때문에, 말하자면 이른바 따옴표 안의 문화 때문에, 그녀의 피부는 향기를 발산하는 점, 그녀가 살아온 도시와 집들과 거리 속에서, 움직이는 사람들 사이에서 그녀가 걸어가는 방식과 앉는 방식, 그 모든 것이 포함되어 있다. 또한 그녀가 기억하고 있는 것들, 아마 단 한 번 보았거나 아마도 극장에서 보았던 것들, 그리고 이미 잊었지만, 어렸을 때의 정신적 상처들이 간직되듯이 뉴런들의 한 구석에 기록되어 있는 것들까지 포함된다." (C262)

'나' 속에 있는 무수한 '나들'

나와 프리실라는 표현형(pheno-type)과 유전형(geno-type)처럼 눈에 보이거나 보이지 않는 형식처럼 유전적 유산에서 완전히 동일한—우리 둘 모두, 환경, 또는 종에 공통된—요소들뿐만 아니라 상이한 요소들도 함께 지니고 있다. 그러면 나와 프리실라의 관계는 (공통적인 요소들은 무시한 채로) 다른 요소들로만 설명되는가? 사랑하는 대상이 '아무나'이기를 원하지 않을 테니까. 이는 "프리실라"가 "같은 종의 다른 구성원들 즉, 인간과 비교해서 프리실라에게 특별한 것"이어야 함을 뜻한다. 하지만 이처럼 프리실라가 다른 여성과 달라야 한다고 해서 공통적인 요소들 사이의 관계를 무시할 수도 없다. 그 경우에 종에 공통된 것인가, 아니면 환경에 공통된 것인가, 또는 종의 나머지와 구별되고 "우리"에게만 공통적인가를 따져보아야 한다. 음! 힘들어도 좀 더 끈기 있게 생각해보자.(C263)

잘 살펴보면, 상반된 성의 개체들이 서로 특수한 관계를 맺도록 결정하는 것은 우리들 자신이 아니라 바로 종, 아니 동물의 조건(아니, 구별된 성으로 구별되는 동식물들의 동식물적 조건)이다. 그렇다면 프리실라와 관계 맺기 위해서 내가 그녀를 선택할 때 — 그리고 그녀가 나를 선택하고(마지막까지 변치 않으면 좋을 텐데……) — 어떤 우선순위가 작용할지 알 수 없다. 결과적으로 내가 나라고 믿는 나의 머리 꼭대기에 얼마나 많은 "나들"(나의 행동과 욕망을 결정하는 수많은 인자들)이 있으며, 내가 지금 그녀를 향해서 달려간다고 믿는 프리실라의 머리 꼭대기에도 얼마나 많은 "프리실라들"이 있을지 알 수 없다.(C263)

유쾌하지 않은 상황!

이 경우에 용어들을 단순화하면 할수록 문제는 더 복잡해진다. "나"라고 부르는 존재는 일정한 방식으로 나열된 일정수의 아미노산들로 이루어져 있다. 따라서 가능한 모든 관계들은 이미 그 아미노산 분자들 내부에서 미리 예정되어 있다.

유전물질들의 작용으로 각 개체의 행동 가능성들이 이미 정해진 프로그램에 따른다면, 명령의 필연적 사슬에 주어지는 것들만이 개체의 선택 앞에 주어질 것이다.("사랑하라"는 명령이 사랑에 앞선다면 나는 어떤 선택을?)

따라서 (아직 일어나지 않은 가능성까지 포함해서) "모든 가능한 것들(tutti il

possibile)"은 "이미" 나에게 일어난 것이나 마찬가지이다. 내가 나로 되는 순간에 모든 것이 이미 결정되었으니!(어쩌겠는가! 운명에 순종하는 체라도 해야지. 하지만 운명에 무지한 자들, "자유 - 주의자들"을 비웃는 것만이 내 몫이 아닐까?)

어쨌든 나는 일정한 수의 이미 정해진 가능성들을 지닐 뿐이다.(외부에서 일어나는 일은 단지 나의 핵산들에 의해서 미리 예정된 작업으로 전환될 경우에만 의미가 있다.) 나는 나 자신 안에 갇혀 있고, 내 분자들의 프로그램에서 벗어날 수 없다.(극단적인 낙관주의자이거나 게으른 자라면 내가 행위할 목록이 모두 주어져 있음을 고마워할 수도 있다.)

이것은 프리실라의 경우에도 마찬가지이다. 불쌍한 프리실라!(내 주위나 프리실라 주위에 다른 사물들과 관계 맺고 있는 것처럼 보이는 것들이 있더라도 그것들은 우리와 별 상관없는 것들이다.)

"현실적으로 나와 그녀에게 실체적인 것(sostanziale)은 전혀 일어날 수 없다."(C263)

아버지 - 어머니의 기묘한 만남과 다툼

내 세포 하나하나에 있는 46개의 염색체들 안에서 20개의 아미노산들의 배치를 명령하는 4개의 염기, 즉 아데닌(A), 구아닌(G), 시토신(C), 티민(T)의 결합, DNA와 RNA의 작용들과 관련된 과정으로 나에게 배당된 것이 바로 "나만의 개성"이라고 해야 한다. 바로 세포들 각각에서 반복된 개성이 바로 나의 개성이라면 이 개성이 처음이 아닌 것은 물론이고…….

나의 46개 염색체들 가운데 절반인 23개는 아버지 쪽에서, 나머지 반은 어머니 쪽에서 온 것이다. 이런 까닭에 나의 세포 하나하나마다 부모의 뒤를 쫓아갈 뿐이고 나는 이를 벗어날 수 없다.

나의 기원들

부모님들이 나에게 준 것이 바로 나다. 나는 그렇게 주어진⋯⋯(내가 나 자신의 자유로운 선택의 종합이라고 주장하는 철학자는 도대체 생물학 공부를 하긴 한 걸까? 나는 내 스스로 행동한 바가 아니라 내 행동의 목록은 이미 유전 코드에⋯⋯. 다시 한 번 더 얘기하자.) 나에게 주어진 것들이 나일 뿐 나는 다른 어떤 것도 아니다.

그러면 나에게 나를 준 부모님 각자의 사정은 어떠한가? 그분들도 각각의 부모님들로부터 (나에게 준 것을) 물려받지 않았을까?

나 - A를 가능케 하는 아버지 - B와 어머니 - C, B를 가능케 하는 할아버지 - ϵ와 할머니 - θ, 어머니 - C를 가능케 하는 외할아버지 - Γ와 외할머니 - Д, 또 할아버지 - ϵ를 가능케 하는 증조할아버지 - Ы와 증조할머니 - Я, 그리고 또 그리고, 또⋯⋯. 어지럽군!

기원으로 거슬러 올라갈수록 기하급수적으로 많아지니 어쩌면 좋은가? 누가 기원을 유일하고 순수하다고 했던가? 기원에는 무수한 선조들이 기다리고 있지 않은가? 헤아릴 수도 없을 만큼 많은 분들이⋯⋯.

이처럼 나에게 전해진 부모님들의 명령에는 끝없는 복종의 사슬로 전해진, 부모들의 각각의 부모들의 명령들이 포함되어 있다. 그래서 나는 그 명령에 따라서 나답게 행동하고 그런 행동에서 반복되는 명령을 확인할 수 있다. 모든 것은 이미 그곳에, 주어진 과거에 포함되어 있다. 그 과거는 또 그 이전의 과거들에 이미 포함되어 있으니 무슨 할 말이 남아 있겠는가? 수많은 개별적인 과거들이 도대체 어느 시점까지 종 및 종 이전에 존재했던 것의 과거인지 알 수 없다. 그 하나의 일반적인 과거를 향해서 모든 개별적인 과거들을 거슬러 올라가보지만 아무리 거슬러 올라가더라도 그것들은 개별적인 경우들로만 존재한다. 마치 나와 프리실라처럼.

"우리 사이에는 개별적인 것도 일반적인 것도 아무것도 일어나지 않는다." (C264)

끝없이 이어지는 과거들의 사슬

우리들 각자가 존재하는 것도 과거 덕분이고(우리는 과거를 반복하기 위해서 존재한다!) 우리가 지니고 있는 것도 과거다. 과거를 지워버리면 나는 존재할 수 없다. 이렇게 과거가 반복된다고 할 때 반복에 주목하면 흥미로운 점을 알 수 있다. 반복은 이미 있던 것, 이미 실현된 것을 다시 선택한다는 것이다. 다시 말하면 우리에게 존재하는 모든 것은 "실패하지 않을 가능성들"(수많은 세대의 반복에서 살아남아 전해진 그런 가능성들), "반복할 준비가 되어 있는 실험들의 목록들"뿐이다.

현재는 존재하지 않으며, 우리는 외부와 '이후'를 향해 "맹목적으로" 나아가면서 언제나 동일하게 우리를 제작하는 소재들에 내재하는 프로그램을 수행한다. "우리는 어떠한 미래도 지향하지 않는다. 우리를 기다리는 것은 아무것도 없다." 게다가 우리가 기억하는 것도 우리 자신에 관한 것뿐이다.

우리는 "오로지 자기 자신을 기억하는" 기억 메커니즘 사이에 갇혀 있다.

지금 나와 프리실라를 서로 찾도록 하는 것은, '이후'를 향한 하나의 맹목적인 충동이고, 우리를 통해서 이루어지는 과거의 마지막 행위일 뿐이다. "프리실라여, 안녕! 만남과 포옹은 불필요한 것, 우리는 멀리 떨어져 있거나 이미 가까이에 있어. 영원하게(una volta per tutta), 물론 접근할 수도 없지만(inavvicinabile)."(C264)

"헤어질 수도 만날 수도 없음(l'impossibilità d'incontrarsi)은 처음부터 우리 안에 들어 있다."(바로 당신이 태어나던 첫 순간, 당신의 두 원천이 최초로 만나던 순간을 생각해보라.) 우리는 상이한 육체들의 (융합이 아니라) 병치에 의해서 태어났다. 두 세포들의 접근. "하나는 게으르고 과육 같고, 다른 하나는 재빠르고 단지 머리와 꼬리만으로 되어 있다." 난자와 정자의 첫 만남! "그것들은 약간 머뭇거리며 시도한 다음 서로 다른 속도로 돌진하고 격렬하게 만난다. 정자는 난자 안으로 거꾸로 들어간다. 꼬리는 밖에 남아 있고, (완전히 핵으로 가득 찬) 머리는 난자의 핵을 향해 돌진한다."

두 핵은 어떻게 될까? 그것들이 융합이나 혼합 아니면 교환을 하리라고 기대하는가? 각각의 핵 안에 기록된 것, 그 배치된 문장들은 서로 나란히 늘어서서 치밀하게 압축된 새로운 핵을 형성한다. 두 핵의 단어들은 완전하게 분리된 채로 그곳에 있다. 이 과정을 결합해보면, 서로는 아무것도 상실하지 않지만 그렇다고 서로 주고받은 것도 없다. 하나로 만들어진 두 세포는 결합하지만 각자의 내용은 이전과 동일하다.

"그들이 처음으로 느낀 것은 약간의 실망감이다." 그 사이에 이중의 핵은 일련의 복제를 시작해서 아버지와 어머니의 결합된 메시지들은 각각의 자식

세포 안에 인쇄된다. "그것은 결합을 영속시키지 않고, 오히려 모든 쌍의 두 동료를 갈라놓는 극복할 수 없는 거리감, 실패, 아주 성공적인 쌍의 한가운데에 남아 있는 공허를 지속시킨다."(C264)

타협 없는 결정, 끊이지 않는 갈등

물론 우성과 열성 인자가 다투는 과정에서 부모 가운데 한쪽 명령에만 따를 수밖에 없다. 양쪽으로부터 사이좋게 반반씩 물려받아서 피부색을 반반씩 혼합하거나 '오른발-아버지'와 '왼발-어머니'로 절충할 수도 없다. 타협은 없으며 한쪽의 유전형질만 (물론 우성인자만) 물려받는다. 이 동네에서 이른바 "대화와 민주주의"는 환영받지 못한다. 의사소통을 통한 합의도 추구하지도 않는다.

잘 알고 있듯이 겉으로 나타나는 "표현형"은 우리의 모든 세포 안에 인쇄되어 있는 비밀스러운 프로그램(유전형)과 비교할 때 그리 중요하지 않다.[55]

그곳에서 아버지와 어머니의 대립적인 명령들은 계속 충돌한다. 아버지와 어머니의 상반된 갈등에 주목할 필요가 있다.(C265) "한 배우자가 상대방에게 굴복하여 뒤로 물러나야 할 때 느끼는 적대감은, 지배하는 배우자의 승리보다도 훨씬 강하게 느껴질 정도이다."(머리 색깔을 결정하는 인자가 반드시 피부색이나 치약 뚜껑을 잘 닫지 않는 습성까지 결정하지는 않는다. 양자 대결에서 패배한 쪽은 어떻게 자신의 열등함을 받아들일 수 있을까? 누굴 닮아서 그렇게 수학을 못하시나? 누굴 닮아서 이렇게 달리기를 잘할까?)

따라서 나의 내부 및 외부 형식을 결정하는 성격들이 아버지와 어머니 모

---

55 멘델이 완두콩 실험으로 보여주었듯이 청색 콩과 황색 콩을 심으면 다음 세대에서는 1대 1의 비율로, 그다음 세대에서는 황색 콩과 청색 콩의 비율이 3대 1로 나타나지만, 이 황색 콩들 가운데에 일부에는 다음 세대에서 열성인 청색 콩을 낳을 열성인자가 보이지 않게 들어 있어서…….

두에게서 받은 명령들의 총합 또는 평균이 아닐 경우(지극히 총명한 한 쪽과 평범한 수준의 다른 쪽의 결합이라면 적어도 평균 이상의 지능이 나타날 것이라고 기대하겠지만 전혀……), 그 명령들은 "세포들의 내부에서" 부정되고, 잠재적으로 남아 있던 다른 명령에 의해서 상쇄되고, 혹시 다른 더 좋은 명령을 놓친 것은 아닌지 하는 의혹에 시달린다.

그래서 때로는 내가 정말로 과거의 지배적인 성격들의 종합, 더욱 엄청나게 많은 연쇄작업들의 결과인가 하는 생각이 들다가 또 반대로 나의 진짜 본질은 패배한 성격들을 계승한 것, 혈통에서 배제되고 억압되고 중단된 것들의 총합이 아닐까 하는 불안감에 사로잡히기도 한다. "존재하지 않았던 것의 중압감이, 존재했던 것이나 존재하지 않을 수 없었던 것 못지않게 나를 억누른다."(C266) 그렇다고 한 번 더 태어날 수도 없지만 다시 태어나더라도, 결정적인 바로 그 순간에 원하는 대로 고를 수 있으리라는 보장도 없으니.

새로운 과거, 과거의 끝없는 재생을 향하여

"공허감, 헤어짐, 기다림, 이것이 바로 우리이다." (C 266)

"우리들 자신의 숨겨진 곳에서 과거 명령들의 이중적인 연쇄는 양분되고, 새로운 세포들은 더 이상 중복되지 않는 단순한 과거를 지니고, 거의 미래처럼 보이는 '새로운 과거(un passato nuovo)'를 지니고 가벼움과 참으로 새롭다는 환상을 갖는다."(C266)

간략하게 얘기했지만, 감수분열은 핵의 어둠 속에서, 성 기관들의 심연에서 이루어지는 복잡한 과정이고, "약간은 서로 어울리지 않는 단계들이자 되돌아갈 수 없는 단계들의 연속"이다. 처음에는 지금까지 분리되어 있던 아버지와 어머니의 메시지 쌍들이, 서로 쌍이었다는 것을 기억한 채로 두 개씩 결합하여 지극히 섬세한 실들로 뒤섞이고 꼬인다.

나의 외부에서 일어나는 짝짓기 욕망은 결국 나의 내부, 내가 만들어진 물질의 궁극적인 뿌리들 심연 상의 짝짓기, 내 몸 안에 지니고 있는 "옛날 쌍의 기억과의 짝짓기"로 이끈다. "그 최초의 쌍은 어머니와 아버지라는 바로 나 앞에 있던 쌍이면서 동시에 아득하게 거슬러 올라가야 만날 수 있을 절대적인 최초의 쌍, 지구상에서 최초로 짝짓기 했던 동식물 태초의 쌍이기도 하다." 그래서 어둡고 비밀스러운 세포가 핵 안에 지니고 있는 46개의 염색체들은 두 개씩 결합한다. 서로 벗어나려고 애쓰지만 매듭의 어느 부분은 연결되어 있다.

그래서 마침내 서로 분리되었을 때—그동안에 분리 메커니즘은 세포 전체에 확산되어서 세포질에까지 이르렀다—각각의 염색체는 예전에 상대방에게 속했던 부분들로 만들어진 염색체로 변한다. 그리고 부분들의 상호교환으로 변화된 다른 염색체로부터 멀어지고, 각자 23개의 염색체들을 가진 두 세포는 분리된다. 각 염색체들은 서로 다르고, 이전의 세포 안에 있던 것들과도 다르다. 그다음 분열과 함께, 각자 23개의 염색체들을 가진 전혀 다른 4개의 세포들이 탄생한다. 그 안에는 아버지의 것과 어머니의 것, 아니 아버지들의 것과 어머니들의 것이 뒤섞여 있다.(C267)

마침내 "과거들의 만남(l'incontro del passati)"이 이루어진다.

"그것은 서로 만난다고 믿는 자들의 현재에서 결코 일어날 수 없는 만남이다." 이것이 과거를 대신하는 현재라면 철학적인 생물학자들은 현재의 표면에서 작용하는 과거라는 본질을 찾은 것처럼 기뻐할 수도 있다. 이런 현상/본질 이분법, 본질주의적 설명은 그리 환영할 만한 것은 아니다.

"우리는 우리의 결혼식을 향해서 간다고 믿지만 우리의 기대와 우리의 욕망을 통해서 이루어지는 것은 여전히 아버지들과 어머니들의 결혼식일 뿐이다. 우리의 행복처럼 보이는 것은, 아마도 우리의 이야기가 시작된다고 믿는 곳에서 끝나는 다른 이야기의 행복(la felicità d 'una storia altrui)일지도 모른다." (C267)

과거의 메시지들은 어디에서 만나는가

하지만 나는 프리실라를 향하여 달려가고, "우리"는 서로를 뒤쫓고 있지 않은가? 그래도 현재와 현상의 표면을 잘 살펴볼 필요가 있다. "과거는 맹목적이고 무관심하게 우리를 배치하고, 일단 자신과 우리의 조각을 뒤바꾼 다음에는 우리가 그것을 어떻게 소비하는지 전혀 돌아보지 않는다. 우리는, 우리를 통해서 일어나면서도 이미 다른 이야기, 이후의 다른 이야기에 속하는 과거들의 만남에서, 하나의 껍데기, 준비과정에 지나지 않는다."

실망한 나는 나라는 현상을 좌지우지하는 유구한 어떤 비가시적인 흐름에 항복할 준비가 되어 있다. "그 만남들은 언제나 우리보다 먼저 또는 나중에 일어나고, 거기에는 우리가 배제된 새로운 요소들, 곧 우연, 위험, 비개연적인 것(l'improbable)이 작용한다." (C267) 나 이전에 이미 일어난 과거, 과거의 과거가 현재 나를 통해서 재현되고 있는데 어떻게 해야 하는가?

"그렇게 우리는 자유에 둘러싸인 채 자유롭지 않게 살아가며, 가능한 우연들의 조합이라는 지속적인 파도, 과거들의 후광이 미래들의 후광과 만나는 시간, 공간의 지점들을 스치는 지속적인 파도에 떠밀리고 동요하면서 살아간다."(C267)[56]

유쾌하지 않은 자각이 앞을 가로막는다. 나와 프리실라는 단지 "과거의 메시지들이 만나는 장소(luoghi d'incontro)"에 지나지 않는다는……. 그것은 그것들 상호간의 메시지일 뿐만 아니라 메시지에 응답하는 메시지들이다.(유전 코드에 새겨진 메시지들은 외부 사물이나 환경의 영향에 아무런 관심이 없고, 메시지는 메시지하고만 어울린다.) 그리고 상이한 요소들 및 분자들은 상이한—감지할 수 없을 정도이거나 엄청나게 다른—방식으로 메시지들에 응답하기 때문에, 그 메시지들을 받아들이고 해석하는 세계에 따라서 그것은 더 이상 동일한 메시지가 아니거나 동일하면서도 변할 수밖에 없는 메시지들이다.(C267)

"그런 메시지들은 전혀 메시지가 아니며, 전달해야 할 과거는 존재하지 않으며, 단지 과거의 흐름을 교정하고 형태를 부여하고 과거를 고안하는 수많은 미래들만 존재한다."(C268)

두 낙타의 사랑 이야기

나를 통해서 실현되는 과거의 존재들은 자신에게 이미 마련된 방식으로 현재를 가득 채운다. "결국 내가 하고 싶은 얘기는 (여기에 지금) 존재하지 않는 두 개체들의 만남(l'incontro di due individui che non ci sono)에 관한 것이다."

그들이 존재하지 않는 것은 단지 과거나 미래, 서로의 현실을 의혹에 빠뜨

---

56 "태초의 바다는 고리 모양 분자들의 잡탕이었고, 우리를 둘러싸고 새로운 조합들을 부여하던 동일성과 차이들의 메시지들이 이따금 그 사이를 가로질러 갔다. 따라서 나와 프리실라의 내부에는 담의 흐름을 따라서 옛날의 조류가 일어나기도 한다. 또한 유성(有性) 종족들은 옛날의 제약, 곧 사랑의 나이와 계절을 규정하고, 동시에 나이와 계절들을 보완하고 수정하며 때로는 집요함과 강요와 악습에 빠지기도 하는 옛날의 제약에 순응한다."

리는 과거 또는 미래의 작용/함수(funzione)로만 정의되기 때문이다. 또는 "존재하는 것 이외의 모든 나머지 이야기, 결과적으로 존재하지 않고 존재하지 않음으로써 존재하는 것을 존재하도록 만드는 이야기이다." "우리가 말할 수 있는 단 하나는 어느 지점과 어느 순간에 우리의 개별적 존재라는 공허의 간격(intervallo di vuoto)은 분자들의 조합을 혁신해서 복잡하게 만들거나 없애는 파도에 휩쓸린다는 사실이다."

"그런 사실만으로도 살아 있는 세포들이 시간, 공간적 배치에서 누구는 '나'이고 또 다른 누구는 '프리실라'라고 확신할 수 있고, 직접 우리를—나는 감히 말할 수 있다—행복하고 총체적으로 휩쓸어갈 무슨 일인가가 현재 일어나고 있거나 이미 일어났거나 앞으로 일어날 것이라고 확신할 수 있다." (C268)

과거와 현재와 미래는 상이한 시간이 아니라 하나로 이어지고 영원한 반복의 테마(조금 어긋난 경우들까지 포함한)를 싫증내지도 않고 노래하는, 이미 씌어져서 연주자들 앞에 놓여있는 악보처럼! 자, 슬픈 사랑의 바이올린 소나타를 연주하도록 할까요? 바이올린과 피아노는 사이좋은 한 쌍이 되어서 자기와 타자의 상이한 통일, 각자의 개성이 사라지지 않은 연주에서 포옹하는 두 연인이 된다.

마지막 악장 도입부에서 스완이 들은 피아노와 바이올린의 아름다운 대화! (……) 먼저 외로운 피아노가 배우자에게 버림받은 새처럼 탄식한다. 이 소리를 들은 바이올린이 이웃 나무에서 말 걸 듯이 그 소리에 응답한다. 그것은 세계의 시초인 듯, 지상엔 아직 그 둘밖에 없는 듯싶었다. 아니, 차라리 다른 모든 것에 닫힌 이 세계는 한 창조자의 논리에 따라 지어져서, 앞으로는 절대로 이 둘 밖에 거기에, 이 소나타에 들어가지 못할 것 같았다. 그것은 한 마리 새인가? 소악절의 미처 완성되지 않은 넋인가? 요정이던가? 그 눈에 보이지 않고 신음하는(être invisible et gémissant) 소리, 그 탄식에 뒤이어 피아노가 부드럽게 되풀이한 이 존재는? 피아노의 외침이 어찌나 갑작스러웠는지 바이올리니스트는 그것을 붙잡으려고 재빠르게 활을 그어야 했다. 놀라운 새로다! 바이올리니스트는 새를 홀리고, 길들이고, 붙잡고 싶은 듯했다. 벌써 새는 바이올리니스트의 넋 속에 날아들어 이미 불러일으킨 소악절이 강신자(降神者)의 몸을 흔들어대듯이 정말로 사로잡힌 바이올리니스트의 몸을 흔들어댔다.[57]

이런 사실을 알고 있는 나와 프리실라는 한때 낙타였던 시절, 아무런 근심 없이 Qfwfq와 Priscilla로서 자유롭지도 자유롭지 않은 것도 아닌 사랑의 두 주인공이었던 그때를 떠올린다.

"프리실라여, 나는 이것만으로도 행복하다오. 내가 당신의 목 위로 구부정한 나의 목을 뻗어 당신의 누런 털을 가볍게 깨물면, 당신은 콧구멍을 벌름거리며 이빨을 드러내고, 모래 위에 무릎을 꿇어 당신의 혹을 나의 가슴 있는 곳까지 낮추고, 내가 당신에게 몸을 기대고 뒷다리에

---

57 "스완은 소악절이 다시 한 번 들려오리라는 것을 잘 알고 있었다. (……) 그것은 공중에 떠 있는 무지갯빛 비눗방울처럼 여전히 공중에 있었다. 무지개. 그 광채가 엷어지고 낮아지다가 다시 올라가 꺼지지 직전에 한순간 강하게 빛나는 무지개처럼 수악절은 그때까지 보이던 두 색채에, 현란한 다른 색조, 프리즘의 온갖 색조를 더해서 그것에 노래하게 했다. (……) 그리고 하나하나의 영혼에 불려오는 이 연주단을 초자연적 의례를 올리기에 어울리는 일종의 거룩한 제단으로 만들고 있었다." Proust, M. A la recherche du temps perdu, t. 1, (Editions Gallimard: Paris, 1954), 351-2.

힘을 주어서 당신을 뒤로 밀어 넘어뜨릴 때, 오, 그 오아시스의 황혼은 얼마나 부드러운지 당신은 기억할 것이오. 대상(隊商)들이 우리의 등짐을 풀어 놓고 흩어져서 우리 낙타들이 갑자기 가벼움을 느낄 때, 당신이 갑자기 달려가면 내가 뒤뚱거리며 당신을 따라서 야자나무 숲으로 들어갔던 때를 말이오."(C268)

참고문헌

칼비노, Cosmicomiche, Garzanti, 1984. 『코스미코미케』, 김운찬 옮김, 열린책들. (『우주만화』로 제목이 바뀌어 미스터 노 시리즈로 출간됨)

『우주만화』, 이현정 옮김, 민음사.(이 책은 칼비노 전집에 포함된 것이지만 선택, 편집된 것임)

12. 인간은 사랑하는 동물인가

_ 세르의 사랑 인간학 기초

사랑하는 동물

인간은 사랑할 때 동물이 되는가?

우리는 "짐승 같은"이나 "동물적"이라는 표현으로 동물들에게 열등한 가치를 투사하곤 한다. 마치 인간과 동물을 우열의 틀에 따라서 구분할 수 있는 것처럼. 이런 표현은 동물들의 어떤 점을 비난하는가? 인간적인 기준, 인식틀, 가치를 강요하는 인간중심주의적 관점은 동물을 열등한 존재로 평가하고, 악하고 잔인한 모든 것을 동물에게 전가할 수 있다. 이런 '인간적인 너무나 인간적인' 이해는 인간의 탁월한 점을 창안하기 위한 것인가?

우월한 인간과 열등한 동물을 대비시키고 혹은 평화와 사랑의 주체인 인간과 잔인함과 증오의 존재인 동물을 대비시킨다면, 사랑과 관련해서 동물을 어떻게 파악할 것인가?

동물은 어떻게 사랑하는가? 그들에게 사랑은 어떤 의미를 갖는가? 그들은 사랑이 아니라 성에 매몰될 뿐인가? 동물의 사랑은 인간의 사랑에 비해서 열등하거나 잔혹하거나 도착적인 것인가? 인간의 사랑은 동물의 사랑에 비해서 숭고하고 아름답고 정신적인가? 인간은 사랑할 때 동물이 되는가? 아니면 인간의 고유한 사랑이 인간적인 사랑을 가능하게 하고 인간은 사랑을 통해서 인간다워지는가?(아니면 사랑하면서 인간이기를 포기하는가?)

세르(Serres)는 기독교가 아가페를 강조하면서 신의 무조건적인 사랑, 신과 이웃을 향한 헌신적인 사랑을 얘기했지만, 남녀 간의 사랑을 공공연하게 언급한 것은 그리 오래되지 않았다고 본다.

중세 프랑스의 음유시인들이 남녀 간의 사랑을 구체적인 이미지로 표현하기 시작했다. 그들은 신체를 향한 강렬한 이끌림, 수줍음과 평판에 따른 정중한 거리 두기, 에로틱한 욕망, 타인에 대한 정성스러운 존경, 관능적인 폭발, 신비한 의례라는 혼합체를 뚜렷하게 주제화했다.[58]

사랑은 살아 있는 모든 것들이 맺는 관계—성과 육체, 존재의 모든 차원—를 재창조하고, 새롭게 하고, 생기를 주지만, 관계를 강화시키거나 약화시키고 파괴하기도 한다.

사랑을 위한 인간의 행동은 번식을 위한 것이거나 성욕에 의한 것이거나 다른 동물들과 큰 차이가 없고 진화의 계열도 크게 단절시킨다고 볼 수 없다. 인간과 동물의 이런 가까움은 에로티즘으로 지속된다.

인간은 동물계에 속하고, 다른 척추동물과 유사하다. 조류들과 유인원들 가운데 10여 종이 인간만이 지니고 있는 고유한 특성을 공유한다. 도구를 사용하고, 문화를 지니고, 사회생활을 영위한다. 이 점은 성(sexe)에서도 마찬가지이다. 세르는 인간이 생물들과 비슷한 방향으로 진화하긴 하지만 '예상할 수 없는 가지들(rameaux imprévisibles)'이 뻗어 나오고 그런 것들이 인간과 동물을 갈라지게 하는데, 사랑이 그것들 가운데 '가장 아름다운' 가지라고 본다.(A11)

---

58 Serres, Michel, *En Amour, sommes-nous des bêtes?*, Pommier, 2002. (A로 줄여씀, A10)

동물들의 사랑: 사랑을 위한 희생

인간은 사랑을 위해서 모든 것을 바칠 수 있을까? 인간들이 아무리 열렬한 사랑에 빠지더라도 고래 부부처럼 자식들을 보다 좋은 환경에서 기르기 위해서 북극에서 난류가 흐르는 곳까지 수천 킬로미터를 헤엄칠 이가 있을까? 철새들처럼 차갑고 희박한 대기를 가로지르며 헤아릴 수 없는 거리를 날아가고, 연어처럼 천적들과 맞서며 강과 댐의 급류를 거슬러 올라가며 목숨을 걸 수 있을까?

과연 어떤 남성이 '사랑의 이름으로' 수컷 늑대와 수캐들처럼 배란기의 암컷을 위해서 먹지도 자지도 않은 채 쉴 새 없이 짖어댈 것인가? 바다사자와 말코손바닥사슴처럼 암컷의 무리를 소유하기 위해서 유혈이 낭자하게 싸우고 생명까지 걸겠는가? 섬세한 연애와 신속한 성교에 익숙한 남성들이 사마귀들의 성교, 절정이 끝남과 동시에 암컷에게 잡아먹히는 성교를 감당하려고 할까? 사람은 수벌처럼 여왕벌의 혼인 비행에 목숨을 내던지지 않을 것이다. 만약 수컷 무당거미처럼 일정한 신호에 따라서 조심스럽게 거미줄에 접근하지 않으면 덩치 큰 암컷에게 잡아먹힌다면 어떤 남성이 여성에게 다가갈까?(A13-4)

많은 사람들이 사랑할 때 인간은 동물이 된다고 생각한다. 그렇지만 인간은 소심하고 평범하고, 신중하고, 뻣뻣하고, 산문적이고, 흐리멍덩하고(gris), 영웅적이지 않기에 본능이 요구하는 바에 따라서 크나큰 피해나 위험을 감수하는 과감한 행위를 하지 못한다. 예외적으로 필레몬과 바우키스, 엘로이즈와 아벨라르두스, 마농과 데 그리외(des Grieux), 성 프란체스코와 성녀 클라라, 피에르 신부(엠마우스라는 빈민구호공동체에서 평생 가난한 이들을 돌봄)와 테레자 수녀 등 사랑의 순교자와 증인들만이 사랑을 위해서 모든 것을 바치는 고래, 연어, 꿀벌, 무당 거미등과 비교할 수 있을 것이다.(A15)

세르는 샌프란시스코 만 근처를 산책하면서 관찰한 다양한 동물들의 생태와 사랑 행위에 큰 감명을 받는다. 그는 짝짓기 철인 5월에 검은 바탕에 줄무늬가 있는 뱀이 따뜻한 햇살에 드러누워 있다가 다른 뱀을 만나서 헤르메스의 지팡이처럼 밧줄을 꼬듯이 서로 몸을 얽고 얽히는 장면을 본다. 이처럼 함께 얽힌 채 물 흐르듯 유연하게 움직이는 놀라운 장면은 '사랑의 결합'을 무색케 하는데, 몸이 뻣뻣한 인간은 이처럼 유연하게 서로를 포옹할 수 없지 않은가?(15-7)

인간을 포함한 생물들의 애정 행동에서 비슷한 점을 많이 찾을 수 있다. 뿌리칠 수 없는 이끌림, 색채를 통한 기호, 음악적 호소, 강렬한 냄새, 체온의 짜릿함, 접촉을 통한 애무 등으로 유혹한다. 그들은 느리고, 참을성 있게, 전광석화같이 접근하거나 과시, 비밀, 수줍음, 애교스럽게 접근하기, 살짝 비켜나기와 지속적으로 좌절시키기, 선택이나 배제, 무언의 승낙과 거절을 보인다. 또한 질투, 경쟁, 목표물을 얻기 위해서 시간을 고려한 놀라운 전략을 구사하고 자기 가치를 높이기 위해서 거절하거나 회피하는 전략도 사용할 수 있다.(A18-9)

세르는 인간이 동물과 갈라지는 다섯 가지 지점을 제시한다. 그는 해부학과 생리학, 공간과 시간, 유전 프로그램, 시련을 겪는(éprouve) 사랑, (사랑하는 주체들을 넘어서는) 사랑하는 관계 자체를 통해서 인간의 사랑이 어떤 특성을 지니는지를 살핀다.

다섯 가지 갈라짐들

1. 육체 — 해부학과 생리학

세르는 사람과 동물의 차이를 해부학적 배치와 관련하여 살핀다. 사람 아닌 포유동물의 경우 암컷의 성기는 겉으로 드러나고 수컷의 것은 안으로 숨겨져 있다.(A23-4)

네 발 동물 가운데 한 종이 두 발로 서게 된다면 어떻게 될까? 직립하는 그들은 암컷의 성기가 안으로 숨겨지고 수컷의 성기는 겉으로 드러나므로 전혀 다른 모습이 될 것이다. 이렇게 몸의 구조가 바뀌면 이성을 유혹하는 행동도 바뀔 것이다. 이처럼 두 발로 걷는 인간은 다른 포유류와 몸의 구조가 다르기 때문에 사랑하는 방식도 다르다.(A24)

네 발 동물들은 '뒤쪽에서(par-derrière)' 성행위를 한다. 이런 체위로는 암수가 서로 쳐다볼 수도, 상대방에게 만족 여부를 물어볼 수도 없다. 이와 달리 인간은 서로 마주 보면서 성행위를 한다.(보노보 침팬지는 사람과 같은 자세로 성행위를 할 수 있다고 한다.) "언젠가 두 마리 침팬지가 서로 마주 보며 성행위를 하다가 두 눈을 뜨고 사람처럼 말을 하게 되지 않을까? 어색한 침묵 속에서 심술궂은 얼굴로 그 절정의 순간을 맞이하는 것은 그리 어울리지 않는다." (A24-5)

이 때문에 계몽주의자 철학자들은 유인원들의 세계에서 남녀 간에 나누던 성행위가 언어와 문화적 기호의 기원이 되었다고 주장한다. 얼굴을 마주 보아야 서로 알아보고 언어적 소통을 할 수 있다. 그런데 경험론자들은 언어가 의미에서 나타난다고 본다. 사랑의 경험론에 따르면, 언어는 사랑하는 쌍방이 서로 마주 보기(vis-à-vis)에 동의한 것에서 비롯된 것이다.(A25)

2. 제한된 공간과 시간에서 벗어나기

동물들은 (도태의 냉혹한 법칙에 지배될 뿐만 아니라) 그들이 살고 있는 공간과 시간에 구속된다. 음유시인들은 멀리 떨어진 공주를 노래하다가 사랑을 발견한다. 몇 세기 후에 뷔시 라뷔탱(Bussy-Rabutin)은 "사랑에서 부재는 불 앞의 바람과 같아서, 작은 불이라면 꺼지고 말지만 큰 불은 더욱 밝게 한다"고 노래했다.(A26)

인간들은 멀리 떨어져 있는 사람을 그리워한다. "선원의 아내는 남편의 편지에 눈물 흘리고, 사춘기 소년은 영화배우와 사랑에 빠지는데, 우리는 대상을 사랑하는 동시에 사랑을 상상한다." 매혹적인 왕자를 기다리지 않는 사람이 어디 있겠는가?(A26)

물론 고래들도 아주 먼 거리에서 서로를 부른다. 그러나 동물들은 연인이 곁에 없을 때 인간처럼 그리워할까? 사람들은 멀리 있는 연인을 마치 '여기'에 있는 것처럼 사랑한다. 우리는 부재하는 존재를 근처에 있는 듯이 표상한다. "우리는 (사랑을 위한) 가상공간을 창안하고 그 안에 살면서, 결핍된 것을 도리어 자양분으로 바꿔놓는다."(A26)

게다가 인간은 시간의 제약을 받지 않고 언제든지 사랑할 수 있다. 동물의 암컷은 일정한 주기로 찾아오는 발정기에만 짝짓기를 한다. 마치 정해진 순서에 따라서 음악이 시작되고 멈추는 오르골처럼, 암컷들은 번식에 유리한 특정한 시기에 발정을 하고 수컷 역시 이 시기에만 반응을 보인다.(A26-7)

디드로는 발정기처럼 특정한 시기에 구애받지 않고 육체적인 사랑을 나누는 것을 인간의 고유한 특성이라고 보았다.("물론 그는 남성우월주의 때문인지, 그것이 여성 덕분에 생긴 특성이라는 점을 덧붙이지는 않았다.")(A27)

인간 여성에게 '유리한 시기'는 동물의 암컷과는 달리 번식의 기회와 무관하고, 오히려 번식이 가능한 기회를 제거한다. 여성은 포유류들의 생식시계가 갖는 기능을 완전히 바꿔놓았다. 그 때문에 생식기능(génitalité)은 섹슈얼리티(sexualité)로 변형되었고, 관능적인 에로티즘이 시작되었다. "사랑에 관한 한 여성들에게 경의를 표해야 한다."(27) 우리는 동물들처럼 봄을 기다릴 필요 없이 언제든지 사랑의 시간을 마련할 수 있다.

그런데 우리는 왜 동물들이 우리보다 더 기계에 가깝다고 생각하는가? 동물은 예견(prévision) 가능하기 때문이다. 단추만 누르면 되는 기계라면, 그것이 어떻게 작동할지 예견할 수 있다. 반대로 지성적인 것의 경우에는 예견할 수 없다. "창안(l'invention)은 바람처럼 오는데 그것이 어디에서라도, 언제라도 올 수 있다."(A28)

> 사랑은 산들바람처럼 다가오고, 현실적인 것보다 더 현실적이라고 믿는 지각할 수도 없는 신호에도 반응하고, 평범한 장소와 다른 가상의

공간에서 펼쳐진다. 그것은 기억과 계획, 불가능한 꿈, 상상적인 시, 요
컨대 오로지 가능한 시간으로 힘을 얻는다. 성(sexualité)은 필연적이고
유전적인 자동기계에 종속되지만, 사랑은 창안한 것이고 희망에 이끌
리는espéré 것이다.(A28)

3. 특수성의 상실

세르는 인간의 진화 과정이 특정한 기관이 고정된 기능으로 분화되는 과정
을 따르지 않고 특수화를 벗어나는 점, 진화의 일정한 프로그램을 따르지 않
는 점에서 인간의 신체는 무능하지만 동시에 가능성의 세계와 마주할 수 있
는 점에 주목한다. 인간의 사랑도 이런 탈프로그램화, 탈특수화 덕분에 '가능
한 사랑'을 창안할 수 있다.

사람의 앞발은 특수한 기능을 지닌 것으로 발달한 동물들의 발톱이나 집
게, 굽 등과 달리 특수성을 지니지 않은(sans specialité) 탈분화된(dédifférenciée)
손으로 진화했다. 인간의 입은 동물들의 길쭉한 주둥이나 부리가 아니라 언
저리가 부드러운 구멍으로 진화했다. 게의 단단하고 힘센 집게는 도구나 무
기가 될 수 있지만, 부드럽고 약한 인간의 손으로는 무엇을 자르거나 찌를 수
도, 자신의 몸을 보호하거나 공격할 수도 없고, 나뭇가지에 오래 매달릴 수도
없다. 그러나 인간의 다섯 손가락은 다른 동물의 발과 다른 고유한 기능을 지
닌다. 엄지손가락은 나머지 네 손가락과 마주 보고 있어서 도구들을 비롯한
다양한 것들을 쥘 수 있다.(활을 쏘고 곡괭이를 쓰며 피아노를 치거나 실의 매듭을
묶고 칼이나 가위를 사용할 수 있다.) 사람은 손가락을 이용해서 활과 줄, 리라, 쟁

기 등을 만들었다. 또한 인간은 손가락으로 상대방을 부드럽게 쓰다듬을 수 있다. "인간의 입술은 새의 부리처럼 무엇을 쪼거나 죽일 수는 없지만 말하고, 노래하고, 거짓말하고, 맛을 보고 (……) 키스할 수 있다."(A29)

인간의 "기묘한(étrange) 진화"는 계통수에서 중심 줄기로부터 가지가 뻗어 나가는 것이 아니라 가지가 중심에 있는 줄기를 향해서 반대로 되돌아가는 길을 간 셈이다. 이런 변화 덕분에 인간은 가능성을 향해 나아가고, 탈프로그램화(déprogrammation)되는 쪽으로 프로그램화되었다.(A29-30)

비록 인간의 손톱과 발톱이 맹수의 날카로운 발톱만큼 강력하지 못하고, 인간의 입술과 이빨이 새의 부리 같지 않지만, 인간은 수많은 도구를 다룰 수 있고 날것부터 익힌 것까지 모든 음식을 먹을 수 있다. 또한 (섬세한 표현을 포함해서) 수천 가지 언어를 구사할 수 있다. "쓸모없는 것이 모든 가치를 지닌(omnivalent)"(A30) 것임이 드러났다.

"특수화를 벗어나는(déspécialiser) 진화는 경계를 지우고 물러서는 것처럼 보인다. (……) 인간은 순진한 생명체가 된다. 특수성 없는 제작자(Faber)이고, 고유성 없는 인간(Homo)이다. 그는 프로그램 없이, 경계 없이 지나치게 불안스러워하고, 연약하지만 말살자이기도 하고, 지배하는 자이면서도 초라하고, 주변적이고, 애늙은이처럼 숙련되면서도 서투르다. 탈분화되고(dédifférenciés) 유전자들(génes)마저 잃어버렸다. 우리의 은행 잔고는 텅 비어 있다. 우리는 가난해졌다. 우리는 박탈당했다. 우리는 무유전(無遺傳) 부인(Madame Sans-Gène)이자 무유전 씨이

다!"(A30-1)

다른 사랑들

세르는 인간 문화가 다양하게 전개되는 것을 탈프로그램화와 관련짓는다. 사랑에 관한 풍습은 문화권에 따라서 다양하다. 침대에서뿐만 아니라 전승되는 행동, 제스처, 손짓, 노래 등을 통해서 사랑을 나누기도 한다.

인디언들의 생활을 관찰하고 기록을 남긴 아르만 드 라옹땅(La Hontan)은 17세기 초 행복한 야생생활(bon sauvage)을 찾아서 로키산맥으로 떠났다. 그는 인디언들의 연애풍속을 기록했다. 한 예로, 어떤 부족에서 혼기가 찬 처녀는 천막에서 혼자 지내다가 저녁이 되면 신랑감 후보들을 맞아들인다. 각 후보는 손에 횃불을 들고 가서 처녀에게 바치는 시를 읊어 그녀를 즐겁게 해주어야 한다. 남자가 마음에 들면 처녀는 입김을 불어 불을 끄고, 마음에 들지 않으면 불을 그대로 둔다. 시 낭송이 끝날 때까지 불이 꺼지지 않은 후보는 집으로 돌아가야 한다.(A32)

이처럼 다양한 문화권의 세련되고, 고통스럽고, 기이하고 다양한 사랑 이야기들은 인간이 단순하게 유전자에 의해서 지배되는 존재가 아니기 때문에 가능한 것이다. 다른 생명체는 프로그램된 유전자에 따르기 때문에 다른 종과 차별화하거나 진화하려면 프로그램, 몸을 바꾸어야 한다. 하지만 인간은 탈프로그램화되어 있으므로 관계를 혁신하려면 풍습(usages)을 바꾸면 된다. 이처럼 보편적인 탈특수화가 새로운 잠재성을 낳으므로 인간은 수많은 사랑의 문화를 창조할 수 있었다.(A33) 인간들은 각 문화권마다 다르게 사랑한다.

사랑의 인문학

동성애 사례

보노보 침팬지들은 동성애적 실행에 열중하기도 한다. 그러면 그들이 인간의 풍습과 평행한 관계를 맺는 점을 어떻게 이해하면 좋을까?

동물학자 K. 로렌츠는 알에서 부화한 거위 새끼가 태어나서 처음 본 것을 어미로 여기고 평생 그것을 따르는 현상을 "각인(imprinting)"이라고 불렀다. 만약 갓 태어난 거위가 첫날 동성의 다른 거위를 만났다고 가정하자. 새끼 거위는 그 거위에게 각인되어 따라다닐 것이고, 두 거위는 적절한 시기가 오면 함께 둥지를 틀 것이다. 물론 알을 낳지는 못하겠지만 거위 둥지에 알을 집어넣으면 그들은 알을 품을 것이고, 여느 이성 부부처럼 새끼가 하늘을 날 수 있을 때까지 돌볼 것이다.(A34)

이런 예처럼 인위적인 상황을 만들어 실험해보면 동물의 습성이 학습에 의해서 어떻게 프로그램화되는지 알 수 있다. 각인은 새끼 거위의 〔(게놈génome 이 아니라)〕 학습에서 비롯된다. 수컷 새끼 거위와 다른 수컷 거위를 만나게 하거나 암컷 새끼 거위를 다른 암컷과 만나게 한 다음, 둥지에 알을 넣어주는 실험을 하면, 예측 가능한 행위를 한다. 원인과 결과의 연쇄에 따라서 학습효과가 발생한다.

그런데 인간 동성애는 거위의 각인과 다르다. 인간의 경우는 동성애를 꾸며낼(fabriquer) 수 없을 뿐더러, 동성애자의 행동을 자연, 문화, 가족, 전기 가운데 어떤 것으로 설명해야 할지 알 수 없다. 동성애자 커플이 키운 아이가 반드시 동성애자가 되는 것은 아니고, 이성 부부 사이에서 자란 아이도 동성애자가 된다.(A35)

물론 인간도 다른 생물들처럼 조건에 따라 제약받지만, 스스로 결정하고 선택한다. 이처럼 인간과 동물의 평행한 행동 양식 사이에 갈라지는 지점이 있고, 인간에게는 우연, 결정, 자유가 중요하다.(A35-6)

4. 나, 우리, 그들

인간은 생물학적으로 다른 생물과 다르다. 인간은 (계, 과, 유로 나누는) 생물들의 일반적인 분류표에서 동일한 위치를 차지하지 않는다. 이는 서로 교배할 수 없고 종이라는 배타적인 생식에 의해서 경계 지어지기 때문이다. 이런 점에서 포괄적인 주체(sujet global)인 인간은 독수리도 호박도 아니다. 콘도르처럼 번식하지 않으며 달팽이처럼 사랑을 나누지도 않는다. 인간은 어울려 산다. 인간은 다른 종들과 다르지만 그 가운데 하나의 종을 이루는 점에서 그들과 다를 바 없다.(A36-7)

인간은 탈프로그램화되어서 다양한 문화로 "물결무늬의 모자이크"를 이룬다. 이런 다양성이 '우리'라는 개념을 낳았다. "우리는 페르시아인을 뜻할 때도 있고 정치적 좌파를 뜻할 때도 있고, 탱고 춤을 추는 사람들을 가리킬 수도 있다. 여성과 관계 맺는 방식에서 북아메리카 알공킨(Algonquin)족 토착민 '우리'와, 파푸아뉴기니의 아라페시(Arapesh) 부족 '우리'는 서로 다르다. 여류 문학가 레스피나스(Lespinasse)가 운영하던 18세기 파리 살롱에서 많은 여성들이 달랑베르, 튀르고, 마르몽텔 등의 남성들과 유지하던 관계는 14세기 이탈리아 문인 보카치오가 쓴 소설에 나오는 시골 아낙네들이 뭇 남성들과 맺는 관계와 다르다. 물론 그 관계는 오늘날 정치적 세력을 형성한 알제리의 페미

니스트들이 자기 나라 남성들과 맺는 관계와도 다르다."(A37)

이성에 대한 관심을 표현하는 방식은 지역에 따라 다르다. '우리'는 일정한 제약을 받으면서 다양한 방식으로 사랑을 나눈다.(행동학자들은 개미들이나 침팬지들도 상이한 문화를 형성한다고 보고한다.)

그런데 특정한 시기에 이러한 우리들 가운데 개인, '나'가 나타난다. '나'라는 단어는 호메로스의 서사시에 이미 나타났으며, 기독교의 사도신경과 성 아우구스티누스의 『고백록』에도 나온다.

특이한(singulier) '나'는 마찬가지로 전적으로 독특한(tout originale) 또 다른 '나'를 사랑한다. 이들은 특이한 관계를 이루는데, 이 관계는 각자의 방식에 따라 진화하면서 깊어졌다가 시들해지기도 하고 결국 소멸하기도 한다. "이런 관계는 결합한 두 사람의 '나'보다 더 독특한(originale) 것처럼 보인다."(A38)

인간은 시간 제약 없이 언제든지 사랑하지만, 특히 사랑하는 시간/동안에 그 자신이 바뀌고 사랑의 시간은 두 사람을 형태 변화에 이르게 한다(métamorphoser). 탈프로그램화는 동물들보다 더 큰 잠재성을 마련한다.

인간 종들의 커플, 가족, 재생산, 선택적 관계는 예측할 수 없는 독창성을 지니고, 사랑하는 사람들이 각자 새로운 세계를 고안하는 점에서 다른 동물들이 맺는 관계와 다르다.(A38-9)

5. 사랑의 '관계'

기생과 사랑

남용적인 기생은 사랑인가? 갓난아기는 새 새끼와 마찬가지로 엄마 품의 냄새를 맡고 그 신비한 냄새에 따른다. 동물들에게서도 흔하게 나타나는 이런 수태(impregnation)는 동아줄만큼 질기다. 세르는 이런 배타적인 열정이 사랑과 비슷해 보이지만 그것과 다른 기생관계(parasitisme)라고 지적한다.(A39)

기생은 "한쪽은 모든 것을 베풀고 아무것도 받지 않지만 다른 쪽은 모든 것을 취하면서 아무것도 보답하지 않는" 일방적인 관계, 곧 상대방에게서 받기만 하는 것이다. 초기의 모자 관계는 근본적인 것으로서 생명의 비밀을 담고 있고, 단세포 생물에서 인간에 이르기까지 보편적으로 나타난다. 흔히 이런 요소적이고, 선택적이고, 탐욕스럽고, 타산적이고, 치명적이고, 진화하는(évolutif) 상태를 사랑으로 혼동하기도 한다. 성인 수컷은 유전자를 퍼뜨리면서 암컷을 숙주로 취급하는 것을 볼 수 있다. 게다가 (캥거루 같은) 유대류나 포유류의 새끼는 먹거리와 잠자리, 휴식처 등 모든 것을 숙주의 역할을 떠맡는 모체에 의존한다.(A40)

출산 때부터 새끼와 어미는 분리되기 시작하는데 이 과정은 계속 이어진다. 그동안 새끼는 자유를 배우지만 제 힘으로 마실 것과 먹을 것, 잠잘 곳을 찾아야 하므로 새끼에게는 그 자유가 오히려 가혹하기만 하다. 새끼는 독립을 통해서 성장할 수도 있지만 다른 개체에게 기생당하고 파멸할 수도 있다.(A40)

그런 고통을 겪으면서 살아남은 동물들은 사정이 허락하면 자기만의 숙주를 차지한다. 그렇지 못하고 어쩔 수 없이 얹혀살아야 하는 개체들은 새로운 숙주, 부모, 경우에 따라서는 등쳐먹을 이웃을 찾아 나선다. "각자는 다시 라모의 조카가 되려고 한다."(40-1)[59]

---

[59] 라모의 조카는 디드로의 『라모의 조카(e Neveu de Rameau)』의 주인공이다. 이 작품은 일정한 틀이나 가치관에 얽매이지 않고 괴짜로 생활하는 음악가인 라모의 조카와 철학자의 대화를 기술한 대화체 소설이다. 라모의 조카는 일정한 거처 없이 돌아다니면서 부자, 고객들에게 자신의 재주를 팔아 생계를 유지하면서 부자들의 탐욕과 교만, 위선을 비웃고 조롱한다. 라모의 조카는 철학자와의 대화에서 소박하고 성실한 가치관을 지닌 철학자와 자신의 분열된 의식과 가치전도를 대비시킨다. "나는 그들의 사랑스런 라모, 귀여운 라모, 그들의 라모이다. 어릿광대, 건방진 놈, 멍청이, 게으름뱅이, 먹보, 익

많은 동물들이 가축으로 남는 것은 그런 보호관계의 절실함 때문이었을지도 모른다. 남녀 간의 애착은 이런 동물들의 행위와 비슷하다. 기식자들이 거처 바깥에서 생존하기 힘겨워서 자멸하는 것처럼 많은 사람들이 희생자가 그의 열정의 대상 없이는 살 수 없다는 이유로 자살한다.(A41)

공생과 이유 없는 사랑

공생관계에서는 일방적으로 주기만 하는 기생관계와 달리 상호적으로 도움을 주면서 쌍방 모두 혜택을 얻는다. 묵언의 계약에 따라서 균형적인 교환이 이루어진다. 공생이나 균형적인 계약은 사랑의 충분조건은 아니지만 필요조건이다.

흔치 않지만 사랑이 성립하기 위한 충분조건이 있다. "그녀가 소중하기 때문에/바로 그녀이기 때문에(il s'agit d'elle), 그리고 나이기 때문에(il s'agit de moi)." 이것은 "이유 없는 이유(une raison sans raison)"이다. 이성이 침묵하는 이 문턱에서 탈프로그램화된 행운이 작용하기 시작한다.

기이하게도 동물들은 이 지점에서 합리성의 측면에 사로잡힌다. (겪어보지 않으면 이해할 수 없는) 이 신비로운 문턱 앞에서 유명한 원칙 — 모든 것은 이유를 지닌다 — 이 멈춘다. 그런데 사랑은 어떠한 이유도 갖지 않는다. 사랑은 과학과 분석을 벗어나기 때문이다. "그녀를 왜 사랑하는가." 이런 특정한 측면을 제시하면서 정확하거나 적절한 이유를 제시할 수 있는가? "이성/합리성/이유(raison)는 세계를 밝힌다. 하지만 사랑은 세계를 구원한다."(A42)

살꾼 등 이 모든 별명 가운데 어느 하나도 웃기지 않는 것이 없고, 그들은 나의 턱밑을 치고 등을 두드리며 손바닥으로 치고 발로 찬다. 식사 시간이면 나를 입에 올려 노리개로 삼는다. (……) 누구든 나를 자기가 원하는 대로 할 수 있고, 나에 대해서 내 앞에서 원하는 대로 할 수 있는데 그렇게 해도 나는 기분이 상하지 않는다."
라모의 조카는 고상함과 천박함, 건전함과 광기, 품위와 타락이 섞여 있는 인물이다. 그는 스스로가 굴욕을 느껴 비천한 역할을 연출하지만 이러한 비참한 상태에서 자신의 품위를 주장하기도 하는 우스꽝

인간의 사랑

생명체는 스스로를 재생산한다. 일부는 성(sexualité)에 의한 혁신을 도입했고, 다른 일부는 (즐거움과 잔인함을 모두 지닌) 에로티즘을 발견했다. 인간이 동물과 갈라지는 지점이 숭고한 것에 있기도 하지만 흉측한 점에서 그렇기도 하다. 사실상 인간이 아니라면 어떤 종이 이처럼 이성(sapiens)을 벗어나서 사디즘이나 마조히즘을 행하고, 황홀함이나 신성함을 경험하고 수천의 문화적 가지들로 나뉘는 의도들과 창안들을 마련하겠는가?(A45)

동물적인 것과 인간적인 것

인간과 동물을 구별할 때, 선과 악, 참과 거짓의 이분법적 논리가 유효할까? 세르는 이런 이분법적인 논리, 2가(價) 논리가 아니라 다양성과 창조적 우연을 존중하는 4가 논리를 제시한다.

인간에게 고유한 것은 거짓이기도 하고 참이기도 한 것이다. 한편으로는 인간은 합리적이지만 다른 한편으로는 잔인한 짐승이다. 이분법인 2가 논리는 인간을 규정하면서 쇠처럼 단단한 구별을 도입한다. 그런데 생명은 그것을 무시하고 4가의 양상 논리 — 가능한 것, 불가능한 것, 필연적인 것, 우연적인 것 — 에 따라 전개된다. 프로그램을 벗어나면서 인간은 우연적으로 가능한 것 (possibles contingents)과 마주한다. 필연적 법칙들에 따라서 특정한 실행이 불가능한 것에 물리학적, 생화학적 모험을 시도한다.(A45-6)

스러운 존재이다. 그는 구체제 하에서 동요하는 사회적 현실을 가리는 덮개를 찢어버리고 그 배후에 개인적 야망, 권력욕, 돈에 대한 욕망에 위선과 가식이 숨어 있음을 폭로한다. 개체는 권력과 부를 획득하고자 하는데, 그것들을 획득했을 때 그것들 자체는 아무것도 아니므로, 개체는 세계의 허망함을 경험하고 자기분열에 빠진다.

도착과 강간

통념은 바람직하지 않은 행위를 동물, 성(sexualité)에 귀속시키곤 한다. "짐승 같은 것들!" 하지만 온갖 가학적인 행위, 피학적인 열정, 아동이나 약자를 대상으로 삼는 성폭력, 시간(屍姦, thanatophilie)과 같은 변태 행위들은 동물과는 거리가 멀다. 이런 행위들은 어떤 코드에 의해서 만들어지는 것이 아니라 프로그램화되지 않는(sans programme) 감정과 충동이 창안한 것이고 인간에게 나름의 희열을 준다.(A46-7)

그런데 이때 어떤 성행위를 변태적이라고 부를 기준이 있는가. 변태에 대한 확실한 정의는 없으며 유전학과 관련된 정보나 가이드도 없다. 어떤 성행위를 논리적으로 비정상이라고 규정하지 않고도 무언가 정상적이지 않다고 곧바로 감지한다. 그래서 2가 논리에 따라서 변태적인 것을 동물에 귀속시킨다.(A49) 비정상적인 것은 폭력을 행사하곤 하는데, 강간이 대표적이다.

"인간이라면 그런 짓을 할 리가 없지. 짐승이 아니고서야!"

동물들은 이른바 정글의 법칙에 따라서 최강자에게 복종한다. 정복하지 않으면 정복당하는 세계에서 동물들은 엄격한 위계질서, 공격성, 다툼과 전쟁을 알고 있다. 한 예로 말코손바닥사슴의 수컷들은 (암컷의 의사와 상관없이) 암컷들을 소유하기 위해서 결투를 벌인다. 그리고 결투에서 이긴 한 마리가 기진맥진할 때까지 모든 암컷들을 차지하고, 나머지 수컷들은 다음 쟁탈전까지 금욕한다.("힘이 결정하는" 이런 법칙 바깥에는 어떤 고안도 없고 어떤 잔인한 우울함도 없다.) 이처럼 힘의 논리를 따른다고 해서 그것을 변태적이라고 할 수는 없다. 그러므로 인간성을 정상적이고, 동물성을 도착적이라고 규정하기는 어렵다.

실제로 인간은 폭력과 사랑을 연결시키고 싶어 한다. 그 경우에 폭력은 두드러지고 사랑은 사라지고 만다. 폭력적인 사랑이 정당화될 수 있는가? 그녀를 힘으로 굴복시키면 모든 것을 얻을 수 있고, 그녀를 정복하면 모든 것이 정당화되는가? 세르는 대등하고 상호적인 계약에 따른 호의(bienveillance)가 사랑의 두 번째 필요조건이라고 본다.(A48)

보기 드문 엘리트와 인류의 비밀

우리는 동물들과 갈라질 뿐만 아니라, 보다 흔하게 우리가 인간답지 않은 경우도 있다. "왜냐하면 사랑은 길모퉁이에서 마주치는 것이 아니기 때문이다. 선조들뿐만 아니라 후손들처럼, 동시대의 대부분의 인간들은 권력, 행운, 지위, 복수와 미움, 질투의 여신, 모방의 신, 모든 질서의 경쟁상의 첫 자리, 요컨대 폭력을 향해 달려가고 (……) 그리고 사랑으로 우회한다. 너무 힘겹고, 너무 단순하고, 숭고하다."(A48-9)

수도사들처럼 우리 삶을 희생하기를 요구하는 이들이 있다. 사람들은 큰소리 나지 않는 것에 헌신한다. 아무도 그를 알아보지 못한다. 그들은 주의를 끌지 않는 모습으로 마치 보이지 않는 것처럼 조용하게 지나다닌다. 그들은 정육점 주인이나 우체부, 거리의 청소부 등으로 조용하고 눈에 띄지 않는다. "그렇게 그들은 다른 사람들은 물론이고 자기 자신조차도 모르게, 인류의 은밀한 엘리트(l'élite secrète de l'humanité)를 이룬다."(A49)

사랑은 세상의 모든 사람들에게 살아나갈 힘을 부여한다. 친절한 한마디나 스쳐지나가는 몸짓, 짧은 만남과 순식간을 마주침만으로도 사랑은 크나큰 위력을 발휘한다.

헤아릴 수 없는 운명의 명령들과 그들의 신성함은 세계 전체가 살아가도록 힘을 준다. 살아가면서 우리는 두 번 태어난다. 한 번은 어머니를 통해서, 두 번째는 사랑을 통해서 거듭 태어난다. 물론 모두가 두 번째 탄생을 경험하는 것은 아니다. "'당신을 사랑해(je t'aime)'라는 말을 듣기 전에는 누구도 참되게 존재한다고 할 수 없다. 그리고 '당신을 사랑해'라고 말하기 전에도 누구도 참되게 존재한다고 할 수 없다."(A49-50) 사랑은 주어진 존재에 머물지 않고 새로운 존재방식을 가능케 하는 새로운 관계의 지평을 연다. 사랑하기에 함께 존재하고, 사랑하므로 자기 너머의 타인에게 손을 내밀고 그들이 함께 지속시킬 '관계'를 창안한다.

개인들을 넘어서는 '관계'

각자는 저마다 특이성(singularité)을 지니지만 마찬가지로 각각의 관계를 창안한다. 세르는 개인들과 그들이 이루는 관계를 따로 생각할 수 있다고 본다. 관계가 두 사람을 연결시키면 그 독특함은 두 배가 된다.(인간들은 이런 창안 대신에 권력과 예속 관계, 형제애와 증오, 경쟁이나 복수, 질투나 모방의 관계를 만들곤 한다.)

관계는 예상치 못한 시간과 공간에서 이루어지고, 그들을 결합, 변형시키는 계획과 상황에 따라서 창안된다. 대등한 계약의 일종인 공생관계가 전제되어야 하고, 생동감 넘치는 역동적인 변신(metamorphique)이 동반되어야 한다. 기나긴 여정에서 장애물과 유혹에 마주치고 정신적, 신체적 시련을 겪는다. "우리는 우리의 짐을 누구와 함께 지고 싶은가? 우리는 우리의 여정에서 어떤 목표를 갖는가?"(A52)

세르는 사랑하는 두 사람의 관계를 작품과 저자의 권리 관계에 비유한다. 저자는 작품에 책임과 권리를 행사하는데, 라틴어 'augeo'의 어원이 지닌 뜻 가운데 '성장시키다(croître)'가 있다. 저자는 무엇인가를 증대, 성장시키는 사람이다. 만약 어느 저자가 독자를 성장시키지 못한다면 그리 바람직하다고 할 수 없을 것이다. 관계가 두 파트너를 성장시키지 못한다면 헤어지는 것이 나을 수도 있다. 사랑하는 두 사람은 함께 성장한다. 사랑은 감소시키는 것이 아니라 증대시키는(agrandir) 힘을 지닌다. 만약 사랑 때문에 초라하고 볼품없게 되었다면 그런 상대를 여전히 사랑해야 할까?(A52)

관계의 신성한 자유

사랑하는 대상을 어떻게 선택해야 하는가? 배타적인 선택이 안전하고 충분한 것인가? 세르는 대상을 제한하는 것이 아니라 대상을 포괄하는 관점을 제안한다.

내가 너를 사랑한다면, 너는 나의 아버지와 나의 어머니, 특정한 시기의 조상, 나의 누이와 형제, 쌍둥이, 나의 아들과 딸, 나의 이웃이나 모르는 친지, (말을 이해할 수도 없는) 이방인, 모든 생명과 세계 자체가 될 수 있는가?(A53)

우리는 사랑의 대상을 제한해야만 하는가? 사랑은 두 사람에게 국한되어야 하는가? 사랑은 자기 가족, 고향, 같은 종교, 국가, 살아 있는 것에 국한되어야 하는가? 사랑의 제한은 그 바깥에 있는 존재들을 무관심이나 미움으로 몰아넣는 것은 아닌가? 가까운 이웃만 사랑하고 멀리 떨어진 존재들에게는 사랑을 베풀지 않아야 하는가? 우리에게 이익을 주거나 유용하거나 특별한 가치가 있는 것만을 사랑해야 하는가? 이런 제한은 미움을 정당화할 수 있다. 사랑을 앞세우는 종교가 대상을 제한하고 벽을 쌓는다면 미움의 권리를 불러 들이지 않을까?

미워하는 것은 편협한 테두리 안에 다양한 가치를 몰아넣고, 다양한 관계를 단 하나의 길로 몰아넣어서 엄청난 가능성들을 제한하고 사랑의 자유롭고 포함적인(inclusive) 엄청난 능력을 대패질해버린다. "어떤 것도 반대하지 않고 어떤 것에도 맞서지 않는 사랑함은 미움까지도 그 전체(omnitude)를 이루는 부채의 일부로, 그 가능성들을 다채로운 종소리 가운데 하나로 포괄한다."(A53)

사랑은 잠재성을 잃지 않는다. 사랑은 미움의 위험 속에서도 찾을 수 있지만 미움은 거의 사랑하기를 감행하지 않는다. 사랑은 타자를 포괄하지만 미움은 사랑함을 포함하지 않는다.(A53-4)

미움은 2가 논리에 따를 뿐이므로 가능적인 것을 상실한다. 이것 아니면 저것이라고 구분하면서 사소한 것에까지 정확성을 기하면서 엄격한 인식을 마련한다. 정확함을 강요하고 냉혹함에 접근한다. 그런데 사랑은 우연 쪽으로 날아가고, 프로그램의 부재, 잠재적인 영역과 있음직하지 않은 지속(l'improbable durée)을 포기하지 않는다.(A54) 그래서 내가 더 생각할수록 나는 더욱 사랑해야만 하리라(Plus je pense, plus je dois aimer).

가까운 자와 멀리 있는 자

잘 알려진 "하느님을 사랑하고, 네 이웃을 사랑하라"라는 이중 명령을 어떻게 이해할 것인가? 보편적인 것과 가까이 있는 것(le proche)을 사랑하라는 명령은 어떤 의미를 갖는가? 이웃 사랑은 누구에 대한 사랑인가?

가까운 자에 대한 의무는 이웃을 경멸하고 짓밟는 잔인함을 약화시킬 수 있다. 단일성(unicité)과 극단(excès)의 법을 앞세우는 배타적인 보편주의는 병과 환자를 앞에 두고서도 맹목성에 따른 엄청난 피해를 초래할 수 있다. 단일한 색채가 아니라 요란스럽게 얼룩덜룩한(bariolées) 단일성들의 공간을 다시 번식시키는 이웃들이 공존하는 관대함이 필요하다. 그렇지 않다면 이웃 사랑은 때때로 폭력적인 강도들의 법칙으로 추락한다. 이 기이한 법칙은 "서로 사랑하되, 너를 닮은 사람만 사랑하라"고 요구한다. 이런 특수주의(particularisme)는 교조주의에 빠질 위험이 있고 공격적인 문화와 종교들 간의 끊이지 않는 전쟁을 낳는다.(A55)

세르가 추천하는 보편적 사랑은 특정한 것에 대한 사랑이 배타적인 특수주의에 빠지지 않고 존재하는 모든 것을 '존재한다는 이유만으로' 사랑하는 것이다. 발밑에서 기어다니는 개미를 사랑하지 않는다면, 심술궂은 먹구름을 거부한다면, 나에게 바람직한 것만 사랑하는 체한다면, 서늘한 바람과 뜨거운 바람을 모두 향유하고 사랑할 수 없다면, 달빛과 귀뚜라미 소리를 사랑의 목록에서 배제한다면……. 이런 사랑은 인류 전체와 인류의 문화뿐만 아니라 "세계와 그 주민들, 바위들, 물, 구름들, 바람들, 하늘의 별들, 다섯 영역에 걸친 생명체들, 심지어 죽음까지도 포함한다."(A56) 인간의 행위로 심각한 위험에 처한 환경과 멸종 위기에 내몰린 동물들을 보호하기 위해서 그들을 더 사랑해야 한다.

사랑할 때 인간은 동물이 되는 것은 아니지만 동물 자체는 인간의 보편적 아낌(dilection)을 받을 자격이 있는 파트너들이다. 그들은 한없이 연약하고 빈털터리(démuni)이므로 우리가 사랑할 만하다.(A56-7) 우리가 사랑할 것은 강하고 우월한 존재들이 아니다. 그것들에 대한 추종과 굴종은 허약하고 열등한 것들에 대한 비난과 공격을 낳는다. 사랑은 분리하고 평가하고 비난하는 것을 모른다. 사랑은 있는 것들을 있는 그대로 받아들이면서 함께함이다.

(시간과 공간상에서) 자신과 가장 가까이 있는 이웃을 사랑하는 것이 바로 이러한 가까이갈 수 없는(inaccessible) 자들에 대한 사랑을 보상하고 약함과 사랑을 통합(intégrale)하는 길을 제시한다. 내 이웃으로부터 그 이웃의 이웃까지, 계속해서 그 이웃의, 이웃의 이웃까지 사랑하는 길은 평화를 마련하는 길이다. "남성들, 여성들, 생명체들과 세계의 보편적인 사랑은 내가 나의 항상적인 이웃들과 함께 들어가는 거대한 집을 파괴하려는 모든 욕망을 제거한다." (A57)[60]

사랑하는 인간

인간은 사랑할 때 동물이 되기도 하고 동물과 다르게 사랑하기도 한다. 인간은 '사랑하는 동물'이고, 인간은 "사랑하는 인간"으로서 인간의 고유성과 동물과의 가까움을 동시에 지닌다.

세르와 함께 물어보자. 인간은 사랑할 때에만 인간이 될 수 있는가? 사랑

---

60 "모든 동물은 성교가 끝난 후 슬픔을 느낀다"는 라틴 속담은 동물들을 멜랑콜리로 몰아넣는다. 인간은 그의 자매인 동물에 대한 무지 때문에 인간의 유쾌한 초상, 곧 "성교가 끝난 후에 웃는 동물"을 그려낸다.(A57-8)

은 인간을 인간으로 창조하는 하나의 계기인가?

13. 사랑의 광기와 진리의 하늘

_ 플라톤의 「파이드로스」 읽기

사랑의 광기?

"널 사랑해! 미치도록!"

막상 상대방이 이런 말로 사랑을 표현하면서 열정을 폭발시키면 어떻게 할 것인가? 미치도록 사랑하는 것이 아니라 말 그대로 '미친 사랑'에 동참하라고 덤비면 어떻게 해야 하는가?

"우리 함께 손을 잡고 저 '미친' 사랑의 나라로!, 행복의 나라로! 어서 오라, 내 사랑! 그곳은 그리 멀지 않아!"

이런 사랑의 광기를 어떻게 이해할 수 있을까? 이런 광기를 사랑의 이름으로 긍정할 수 있을까? 사랑의 광기 앞에서 광기라는 독기를 제거한 '건전한' 상태와 '적절한 배려'로 무장한 사랑으로 물러서야 하지 않을까? 그래서 멀쩡한 사랑의 이름으로 광기라고는 전혀 없는(또는 허용 가능한 정도로만 인정하는) 사랑의 주인공과 사랑 대상, 사랑의 행위를 파악해야 하지 않을까? 이런 질문 앞에서 우리가 광기에 놀라서 사랑의 분별력, 사랑의 이해타산을 앞세우고 위축된 모습을 보인다는 인상을 지울 수 없을 것이다.

「파이드로스」에 초대된 뤼시아스는 이런 사랑의 광기와 무분별을 비판하고 합리적인 사랑을 권하고, 사랑하지 않는 이의 지속적이고 바람직한 우정을 바람직하다고 주장한다. 사랑하지 않는 이라면 사랑의 열정과 광기에 휩

쏠리지 않을 것이므로 이성, 절제, 적절한 관계 유지 능력을 발휘하는 데 별다른 어려움이 없을 것이다.

그런데 철학적 지혜의 대변자인 소크라테스-플라톤은 사랑의 광기를 긍정적으로 평가한다. 사랑의 광기야말로 아름다움을 통해서 진리로 나아가는 원동력이라고 주장한다. 소크라테스는 사랑의 광기에 따른 무분별과 사랑의 광기를 통한 영혼의 고양을 분리시키지 않는다. 그는 어떤 점 때문에 사랑의 광기가 영혼의 자기 찾기에 불가결하다고 보는가? 아름다운 육체에 미치도록 빠져드는 사랑이 없다면, 그리고 이런 사랑의 광기를 진리의 이름으로 절제하는 능력이 없다면 영혼은 자기의 날개를 되찾을 수 없고, 참된 실재를 회복할 수 없다고 하는 이유는 무엇일까?

소년이여, 사랑하지 않는 이에게 호의를!

플라톤의 에로스 이론은 「향연」과 「파이드로스」에서 일정한 연관을 지니면서도 색다르게 전개된다.

「향연」은 사랑을 통해서 아름다움 자체에 대한 사랑, 진리에로 나아갈 것을 주장하는 반면 「파이드로스」는 사랑, 아름다움, 진리의 관계에 주목하면서도 사랑의 내적 동학, '사랑의 광기'에 주목한다.

플라톤은 「파이드로스」에서 사랑에 관한 뤼시아스의 연설과 그것에 맞서는 소크라테스의 두 번에 걸친 연설을 대비시킨다. 이 논의를 따라가면서 신이 선물한 사랑의 광기가 어떤 점에서 진리의 세계로 상승하는 길을 이끄는지, 참된 삶으로 고양되려면 왜 사랑이 필요한지를 살펴보자.

그런데 먼저 이런 논의가 전제하는 고대 그리스의 연애술, 즉 성인 남성과 미소년과의 동성애를 염두에 두어야 한다. 고전 그리스에서 성인 남성이 소년을 사랑하는 것은 자유로운 교제였다. 이들의 교제는 다양한 평가를 받았는데 교육의 실천적 측면, 철학적 가르침 등과 긴밀한 관계를 맺는다.[61]

성인 남자와 소년 사이에는 어느 정도 개방적인 활동이 가능했는데 그들의 놀이는 공동의 공간 — 집회장과 거리 — 에서 이루어졌다. 성인 남자는 소년을 따라다니고 추적하고 붙잡고 사냥했다. 이 놀이에서 소년은 상대를 자유롭게 선택하고 마음대로 받아들이거나 거부할 수 있었다. 그의 기호와 결정권은 자유로웠다.

성인 남자는 우선권을 지키기 위해 경쟁자들을 눈앞에서 물리쳐야 했다. 그는 위신, 재능, 선물 등을 활용했다. 물론 최종 결정권은 소년에게 있었다. 소년의 연애술에서 자유와 거부 능력, 상대의 만족을 고려하는 섬세한 전략이 펼쳐졌다.(HS, 218-9)[62]

대화의 주인공인 파이드로스와 소크라테스는 뤼시아스의 에로스에 대한 주장을 검토한다. 뤼시아스의 구애자는 자신이 "사랑하지 않는 이"라고 주장하면서 미소년의 육체를 얻기 위해 "사랑하는 이보다 사랑하지 않는 이에게 호의를 베풀어야 한다"고 설득한다.(2 27c/11)[63]

그는 사랑하는 이의 무분별과 광기에 대해서 사랑하지 않는 이의 사려분별을 대비시킨다. 곧 사랑하지 않는 이는 (사랑의 열병에 걸린 이의 무절제와 달리)

---

61 법적으로 허용된다는 의미뿐만 아니라 여론에 의해서도 수용되었다. 이것은 군사, 교육 제도에 그 바탕을 두고, 종교 예식과 축일을 통해서 종교적으로 보장된 것이기도 하다. 이 교제의 우수성을 찬양하는 문학에 의해서 문화적 가치를 부여받았다.
62 그리스의 연애술과 관련된 논의는 논의가 번잡스러워지는 것을 피하기 위해서 그 내용을 글의 말미에 보충할 것이다. 그리스적 동성애에 대한 이해가 필요한 경우에는 이 부분을 미리 보는 것이 도움이 될 것이다.

절제, 이익에 대한 배려, 상대를 지속적으로 배려하고 품격을 갖추도록 하면서도 질투하거나 감시하지 않는다는 점에서 현명한 관계를 주도할 수 있다고 본다.

이 점을 보다 자세하게 살펴보자. 사랑하는 이는 욕망(epithymia)이 사라지면 자신이 사랑하면서 호의를 베푼 것을 후회하지만 사랑하지 않는 이는 그럴 필요가 없다. 이는 그가 자기에게 좋은 것을 고려해서 강제(anankē)가 아니라, 자발적으로 자신의 능력에 따라서 덕을 베풀기 때문이다.

사랑하는 이들은 자신이 애인을 세상에서 가장 아끼며 모든 호의를 베풀 것이라고 말하지만, 새 애인을 얻는 순간에 옛 애인을 홀대하곤 한다. 사랑하는 이는 자신이 열병에 사로잡혀서(nosein) 분별이 없음을 알더라도 스스로를 억제할 수 없다.(231a-d/21-2)

사랑하는 이들은 공명심에 사로잡혀서 사람들 앞에서 자신의 애정을 떠들어대지만, 사랑하지 않는 이들은 자제력이 있기 때문에 실속 있게 가장 좋은 것(to beliston)을 택한다. 사랑하는 이들은 소유욕에서 비롯되는 질투심 때문에 애인이 다른 사람과 만나는 것을 방해하고 그를 외톨이로 만든다. 하지만 사랑하지 않는 이들은 질투를 모른다. 그들은 탁월함(aretē)을 고려해서 필요한 것을 찾고, 이익이 될 만한 교제를 유지한다.(232a-d/23-4)

그리고 사랑하는 이는 (애인의 행동보다는) 육체에만 관심을 두기 때문에, 육체적 욕망이 충족된 뒤에도 우정을 유지할는지 여부가 불확실하다. 이와 달리 사랑하지 않는 이들은 먼저 친분/우정(phila)을 맺고 나서 육체적인 관계를 맺는다. 그리고 사랑하는 이보다는 사랑하지 않는 이에게 귀 기울일 때 더 나

---

63 『파이드로스』의 그리스어 원본과 한글 번역본의 쪽수를 차례로 밝힘.

은 사람이 될 수 있다. 이는 사랑하는 이가 때와 장소를 가리지 않고 상대방의 말과 행동을 칭찬하는데, 이는 욕망에 눈이 멀어서 인지 능력이 떨어지기 때문이다. 뤼시아스의 구애자는 사랑하지 않는 이의 장점들을 내세운다.

"자네가 내 말을 따른다면, 나는 우선 눈앞의 즐거움이 아니라 앞으로 얻을 이익을 고려하면서 자네와 만날 것이네. 나는 사랑에 굴복하지 않고 나 자신을 억제할 것이고, 사소한 일 때문에 크나큰 적대감을 만들지 않고, 큰일을 당해도 천천히 분노를 삭이고, 자네의 본의 아닌 잘못에 대해서는 이해하고, 고의적인 잘못은 막도록 애쓸 것이니, 이런 것들은 친분/우정이 오랫동안 지속되리라는 증거이기 때문이라네."(233b-c/26)

소크라테스는 뤼시아스의 주장을 못마땅하다고 보고 두 번에 걸쳐 자신의 사랑 이론을 펼친다. 먼저 "사랑하는 이가 사랑하지 않는 이보다 더 열병을 앓고 있다"(236b)는 주장을 논박하고, 이어서 이 주장을 바탕으로 사랑의 광기가 영혼의 본성에 따라서 사랑과 진리의 연관을 파악하는 데 큰 역할을 한다고 주장한다.(이런 사랑과 그 광기가 없다면 영혼의 본성이 참된 삶을 지향할 수 없다.)

아름다운 것들에 대한 욕망이 부르는 혼란

소크라테스는 첫 번째 사랑 연설에서 사랑의 어떤 장점에 주목하는가.(237b-241d)

그는 첫 번째 사랑 연설을 뮤즈들에게 영감을 청하는 기원으로 시작한다. 연설의 주인공은 아름다운 소년을 유혹하는 '꾀보(haumylos)'다. 그는 누구보다도 그 소년을 사랑하면서도 이 사실을 감추고 있다가 소년에게 "사랑하는 사람보다 사랑하지 않는 사람에게 호의를 베풀어야 한다"고 설득하려 한다. 그는 먼저 사랑이 무엇인지를 정의하면서 시작한다.

소크라테스는 사랑이 일종의 욕망(epithymia tis, 237d), 곧 아름다운 것들에 대한 욕망이라고 본다. 사랑하는 이와 사랑하지 않는 이는 모두 아름다운 것들에 대한 욕망에 이끌린다. 이때 그들을 지배하는 두 원리가 있는데, 하나는 '쾌락에 대한 욕망(emphytos ephithymia)'이고, 다른 하나는 가장 좋은 것을 추구하는 '후천적인 의견(epiktētos doxa)'이다.

이것들은 서로 다투는데, 그 가운데 의견이 우세해서 이성(logōi)을 따르면 분별(sōphrosynē)이 생기지만, 쾌락을 좇는 비이성적인 욕망이 우세하면 무분별(hybris)에 빠진다. 사랑은 이런 무분별로서, 아름다움에서 얻는 쾌락에 대한 비이성적인 욕망이다. 이런 욕망은 쾌락에 대한 욕망이 올바른 의견을 억누르고 육체의 아름다움을 얻으려고 할 때 생긴다.(237d-238c/37-8) 이처럼 사랑을 무분별한 욕망으로 보는 관점이 어떻게 사랑을 정당화할 수 있을까?

소크라테스는 사랑하는 이와 그렇지 않은 이에게 호의를 베풀 때 생기는 이익과 해로움을 따져본다.

사랑의 욕망에 지배당하는 이는 "쾌락의 노예 상태"에 사로잡혀 있다. 그는 상대방이 최대한의 쾌락을 주기를 원하므로 상대가 자기와 대등하거나 우월하기보다는 열등하기를 원해서, 사랑받는 소년이 무지하고 나약한 상태에 머무르기를 바란다. 쾌락 추구를 방해할 수 있는 가족이나 친구들을 싫어하고 소년이 재산을 잃으면 오히려 기뻐한다. 그는 소년이 홀로 있고 집도 없이 지내기를 바라기도 한다. 이는 "자기 입맛에 맞는 달콤한 열매를 가능한 한 오래 따먹고 싶어 하기" 때문이다.(239c-240b/42-3)[64]

사랑하는 이는 사람들과의 관계를 의심하고 엉뚱한 칭찬이나 비난을 일삼고 술에 취하면 주사를 늘어놓는다. 이처럼 사랑하는 이는 사랑하는 동안에는 "해롭고 불쾌한" 존재인데, 사랑이 그치면 그동안 했던 약속들을 저버리고 도망간다. "이제 놀이하는 패의 앞뒤가 뒤집혀서 지난날 사랑했던 이는 처지가 바뀌어 어쩔 수 없이 등을 돌려 도망치는 신세가 되고, 상대방은 화를 내고 저주를 퍼부으면서 그를 뒤쫓을 수밖에 없는 처지가 된다."(241b/45-6) 그래서 사랑하는 이의 친분/우정은 선의에서 비롯되는 것이 아니라 만족을 위한 것에 지나지 않는다. "늑대가 양을 좋아하듯이, 사랑하는 이는 소년을 사랑한다."(241d/46)

소크라테스는 이어서 사랑하지 않는 이가 얻을 이익에 대해서 말하고자 하다가 말문이 막힌다. 그는 다이몬이 저지하는 소리를 듣는다. 이는 그가 (아프로디테의 아들이자 신들의 하나인) 에로스를 모욕했기 때문이다.(이런 잘못을 범한 자는 정화의식을 통해서 죄를 씻어야 한다.)

---

64 사랑하는 이는 강제로 소년을 붙잡아두고 싶어 한다. "사랑하는 이는 연장자로서 어린 소년과 함께 있으면서 낮이나 밤이나 그를 놓아주지 않으려고 하는 반면에, 보고 듣고 만지는 등 감각을 총동원해서 사랑받는 이를 감각적으로 향유하는 그런 자에게 끊임없이 쾌락을 제공하는 사람은 피할 길 없이 끌려 다니면서 그렇게 쾌락을 통해서 그에게 봉사하기 때문이다."(240c-d/44)

사랑의 광기와 영혼의 운명

소크라테스는 두 번째 연설을 통해 사랑의 광기가 지닌 긍정적인 점을 살핀다. 그는 이제 사랑하지 않은 이를 옹호하지 않는다. 곧 "옆에 있는 사랑하는 이보다 사랑하지 않는 이에게 더 큰 호의를 베풀어야 하는데, 이는 한 사람은 미쳐 있고 다른 이는 분별력이 있기 때문이다."(244a)라는 주장이 참이 아님을 밝히고자 한다. 연설의 주제는 인간적인 열병(nosēmata anthrōpina)에서 생긴 사랑과 신적인 일탈(theia exallagē)이 낳은 사랑이다.

그는 신의 선물로 주어지는 광기의 혜택을 언급한다. 이는 아폴론에게서 오는 예언의 광기, 디오니소스에게서 오는 비의예식(teletai)을 관장하는 광기, 뮤즈들이 관장하는 시인의 광기, 에로스에게서 오는 사랑의 광기를 말한다. 이 가운데 사랑의 광기는 어떤 이익을 주는가?

앞의 이야기가 육체적인 사랑에 초점을 둔 것이라면 새로운 이야기는 사랑과 진리의 관계, '사랑 – 아름다움 – 진리'에 관한 것이다. 이 사랑은 영혼(psychē)을 이끌어서 영혼의 고향인 이데아 세계에 대한 기억을 되살려서 다시 영혼을 고양시킨다. 이제 사랑 이야기와 함께 영혼의 본성, 영혼의 고향인 이데아 세계에 대한 묘사, 영혼의 운명에 대한 이야기가 짝을 이룬다.

신들이 광기를 선물하는 것은 큰 행운을 베풀기 위해서이다. 이를 증명하기 위해서 영혼의 상태와 작용을 살펴보자.

영혼의 본성에 관한 이야기는 영혼의 불사(athanasia)에 바탕을 둔다. 영혼은 영원히 운동하는 것이어서 결코 죽을 수 없다. 영혼은 (스스로 운동하지 못하는) 다른 것들을 운동하게 한다.(245c-246d)

자기 자신을 움직이는 것(to hauto kinoun)은 모든 운동하는 것들의 원천이자 시원이다. 이러한 운동의 시원은 생겨나지도 소멸하지도 않는다. 만약 그것이 생겨나거나 사라진다면 (영혼에 의해서 운동하는) 우주가 멈출 것이다. 영혼에 의해서 운동하는 것들은 그것에 가해지는 작용이 그치면 운동과 삶을 멈출 수밖에 없다.(245c-246a/58-60)

소크라테스는 영혼을 마차에 비유한다. 영혼은 한 쌍의 날개 달린 말들과 마부가 합쳐진 능력과 같다. 신들의 말들과 마부는 좋은 혈통을 타고났지만, 다른 경우는 뒤섞여 있다. 인간의 경우에 두 말 가운데 하나는 아름답고 좋지만 다른 말은 반대의 성질을 타고 났다.

영혼은 생명이 없는 것들을 돌보면서 우주를 여행한다. 날개가 있는 완전한 상태에서는 높이 날아오르지만, 날개를 잃으면 추락해서 흙으로 된 육체를 취하고 지상에서 거주한다. 육체는 영혼의 능력에 힘입어 자신을 움직일 수 있는데, 영혼과 육체가 결합된 전체는 가사적인 생명체이다.(246b-c/60-1)[65]

영혼은 날개의 능력 덕분에 신들이 사는 하늘로 날아오른다. 신적인 것은 아름답고 지혜롭고 좋은데, 영혼의 날개는 이런 점 덕분에 영양을 취하고 자란다.(추하고 나쁜 것들에 의해서는 날개가 줄어들고 사라진다. 246d-e/62)

소크라테스는 영혼의 마차 여행을 소개한다. 신들과 그들을 따르는 다이몬들은 제우스를 선두로 질서 있게 천궁(ouranos)을 여행한다. 인간의 영혼들도 이를 따르면서 천궁의 가장자리에서 펼쳐지는 복된 광경을 구경한다. 잔칫날

---

65 영혼의 3분 이론은 영혼이 세 부분 즉 이성(to logistikon), 기개(to tumorides), 욕구(to epithymetikon)으로 구성된 것으로 본다. 마차 비유는 이런 3분 이론에 대한 은유이다.

이 오면 신들은 천상의 꼭대기로 수직 상승해서 천궁의 등 위에 올라가, 천궁 바깥의 세계(to exō tou ouranou, to hyperouranion topos)를 바라본다. 그곳은 색도 모양도 없고, 만질 수도 없는 참된 실체가 있는 곳이다. 천궁 바깥의 세계가 이데아의 세계이다.〔이것은 영혼의 인도자인 지성(nous)에게만 보인다.〕

영혼은 참된 것을 관조하면서 영양을 얻고 기쁨을 누린다. 이 순환로 상에서 영혼은 정의 자체, 절제 자체, 인식 자체를 관조(thēoria)하는데, 이 인식은 생기고 사라지는 변화를 겪지 않고, 참으로 있는 것(ontōs on)에 속한다.(247d-e/64)

이러한 신들의 삶을 동경하는 인간의 여행에서도 이데아를 경험할 수 있다. 물론 인간의 여행은 소란과 다툼에 휩쓸린다. 상승하는 능력을 지닌 영혼들은 천궁 바깥을 구경할 수 있다. 이런 영혼은 지성(nous)과 인식(epistēmē)으로 양육하는 진리의 평원(to alētheias pedion)에서 날개의 영양을 얻는다.(248b/65-6)

하지만 다른 영혼들은 부침을 거듭하는 까닭에 이데아계의 일부를 볼 뿐이어서 진리 대신에 의견(doxa)을 영양으로 취할 뿐이다. 그리고 날아오르는 능력이 부족해서 이데아를 거의 보지 못하는 영혼들도 있다. 신들을 따라서 진상을 본 영혼들은 여행을 무사히 마칠 수 있지만, 그렇지 못한 영혼들은 날개를 잃고 땅에 추락한다. 이런 영혼들은 사람의 몸을 얻어서 태어난다.

아드라스테이아의 법칙에 따르면 영혼은 일정한 등급에 따라서 육화된다. ① 지혜를 사랑하는 이나 아름다움을 사랑하는 이(philokalos), 또는 문예를 아는 이(mousikos)와 사랑을 아는 이(erōtikos), ② 입법가, ③ 정치가나 사업가, ④

운동선수와 의사, ⑤ 예언자나 비의예식 집행자. ⑥ 시인이나 모방 기술자, ⑦ 장인이나 농부, ⑧ 소피스트나 민중선동가, ⑨ 참주(tyrannos).(248d-e/66-7)

추락한 영혼이 천상 세계로 돌아가는 길은 멀고 험하다. 모든 영혼은 1만 년을 채워야 고향으로 되돌아갈 수 있다. 하지만 정의롭게 일생을 산 사람은 더 좋은 운명을 얻는다. 지혜를 사랑했던 이들이나 지혜에 대한 사랑을 품고 소년들을 사랑했던 이의 영혼은 잇달아 세 번 그런 삶을 선택하면 3천 년이 될 때 날개가 돋아나서 지상을 떠날 수 있다.[66]

사람은 다양한 감각에서 시작해서 논리적인 추론을 통해서 하나로 통합된 것을 파악해야 한다. 이것은 영혼이 신과 함께 여행하면서 있는 것들 너머에서 '참으로 있는 것'을 보았을 때 이미 보았던 것들을 '상기함'이다. 그래서 지혜를 사랑하는 이의 정신만이 날아오를 수 있다. 이는 정신이 기억을 통해서 신적인 존재를 보존하는 것들과 가까이 하기 때문이다. 상기하는 수단을 바르게 활용하고 완전한 비의 의식에 참여하면 완전해진다.(249c-d/68-9)

아름다움을 추구하는 사랑, 진리로 나아가는 사랑

영혼이 이 세상에 있는 아름다운 것(kallos)을 보면서 전생에 보았던 참된 아름다움을 상기하면 날고 싶은 욕망이 생긴다. 곧 아름다움에 대한 체험은 이데아계를 상기하고 이데아계로 영혼이 상승하도록 이끈다.

날개를 원하지만 능력이 없는 영혼은 위를 쳐다보면서 지상에 있는 불완전

---

66 다른 영혼들은 첫 번째 삶을 마친 뒤 심판을 받는다. 다시 천 년 째가 되면 두 번째 삶을 택하는 제비뽑기를 해서 각자 원하는 삶을 선택한다. 어떤 영혼은 짐승이 되기도 하고 사람이었던 짐승에서 다시 사람으로 되돌아오기도 한다.

한 것들에 아무런 관심도 두지 않아서 사람들에게 광기에 사로잡혀 있다는 얘기를 듣는다. (그 광기는 그것에 동참하는 이에게 가장 좋은 것이고 가장 좋은 것들로 이루어지는데.) 그런 광기에 사로잡혀 있을 때 사랑하는 이(ho erōn)는 아름다운 것들을 사랑하는 이(tōn kalōn erastēs)라고 불린다.

영혼이 실재를 상기하는 것은 쉽지 않다.[67] "지난날 행복한 코러스와 어울려 제우스의 뒤를 따르면서 복된 모습과 광경을 보고 비의 예식에 참여했을 때에 본 아름다움은 찬란한 빛을 지닌 것이었다. 거기에 참여할 때 우리는 온전한 상태였고, 다음 시기에 우리를 짓누르는 나쁜 일들도 겪지 않았고, 온전하고 단순하고 흔들림 없는 행복한 광경들을 정결한 빛을 띤 것으로 참관했다. 그때는 정결했고 조개처럼 갇힌 상태에서 '몸'이라고 부르는 무덤에 묻혀 있지 않았다."(250b-c/71-2)

영혼에게는 아름다움의 체험이 필요한데, 이는 아름다움이 가장 밝게 빛나고 가장 큰 사랑의 대상이 될 수 있는 특권을 갖기 때문이다.〔물론 지혜(phronēsis)는 시각으로 볼 수 없다.〕

이런 아름다움을 어떻게 경험하고, 이 경험은 어떻게 사랑의 경험과 연결되는가? 소크라테스는 두 종류의 영혼을 구별한다.

"그런데 입회한 지 너무 오래된 이나 더럽혀진 이는 아름다운 것을 바라볼 때 경외심 없이 쾌락에 몸을 던져 네 발 짐승처럼 올라타서 아이를 낳으려고 한다. 무분별하게 몸을 섞으면서 두려움을 모르고 본성에 어긋난 쾌락(para physin hēdonē)을 좇으면서도 부끄러워하지도 않는다. 반면에 새로운 입회자, 곧 지나간 것들을 많이 본 이는 아름다움을 모방한 신 같은 모습의 얼굴이나

---

67 과거에 있는 것들을 잠깐 보았던 영혼도 그렇고, 지상에서 좋지 않은 교제로 성스러운 것들을 망각한 영혼도 그렇다. 기억을 충분하게 지닌 영혼들은 그리 많지 않지만, 그들이 천상에서 보았던 것들과 닮은꼴을 보면 그 충격에 넋이 나가서 자신을 억제하지 못하지만, 제대로 식별하지 못하는 탓에 그 감동의 정체를 알지 못한다. (250a/70-1)

어떤 몸의 생김새(idea)를 보면 처음에는 몸을 떨고 지난날 겪었던 두려움 같은 것이 그를 엄습하지만, 그다음에는 신을 볼 때처럼 경외심을 품고, (마치 신상이나 신 앞에서 하듯이) 소년에게 제물을 바친다. 소년을 바라보면서 땀을 흘리고, 겪어본 적이 없는 열기가 그를 사로잡는다. 이는 눈을 통해서 아름다움에서 유출되는 흐름을 받아들이면 열이 나고, 그 광채에 의해서 날개의 타고난 힘이 솟아나기 때문이다."(250e-251b/73-4)

이 과정에서 영혼 전체가 달아오르는데, 날개가 돋기 시작하는 영혼은 열이 나고 (이가 나기 시작할 때처럼) "불편함과 근지러움"을 느낀다. 소년의 아름다움에 눈길이 가면 그로부터 부분들 곧 히메로스(himeros:갈망)가 떨어져 흘러나오는데 "이것들을 받아들여서 축축해지고 달아오르면서 통증에서 벗어나 환희를 느낀다."

하지만 그와 멀어져서 물기가 마르면 영혼 전체는 고통을 느끼지만 곧이어 아름다운 소년에 대한 기억으로 환희를 느낀다. "이 두 상태가 뒤섞여서 영혼은 감정의 혼란으로 괴로워하며 길을 잃고(aporousa) 어찌할 바를 모르고, 광기의 상태에서 밤에는 잠 못 이루고, 낮에는 안절부절못하고 갈망을 느끼면서 (아름다움을 지닌) 소년을 볼 수 있을 만한 곳으로 달려간다."(251c-e/75-6)

그 아름다운 소년이 자신의 '모든 것'이자 영혼의 구원자이고, 자신의 광기를 치료할 유일한 존재다. 소크라테스는 '에로스라고 불리는' 감정의 움직임을 다음과 같이 묘사한다.

"소년을 보고 히메로스에 흠뻑 자신을 적시면 (……) 통증과 고통에서 벗어나 한순간 그 어떤 것과도 비교할 수 없는 달콤한 쾌락의 열매를 얻는다. 마음에 드는 대상 곁을 떠나지 않고, 그 어떤 것도 아름다운 소년보다 더 소중하게 여겨지지 않고, 어머니, 형제, 동무들을 모두 까맣게 잊고 무관심 때문에 재산을 잃더라도 신경 쓰지 않는다. 과거에 자랑했던 관습들과 단정한 몸가짐을 무시하면서 기꺼이 노예가 되려고 하고, (……) 아름다움을 지닌 소년을 경외할 뿐만 아니라 그를 큰 노고의 유일한 치료자로 삼는다."(251e-252b/76-7)[68]

사랑받는 이를 신처럼

물론 모든 영혼이 똑같은 방식으로 사랑하지는 않는다. 사랑할 때 각자는 자신이 천상의 여행에서 뒤따르던 신의 행동 방식을 따르고 가능한 한 그를 모방한다.[69] 각자는 자기 방식대로 아름다운 소년들에 대한 에로스를 선택하고, 그 소년 자신이 마치 신인 것처럼, 섬기고 받들기 위한 신상을 세우듯이 그 소년을 자기 앞에 세우고 치장한다.

제우스를 따르는 자들은 사랑받는 이의 영혼이 신적이기를(dion) 원한다. 그래서 그의 본성이 지혜를 사랑하는 사람이나 지도자에 합당한지 살펴보고 사랑하면서 소년이 그런 사람이 될 수 있도록 힘을 쏟는다.(253a/79)

헤라를 따르는 자들은 왕의 천성을 타고난 사람을 찾아서 그에게 알맞은 품성을 가꾼다. 아폴론이나 다른 신을 따르는 자들도 자신들의 신을 좇으면서

---

68 소크라테스는 이런 에로스를 "날개 달린 신"이 아니라 "날개를 달아주는 신, 프테로(Pterōs)"로 부른다.

69 제우스의 추종자들 가운데 사랑에 사로잡힌 자는 날개 달린 신의 무게를 더 굳건하게 견딜 수 있다. 하지만 아레스를 섬기고 그와 함께 떠도는 자들은 에로스에 사로잡힌 뒤 사랑받는 자에게 배신을 당했다고 생각하면 살의를 품고 자신과 소년의 목숨을 빼앗으려고까지 한다.

자신들의 소년이 그 신의 본성과 같기를 바란다. 그리고 소년을 얻으면 그들 스스로 모방하기도 하고 소년들을 설득하고 맞춰가면서 그 신의 행동 방식과 형상에 알맞도록 그를 이끈다. "그들은 소년에 대한 질투심도 없고 (자유인답지 않은) 악의도 없어서 그들 자신들이나 자신들이 섬기는 신과 모든 점에서 같은 상태로 이끌기 위해서 온 힘을 기울인다. 참으로 사랑하는 사람의 바람이나 비의 예식은 아름다움과 행복으로 이끄는 것이다."(253b-c/80)

이처럼 사랑하면서 사랑하는 이와 사랑받는 이는 신과 같아진다. 물론 사랑을 통해서 신들과 동화(homoiōsis theōi)되는 것은 쉽지 않은데, 이는 영혼의 세 부분들 간의 다툼 때문이다.

사랑, 광기, 절제

플라톤은 영혼을 세 부분으로 나누어서 그 둘은 형태가 말이고, 셋째 것이 마부의 형태라고 보았다. 두 마리 말 가운데 하나는 좋지만 다른 하나는 그렇지 않다.

훌륭한 쪽은 생김새가 반듯하고 분별과 수치심이 있고 명예를 사랑하며 참된 의견을 친구로 삼아서 명령과 이치에 따른다. 다른 하나는 몸이 구부정하고 무거우며 사지가 제멋대로 붙어 있고, 무분별과 거짓을 친구로 삼고 말을 잘 듣지 않아서 채찍과 가시 막대기가 필요하다.

두 말 가운데 한쪽은 마부의 말을 잘 따르고 수치심에 못 이겨 사랑하는 이에게 내닫지 않으려고 자신을 억제하지만, 다른 쪽은 막대기와 채찍도 개의 치 않고 함부로 날뛰어 마부를 곤란하게 한다. 또한 소년에게 나아가려 하는 데 소년의 별처럼 빛나는 모습에서 육체적 사랑의 기쁨을 상기하기 때문이다.(253d-254a/81-2)

마부가 소년의 모습을 보면 아름다움의 본성이 상기되어서 영혼 전체가 뜨거워진다. "그 아름다움이 절제와 함께 거룩한 발판 위에 서 있는 것을 다시 보게 된다." 그것을 본 마부는 두려움에 사로잡히고 경외심 때문에 물러선다.[70] "사랑하는 사람의 영혼은 소년 앞에서 수치심과 두려움을 갖고 소년을 따른다."(254e/83)

소년은 가식 없이 사랑하는 감정을 품은 사랑하는 이에게 신처럼 여겨지고 온갖 보살핌을 받고 그와 교제하게 된다. 사랑하는 이와 이야기를 나누고 교제하는 과정에서 사랑하는 이의 선의는 사랑받는 이를 놀라게 한다. 이는 어떤 친구들이나 일가친척도 바로 그 신들린 친구(entheos philos, 사랑의 광기에 이끌리는 이)만큼 온전하게 정을 베풀 수 없음을 알게 되기 때문이다. "그가 시간을 들여서 이런 일을 하면서 운동 경기장에서뿐만 아니라 다른 종류의 교제 가운데 신체적인 접촉을 하고 그와 가까이하면서 제우스가 가뉘메데스를 사랑할 때 히메로스라고 부른 그 흐름의 원천이 사랑하는 사람에게 옮겨가, 그 가운데 일부는 그 자신에게 스며들고, 일부는 그에게 가득 차, 밖으로 넘쳐흐른다."(255a-c/83-5)

그런 아름다움의 흐름은 다시 아름다운 이(사랑받는 소년)에게 되돌아가서, "영혼에 이르러 날개의 출구를 들어 올리고 그것들을 부풀려 날개가 자라게

---

[70] 마부가 사랑하는 소년을 보면, 그의 영혼 전체가 뜨거워진다. 이때 본성이 좋고 순종하는 말은 수치심 때문에 자신을 억제하지만, 그렇지 않은 말은 채찍과 매에도 불구하고 날뛰고 마차를 소년 앞으로 몰고 가서 육체적인 쾌락을 얻으려고 한다. 좋은 말과 나쁜 말의 다툼은 쉽게 매듭지어지지 않는다. 이런 위험한 싸움 끝에 검은 말이 굴복할 때 비로소 영혼은 육체적인 쾌락에 빠진 상태를 벗어나서 천상의 세계로 날아오를 수 있는 날개를 얻는다. 곧 사랑하는 이와 사랑받는 이의 사랑 관계가 지혜에 대한 사랑으로 승화될 때에야 비로소 둘 모두 날개를 얻고 영혼의 상승을 바랄 수 있다. 이들은 진정한

하고 사랑받는 이의 영혼을 사랑으로 가득 채운다."(255c-d/85)

그렇지만 그는 사랑을 하면서도 그 정체를 알지는 못한다(aporein). 그는 자기가 겪은 일이 어떤 것인지 알지 못하고 말로 표현할 능력도 없고 마치 거울에서 보듯이 사랑하는 이에게서 자기 자신을 보면서도 알아차리지 못한다.(255c-d/85) 그가 옆에 있으면 고통을 잊어버리지만, 그가 없으면 상대를 그리워한다. "그가 품은 마주사랑(anterōs)은 사랑의 이미지(eirdeōlon)이다." (255d/85) 하지만 그는 그것을 사랑이 아니라, 사랑하는 사람과 비슷하지만 그 정도가 더 약한 우정이라고 생각한다. 사랑하는 이들은 서로를 "보고 만지며 입을 맞추고 함께 눕고 싶은 욕망"을 갖는다.

> "둘이 함께 누우면 사랑하는 사람의 무절제한 말이 마부에게 말할 거리를 얻고, 오랜 노고의 대가로 짧은 시간의 향유를 요구한다. 소년의 말은 아무 말도 하지 못한 채, 몸이 달아 어쩔 줄 모르면서 사랑하는 이를 꺼안고, 마치 가장 친한 친구를 맞이할 때처럼 입을 맞춘다. 그리고 함께 누울 때 요구가 있으면 사랑하는 이에게 자기 몫의 호의를 베풀기를 거절할 수 없다. 하지만 다른 말은 마부와 함께 수치심과 이성을 지니고 이런 일들에 맞선다."(255d-256a/86)

소크라테스는 에로스가 사랑하는 이와 사랑받는 이 모두를 질서 있는 생활 태도(diaita)와 지혜에 대한 사랑(philosophia)으로 이끌기 때문에, 사랑 주체들은 스스로를 억제하고 절도를 지키게 된다고 본다. "영혼의 열등함을 낳는 것

올림피아 경기에서 세 판 가운데 한 판을 얻은 이들이다. 그들이 고향으로 돌아갈 시간이 단축된다.

을 예속시키고 탁월함을 낳는 것에 자유를 허락한다."(256b/86) 그리고 삶이 끝나면 날개를 달고 가벼워진 상태로 인간적인 분별(sōphrosynē anthrōpinē)이나 신적인 광기(theia mania) 가운데 어느 것도 그보다 더 좋은 것을 베풀 수 없다.(256b/86-7)

이러한 철학자의 삶과 달리 세속적이고 지혜보다는 명예를 사랑하는 경우에는 (술에 취하거나 방심 상태에 놓일 때) 무절제한 짐승들이 두 사람의 영혼을 붙잡아 무방비 상태에 빠뜨리고 그들을 하나로 결합시킨다. 그들은 많은 이들이 복된 삶이라고 여기는 것을 선택한다. 앞서 말한 철학자들에게는 뒤지지만 이들도 사랑하는 동안이나 사랑에서 벗어난 다음 서로 우정을 맺고, 서로의 믿음을 지속적으로 주고받는다.(256c/87)[71]

그런데 사랑하는 이의 우정은 크나큰 선물을 베풀어주지만, '사랑하지 않는 이'가 베푸는 친절은 가사적인 자의 분별과 섞여서 사라지고 마는 하찮은 것들에 마음을 쓰고 (대중이 탁월함이라고 칭찬하는) 예속 상태를 친구의 영혼에 생기도록 해서 "이 영혼으로 하여금 9천 년 동안 땅 주변과 땅 속을 정신없이 배회하도록 한다."(256e-257a/87-8)

이처럼 소크라테스는 사랑하지 않는 이가 장점을 지닌다는 점을 논박하면서 사랑이 영혼을 구원하는 길이자, 진리와 만나는 과정을 여는 점을 강조한다.

소크라테스는 「파이드로스」에서 아름다움 자체를 향한 영혼의 고양을 참된 실재들이 있는 곳을 지향한 영혼의 귀향으로 본다. 이런 논의는 「향연」에서 제시된 에로스 이론, 특히 디오티마의 에로스 이론과 밀접한 관련을 갖는다.

---

71 삶의 마지막에 이르러서는 날개는 없으나 날아오르려는 충동을 지니고 몸을 빠져나간다. 그들은 사랑의 광기에서 적지 않은 보상을 받는다. 이는 천궁 안쪽에서 행보를 시작한 자들이 어두운 땅 속 길로 빠져들지는 않기 때문이다. 그들은 빛나는 삶을 이어가며 행복하게 동반의 길을 가고, 때가 되면 사랑의 힘으로 똑같이 날개가 생겨난다.

디오티마는 영혼이 아름다운 육체들에 대한 체험에서 시작해서 다양한 아름다운 것들을 거치면서 보편성의 차원을 얻고 '아름다움 자체'에 이르는 과정을 통해서 에로스의 상승 과정을 진리를 추구하는 과정으로 파악한다.

이런 '아름다움 자체'는 영원하고 변치 않는다. 아름다움 자체는 순수한 것이고, 이런 아름다움을 관조하고 그것과 함께 있을 때에만 덕을 낳는다. 디오티마는 진리, 실재와 함께 사는 자만이 불사의 존재가 될 수 있다고 본다.

플라톤이 제시한 사랑의 두 이론은 사랑과 진리의 상관성에 바탕을 둔 사랑의 존재론과 인식론이다. 이는 성인 남성과 미소년의 비대칭적인 사랑에 바탕을 둔 기존의 그리스적 '연애술' 외에 다른 사랑의 가능성을 모색하는 시도이다. 사랑은 욕망의 영역에서 출발하지만 사랑하는 이와 사랑받는 이는 진리라는 공통의 목표를 향하여 협력한다. 이런 사랑은 사랑의 광기를 통해서 현상들에 대한 집착을 뛰어넘어서 사랑의 진리이자 진리에 대한 사랑(philo-sophia)으로 나아간다.

덧붙이는 글
: 미소년에 대한 사랑[72]

미소년에 대한 사랑, 그리스적 동성애적 관습을 이해하기 위해서 푸코가 『성의 역사』 2권에서 제시한 윤리적 주체 형성과 성적 쾌락(aphrodisia)[73]의 관련을 다루는 논의를 참조하자.[74]

---

72 이하의 내용은 (양운덕, 2013) 3-4장의 내용을 참조한 것임.
73 아프로디지아는 아프로디테의 행위(erga Aphrodite)로서 어떤 형태의 쾌락을 주는 행위, 몸짓, 접촉이다. (HS, 49)
74 그리스 도덕은 성적 욕망을 부정적인 것으로 보지 않으면서 수동적인 무절제에 능동적인 절제를 마주 세운다. 곧 성적 쾌락(aphrodisia)을 능동적으로 향유하느냐, 아니면 수동적인 노예가 되느냐에 주목한다. 따라서 도덕적 문제는 어떻게 과도한 힘을 지닌 성적 욕망을 자기 나름대로 제어할 수 있는가

푸코는 왜 소년애가 특별한 도덕적 관심을 끌었는지에 대해서 질문한다.

그리스인들은 욕망이 두 남성 간의 관계를 이끌 경우에 일정한 도덕형식을 부여하고자 했고, 쾌락을 활용하는 양식이 필요하다고 보았다.(HS213)

사람들이 관심을 갖는 이 관계는 한쪽이 어리고 성장기에 있으며 사회적 지위가 정해지지 않은 소년이고 다른 한쪽은 성인 남성일 때 둘 사이에서 이루어진다. 곧 이미 성장한 연장자-사회적, 도덕적, 성적으로 적극적인 역할을 할 수 있는-와 아직 확고한 지위를 갖지 못하고 도움이나 조언, 후원이 필요한 젊은이가 맺어지는 과정이다.

성인 남자와 미소년을 결합시키는 관계에서 구애의 관습은 두 파트너가 그들의 관계에 미적으로 아름답고 도덕적으로 가치 있는 형식을 부여하기 위해서 지켜야 할 행동 방식과 각각의 전략을 규정한다. 이 관습은 사랑하는 이와 사랑받는 이의 역할을 규정한다.(HS216-7)

한 사람은 주도하는 위치에서 쫓아다니면서 구애하는데 이런 위치에 따른 권리와 의무가 정해진다. 그는 열정을 드러내지만 절제하고 조절해야 한다. 선물을 주고 보살펴야 하고 애인에 대해서 일정한 임무를 갖는다. 그리고 사랑을 받는 이는 너무 쉽게 굴복하지 않도록 주의해야 한다. 지나친 찬사를 다 받아들이지 않아야 하며 파트너의 가치를 확인하지도 않은 상태에서 경솔하고 욕심 사납게 몸을 내맡기지 않아야 한다. 그리고 연인이 베푼 것에 대해서 감사 표시를 해야 한다.

이런 관계에서 고유한 매력을 지닌 청년의 육체에 대한 '도덕적 미학'이 있는 까닭에 시기의 문제가 중요하다. 곧 너무 나이가 든 소년과 교제하는 성인

이다. 즉 욕망을 조절하고 아프로디지아를 적절하게 선택함으로써 자신을 욕망의 주체로 형성하는 것과 관련된 전략을 문제 삼는다.

주체는 '자기의 실천'에서 금욕(enkrateia)을 목표로 삼고 무절제에 맞선다. '욕망과 쾌락에 맞서서 얼마나 싸울 수 있는가?' 이 과정에서 자기를 지배하는 능동성을 중시하는 도덕적 태도는 자제(自制, maîtrise de soi) 능력을 얻고자 한다. 이런 '자기에 대한 배려(epimeleia heautou)'를 통해서 자기훈련을 쌓은 자만이 가정과 도시국가를 다스릴 자격을 갖는다. 이런 노력과 훈련의 목표는 지혜, 또는 절제

남자는 비난받는다. 따라서 (도덕적으로 필요하고 사회적으로 유용하도록) 사랑(erōs)의 관계를 우애(philia)의 관계로 전환해서 대등한 존재로서 지속적인 관계를 유지해야 한다.

이 사랑에 대한 성찰과 원칙이 필요하다. 사랑하는 이들은 그들의 행동을 조정하는 원칙을 관계 자체, 서로를 이끄는 감정의 움직임과 그들을 상호 연결하는 애정의 본성에서 찾을 수 있다.(HS222-223) 소년은 연인 앞에서 독립적인 중심으로서 신중하게 선택할 권리를 지니고 거부하거나 수락하는 적절함의 미덕을 보여주어야 한다. 따라서 연애술은 두 개의 중심을 지닌 타원에서 한 중심에서 다른 중심으로 전개된다.

사랑하는 이가 자제하면서 사랑받는 이가 자기 자신을 지배하는 관계(un rapport de domination sur lui-même)를 세울 수 있어야 한다. 그리고 그들이 숙고하여 서로를 선택함으로써 두 사람 사이에서 절제 관계를 형성해야 한다. 그리고 이 관계에서 소년의 관점에 우선권을 주려는 경향이 있다.(HS223-4)

따라서 연애술의 문제는 '어떻게 다른 사람들에게 굴복하지 않고 자신의 지배력을 입증할 수 있는가'이다.

아테네인들은 성적 쾌락의 관계에서 지배당하는 역할을 하는 사람은 시민의 정치활동에서 지배자의 위치를 차지할 수 없다고 본다. 소년은 자기 매력 때문에 사랑 대상이 될 수 있지만, 성인이 되면 사회적 권한과 지위를 맡아야 한다.

이 점이 아프로디지아와 관련하여 그리스 도덕에 불가피한 '소년의 모순'이다. 한편으로 소년은 쾌락의 대상, 합법적이고 명예로운 대상이다. 법과 예

(sōphrosunē)이다. 이러한 절제는 자유로 이해되므로 쾌락에 대해서 자유로운가, 아니면 노예가 되는가가 문제다. 그리고 이러한 자유는 능동적인 상태, 타인과 자신에 대한 권력이라는 모델로 자기 스스로를 지배할 수 있는 상태를 추구한다.

절에 따라서 소년을 사랑하는 욕망을 만족시키는 일은 비난받지 않는다. 하지만 다른 한편으로 소년은 성인이 될 것이므로 언제나 쾌락의 대상으로 지배당하는 자로 머물러 있을 수만은 없다. 요컨대 쾌락의 대상이면서도 윤리적 주체의 결정권을 행사해야 하는 점 때문에 소년은 큰 어려움에 부딪힐 수밖에 없다.(HS243)

이런 난점과 관련해서 소년에게 특별한 행위가 요구된다. 그는 그가 맡은 역할과 하나가 될 수 없을 때 거부하고, 저항하고 달아나야 한다. 만약 그가 그 역할을 수락한다면, 그가 굴복한 사람의 조건(재능, 지위, 미덕)과 기대할 수 있는 이익(지속적인 우애, 미래를 위한 사회적 후원, 수련을 위한 것일 때에는 명예로운 이익)에 동의해야 한다.(HS246)

"따라서 성인 남자와 소년의 관계에서 성행위는 가능한 한 성인 남자를 멀리 두려는 거부, 회피, 도주의 놀이를 벌이면서, 그리고 성행위가 언제 어떤 상황에서 이루어질지를 정하는 교환 과정에서 이루어져야 한다."(HS247)[75]

소년애는 이 사랑을 결정적이고 사회적으로 중요한 관계인 '우정(philia)'으로 바꿀 수 있을 때에만 도덕적으로 명예로울 수 있다. 사랑하는 자의 합리적인 친절과 사랑받는 자의 신중한 배려가 있을 때에만 사랑이 우정으로 이어질 것이다.(HS247)

푸코는 "어떻게 쾌락의 대상을 훌륭한 자기 쾌락의 주체로 만들 것인가"라는 문제제기의 영역에서 철학적 연애술, 사랑에 대한 소크라테스 – 플라톤적인 성찰이 출발한다고 본다.(HS248)

---

75 소년은 연인에 대해서 그를 기쁘게 해주고 싶은 마음이 생기도록 하는 경탄, 감사, 애정의 감정을 느낄 때에만 자신의 몸을 맡겨야(charizesthai) 한다. 젊은이는 다른 사람의 욕망과 요구에 동의하지만 항복과는 다른 감정에 의해서 자기 몸을 내맡긴다. 이것은 감각을 공유하는 것과 다르다. 소년은 정식으로 육체적인 쾌락을 느낄 필요가 없다. 너무 조급하지도 않고 억지스럽지 않을 때 그가 굴복한다면 다른 사람에게 즐거움을 주는 것에 만족을 느낄 수 있다.

그런데 플라톤은 사랑 관계에 '진리 문제'를 근본적인 것으로 도입한다. 따라서 사랑하는 이는 그를 사로잡는 '사랑의 본질'을 알아야 한다. 따라서 사랑하는 이가 미소년에게서 추구하는 것은 그 자신의 다른 반쪽이 아니고, 영혼이 진리에 접근하는 것이다. 철학적 연애술은 사랑 속에 숨어 있는 진리를 찾아내고 그것을 유지하는 것을 주제로 삼고, '사랑하는 자의 에로스가 참된 것과 어떻게 관계 맺느냐'에 답하고자 한다.[76]

이런 맥락에서 소크라테스의 철학적 연애술은 그리스 성문화를 전복시킨다. 철학은 그리스 문화에서 남성과 소년의 사랑 관계에 따르는 난점에 다르게 답하면서, 진리 사랑을 제시한다.

푸코는 「향연」에 나타난 디오티마와 소크라테스의 주장에서 '사랑의 문제틀을 변형하는' 점에 주목한다.(HS259-268) 이렇게 볼 때 철학은 동성애의 사랑 행위의 상호성과 균형의 문제를 '사랑의 실재 – 진리'로 관심을 바꾼다. 사랑하는 이들은 아름다운 육체에 대한 관심을 넘어서서 보편적인 아름다움, 아름다움 자체, 진리를 지향하면서 불멸의 존재를 추구한다. 이런 관점에서 사랑 대상에 대한 관심을 '사랑 자체'로 바꾸고, 사랑하는 자와 사랑 받는 자가 협력하여 진리라는 같은 목표를 추구한다. 철학적 연애는 사랑 받는 소년의 미덕에서 자제력을 행사하는 자(철학자 소크라테스)에 대한 사랑과 지혜로 관심을 전환시킨다. 소크라테스가 미소년을 사랑하는 것이 아니라 미소년들이 지혜와 진리의 화신인 소크라테스를 사랑하게 된다. 그들은 (서로 상대방을 유한하고 일시적인 사랑에 묶어두는 것이 아니라) 무한한 진리를 함께 사랑하는 친구들(philosophos)이 된다.[77]

---

76 소크라테스의 철학적 에로스는 기존 연애술이 명예와 불명예를 구분하는 것 대신에 자신의 '고유한 실재'를 되찾는 과정에 주목한다. 곧 초점이 상대방의 환심을 사려는 것이 아니라 '주체의 금욕'과 함께 '진리를 향하여 나아가는 것'에 놓인다. 기존의 사랑에서 적절한 자제를 바탕으로 한 실천과 쾌락의 활용이 중요했다면, 플라톤의 사랑에서는 참된 대상(진리)으로 이끄는 욕망이 문제가 된다. 이것은 자기에 대한 지배력으로 쾌락을 적절하게(économique) 활용하는 철학적인 방식이다. 따라서 『파이드로스』에서 보듯이 영혼이 자기를 지배하고 절도를 지니고, '악을 만드는 것을 예속'시키고 '덕에게 자

참고문헌

Platon, Phaedrus, Platonis Opera, (ed) Burnet, J. t. II. Oxford, 1910, pp.227-279 (『파이드로스』, 조대호 옮김, 문예출판사, 2008.)

_____. Symposium, Platonis Opera, t. II. pp. 172-223.

Foucault, M, Histoire de la sexualité, t. 2 L'usage des plaisirs, Gallimard, 1984.(HS로 표기함)

양운덕(2013), 「그리스 성 담론에 나타난 에로스와 윤리적 자기 형성」, 『동서철학 심신관계론의 가치론적 조명』, 손병석 외, 한국학술정보, pp. 275-306.

유를' 주는 투쟁이 중요하다.

77 이와 관련된 내용은 푸코의 『성의 역사』 2권 5장의 논의를 참조할 것.

14. 소크라테스를 사랑한 알키비아데스

사랑의 다른 진리?

사랑과 진리는 어떤 관계를 맺는가? 철학이 '지혜에 대한 사랑'이라면 철학은 사랑하는 방식이기도 하다. 철학은 진리에 대한 사랑이다. 철학적 사랑은 사랑을 통해서 진리에 이르기 때문에 사랑은 진리 사랑이다. 니체는 철학자들이 '진리'라는 여인을 사랑한다고 떠벌이면서 거칠고 투박한 방식으로 유혹하려고 한다고 비꼬기도 한다.

이처럼 플라톤이 사랑의 구체성을 진리의 보편성과 화해하는 길을 제시했지만, 경험적인 사랑의 특수성에 주목하는 사랑관은 사랑을 보편성이 지배하는 진리 왕국에 넘겨주고 싶지 않을 것이다.

'사랑'의 진리를 사랑의 '진리'에 빼앗기지 않으려는 사랑주의자는 진리의 보편성이 사랑의 구체성, 상호성, 연약함을 제대로 다루지 못한다고 본다. 그러면 진리와 '다른' 사랑, 진리로 환원될 수 없는 사랑, 진리와 공약 불가능한 사랑을 어떻게 주제화할 수 있는가?

우리는 소크라테스를 사랑한 알키비아데스를 통해서 사랑의 진리가 출발한 지점에서 사랑의 다른 진리, 진리에 맞서는 사랑의 측면을 문제로 제기하고자 한다.

플라톤의 사랑, 에로스(erōs) 이론은 잘 알려져 있다. 그는 「파이드로스」에서 사랑을 신성한 광기로 보고, 「향연(Symposion)」에서는 에로스의 진리를 추구한다. 소크라테스는 디오티마의 가르침에 따라서 사랑의 진리를 제시한다.

그런데 디오티마의 진리가 제시되고 나서도 대화가 바로 끝나지 않는다. 갑자기 술 취한 알키비아데스가 나타나서 사랑 타령을 하는 장면이 이어진다. 이 이상한 장면은 앞선 진리 이론을 보충하거나 예시하는 장면인가, 아니면 사족인가? 이 불필요한 부분을 떼어내면 대화의 본질이 손상될까?

문제의 장면을 살펴보자. 알키비아데스는 자신이 소크라테스를 사랑한 이야기를 하면서 소크라테스의 금욕적인 사랑을 예찬한다.

소크라테스를 사모하는 청년, 당시의 미소년을 대표하는 두드러진 아름다움을 지닌 알키비아데스는 잔뜩 취한 상태로 이야기를 시작한다.(214e-222c) 소크라테스는 매력적이고 황홀한 언어로 그의 혼을 뒤흔든다.

"선생님의 말씀을 들으면 정신이 사로잡히고 심장이 격렬하게 뛰며 눈물까지 쏟아집니다."

그는 자기 마음이 노예가 된 듯하여 도망칠 수밖에 없다고 한다. 소크라테스는 젊고 재능 있는 마음을 물고 늘어져 '지혜를 사랑하는 광기, 열정'에 이끌리게 한다. 알키비아데스는 소크라테스 앞에서만 부끄러움을 느낀다고 고백한다. 그는 사모하는 열정으로 소크라테스와 단둘이 밤을 지낸 얘기를 들려준다.

우여곡절 끝에 그는 소크라테스와 함께 눕게 된다. 그는 소크라테스를 유혹하여 껴안는다. 그런데 소크라테스는 그를 무시하고 그의 '꽃다운 젊음'을 비웃고 모독한다. 모욕당했지만 알키비아데스는 누구도 흉내 낼 수 없는 소크라테스의 '자제력과 용기'에 찬탄한다. 지혜를 사랑하는 마음이 살모사보다 더 사납게 자기 심장을 물었다는 것이다.

왜 이런 사랑 이야기가 '진리 이후'에 덧붙여지는가? 이 부분을 또 하나의 사랑 이야기로 본다면 알키비아데스의 사랑을 어떻게 해석할 수 있는가? 그것은 진리 - 에로스 이론과 어떤 점에서 다른가?

「향연」의 여백, 특수한 사랑

정치철학자 마사 너스봄(Martha C. Nussbaum)은 플라톤의 보편적 진리관의 여백에서 알키비아데스가 던진 새로운 질문에 주목한다. 그녀는 플라톤의 사고로는 연민, 상호성, 개별성 등을 주제화하기 어렵다고 지적하면서 특수한 것들의 진리와 연약하고 상처입기 쉬운 선을 사고하고자 한다. 이런 맥락에서 '디오티마의 진리'에 저항하는 알키비아데스의 에로스는 흥미로울 수밖에 없다.

"나는 진리를 말할 겁니다."(214e)

알키비아데스는 진리를 주제로 삼을 것을 공언한 뒤 본격적으로 이야기를 전개한다.

"여러분, 나는 소크라테스를 비유를 통해서(di' eikonōn) 칭찬할 겁니다. 이분은 농담이라고 할지 모르겠지만 내 비유는 진리를 위한 것이지 농담을 위한 것이 아닙니다."(215a)

그는 보편적인 사랑이 아닌 '특수한' 사랑을 선택한다. 본성에 대한 정의나 설명이 아니라 특수하고 우연적인 개인을 향한 특수한 열정을 주제로 삼는다. 자신의 고유한 경험으로 얻은 에로스에 관한 인식을 추구한다. ― 이런 종류의 앎을 비극에서 '겪음으로써 앎(pathonta gnōnai)'이라고 한다. 그는 비유로는 본질에 관한 보편적인 설명을 제시할 수 없는데도 비유나 유사성을 이용해서 진리를 전하려고 한다.(FG185)

물론 철학적 지혜를 추구하는 소크라테스는 사랑 경험에 바탕을 둔 논의를 거부하면서 사랑의 에피스테메를 추구한다. 그는 모든 특수자들을 포괄하는 보편적인 설명을 추구한다. 'X란 무엇인가?'에 답하기 위해서 특수한 사례들을 나열하거나 이야기를 할 수는 없다. 소크라테스 철학은 반복할 수 없는 개별적인 것, 특수한 경우의 감각적 측면들을 넘어서고자 한다.(FG186-7)

알키비아데스의 이야기는 '사랑 이야기(love story)'이고, 그나마 '하나의' 사랑 이야기이다. 알키비아데스는 에로스에 관해서 이야기하고, 한 사람(유일한 대상인 소크라테스)에 관해서 이야기한다. 이런 사랑의 열정이나 사랑하는 대상을 '일반적인' 술어로 기술할 수는 없다. 그의 사랑 경험은 일회적이고 단일한 개인과 결부된 것이고, 그의 이야기는 단일함을 소통 영역에 제시하려고 한다.(FG187)

너스봄은 알키비아데스와 소크라테스의 성적 역할에 관한 혼동을 지적한다.(FG188) 아름다운 청년 알키비아데스는 사랑받는 자(erōmenos)로 시작하지만 능동적인 사랑하는 자(erastēs)가 되고, 반대 위치에 있는 소크라테스는 미소년을 사랑하는 자가 아니라 미소년으로부터 사랑받는 자의 자리에 있

다.(222b)

고대 그리스 동성애에서 사랑받는 자는 아름다운 미소년이다. 그는 자신의 매력을 알고, 그를 원하는 이들과 관계 맺으면서 스스로에 탐닉한다. 그는 타자의 우정, 충고, 도움을 평가하면서, 사랑하는 자들이 그의 신체를 애무하도록 허락하거나 거부한다.(Dover, 1978, 96)[78] 이때 사랑받는 자는 내적으로 자랑스러운 자족감을 느낀다. 그는 끈질긴 유혹의 대상이지만 자기 자신을 고수한다.(FG188)

이처럼 완결되고 자족적인 상태로 자기에 탐닉하던 알키비아데스는 소크라테스를 사랑하는 까닭에 자신을 개방하려는 욕망에 이끌린다. 소크라테스 때문에 지각되는(being perceived) 수동적인 존재가 되고 두려움과 고통스러운 감정에 휩쓸린다.(FG188-9)

"나는 일부러 내 귀를 막고 마치 세이렌들로부터 도망치는 것처럼 이분으로부터 멀리 달아나 도망칩니다. 만일 이렇게 하지 않는다면 나는 이분 곁을 떠나지 못하고 늙어 죽을 때까지 따라다닐 테니까요."(216a-b)

"이분의 말을 들을 때 내 심장은 미친 듯이 춤추고 코뤼바스의 심장보다 더 격렬하게 두근거리며 눈물이 마구 쏟아집니다."(215e)

그는 소크라테스에 의해서 보여지는 대상이 되고, 얘기를 듣는 수동적인 지위에 놓인다.

"나는 다른 누구에게도 부끄러워할 줄 모르지만 오로지 이분 곁에서만은 부끄러움을 느낍니다……. 나는 이분이 인간세계에서 없어졌으면 좋겠다고 생각하기도 합니다. 만일 그렇게 되면 더욱 슬퍼지리라는 것도 잘 알지만요. 나

---

78 그는 때때로 끈덕진 사랑하는 자들이 그의 욕망을 이른바 '다리들 사이의 교류(intercrural intercourse)'로 만족시키도록 허락한다. 도버는 신체적 접촉이 이루어지기 전에도 사랑하는 자의 성기는 때때로 발기한 상태이지만 사랑받는 자의 것은 허약한 상태로(flaccid) 있다고 지적한다.

는 이분을 어떻게 해야 할지 전혀 알 수 없답니다."(216b-c)

너스봄은 그가 상처받기 쉬운 지위에 놓인 점에 주목한다. 사랑받는 자의 자족성과 달리 사랑하는 자에 의해서 인식되는 상태에서는 (자신의 불완전함이 드러나므로) 부끄러움의 고통을 겪는다.(FG189)

알키비아데스는 그의 역할에 대해서도 혼란을 겪는다.〔그는 자신이 대상으로서 욕망할 만한 존재이고 "내 청춘의 꽃다운 아름다움"(217a)에 자신감을 지녔지만 지금은 타자의 시선 아래에 놓일 뿐이다.〕이는 소크라테스를 알고 싶은 욕망 때문이다. 그는 "성적인 욕구와 인식론적인 욕구가 결합된 욕망"(FG190)에 이끌려서, 성적 목표로서 신체적 친밀함을 주면서도 철학적 대화 욕구를 충족시켜 줄 대상을 추구한다.

너스봄은 성적 욕망과 지혜를 추구하는 욕망이 '구조적 평행관계'에 있다고 지적한다. 두 인식의 성격은 크게 다르다.(FG190-1) 선에 관한 소크라테스적 인식은 순수한 지식을 통해서 획득된 보편적인 진리들을 산출한다. 이것은 모든 아름다운 경우들을 하나로 포괄한다.

이와 달리 사랑하는 자의 인식은 감각, 감정, 지성의 상호작용으로 얻어진 것으로서 '특수한' 진리이자 '특수한' 판단이다. 이런 직관적 판단들은 보편적인 규칙에 앞서서 우리를 이끈다. 사랑하는 자는 자신의 연인에게 반응할 때 직관적 감각을 바탕으로 어떻게 반응할지를 결정한다. 그는 사랑하는 자의 내밀함(intimacy)을 통해서 보다 깊고 참된 이해를 추구한다.(사랑의 판단들과 대응들이 전적으로 비합리적인 것은 아니다.)

너스봄은 사랑하는 자의 인식이 지식 모델로 포착될 수 없는 일종의 '~할 줄 앎(knowing-how)'이라고 본다. 사랑받는 자를 '어떻게 대하는지'를 알아야 그를 인식할 수 있다.(상이한 시기와 상황에서 어떻게 말하고, 보고 움직이는지를 알고, 어떻게 즐거움을 주고 어떻게 쾌락을 받아들이는지, 사랑받는 자의 지적, 감정적, 신체적 요구들의 복잡한 관계망을 어떻게 다룰지를 알아야 한다.)

이런 인식은 (신체적이고 지성적인 친밀함을 통해서 획득한 것으로서) '단일한' 실천적 인식이다. 알키비아데스는 상황의 특수성들에 관한 지성, 상상력, 감정들의 반응으로 이루어진 일종의 실천적인 인식을 제시한다. 알키비아데스는 그가 사랑하는 소크라테스만이 지닌 독특한 기이함(unique strangeness)에 관한 진리를 말할 수 있다.(FG191-2)

플라톤은 개인적 에로스를 역병이라고 비난한다. 너스봄은 플라톤의 이런 비난에 맞서서 알키비아데스의 긍정적인 측면을 살핀다.

소크라테스는 신체적 영향에 무관심하다. 그는 신체와 분리된 상태에 있는 것처럼 벌거벗은 알키비아데스와 함께 누워서도 "꽃다운 아름다움을 비웃고"(219 c) 어떤 자극도 받지 않는다. 그의 정신은 어떠한 방식의 영향에도 동요하지 않는 투과할 수 없음을 지닌다.(FG195)

알키비아데스의 문제는 그 자신의 열림(openness)이 부정되는 점이다. 그는 사랑하기 위해서 자기를 현실세계의 여럿 가운데 하나에 지나지 않는 존재로 제시하고 사랑하는 자에게 자기를 개방하면서 고통을 겪는다. 그는 오만(hubris)을 희생하고, 조롱받고 불명예스럽게 된다.(219c, 222b, d) 그는 디오티마 이론처럼 보편적 존재 대신에 소크라테스라는 개체의 개별성에 매달렸기 때문에 소크라테스의 거부로 상처받는다.(FG195)

사랑의 영역에서 생기는 우연적인 사건들은 어떠한 행운이나 안정성도 보장하지 않는다.(200b-e) 최선의 사랑에도 두려움, 질투, 상실의 위협이 내재한다.

이런 위험을 안고서 알키비아데스는 매력적인 타인의 굳건함(stoneness) 앞에서 굳건한 아름다움(the stone beauty)을 사랑한다. 절제의 대명사인 소크라테스는 그의 자부심에 어울리는 대체불가능하고 공약 불가능한 대상이다.(FG196-7) 이런 개별적인 에로스적 열정은 불안정하고 상처받기 쉽다.(FG197)

알키비아데스의 영혼은 혼란에 빠진 채로 자신이 노예적인 조건에 얽매인 상태를 벗어나지 못하는 까닭에 분노한다. "나는 어찌할 바를 모르고 허망하게 주변을 헤매고 다녔습니다. 이렇게 철저하게 노예가 된(katadedoulōmenos) 적은 없었습니다."(219e) 이처럼 자율성을 잃고 자신의 고유한 이성의 계획을 추구할 수 없는 상태에서 어떻게 해야 하는가?(FG197))

그런데 이런 개별적 존재에 대한 사랑은 디오티마의 주장처럼 사랑에 내재하는 보편성으로 승화될 수 있는가? 이런 승화로 사랑의 난점을 해소할 수 있는가?

선택 앞에서 ─ 진리인가, 사랑인가

소크라테스-디오티마-플라톤은 에로스적 욕망을 통해서 선으로 상승할 수 있다고 본다. 물론 이런 관점은 특수성의 측면을 배제한다. 단일한 열정

(unique passion)에 바탕을 둔 알키비아데스의 사랑에 디오티마의 '상승'을 덧붙일 수는 없다. 이런 사랑과 디오티마가 제시한 합리성을 동시에 가질 수는 없다.(FG197-8)

너스봄은 선택과 실천적 지혜에 관한 플라톤적 기획에서 상이한 두 종류의 가치와 인식이 공존할 수 없다고 지적한다. 한 종류의 인식은 다른 것을 가로막기 때문에 양자는 공약 불가능하다. 하나만을 선택해야 한다. 명멸하는 세계의 희비극에 참여함으로써 그 빛의 이상을 거부하거나 그 반대로 영원한 형상의 순수한 빛을 선택함으로써 그 반대편 어둠을 지워버려야 한다.("이성의 시선은 신체적인 눈들의 시선이 어두워져야만 분명하게 보인다.")(219a ; FG198)

이처럼 선택은 다른 쪽의 포기를 전제하므로, 특수한 에로스의 개별적 진리와 에로스를 넘어선 보편적 진리 사이에서 '종합의 기대 없이' 선택/포기해야 한다. 너스봄은 알키비아데스의 관점에서 특수한 진리를 옹호한다.

"나는, 소크라테스를 따라서, 아름다운 것을 조망하는 전망으로 상승하는 쪽을 선택할 수 있다. 그러나 내가 알키비아데스를 보는/아는 한 그 계단에 첫발도 내디딜 수 없다. 나는 소크라테스처럼 오로지 디오티마가 설명하는 진리에 의해서 '설득될 때'에만 소크라테스를 따를 수 있다. 그런데 알키비아데스는 이런 확신을 빼앗는다. 그는 내가 상승하는 과정에서 하나의 아름다움(a beauty)을 희생시킨다고 느끼도록 해서, 나는 더 이상 그 상승이 아름다움 전체를 포괄한다고 보지 않는다. 내가 이런 "희생", "부정" 등을 생각하는 순간에 상승은 더 이상 자족적인 것으로 보이지 않는다. 반면에 나는, 알키비아데스를 따라서, 내 영혼을 신체로 만들고, 에로스 안에서, 그 폭력과 그것의 갑작스러운 빛에 헌신하면서, 살 수 있다. 그러나 일단 디오티마의 얘기를 들었기 때문에 그 과정이 포함하는 빛의 상실, 곧 합리적 계획, 하나의 세계를 만들 기회의 상실을 본다. 그래서 만약 내가 합리적 존재라면, 합리적 존재가 벗어날 수 없는 질서와 인식에 대한 심층적인 요구를 재고해야 한다. 나는 세계를 위하여, 에로스를 배반해야만 한다."(FG198)

알키비아데스의 문제제기는 단순히 플라톤의 에로스-진리관을 이어받는 것도 아니고 그렇다고 단순하게 부정하는 것도 아니다. 그것은 에로스에 관한 '새로운' 문제를 던진다. 소크라테스가 진리를 구현한다면, 왜 사랑받는 독특한 자인 소크라테스에 관한 사랑은 진리에 이를 수 없거나 '다른 진리'일 수밖에 없는가? 에로스와 진리는 어떤 관계를 맺는가? 에로스는 진리에 흡수되는 한 계기에 지나지 않는가? 에로스는 다른 종류의 진리를 추구하는가?

디오티마-플라톤은 에로스에서 진리로 상승하는 길을 제시하면서 독특한 것을 보편성에 포함시키는 '변증법적' 상승 과정에 주목한다. 그런데 알키비아데스는 그 진리를 구현하는 소크라테스에 대한 사랑 때문에 진리를 얻지 못한다. 에로스와 진리는 이질적이고, 에로스가 진리에 흡수되지 않는다.(그는 소크라테스의 진리를 제시하고 그 진리가 지닌 에로스 너머의 세계, 사랑하는 자와 사랑받는 자 너머에 있거나 에로스에 의한 대립 이전/너머에 있는 세계를 제시한다.)

이처럼 너스봄은 알키비아데스의 개별적이고 특수한 진리를 주제화하고 새로운 질문을 던지면서 선의 (불변적이고 보편적인 성격이 아니라) 유약하고 깨뜨려지기 쉽고 상처받는 특성을 부각시킨다.

에로스의 특성을 이성적 사고에 포함시키는 플라톤의 에로스 이론으로는 연민, 상호성, 개별성을 다루기 어렵다. 예를 들어서 개인들은 질적으로 상이하고, 서로 분리되고, 나름대로 살아가는 저마다의 고유한 삶을 마주한다. 그런데 플라톤의 사고는 이런 분리, 질적 차이를 사고하기를 거부한다.(Nussbaum, 2001, 496-9)

사랑을 넘어서는 진리

디오티마가 지적하듯이 에로스는 진리의 기초이자 진리에 이르는 통로다. 진리가 추상적인 초월자가 아니라 구체적인 대상들에 대한 사랑의 변증법을 통해서 얻을 수 있는 것이라면 지혜에 대한 추구(철학적 탐구)는 이런 사랑과 맞물리는 활동이다.

에로스를 통해서 진리를 얻을 수 있다면, 사랑의 대상이자 목표인 진리와 그것을 추구하는 형식이 진리의 성격을 규정할 것이다. 그래서 사랑하는 방식이 달라지면 진리를 추구하는 방식, 내용도 달라질 것이다. "어떻게 사랑할 것인가"는 "어떻게 진리를 사랑할 것인가"로 바뀌면서 진리를 향한 사랑의 길을 이끌 것이다.

이런 에로스와 진리의 변증법은 경험 세계 너머를 추구하지만 경험 세계에 대한 단순한 부정이 아니라 '내재적인 초월'은 아닌가? 그것이 아니라면 에로스는 진리에 이르는 사다리일 뿐이어서 진리를 얻고 나면 내던져지고 마는 수단에 지나지 않을 것이다. 에로스는 스스로를 부정함으로써만 아름다움 자체를 얻을 수 있는가?

너스봄은 '알키비아데스의 사랑'처럼 특수한 내용에 주목하면서 보편적 진리론이 은폐하거나 지워버리는 측면을 재고한다. 알키비아데스의 사랑은 전통적인 동성애 이론으로만 설명하기는 어려운 사례다. 이것은 철학적 에로스의 개별 사례로 포섭되지 않는다. 알키비아데스는 진리에로 상승하는 과정에 참여하지 않고, 소크라테스의 금욕적 이상 앞에서 여전히 육체적인 사랑을 원한다. 이런 알키비아데스의 사랑을 동성애적 사랑이나 진리 – 사랑으로만 파악할 수는 없다.

너스봄은 '에로스 너머'에 있는 진리가 아니라 육체에 매인 채로 고통을 겪으면서 상처받기 쉬운 에로스가 지닐 수 있는 '진리'에 주목한다. 알키비아데스는 선의 허약함(fragility of goodness)을 되새기고 철학적 보편성이 포괄할 수 없는 개별적 진리들의 특성들을 주제화한다. 물론 디오티마 – 소크라테스의 진리와 알키비아데스의 에로스 이야기를 절충, 종합할 수 없다. 우리는 하나를 선택해야 한다. 굳건하고 보편적인 힘을 지닌 진리인가, 연약하고 특수성을 보존하는 '다른' 진리인가? 이 선택지 앞에서 너스봄은 허약하고 상처입기 쉽지만 여전히 되살아나고 번성하는 가치에 주목한다.

알키비아데스는 사랑하면서 진리를 추구한다. 그의 진리는 자신을 상실하고 상처받고 우연에 내맡겨진다. 그런데 이것은 합리적 진리관이 배제한 것을 주제화할 수 있다. 그는 사랑을 넘어서는 진리 이전에 사랑을 통한 진리에 관해서 질문한다. 알키비아데스는 사랑에 대해서 '다르게' 묻는다.

참고문헌

양운덕 (2010), 「그리스 성 담론에 나타난 에로스와 윤리적 자기 형성」-『「향연」을 읽는 상이한 방식』. 고려대 철학 연구. 39집.

Dover, K. J. (1978), Greek Homosexuality, Harvard Univ. Press.

_____ (1994), Greek Popular Morality: In the time of Plato and Aristotle. Hackett.

Halperlin, D. M (1952), One Hundred Years of Homosexuality, Routledge.

Nussbaum, M. C. (1986) The fragility of Goodness, Luck and erhics in Greek tragedy and philosophy. Cambridge Univ.(FG로 표기함)

_____ (2001) Upheavals of Thought: The Intelligence of Emotions, Cambridge Univ.

Platon, Symposivm. in: PLATONIS OPERA t. 2 Oxford University Press. 1991.